中國特色話語：
——陳安論國際經濟法學　第三卷　上冊

陳安　著

簡目

▌第三卷▌

目錄

▎第三卷▎

第三編　國際投資法（續）

第四編　國際貿易法

第三編——國際投資法（續）

第4章

ICSID與中國：我們研究「解決投資爭端國際中心」的現實動因和待決問題[*]

❧ 內容提要

中國實行對外開放基本國策之後，二十世紀八〇年代中期，外商對華投資逐步增多。但對中國政府部門能否公正處理投資行政爭端，心存疑懼。在雙邊談判中，許多外國（主要是發達國家）政府要求中國參加《解決國家與他國國民間投資爭端公約》和接受「解決投資爭端國際中心」（ICSID）仲裁體制。對此種要求，國內人士見仁見智，歧議甚多，可歸納為三種主張：（一）主張「促進開放，從速參加」，認為：為了認真貫徹對外開放基本國策，進一步改善外商在華投資的法律環境，解除外商來華投資的顧慮，從而更多更快地吸收經濟建設急需的大量外資，中國應當當機立斷，迅即參加上述公約和接受ICSID體制。（二）主張「珍惜主權，不宜參加」，認為：對中國說來，實行對外開放和大量吸收外資，確屬十分必要。但是，維護主權，獨立自主，是對外開放和吸收外資的前提和基礎。上述公約和ICSID體制對東道國（主要是發展中國家）的司法管轄權施加限制，並盡量把

它轉交國外機構，此種體制頗有損於東道國主權。作為社會主義國家和發展中國家的中堅力量，中國不宜參加上述公約。（三）主張「積極研究，慎重參加」，認為：上述兩種主張，針鋒相對，都有重要的理論根據。主張「從速參加」者根據的是中國對外開放的基本國策，主張「不宜參加」者根據的是中國維護主權的一貫立場。但是，僅僅根據這些理論原則，還不能準確地和全面地權衡利弊得失，從而對中國應否參加上述公約以及在何種條件下參加該公約的問題，作出科學的決策。為了作出正確的判斷，就必須在上述基本國策和一貫立場的綜合指導下，積極地抓緊對這個公約和ICSID的歷史、現狀以及它們在實踐中的具體運作情況，開展全面、深入的研究，並且在充分了解有關實況和全貌的基礎上，慎重地決定是否參加以及如何參加。

筆者自二十世紀八〇年代中期起參加過有關的政策諮詢和學術研討，並先後主持了兩個科研課題，對ICSID體制以及中國在其中如何趨利避害的問題，進行了較系統的和連續的集體攻關，提供了兩本著作成果和有關建議。本文由兩本著作的「代前言」和「緒論」綜合整理而成，約五點七萬字。為閱讀方便，特在文首列明細目，俾讀者在開卷時便可概見本文論述的內容、層次和脈絡。

中國政府在多方諮詢、研究的基礎上，經過全面的利弊權衡，終於在一九九二至一九九三年完成了簽署和提交批准書的程序，自一九九三年二月六日起，成為《解決國家與他國國民間投資爭端公約》的締約國，接受了ICSID體制。

↘ 目次

對外開放，吸收外資，以促進社會主義經濟建設，是中國長期的基本國策。

覓利，是資本的本性和本能。外商來華投資的主要動力和終極目的，在於尋求最大限度的利潤。利潤的大小，除了經營管理方面的因素之外，主要取決於投資環境的良劣。有經驗、有眼光的投資家歷來重視東道國有關吸收外資的法律規定，將其作為他們綜合判斷投資環境良劣和日後獲利厚薄的主要依據之一。

東道國有關吸收外資的法律規定，是一個比較複雜的綜合體和多面體。它所涉及的諸多問題，大體上可以概括為四個主要方面：（1）對外資施加的保護是否充分、周到；（2）給予外資的待遇是否優惠、友好；（3）對外資實行的管束是否適度、寬鬆；（4）對涉外投資爭端的處斷是否公正、合理。這四個方面，歷來是外國投資人所密切關注的四大關鍵問題。

本文所論述和評介的，是上述最後一個關鍵問題的重要組成部分。

一、問題的提出：在中國境內的涉外投資爭端中，外國的「民」可否控告中國的「官」

東道國為處理涉外投資爭端制定法律規範，一般採取兩種方式或通過兩種渠道：一是實行國內立法，一是締結國際條約。中國也不例外，茲分別簡述如下：

（一）中國國內法關於在華外商控告中國民間當事人的規定

在中國，國內立法規定：中國境內中外合資經營企業的合營各方如在解釋或履行合營合同時發生爭議，應盡量通過友好協商或調解解決。如經過協商或調解無效，則提請仲裁或司法解決。[1] 合營各方根據有關仲裁的書面協議提請仲裁時，可以按照「中國國際貿易促進委員會」所設的「國際經濟貿易仲裁委員會」的仲裁程序規則，進行仲裁；如當事各方同意，也可以在被訴一方所在國或第三國的仲裁機構，按照該機構的仲裁程序規則，進行仲裁。[2] 如合營各方之間沒有關於仲裁的書面協議，發生爭議的任何一方都可以依法向中國的人民法院起訴。[3] 對於中國境內的中外合作企業各方當事人之間的糾紛問題，也有類似的法律規定。[4]

至於設在中國境內的外資獨資企業，在企業內部並無中方合資經營人或合作經營人，如果它與企業外部的其他中國法人或自然人發生經濟合同糾紛，雙方協商或調解不成，任何一方均可依仲裁協議向仲裁機構申請仲裁。當事人沒有訂立仲裁協議或者仲裁協議無效的，可以向中國人民法院起訴。[5] 這裡值得注意的是：即使雙方協商同意，也不得將爭端提交中國以外的仲裁機構進行仲裁。因為，設立在中國境內的外資獨資企業，符合中國法定條件的，依法取得中國法人資格。[6] 它和其他中國法人或自然人之間的經濟合同糾紛，屬於國內經濟合同糾紛，並非涉外經濟合同糾紛，從而理所當然地只能歸由中國的仲裁機構或中國的人民法院管轄和處理。

以上諸項規定，概括起來說，就是：在中國的涉外投資爭端

中，外國的「民」（自然人、企業法人）可以告中國的「民」（自然人、企業法人）。

（二）中國國內法關於在華外商控告中國政府機關的規定

來華投資的外商，包括中外合資經營企業裡的外商合營人、中外合作經營企業裡的外商合作人以及外資（獨資）企業裡的外國投資人，如果他們在投資活動過程中發生爭端的對方並不是中國的一般企業法人或自然人，而是中國的政府當局或其所屬的各級行政機關，那麼，來華投資的外商可否將爭端提請仲裁或逕行起訴？應當歸誰管轄處理？這是外商所特別關注和擔心的。因為，此時他們所面臨的對手，不是「民」而是「官」，是主權國家的擁有行政權力和各種強制手段的各級政府機關。這就牽涉到在中國「民」可否告「官」、外國的「民」可否告中國的「官」、外國的「民」告中國的「官」歸誰審理處斷、審理機構根據什麼原則和標準來判斷是非、審理處斷是否公正持平等一系列具體的法律問題。

「民」可以告「官」。中國的《憲法》對此已經作出明確的規定：中華人民共和國公民「對於任何國家機關和國家工作人員的違法失職行為，有向有關國家機關提出申訴、控告或者檢舉的權利」；「由於國家機關和國家工作人員侵犯公民權利而受到損失的人，有依照法律規定取得賠償的權利。」[7] 根據這一基本精神，為了保護中國公民、法人和其他組織的合法權益，為了維護和監督各級行政機關依法行使行政職權，截至一九八九年三月底，中國已有一三〇多種法律和行政法規明文規定，公民和各種

組織如不服行政機關處理，可以向中國的人民法院起訴。[8]一九八九年四月四日，中國的第七屆全國人民代表大會第二次會議正式通過了審議多年、反覆修訂的《中華人民共和國行政訴訟法》，對「民可以告官」的基本原則和具體辦法，作了更加明確的統一規定：「公民、法人或者其他組織認為行政機關和行政機關工作人員的具體行政行為侵犯其合法權益，有權依照本法向人民法院提起訴訟。」[9]

那麼，來華投資的外國的「民」是否也可以告中國的「官」？中國的現行《憲法》對此雖未作出正面答覆，但已基本上從側面給予肯定：「中華人民共和國保護在中國境內的外國人的合法權利和利益」；「在中國境內的外國企業和其他外國經濟組織以及中外合資經營的企業，都必須遵守中華人民共和國的法律。它們的合法的權利和利益受中華人民共和國法律的保護。」[10]而上述《中華人民共和國行政訴訟法》，則對實際上已經實行多年的原則從法律上和總體上加以更明確的肯定和固定，即「外國人、無國籍人、外國組織在中華人民共和國進行行政訴訟，同中華人民共和國公民、組織有同等的訴訟權利和義務」[11]。

依據中國的上述國內立法，來華投資的外商在投資活動過程中如與中國的各級行政當局發生爭端和糾紛，可以依法「提出申訴、控告或者檢舉」。但是，應當注意：有權受理、審理和處斷的機構，只限於中國的「國家機關」或中國的「人民法院」；判斷是非、解決紛爭所根據的標準和原則，只能是中國的法律規定。換言之，只能適用中國的有關法律和法規來處斷紛爭，只能由中國的國家機關或人民法院作出最後決定。

（三）中外國際條約中關於在華外商控告中國政府機關的規定——ICSID 問題的提出

對於中國的這種國內立法規定，來華投資的外商難免心存疑慮甚至很不放心。儘管多年以來中國的國家行政機關、人民法院或專設仲裁機構在受理和處斷涉外爭端的過程中，基本上做到了依法辦事、公正持平、合情合理，但在外商看來，在涉外的行政訟爭中，被告或被訴人是中國的行政機關或中國的行政官員，他們掌握著行政實權，而處斷爭端的管轄權以及處斷時所適用的法律，又都是屬於中國的，難道審理和處斷中不會發生偏袒、護短和執法不公的現象？一旦發生，如何補救？基於這種心理狀態，他們理所當然地力圖通過雙邊或多邊國際條約的規定，把他們在對華投資過程中所捲入的涉外行政糾紛或行政訟爭的受理權或管轄權，部分地乃至全部地轉移到中國以外去，移交給爭端雙方當事人以外的國際性仲裁庭，適用「國際性」的法律規範和仲裁規則，實行國際裁斷。

這裡所說的雙邊國際條約，主要是指以中國政府為一方，以外國投資者國籍所屬國家的政府為另一方，所締結的關於互相保護國際投資的協定；這裡所說的多邊國際條約，則主要是指一九六五年三月開始出現、迄一九八九年已有九十多個締約國的《解決國家與他國國民間投資爭端公約》（Convention on the Settlement of Investment Disputes Between States and Nationals of Other States）（以下簡稱《華盛頓公約》），以及一九八五年開始出現、迄一九八九年已有四十多個締約國的《多邊投資擔保機構公約》（Convention Establishing the Multilateral Investment Guarantee

Agency）。

實行對外開放國策以來，在一九八二年三月中國政府參加簽訂的第一個雙邊（中國—瑞典）保護投資協定[12]中，並無片言隻字提及業已出現十七年的上述第一種多邊公約。但形勢發展很快，事隔一年多，在一九八三年十月中國政府參加締結的第三個雙邊（中國—聯邦德國）保護投資協定[13]中，應聯邦德國方要求並經中方同意，明文規定：東道國政府為了公共利益需要，可以對外商在東道國境內的投資加以徵收，但必須按照法律程序辦事，並給外商支付補償金；如果雙方（即東道國政府與前來投資的外商）對於有關徵收的補償金數額有爭議，開始協商後六個月內意見未獲一致，則應外商投資者的請求，可以依約定程序組成國際仲裁庭，專對有關徵收的補償金額爭端實行國際裁斷，該國際仲裁庭應參照一九六五年三月的《華盛頓公約》自行確定仲裁程序。[14]特別值得注意的是：雙方針對上述雙邊協定而互相送達的外交換文中，明文商定：

締約雙方同意，在締約雙方都成為1965年3月18日在華盛頓簽訂的《解決國家與他國國民間投資爭端公約》締約國時，雙方將舉行談判，就締約一方的投資者和締約另一方之間的何種爭議如何按該公約的規定提請「解決投資爭端國際中心」進行調解或仲裁，作出補充協議，並作為本協定的組成部分。[15]

可以說，這是中華人民共和國成立三四十年以來，破天荒第一遭在雙邊國際協定及其有關外交換文中，正式地、明確地同意

在對等互惠的基礎上，把在中國境內發生的特定事項（有關徵收外資企業的補償金問題）上的涉外行政訟爭（外國的「民」控告中國的「官」），依照一定的程序，提交給中國以外的國際仲裁庭，實行國際裁斷。這也是中華人民共和國政府第一次間接地表示：可以考慮在日後時機成熟之際參加《華盛頓公約》的可能性，在某種程度上接受「解決投資爭端國際中心」（International Centre for Settlement of Investment Disputes, ICSID）調解或仲裁體制的可能性。

眾所周知，中國有著一百多年飽受半殖民地屈辱、聽憑「領事裁判權」摧殘中國司法主權的痛苦經歷，相應地，有著強烈的「閉關自守」的逆反心理和傳統意識，舉國上下對於多年苦鬥、得來不易的國家主權無比珍惜愛護。在這種特定的、複雜的歷史條件下，實行對外開放政策才三四年時間，就邁出了這樣的第一步：同意把在中國境內發生的特定事項上的涉外行政訟爭，提交國際裁斷，這需要何等的謹慎小心，何等的深思熟慮，何等的膽略氣魄！

自此以後，在中國政府相繼與外國政府（特別與發達國家的政府）分別簽訂的一系列雙邊保護投資協定及其有關換文中，幾乎全都含有類似上述的條款和文字。一九八五年六月，中國與荷蘭簽訂的相互保護投資協定又進一步明確提出：在締約雙方都成為上述公約的簽字國後，「締約雙方將為擴大締約一方與締約另一方投資者之間的投資爭議提交國際調解或仲裁的可能性開展談判。」[16] 這意味著在對外開放和吸收外資工作迅速發展的形勢下，在對華投資外商的強烈要求下，中國政府願意考慮在日後條

件進一步成熟時，將在華外商與中國政府之間的投資爭端提交國際仲裁的範圍，從「有關徵收的補償金額」這個單一特定事項，擴大到其他某些事項，即將補償金這一爭端以外的其他若干種涉外投資行政訟爭，也提交國際裁斷。在這種情況下，適應著客觀形勢的現實需要，中國法學界隨即開始以更大的關注和精力，加強對《華盛頓公約》ICSID這一仲裁體制的探討和剖析，俾便為中國政府當局的決策抉擇提供有益的參考意見，這是理所當然和責無旁貸的。

二、「解決投資爭端國際中心」的由來及其仲裁體制

國際投資，是當代國際經濟交往的常見形式。在國際投資的實踐過程中，資本輸出國與資本輸入國之間、外國投資人與東道國政府之間、外國投資人與東道國公民或公司之間，都有互惠互利的一面，也時有利害衝突的一面。前一面導致國際合作，後一面導致國際爭端。

發生在資本輸入國即東道國境內的涉外投資爭端，應當歸誰管轄或處斷，可大體區分為三類。第一類，如果捲入糾紛的當事人雙方都是主權國家的政府，通常可採取舉行外交談判、提交國際仲裁、訴諸國際法院等方式，謀求解決。第二類，如果當事人雙方是不同國籍的公民或公司，一般應歸東道國的行政主管機關、司法機關或仲裁機構受理處斷；在東道國法律許可的前提條件下，涉訟雙方也可協議將爭端提交設在東道國以外的其他仲裁機構，進行裁決。這些原則，已被當代國際社會所廣泛接受，歧

議不多。但是，第三類，如果捲入涉外投資爭端的當事人，一方是外國投資人，另一方卻是有權管理國家（包括管理境內外商投資活動）的東道國政府或各級行政機關，外國投資人所遇到的問題不是一般的商業性風險，而是行政性風險或政治性風險（如國有化、徵用、禁止兌匯外幣、革命、暴亂、戰爭等），通常總稱「非商業性風險」（non-commercial risks），在此種場合，外國投資人除了可以在東道國境內採取行政救濟手段或司法救濟手段，按照法定程序，訴請東道國上級政府機關或司法機關依法處斷解決之外，是否也可以在一定條件下，要求將有關的行政訟爭，提交東道國境外的國際性仲裁庭，依照東道國法規以外的其他法律規範和仲裁規則，實行國際裁斷？這是一個事關東道國國家主權因而十分敏感的問題。圍繞這個問題，在現代國際社會中，長期以來舌劍唇槍，爭論激烈。

（一）ICSID 出現的歷史背景

第二次世界大戰結束以後，亞洲、非洲、拉丁美洲許多弱小民族相繼掙脫殖民統治的枷鎖，成為政治上獨立，但經濟上仍很落後的發展中國家。它們為了鞏固和發展政治獨立，就必須進一步爭得經濟獨立，即必須進一步從根本上改造國內原有的殖民地經濟結構，擺脫外國資本對本國的經濟控制，獨立自主地掌握本國的經濟命脈，充分地利用本國的自然資源，大力發展本國的民族經濟。在這個過程中，這些國家對於原先根據不平等條約或在強弱地位懸殊條件下簽訂的投資協議、特許協議或合同，予以修改或廢除，對某些涉及本國重要自然資源和國民經濟命脈的境內

外資企業，加以限制、徵用或收歸國有。這就觸犯了外國投資家以及西方原殖民國家即發達國家的既得利益，時時引起矛盾糾紛，甚至尖銳對抗，激烈衝突。

對於外國投資者與東道國政府之間因投資問題引起的爭端，究竟應如何處理？從外國投資者及其所屬的發達國家這一方說來，傳統的做法大體有四種。

（1）由發達國家（資本輸出國、原宗主國或其他殖民主義國家）以「護僑」為名，向發展中國家（資本輸入國、原殖民地或半殖民地）採取經濟制裁、外交保護、軍事威脅等措施，索取巨金賠償，甚至發動戰爭，興兵索債（如1956年的蘇伊士運河事件[17]）。這種做法，嚴重侵犯東道國主權，粗暴干涉東道國內政，完全背離時代潮流，因而往往遭到眾多發展中國家的共同抵制和國際輿論的嚴厲譴責，從而使發達國家在經濟上和政治上都得不償失。

（2）由發達國家的政府作為原告，以東道國政府作為被告，向國際法院起訴，要求司法解決。《國際法院規約》第34條第1款規定：「在本法院得為訴訟當事國者，限於國家。」外國投資者本身不具備主權國家或相當於國家的國際法人資格，不得自行向國際法院直接控告東道國政府，只能尤其國籍所屬的本國政府出面起訴。這種做法，隨著時代潮流的發展，出於前述同類原因，也會給發達國家帶來諸多不便和不利。一九五二年國際法院對英伊石油公司國際投資爭端一案的著名判決[18]，便是典型事例之一。

（3）由外國投資者向一般的國際仲裁機構請求仲裁。此種

途徑，對於外國投資者即申訴人說來，障礙和困難更多。因為作為被訴人的東道國，是主權國家而不是一般的商事組織，它可以主張主權豁免，拒絕參加仲裁程序或拒絕執行仲裁裁決。一般的國際仲裁機構雖擅長於解決國際商事組織之間的商事爭議，但對於當事人之一方為主權國家的國際投資爭端，往往顯得無能為力，因為它在這方面缺乏有效的特定機制和有約束力的特定規則。

（4）由外國投資者向東道國的行政機關或司法機關提出申訴或逕行起訴。此種途徑，在外國投資者看來，乃是「下策」，他們擔心東道國的受理機關難免有所偏袒，執法不公。

總之，從外國投資者及其所屬的發達國家看來，上述四種傳統的救濟手段，都因形勢的發展而存在重大缺陷，不能滿足他們的現實需要。於是，他們的法學智囊們力圖設計出一種新的、能夠較為有效地約束東道國而「副作用」又較少的救濟手段和國際機制，以彌補上述諸般缺陷。

但是，他們所提出的原有設計方案，不能不遭到吸收外資的東道國──眾多發展中國家的抵制和反對。

一般說來，實行資本輸出的發達國家為了保護本國海外投資家的利益，都極力鼓吹將前述第三類涉外投資爭端，即外國投資者與東道國政府之間的投資爭端，提交具有特殊機制和特定規則的國際性仲裁庭，按照他們愜意的「國際法」規範，實行國際裁斷，從而避開東道國政府或法院的管轄，抵制東道國法律的適用。反之，吸收外資的發展中國家為了維護自己的主權權益，力主應當按照國際法上公認的「屬地優越權」（territorial supremacy）

原則，將前述第三類涉外投資爭端歸由東道國的政府或法院管轄、受理，並且根據東道國的法律判明是非，加以處斷。

正是在上述背景下，一九六二年，聯合國所屬專門機構「國際復興開發銀行」（即「世界銀行」）主持起草了正在設想中的有關《華盛頓公約》的「初步草案」（preliminary draft），先後提交在非洲（埃塞俄比亞的亞的斯亞貝巴）、美洲（智利的聖地亞哥）、歐洲（瑞士的日內瓦）以及亞洲（泰國的曼谷）召開的四次「區域性會議」，較為廣泛地徵求了全球各主要地區各類國家法學專家們的意見，並開展討論。在這個過程中，來自八十六個國家的專家們由於其所屬國家利害的矛盾或對立，各方見仁見智，很難統一。一方面，面對眾多弱小民族力爭政治經濟獨立自主這一歷史潮流，發達國家既無法說服也無法壓服發展中國家；另一方面，基於繼續吸收外資的現實需要，發展中國家雖不肯輕率接受也不能全盤拒絕發達國家的上述要求。經過數年激烈的論戰和反復多次的修改，兩大國家營壘終於在一九六五年初逐步達成了妥協性的共識，在「世界銀行」主持下擬定了《華盛頓公約》的正式文本，並於一九六五年三月十八日開始在「世界銀行」總部所在地美國首都華盛頓市開放，接受各國簽署參加。《華盛頓公約》第68條規定，至少應有二十個國家依照各自的憲法程序正式批准參加締約，該公約才能生效。一九六六年十月十四日，荷蘭作為第二十個國家完成了批准締約的全部手續，《華盛頓公約》開始生效。隨即根據《華盛頓公約》第1條的規定，正式設置了「解決投資爭端國際中心」（以下簡稱「ICSID」），作為根據《華盛頓公約》授權負責組織處理特定國際投資爭端

（即前述第三類涉外投資爭端）的常設專門機構，開始運作。

（二）ICSID 仲裁體制的基本框架和運作原則

《華盛頓公約》共75條，它設定了ICSID仲裁體制的基本框架和運作原則，其主要內容可概述如下：

（1）締約主旨，在於專為外國投資者與東道國政府之間的投資爭端，提供國際解決途徑，即在東道國國內司法程序之外，另設國際調解和國際仲裁程序。[19]

（2）根據《華盛頓公約》，創設ICSID。ICSID本身並不直接承擔調解和仲裁工作，而只是為解決上述類型的國際投資爭端提供各種設施和方便；為針對各項具體爭端而分別組成的調解委員會或國際仲裁庭，提供必要的基本條件，便於它們開展調解或仲裁工作。[20]

（3）《華盛頓公約》所適用以及ICSID所登記受理的國際投資爭端，僅限於外國投資人（即「他國國民」）與東道國政府之間直接因國際投資而引起的矛盾糾紛或行政訟爭。這裡所說的「外國投資人」或「他國國民」，是專指具有東道國以外的其他締約國國籍的任何自然人或法人。但是，有些法人雖具有東道國國籍，事實上卻歸外國投資者控制，如爭端雙方同意，也可視同「外國投資人」或「他國國民」。《華盛頓公約》和ICSID不適用、不受理資本輸出國政府與資本輸入國政府之間的投資爭端；不適用、不受理外國投資人與東道國公民或公司之間的投資爭端；不適用、不受理外國投資人與東道國政府之間並非直接因國際投資引起的其他爭端。[21]

（4）外國投資人與東道國政府之間的每一項投資爭端，必須事先經爭端雙方當事人書面表示同意提交ICSID調解或仲裁，後者才有權登記受理。否則，它就缺乏受理、管轄的法定前提。任何締約國都可以在批准或認可本公約的當時或其後任何時間，通知ICSID，列舉何種爭端打算提交ICSID管轄，或何種爭端不打算提交ICSID管轄。但此類一般性的同意表態並不構成也不能取代前述對每一項爭端提交ICSID管轄的具體表態和書面同意。此外，任何締約國如尚未就願意提交ICSID管轄的具體投資爭端明確表態，就不得僅僅因為它批准加人或認可了本公約，便據以認定它已經承擔了將任何特定投資爭端提交ICSID調解或ICSID仲裁的任何義務。[22]

凡雙方已經書面表示同意提交ICSID管轄的爭端，應當受到三項限制：一是當事人任何一方不得片面撤回其書面同意。[23]二是除非另有聲明，提交ICSID仲裁應視為雙方同意排除其他任何救濟辦法。但東道國可以要求優先用盡當地的各種行政救濟手段或司法救濟手段，作為它同意提交ICSID仲裁的條件。[24]三是對於已經書面同意提交ICSID仲裁的爭端，投資者國籍所屬國家不得另外主張給予外交保護或提出國際索賠要求，除非東道國不遵守和不履行對此項爭端所作出的裁決。[25]

（5）《華盛頓公約》規定用以解決前述特定國際投資爭端的基本途徑，有調解程序與仲裁程序兩種，爭端當事人可自行商定，擇一採用。採用調解程序，是在當事人之間進行斡旋，使當事人就雙方經過妥協退讓後均可接受的條件達成協議。[26]採用仲裁程序，則是根據法律規定對爭端作出有法律約束力的、終局

性的仲裁裁決。對於此類裁決，不但爭端當事人應當遵守、履行，而且本公約的所有締約國都應當承認它具有法律約束力，並應視同各該本國國內法院的終審判決，在各自的領土疆域內，執行該項裁決所科予的金錢義務。[27]

但是，《華盛頓公約》又作出兩種例外規定：第一，各締約國有權依據本國現行法律，在本國國境內，使本國或任何外國豁免於上述裁決的強制執行。[28] 第二，如果具備下述理由之一：仲裁庭的組建不當、仲裁庭顯然越權、仲裁員之一有受賄行為、仲裁過程嚴重違反基本的程序規則、裁決未闡明它所依據的理由，那麼，爭端當事人的任何一方都有權向ICSID祕書長提出書面申請，請求撤銷裁決，並在該裁決撤銷之後，申請將爭端提交另行組建的新仲裁庭重新仲裁。[29]

（6）對提交ICSID進行國際仲裁的投資爭端，仲裁庭應當依據爭端當事人雙方協商同意適用的法律規範，加以裁斷處理。如雙方未達成此種協議，仲裁庭應當適用作為爭端當事國的締約國（即吸收外資的東道國）的法律（包括該國的衝突法規範）以及可以適用的國際法規範。如果爭端雙方當事人協商同意，仲裁庭也可以依據公平善意原則裁斷爭端。[30]

（7）ICSID本身設「行政理事會」和「祕書處」兩個機構。「行政理事會」由締約國各派代表一人組成，「世界銀行」行長兼任行政理事會的當然主席。[31]「祕書處」設祕書長、副祕書長及若干工作人員。正、副祕書長均由「行政理事會」選舉產生，是ICSID的法定代表人和主管官員；同時執行類似於法庭書記官的任務，對爭端當事人雙方協議提交ICSID管轄、要求給予

調解或仲裁的案件，預先審查，認為符合《華盛頓公約》規定的受理條件後，應立即予以登記受理，並進一步進行調解委員會或仲裁庭的組建工作。[32]

（8）ICSID應備有「調解員名冊」和「仲裁員名冊」各一份，供投資爭端當事人選擇，指定聘請。本公約的每一締約國可以就每一種名冊各指定四人參加。所指定的人員，可以是各該本國國民，也可以是外國人。另外，「行政理事會」主席有權就每一種名冊各指定十人參加，但這些被指定的人應各具不同的國籍，並且注意使兩種名冊都能代表世界各種主要的法律制度和主要的經濟體制，從而具有較廣泛的代表性。所有被指定列入各名冊的調解員和仲裁員，都應當是品格高尚，被公認為在法學、商務、工業或金融方面深具才識，能作出獨立判斷的人士。其中的仲裁員，在法學方面的才識尤為重要。[33]

《華盛頓公約》的主要條款以及ICSID據以運作的主要原則，大體如上。不難看出，在這些主要條款和主要原則之中，始終貫穿著兩大線索：

第一，締結《華盛頓公約》和設置ICSID的實際宗旨，說到底，就是為了切實保障資本輸出國（絕大部分是發達國家）海外投資家的利益。《華盛頓公約》明顯地體現了發達國家的基本立場：儘可能把本來屬於東道國（絕大部分是發展中國家）的境內投資領域中涉外行政訟爭的絕對管轄權和法律適用權，轉交給國際組織。它在相當程度上，實現了發達國家的這一目的。可以說，《華盛頓公約》的簽訂，為外國的「民」以「原告」（申訴人）身分到東道國國境以外去直接控告東道國的「官」，提供了「國

際立法」上的根據。事實上，ICSID成立以來受理的投資爭端案件中，除極個別例外，東道國政府都是直接處在「被告」（被訴人）的地位。這也是本公約不同於其他有關仲裁的國際公約、ICSID不同於其他國際商事仲裁機構的一大特色。

第二，在資本輸入國（絕大多數是發展中國家）方面，出於吸收外資的現實需要，在全面權衡利弊得失之後，原則上同意對於本國境內有關投資的涉外行政訟爭的絕對管轄權和法律適用權，作出局部的自我限制和向外轉移。但是，出於對國際資本貪婪本性的高度戒心，出於對得來不易的本國主權的高度珍惜，又不得不層層設防，力爭把本來就屬於自己的上述爭端管轄權和法律適用權，儘可能地保留在自己手中。《華盛頓公約》中的若干重要條款（諸如前述第（4）點中提到的有關「逐項事先書面同意」和「締約之後允許保留」之類的規定），相當明顯地體現了發展中國家的戒心和防範。

由此可見，《華盛頓公約》和ICSID既是發達國家與發展中國家利害衝突的產物，又是雙方互相妥協退讓的產物。其中有國際爭鬥的記錄，也有國際合作的記錄，這兩種記錄交錯在一起，綜合地反映了二十世紀六〇年代中期國際舞臺上雙方實力的實際對比。

自從一九六六年十月《華盛頓公約》正式生效、ICSID開始運作以後，一方面，這種體制在實踐中暴露出種種問題，另一方面，它在解決國際投資爭端和促進國際經濟合作中也發揮了一定的積極作用。約二十年間，隨著國際社會各類成員之間經濟上互相依存關係的加深和加強，參加締約的國家逐漸增加。截至一九

八九年四月二日，《華盛頓公約》的正式締約國成員已達九十一個，另外還有六個國家已經簽署，但尚未提交正式批准書[34]（1990年以來《華盛頓公約》締約國成員和ICSID的發展情況，見本文第五部分）。

　　據ICSID機關刊物報導：自一九六六年十月ICSID組建並開始運作至一九八七年一月底，約二十年中一共受理國際投資爭端二十一起，其中提交仲裁十九起、提交調解二起。值得注意的是：在這二十一起爭端案件中，除一起外，其餘各案全部是以外國投資者為原告（申訴人），以吸收外資的東道國為被告（被訴人）；而這些被告東道國，除歐洲一國——冰島以外，又全部都是亞洲、非洲、拉丁美洲的發展中國家，諸如非洲的摩洛哥、象牙海岸（今譯「科特迪瓦」）、剛果、尼日利亞、喀麥隆、塞內加爾、利比里亞、幾內亞、埃及、突尼斯、馬達加斯加；拉丁美洲的牙買加、特立尼達和多巴哥；亞洲的印度尼西亞等。[35]

　　ICSID開始運作以來，儘管受理和處斷的國際投資爭端案件不多，但它所獨具的特殊體制和功能，畢竟為外國投資者提供了一個可以到東道國以外去「控告」東道國政府的特殊場所和專設機構，從而成為外國投資者在海外投資活動中的一個重要精神支柱或希望所托。適應著鼓勵他們積極投資的現實需要，許多雙邊性投資保護條約或協定都明文規定了「ICSID條款」即締約雙方事先約定在特定條件下和特定範圍內將日後可能在東道國境內發生的「民告官」涉外投資爭端，提交ICSID管轄、處斷。據ICSID統計，至一九八七年春，至少已有一〇八項雙邊性投資保護條約或協定列有「ICSID條款」另有一些雙邊性投資保護條約或協定

提到了在發生爭端時採用ICSID附屬設施程序的可能性。外國投資者與東道國有關機關簽訂的投資協定中列有「ICSID條款」的，更是不勝枚舉。由「亞非法律諮詢委員會」[36] 擬訂的《鼓勵和保護投資雙邊協定範本》，也設想可以把有關的國際投資爭端提交ICSID仲裁。至於像埃及、幾內亞、象牙海岸、貝寧、馬達加斯加、毛里塔尼亞、摩洛哥、突尼斯、扎伊爾、多哥、斯里蘭卡等發展中國家，直接在國內頒行的外資法規中明文規定：把提交ICSID管轄（調解或仲裁）作為解決該國涉外投資爭端的途徑之一，這意味著「ICSID條款」已經開始進一步直接闖入某些發展中國家的國內法領域。這種現象，也頗引人注目。[37]

以上情況表明：ICSID在國際投資領域中的影響和功能，正在緩慢而又穩步地擴大之中。

為了配合ICSID工作的開展，並促進國際投資的活躍，ICSID組織出版了一系列有關國際投資問題的書刊。其中比較重要的是：《華盛頓公約立法史》（四卷集）、《世界各國投資法彙編》（十卷集）、《投資條約彙編》（二卷集），《ICSID評論：外國投資法學刊》等等。一九八三年以來，ICSID多次與國際商會所設的「國際商事仲裁院」「美國仲裁協會」聯合主辦一年一度的國際商事仲裁問題學術討論會，顯得比較活躍。

《投資條約彙編》中所載明的各種「ICSID條款」對於尚未加入《華盛頓公約》而正在考慮是否加入或如何加入的國家說來，很有深入研究和比較參考的價值。這個條款的實質就是規定東道國願意在何種條件下和何種程度上把原屬本國的涉外投資爭端管轄權轉移給ICSID。從發展中國家的角度看來，此事直接關

係到國家主權和經濟發展，決策不可不慎，既要防止觀念僵化，盲目排外，又要防止授人以柄，作繭自縛。由於各國國情不同，所以在各類保護外國投資的雙邊協定中，其「ICSID條款」的具體內容和措辭，也字斟句酌，各有特色。歸納起來，大體可分為以下幾種類型：

（1）籠統地規定願將東道國政府與他國國民之間的投資爭端提交ICSID調解或仲裁，未加前提條件限制，也未限定可以提交的爭端範圍。此類規定，對發展中國家說來，約束力最大。

（2）抽象地規定在外國投資者提出要求時，東道國政府願意「鄭重考慮」或「適當考慮」將上述國際投資爭端提交ICSID裁斷的「可能性」此類規定，約束力最小。

（3）把ICSID與國際商會的「國際商事仲裁院」等並列，作為受理和解決上述國際投資爭端的機構之一，加以選擇。此類規定，約束力也很小。

（4）明確規定：遇有上述國際投資爭端，應當首先在東道國境內用盡當地各種行政救濟手段和司法救濟手段，如爭端仍未解決，經雙方同意，可提交ICSID裁斷。此類規定，有利於東道國在一定程度上「留權在手」但一旦同意提交ICSID裁斷，就存在ICSID裁決否定東道國判決的可能性，使ICSID的裁決權凌駕於東道國的司法權之上。

（5）明確規定保留條件或保留項目。如：凡涉及東道國經濟命脈或重要礦產資源的上述國際投資爭端，或者凡涉及東道國國家主權行為的國際投資爭端，概不提交ICSID管轄、受理。此類規定，頗有利於東道國保護境內最主要的自然資源和經濟主

權，但卻削弱了外國投資者對開發這些資源的投資積極性。

（6）嚴格限定可以提交ICSID管轄的具體爭端範圍。例如，東道國只同意將由於徵用外資企業或將其收歸國有所引起的賠償金額爭端，提交ICSID裁斷。本國境內其他性質或其他範圍的涉外投資行政訟爭，概由本國司法機關管轄、受理。換言之，對於其餘涉外投資行政訟爭的管轄權，概不向外轉讓。此類規定，抓住了外國投資者最為關注的徵用賠償金或國有化賠償金這一要害問題，同意在一定條件下將有關爭端提交ICSID管轄處斷。它具有兼顧東道國主權權益和外國投資者合法權益的特點和優點，但其利弊得失，尚有待於在長期實踐中全面權衡，認真總結。

三、中國與「解決投資爭端國際中心」早期關係的發展進程

進程直到二十世紀八〇年代末，中國迄未參加《華盛頓公約》，從而尚未接受根據《華盛頓公約》設立的ICSID這一體制。但是，這並不意味著在八〇年代末以前中國與《華盛頓公約》及ICSID之間毫無連繫。

一九六五年三月《華盛頓公約》在華盛頓開放接受各國簽署之後，當時臺灣當局曾以「中華民國」的名義於一九六六年一月十三日簽署了該公約，其後又在一九六八年十二月十日辦了批准手續。事隔十餘年，ICSID從中華人民共和國方面獲得信息，得知中國政府正在考慮和研究參加上述公約的可能性，遂於一九八〇年十月二日在ICSID的「行政理事會」第十四屆年會上作出決

定，將臺灣當局從《華盛頓公約》締約國名單上勾消除名，並靜候中國政府作出新的決策。

如前所述，自一九八三年十月以來，中國政府在對外簽訂的一系列有關相互保護投資的雙邊協定中，多次表示願意考慮日後成為《華盛頓公約》締約國以及在某種程度上接受ICSID體制的可能性。[38]一九八五年十月以後，情況又有新的重要發展。這主要是指國際社會中又出現了一個與上述公約和ICSID有密切「血緣」連繫的、新的多邊公約，即《多邊投資擔保機構公約》（簡稱《MIGA公約》，而中國已經在一九八八年四月二十八日簽署並隨即批准了這個新公約，從而成為該公約的正式締約國。相應地，中國與《華盛頓公約》及ICSID也就多了一層間接的關係。

一九八五年出現的《多邊投資擔保機構公約》與一九六五年出現的《華盛頓公約》，兩者雖相隔二十年，但都緊扣國際投資「風險」這同一主題，又都是在同一世界性組織——「世界銀行」倡議和主持下締結的，兩者的業務和功能，互相呼應，緊密配合，交叉滲透，相輔相成，因此不妨說這兩個公約是「姐妹公約」；根據兩個公約先後分別成立的機構，即ICSID和「多邊投資擔保機構」，是「姐妹機構」。具體而言，ICSID通過受理和組織處斷國際投資爭端，為海外投資家在東道國所可能遇到的非商業性風險，提供法律上的保障；「多邊投資擔保機構」則通過直接承保這種非商業性風險，為海外投資家提供經濟上的保障，並且進一步加強法律上的保障。兩者可謂「殊途同歸」，其共同的主要宗旨都在於通過「國際立法」，切實保護海外投資家（主要來自發達國家）的切身利益。

《多邊投資擔保機構公約》於一九八五年十月在世界銀行年會上通過以後，即對世界銀行各成員國以及非成員國瑞士開放簽字。一九八八年四月十二日，交存締約批准書的國家達到了這個新公約第61條所要求的數目（二十個），使這個新公約正式開始生效。經過短短三個多月時間，截至一九八八年八月五日，參加這個新公約的成員國迅速增加了一倍多，達到四十四個，其中十二個是輸出資本的發達國家，三十二個是輸入資本的發展中國家，包括中國在內。[39]一九八九年一月二十五日，「多邊投資擔保機構」的董事會審議批准了一份有關投資保證（保險）的標準合同，使這個「多邊投資擔保機構」從此以後可以在標準合同條款的基礎上，與前來「投保」的海外投資家逐一簽訂「投資保證（保險）合同」。在一九八九年第一季度中，就有分布於十五個國家各種項目的外來投資家們提出了二十八份投保申請書，登記在案，等候審議，[40]從而使「多邊投資擔保機構」這個國際性的投資保險專業機構在開張營業的最初階段就呈現出比較活躍、興旺的景象，引起發展中國家與發達國家的普遍重視。

　　《多邊投資擔保機構公約》中關於解決投資保險「代位索賠」爭端的條款，特別值得中國加以注意。根據這個新公約設立的國際投資保險體制，外國投資家就其在發展中國家締約國境內的投資向「多邊投資擔保機構」「投保」並簽訂了保險合同之後，一旦發生合同所「承保」的風險事故，「多邊投資擔保機構」依約向「投保人」支付了賠償金之後，就取代了該「投保人」在法律上的債權人地位，有權向上述投資所在的東道國政府實行「代位索賠」[41]。如因「代位索賠」引起「多邊投資擔保機構」與東

道國締約國之間的爭端，則依這個新公約第57條第二款規定：

本機構（指「多邊投資擔保機構」）作為投資者代位人有關求償權的爭端，應按本公約附件II中規定的程序予以解決；或者按本機構與有關締約國日後達成的協議予以解決。在後一種情況下，本公約附件II應作為此類協議的依據。[42]

這裡如此反覆強調的「本公約附件II」所規定的程序，其最主要的內容之一，就是把「多邊投資擔保機構」與ICSID這兩種用以保護國際投資的國際機構串聯起來，使其充分發揮綜合功能。例如，按本公約附件II規定，如果「多邊投資擔保機構」與上述投資所在的東道國之間在規定期限內未能就有關「代位索賠」爭端組成國際仲裁庭問題達成協議，則：

應由「解決投資爭端國際中心」的祕書長根據爭端當事人雙方的聯合請求任命尚未指定的仲裁員或尚未選出的庭長。[43]

此外，還進一步規定：

除非本附件另有規定，或爭端雙方另有協議，仲裁庭應當決定有關的仲裁程序。在這方面，仲裁庭應當接受《解決國家與他國國民間投資爭端公約》改採用的仲裁規則的指導。[44]

除非爭端雙方另有協議，支付給仲裁員的各種費用和酬金，應當根據「解決投資爭端國際中心」仲裁所採用的收費率核定。[45]

由此可見，「多邊投資擔保機構」通過上述諸項規定，就把解決國際投資保險「代位索賠」爭端的有關事宜，包括仲裁員的指定、仲裁規則的確立、仲裁費用的核收等等，都與「解決投資爭端國際中心」這一機構及其有關體制掛上了鉤。

　　由此可見，任何國家，儘管它還未參加《華盛頓公約》，還未接受ICSID的調解或仲裁體制，只要它已經加入《多邊投資擔保機構公約》並成為締約國，那麼，通過後者有關條款的規定，以後者作為「中介」和橋梁，這個國家就在一定程度上認知和肯定了ICSID體制及其有關功能的客觀存在，並且間接地與ICSID體制添加了一層若有若無、若無若有的微妙關係。

　　在這種客觀形勢的進一步發展之下，作為《多邊投資擔保機構公約》的締約國和正式成員的中華人民共和國，仔細地研究ICSID體制，顯然具有更大的現實性和緊迫感。只有在仔細地研究ICSID體制的基礎上，才能就中國是否應當正式加人《華盛頓公約》以及在何種條件下方可參加此項公約等問題，作出科學的抉擇和正確的決策，這是不言而喻的。

四、關於中國應否參加《華盛頓公約》、可否接受「解決投資爭端國際中心」仲裁體制的分歧意見

　　一般說來，中國法學界對於本國應否參加《華盛頓公約》從而接受ICSID體制等有關問題，在比較廣泛的範圍和比較高的層次上展開認真討論，大體上開始於一九八五年。中國國際法學會在一九八六年的學術討論會上曾把它作為重要專題，開展學術爭

鳴。[46]

論者見仁見智，歧議甚多。但大體可歸納為三種主張：（1）為了促進開放，應當從速參加；（2）為了珍惜主權，絕對不宜參加；（3）積極加強研究，慎重考慮參加。茲分別簡介有關觀點如下：

（一）主張「為了促進開放，應當從速參加」者的主要論據

國內法學界有些人士認為：為了認真貫徹和大力促進經濟上對外開放這一基本國策，為了進一步改善外商在華投資的法律環境，為了解除外商來華投資的顧慮和疑懼，從而更多更快地吸收中國「四化」建設所急需的大量外來資本，中國應當當機立斷，迅即參加上述公約和接受ICSID體制。此派人士所持理由主要是：

第一，中國在經濟上實行對外開放以來，在吸收外資以促進「四化」建設工作方面業已取得顯著成績和效益。但外商對華投資的積極性、數量和速度，較之實際的需要和潛在的可能，還有很大差距。其主要原因之一，在於還有不少外商認為中國的投資環境還不夠好，保護外資的法制還不健全，公正、公平地處斷涉外投資爭端的法律保證還不完備。長期的閉關自守政策以及「文革」時期極左路線、盲目排外的做法，都使他們記憶猶新，心有餘悸。因而在對華投資方面心存疑懼，趑趄不前。他們擔心中國的政策多變，隨時可能對在華外資實行各種限制，甚至徑予徵收或國有化，使他們的在華權益遭到各種非商業性的風險；他們尤其擔心一旦發生了這些風險事故，從而與中國行政當局發生爭端時，如果只侷限於尋求當地的行政救濟或司法救濟，可能投訴無

門，也可能受理機關執法不公，蓄意偏袒，使爭端無從公平妥善地解決。因此，他們強烈希望把中國境內的涉外投資爭端盡多地提交國際仲裁，排除中國的管轄。事實上，有的發達國家迄今未能和中國就雙邊保護投資協定達成協議，其重要原因之一，就在於中國不同意對方提出的要求將東道國與外國投資者之間的全部爭議或大部爭議提交ICSID實行國際仲裁。[47] 儘管中國一再強調外商的上述疑懼和擔心是多餘的、不必要的，但並不能使外商真正摒除顧慮。為了更有力地證明中國的對外開放確實是長期的基本國策，中國對於切實保護外商合法權益和公平處斷涉外投資爭端確有最大的誠意和決心，中國就應當果敢地採取實際行動，從速參加上述公約，接受ICSID仲裁體制。這就進一步改善了在華投資的法律環境，更加有效地消除外國投資家的疑慮，從而使他們增強對華投資的信心和安全感，加快對華投資的步伐，擴大對華投資的規模。儘管此舉在某種程度上限制了中國對境內涉外投資爭端的絕對管轄權，但權衡利弊，歸根結底，這對中國的「四化」建設還是有利的。

第二，上述公約和ICSID出現後二十多年間，簽署國和締約國穩步增加，迄二十世紀八〇年代末已達九十七個，其中發展中國家占三分之二左右。如此眾多的發展中國家業已參加上述公約，並在不同程度上認可了ICSID體制，說明這個公約和ICSID體制的基本內容和基本原則，是一般發展中國家所可以接受的。這種現實，值得中國借鑑。須知：中國也是一個發展中國家。

第三，中國從速參加上述公約和接受ICSID體制，既有利於實行對外開放的國策，又無損於中國一貫堅持的國家主權原則。

《華盛頓公約》在一定程度上肯定了國際投資爭端原則上應服從東道國國內管轄並受東道國法律調整。例如，《華盛頓公約》的「序言」首先承認：國際投資爭端「通常受各國的法律程序管轄」；第26條規定，東道國有權要求，用盡當地行政救濟和司法救濟，作為同意把有關爭端提交ICSID仲裁的前提條件；第42條第一款規定，在當事人未達成法律選擇的協議時，仲裁庭應首先適用東道國的國內法。因此，涉外投資爭端的ICSID解決（即國際裁決）是對國內解決的一種補充，而不是對後者的取代。這就劃清了涉外投資爭端的國內解決與ICSID解決的主次關係，符合發展中國家的主張，具有一定的進步意義。

第四，《華盛頓公約》建立了簡便、有力的承認與執行裁決的制度，特別強調ICSID裁決的約束力，明確規定各締約國負有加以承認並在境內加以執行的義務，[48] 從而消除了通常情況下承認與執行外國裁決可能遇到的種種障礙，便於爭端得到徹底的解決。

第五，儘管《華盛頓公約》還存在一些重大缺陷，其中的某些條款甚至對發展中國家是不利的，但從整體上看，《華盛頓公約》的積極因素和合理之處還是主要的；其中存在的缺陷和弊端，各締約國可以在實踐中通過努力加以克服；或者採取揚長避短、趨利避害的辦法，加以抵制。諸如：對於《華盛頓公約》中不利於發展中國家的條款，在加入《華盛頓公約》之際就聲明保留，不受約束；還可以依據進步的、符合時代潮流的法理精神，對有關條文作出合理的法律解釋，避免其不利影響。

（二）主張「為了珍惜主權，絕對不宜參加」者的主要論據

國內法學界另一些人士認為：對中國說來，實行對外開放和大量吸收外資，確屬十分必要。但是，維護主權，獨立自主，是對外開放和吸收外資的前提和基礎。上述公約和ICSID體制對東道國（主要是發展中國家）的司法管轄權施加限制，並盡量把它轉交國外機構，此種體制頗有損於東道國主權。作為社會主義國家和發展中國家的中堅力量，中國不宜參加上述公約。此派人士所持主要理由如下：

第一，主權國家對於本國境內一切人、物和事項，享有管轄權，只有「國家豁免」和「外交豁免」等少數例外。這是舉世公認的國際法基本原則。它既古老，又新鮮。說它古老，因為它由來已久；說它新鮮，因為它不斷受到強權國家的否定和限制，至今新的論爭，依然層出不窮。眾多發展中國家都原是弱小民族，多年喪權辱國的慘痛歷史至今記憶猶新，它們對於經過長期奮鬥犧牲得來不易的民族獨立和國家主權，不能不備加珍惜。中國現行的對外開放國策，迥異於歷史上的門戶洞開。鼓勵對華投資從而利用外資促進「四化」，也應時刻不忘珍惜和維護國家主權這個最基本的前提。對於在華外資和外商，中國的法律已予多方保護和鼓勵，其中包括允許將境內「民間的」涉外投資爭端，即外國的「民」（自然人或企業法人）控告中國的「民」的投資爭端，在雙方協議的前提下，提交中國以外的仲裁機構，加以裁斷。這是對民法上和國際私法上「當事人意思自治」原則的充分尊重，也是符合國際慣例的。

至於中國境內的「民告官」爭端，所涉及的大多是有關國家

施政方面的問題，事關國家權力、行政法規和行政行為，屬於國內公法範疇。在中國境內的行政訟爭中，如果原告是中國公民或中國法人，爭端的管轄權和處斷權只能屬於中國的上級行政機關、司法機關或仲裁機構。縱使涉訟雙方協商一致，也不允許提交國際仲裁。換言之，「當事人意思自治」原則在這裡是不適用的。在中國境內的行政訟爭中，如果原告是外國公民或外國法人，按中國《行政訴訟法》以及其他行政法規、經濟法規的有關規定，其受理、管轄和處斷的部門，也只限於中國的行政、司法機關或仲裁機構。中國的《行政訴訟法》規定：外國人、外國組織在中國進行行政訴訟，與中國公民、組織享有同等的權利。允許他們在中國境內控告中國的政府機構及其工作人員，這已是賦予外國人以相當寬厚的「國民待遇」；如果再進一步籠統地同意他們將發生於中國境內的行政性的涉外投資爭端，避開中國有關部門的管轄，提交國際仲裁，提交ICSID管轄，其實質就是允許他們以中國政府為被告，就中國國家機關的施政權力和施政行為，在中國國境以外提出質疑、挑戰和控告，並由外國的機構裁斷處理，這不但有損於中國國家的尊嚴，有損於中國的國家主權，意味著放棄了「屬地管轄」原則，而且意味著縱容外國人享有中國人自己也不能享有的特權。

　　誠然，中國如果加入上述公約和接受ICSID體制，可以進一步改善在華投資的法律環境，消除外商疑慮，但是，投資環境是一個十分複雜的綜合體，涉及稅收優惠、為政清廉、辦事效率、人員素質、能源供應、交通運輸、通信設施等多方面的問題。現階段中國影響吸收外資的因素很多，投資環境需要認真綜合治

理，不能指望通過參加上述公約，外資就會滾滾而來。貿然參加《華盛頓公約》，弊大於利，實屬不宜。

第二，上述公約出現以後直至二十世紀八〇年代末，參加締約的，除二十多個發達國家外，還有七十多個發展中國家，後者約占全數締約國的三分之二，這誠然是事實。但是，全世界還有六十多個發展中國家，其中包括人口數億的大國印度，儘管也十分需要外資並且正在大力吸收外資，卻一直對上述公約持觀望態度，不肯貿然加入，以免把本來屬於自己的對於本國境內行政性涉外投資爭端的管轄權，輕易地拱手讓與他人，這也是事實。他們的取捨標準和行事準則，同樣也值得中國認真借鑑。此外，還應當看到：中國既是一個發展中國家，又是一個社會主義國家。它對堅持國家主權、經濟獨立自主等問題的看法和態度，既有相同於一般發展中國家的一面，又不能不有更深遠更全面的考慮。即使單就中國是發展中國家這一點而言，它是「安理會」的常任理事國，是擁有十幾億人口的大國，它所承擔的國際責任和行事的國際影響，客觀上與一般的發展中國家有很大不同。它的一舉一動，必舉世矚目，不能不備加慎重。一句話，中國的這些國情特色，是應當認真考慮的。

第三，用「一分為二」的辯證方法，對上述公約的條款進行「兩點論」的分析，分別指出其積極面和消極面、優點與弊端，以便使人們對整個《華盛頓公約》有比較全面的認識，這是必要的。但是，正確的辯證法離不開唯物論，「一分為二」的前提是實事求是，如實地反映事物的本來面貌。整個《華盛頓公約》的主要宗旨，就是要把本來屬於東道國的對於境內行政性涉外投資

爭端的絕對管轄權和法律適用權，儘可能地轉移到國外去，移交給ICSID。這一主旨，自始至終是貫穿於《華盛頓公約》整體的。作為發展中國家的法律學人，尤其應當清醒地意識到這一點。誠然，《華盛頓公約》中的若干條款留下了當年參加草擬本公約的發展中國家代表據理力爭的痕跡，體現了它們的戒心和防範，但是，此方的層層設防，實出於彼方的步步進逼；而且，除了前述的「事先逐項同意」條款和「事後追加保留」條款[49]等寥寥數條之外，其他各種設防實際上並不能有效地遏止進逼。主張「從速參加」本公約的學者用以論證本公約「具有一定的進步意義」的三點論據，即前述「序言」的某些字眼、第26條以及第42條第一款的有關規定，究其實際作用，不過是「虛晃一槍」或「無效設防」請看「序言」中這一段文字的整個句子：

各締約國……深信此類爭端（指國家和他國國民間投資爭端）雖然通常受各國的法律程序管轄，但是在某些情況下，採取國際解決方法可能是適當的；特別重視提供國際調解或仲裁的便利，各締約國和其他締約國國民如果有此要求，可將此類爭端提交國際調解或仲裁，現共同議定下列各項：……

明眼人不難看清：在這個長句裡，緊接「雖然」之後的字眼，顯然只是虛詞飾語，欲擒故縱；緊接「但是」之後的言辭，才是緊扣《華盛頓公約》主旨，畫龍點睛！對此，發展中國家豈能不洞察其「立法本意」？

按《華盛頓公約》第26條的規定，東道國的行政救濟手段和

司法救濟手段雖然應當儘先使用和必須「用盡」，但是，一旦已經「用盡」而涉訟外國投資者仍然不服，並經東道國同意提交ICSID實行國際仲裁，那麼，此種國際裁決就完全有權和完全可能否決東道國的國內裁決或國內判決。在此種場合，實際上是允許國際裁決凌駕於東道國國內裁決或國內判決之上，並由前者完全取代後者。兩者之間的關係，就不但是「主次關係」，而且簡直就是「主僕關係」或統治與服從的關係了！對此，發展中國家豈能不警惕其實際後果？

按《華盛頓公約》第42條第一款的規定，在爭訟雙方當事人未達成法律選擇協議的情況下，根本不存在所謂「仲裁庭應首先適用東道國的國內法」的約束。請看該條款中這一段文字的全文：

仲裁庭應依據當事人雙方協議的法律規範處斷爭端。如無此種協議，仲裁庭應適用作為爭端當事國的締約國的法律（包括它的法律衝突規範）以及可以適用的國際法規範。

在這裡，從文字邏輯看，「爭端當事國」即東道國的法律規範與所謂「可以適用的國際法規範」顯然完全處在「平起平坐」不分軒輊的地位，因此，對於ICSID所組成的國際仲裁庭說來，根本不存在「應首先適用東道國的國內法」的法定義務。對此，發展中國家豈能不深究其條文本義？

可見，在分析和肯定本公約的「積極面」和「進步意義」時，務必深入探討和準確掌握有關條款的立法本意和文字本義切

忌以主觀的善良願望代替客觀的條款現實，對《華盛頓公約》加以溢美，從而模糊了自己的視線，放鬆了應有的警惕。

第四，《華盛頓公約》第54條建立了簡便、有力地承認與執行裁決的制度，特別強調ICSID裁決的約束力，這實際上是反映了輸出資本的發達國家的要求，對於吸收外資的發展中國家說來，未必是優點和好事，而更可能是缺點和壞事。在依據ICSID體制所設立的國際仲裁庭中，吸收外資的東道國幾乎全部是處在被告（被訴人）的地位。一般而論，裁決書中所科予的金錢義務也主要是落實到被告（被訴人）身上。如果國際仲裁庭的處斷大體上公平合理，則強調其裁決的約束力並強化其執行制度當然是無可厚非的。反之，如果裁決本身是處斷不公、偏袒一方的，則其約束力愈大，執行制度愈有力，其危害性也愈強烈。在這種情況下，它的約束力和執行力就不但不值得讚揚，反而理應加以批判和抵制了。有鑒於此，經過發展中國家的據理力爭，終於在《華盛頓公約》的第55條中載明：同意第54條的規定，並不意味著締約國同意背棄其國內現行法律，放棄對本國或外國的「執行豁免權」。換言之，各締約國，包括作為爭端當事國的東道國，仍然依法保有主權國家的豁免權，即仍然有權依據其國內現行法律，對於涉及其本國或任何外國的ICSID裁決，不予執行。可見，第55條實質上是第54條的「但書」，它的實際作用在於力圖削弱ICSID裁決對發展中國家的約束力和執行力。《華盛頓公約》既強調ICSID裁決的約束力和執行力，又不得不同意各締約國有權依其國內法削弱甚至否定ICSID裁決的約束力和執行力，這顯然是自相矛盾的。初看，似乎犯了「立法大忌」，其實，這正是

反映了締約當初發達國家與發展中國家各自堅持自己的立場、勢均力敵、互不相讓的實際情況。對於這種「自相矛盾」的規定，既不宜籠統肯定，也不宜一概否定，而必須結合當時的歷史背景，進行深入具體的分析。

第五，誠然，中國如果決定參加《華盛頓公約》，可以在加入之際就針對其中不利於吸收外資東道國的條款以及其他有關弊端，聲明保留，不受約束。但是，應考慮予以保留的條款往往是要害問題，諸如關於ICSID的管轄權的範圍和條件（第25條）、關於ICSID仲裁庭實行裁決時所適用的法律（第42條）、關於ICSID仲裁庭裁決的承認與執行（第54條）等等，如全盤接受，不作保留，則無異於作繭自縛，失去自主權和選擇權；或者一旦稍有不慎，運用失當，就會給中國造成重大損失；反之，如保留過多，則幾乎無異於不參加這個公約，而所謂通過參加這個公約「進一步改善外商在華投資的法律環境」，也就可能被理解為空言約許，口惠而實不至，從而有損於中國在國際交往中一貫實事求是、言行一致的形象。

至於依據進步的法理精神對《華盛頓公約》的有關條文作出合理的法律解釋，借以避免其不利影響，此議基本上也是一種主觀的善良願望，其實際作用十分有限。因為，條文的解釋畢竟不能完全背離條文的本義。合理的解釋糾正不了條文本身的「先天缺陷」，也無從束縛對方。這是不說自明的。

（三）主張「積極加強研究，慎重考慮參加」者提出的各種待決問題

國內法學界還有一些人士認為：上述兩種主張，針鋒相對，都有重要的理論根據。主張「從速參加」者根據的是中國對外開放的基本國策，主張「不宜參加」者根據的是中國維護主權的一貫立場。但是，僅僅根據這些理論原則，還不能準確地和全面地權衡利弊得失，從而對中國應否參加《華盛頓公約》以及在何種條件下參加該公約的問題，作出科學的抉擇和正確的決策。為了作出準確和正確的判斷，就必須在上述基本國策和一貫立場的綜合指導下，積極地抓緊對這個公約和ICSID的歷史、現狀以及它們在實踐中的具體運作情況，開展全面、深入的研究，並且在充分了解有關實況和全貌的基礎上，慎重地決定是否參加以及如何參加。此派人士所持主要理由如下：

第一，多年的「閉關鎖國」使得中國在二十世紀八〇年代初期以前與上述公約及ICSID基本上處在隔絕狀態。實行對外開放以後，八〇年代初期以來，中國有關當局和法學界人士對《華盛頓公約》和ICSID雖漸加重視並開始研究，但對其實況和全貌多半還只是一知半解、若明若暗，遠未做到瞭如指掌、心中有數、成竹在胸。在這樣的條件下，對《華盛頓公約》的重要條款隨意作這樣那樣的解釋，並進而貿然斷言和主張「應當從速參加」，或貿然斷言和主張「絕對不宜參加」，似都缺乏足夠的事實根據，因而缺乏足夠的說服力。要改變這種認識水平，就必須認真地下功夫弄清這個公約的來龍去脈。

試以對《華盛頓公約》第42條第1款的兩種解釋為例。主張

「從速參加」者認為，該條款規定爭端雙方若無法律選擇協議，ICSID所組建的國際仲裁庭應首先適用東道國的國內法，其次才適用國際法，前者處在優先地位；主張「不宜參加」者認為，該條款本義並未約束國際仲裁庭，要求它「首先適用東道國的國內法」，在仲裁庭處斷爭端過程中，東道國國內法與國際法在適用上完全平起平坐，前者毫無優先地位可言。這兩種對立的見解，孰是孰非？要判斷是非，就務必對這個公約的「立法歷史」作比較深入的探討。

《華盛頓公約》的「立法史」表明：第42條的規定事關處斷爭端時的準據法問題；圍繞著這個要害問題，發展中國家與發達國家雙方的代表在起草條文的過程中曾經開展過多次激烈論戰。[50]概括地說，前者極力強調國際仲裁庭只能根據或主要根據東道國的國內法來判明投資爭端的是非曲直，並據以作出處斷。後者則竭力鼓吹國際仲裁庭應當根據「文明國家」所愜意的傳統國際法規範來處斷投資爭端，並且依據這種國際法規範來甄別東道國的國內法規範，決定取捨。換言之，這種國際法規範的效力凌駕於東道國國內法之上，一旦兩者之間發生矛盾衝突，國際仲裁庭就可以引據這種國際法規範來否定東道國的國內法。

多番的激烈論戰導致有關第42條的草案數易其稿，最後採用了論戰雙方都可以勉強接受的妥協性文字，即前文摘引的「……如無此種協議（指爭端雙方關於法律選擇的協議），仲裁庭應適用作為爭端當事國的締約國的法律……以及可以適用的國際法規範」。據當年主持本公約起草和簽訂工作的世界銀行總裁伍德斯（G. D. Woods）的事後總結，此類最終規定的基本精神是「在投

資者利益和東道國利益之間保持了一種精心考慮的平衡」[51]。他所說的這種「平衡」其實就是妥協調和的「美稱」。因為現行條文中這種妥協性的措辭，實際上就是上述兩種對立主張的簡單相加。在處斷投資爭端中，東道國國內法與國際法，這兩種法律規範，究竟何者應占優越地位？何者應是最高準據？是非並未判明，分歧仍未解決。在條款的行文中，用「以及」兩字，把兩種法律規範湊合起來，加以並列，論戰雙方依然可以各執條文一端，繼續堅持各自的原有立場和原有見解。

如果再進一步連繫到本公約起草當年的「國際大氣候」，就可以更加清晰地看到：在二十世紀六〇年代前期的國際大環境中，各國依法處斷涉外投資爭端時上述兩種法律規範孰優孰劣、孰主孰從的問題，一直是國際會議上唇槍舌劍的一大主題和一大難題。當時在聯合國內部，一向主宰國際社會的發達國家與初步崛起的眾多新興發展中國家，雙方旗鼓相當，僵持不下。經過激烈論戰，一九六二年聯合國第十七屆大會通過了《關於自然資源永久主權的決議》，一方面，正式承認各國有權把本國境內被外資控制的自然資源及其有關企業收歸國有或加以徵用；另一方面，同時規定：「採取上述措施以行使其主權的國家，應當按照本國現行法規以及國際法的規定，對原主給予適當的賠償。」[52]在一九六二年的這個聯合國決議中，就把東道國的國內法與發達國家所愜意的國際法相提並論，「一視同仁」地都當作東道國處斷本國境內涉外投資爭端時應當遵循的法律規範，其措辭文字與一九六五年《華盛頓公約》第42條第1款的前述相應部分，前後一脈相承，如出一轍。這顯然並非歷史的偶合，而是如實地反映

了六〇年代前期發達國家（資本輸出國）與發展中國家（資本輸入國）在國際舞臺上的實力對比：勢均力敵，誰也無法占上風。最後只好把上述折中、含糊、「和稀泥」式的文字，寫入國際決議或國際公約之中。

直到二十世紀七〇年代前期，上述情況才有較大的改變。自六〇年代後期至七〇年代前期，聯合國成員中又增添了一大批新興的發展中國家，致使上述兩類國家在聯合國內部的實力對比發生了相應的重大變化。一九七四年，聯合國第二十九屆大會以壓倒性大多數投票通過了《各國經濟權利和義務憲章》，明文規定：「每個國家都有權將外國財產收歸國有、徵用或轉移其所有權。在收歸國有、徵用或轉移其所有權時，應由採取這些措施的國家，考慮本國有關法律和條例的規定以及本國認為有關的一切情況，給予適當的賠償。賠償問題引起爭執時，應當根據採取國有化措施國家的國內法，由該國法院審理處斷。但各有關國家經過自由協商，一致同意在各國主權平等的基礎上，按照自由選擇解決途徑的原則，採用其他和平解決辦法的，不在此限。」[53]對比一九六二年的前述決議，一九七四年的決議不但突出地強調了東道國國內法的優先和優越地位，而且乾脆刪去了「以及國際法的規定」等字樣，從而開始奠定了東道國國內法在處斷涉外投資爭端中的優勢地位和權威地位。正因為如此，以美國為首的寥寥幾個最大的資本輸出國，它們可以投票贊成和接受一九六二年的前述決議，也樂意簽字參加一九六五年的《華盛頓公約》，卻不能容忍和接受一九七四年的上述決議，甘冒國際之大不韙，頑固地投了反對票，或無可奈何地投了棄權票。[54]

認真弄清上述歷史背景之後，對《華盛頓公約》第42條第1款中予以並列的東道國國內法以及國際法，這兩種法律規範在處斷國際投資爭端中的法律效力，是否早在一九六五年締約之初就已經確切規定了先與後、優與劣、高與低、主與從的相互關係，究竟應如何解釋，才符合當時的歷史真實和條文的本義，這個疑難問題，也就迎刃而解了。

舉一可以反三。為了準確、全面地評價《華盛頓公約》，對《華盛頓公約》的「立法史」開展比較深入的研究是必不可少的。

第二，除了認真弄清《華盛頓公約》本身的來龍去脈之外，還必須認真了解與《華盛頓公約》成龍配套的一系列規章、制度、組織機構和基本設施。特別是應當深入研究ICSID的《行政和財務條例》《提起調解和仲裁的程序規則》《調解程序規則》仲裁程序規則《標準條款》等基本文獻。這些文獻都是《華盛頓公約》與ICSID具體運作和發揮作用的主要依據和基本準繩，深入地加以探討，洞悉其利弊和長短，大有助於提高中國關於應否加入《華盛頓公約》的判斷力。

第三，世界各類國家對《華盛頓公約》採取的態度以及迄二十世紀八〇年代末為止《華盛頓公約》的成員結構，也是當時中國應當加以了解、思考、分析和借鑑的重要課題。圍繞這一總的課題，又有許多新的具體的問題值得中國認真思考和深入分析。諸如：為什麼迄八〇年代末為止還有六十多個發展中國家，儘管也急需吸收外資促進本國經濟發展，但卻遲遲不肯貿然加入《華盛頓公約》？它們遲遲尚未參加這個公約，究竟有沒有以及在多大程度上對於吸收外資工作產生了消極影響？人口、幅員以及若

干其他重要國情都與中國相近的亞洲大國——印度，對參加《華盛頓公約》一直抱著觀望態度，這究竟是出於何種考慮？拉丁美洲的巴西、阿根廷、墨西哥等國，在卡爾沃主義[55]的傳統影響下，直到八〇年代末仍不參加該公約，但事實上並不影響大量外資源源不斷流入這些國家，這是什麼原因？在發達國家行列中，加拿大和澳大利亞都是大量吸收外資的著名大國，其中加拿大一直不參加《華盛頓公約》，澳大利亞則自一九七五年三月在《華盛頓公約》上簽署之後，迄八〇年代末，歷時已經十幾年，何以其國內議會一直不予批准因而尚未成為正式的締約國？加、澳兩國的這種投資法律環境對於它們大量引進外資究竟發生過多大的消極影響？

簡言之，徹底弄清上述這些問題，大有助於增加關於中國應否加入《華盛頓公約》的判斷根據。

第四，ICSID實行國際調解或國際仲裁的職能，歸根結底是由調解員和仲裁員執行的。俗話說：「法律是死的，法官是活的。」不同的執法者執行同一法律，往往會有不同的結論。連繫到ICSID的情況，這些調解員和仲裁員的政治傾向、道德品格、法學知識以及其他專業水平，都直接影響到他們在調解或裁斷國際投資爭端時能否做到公正持平，合法合情合理。為了從總體上或個案上預測加入《華盛頓公約》、接受ICSID仲裁體制所可能出現的實際效果，以便事先有所防範，或趨利避害，擇優汰劣，中國必須對這些人員的基本情況逐一有所了解。

根據ICSID報導，截至一九八七年四月ICSID所備兩種名冊上經58個締約國指派或ICSID主席任命的調解員已有210人，仲

裁員已有219人，隨後又略有增補。[56] 值得認真研究的是：

（1）按《華盛頓公約》第13條規定，每個締約國都有權向ICSID指派調解員和仲裁員各4人。截至一九八七年四月，締約國已達89個，何以行使上述指派權的締約國只有58個？還有31個締約國（其中絕大多數是發展中國家）為何有權不用？它們遇到了什麼困難？

（2）這58個締約國及其所指派的調解員、仲裁員以及ICSID主席直接任命的同類人員，他們在改造國際經濟舊秩序、創建國際經濟新秩序這一矛盾鬥爭和世界潮流面前，向來持有何種態度？他們所經受的法學教育訓練、他們的基本法學觀點、代表性學術著作以及其他專業特長等等，情況如何？

（3）據ICSID報導，[57] 截至一九八七年八月，被指派或任命的仲裁員總數已達228人，但直到當時為止，實際上被指定擔任過具體案件仲裁員的，卻只有其中的63人。餘下的165人約占全體仲裁員的72%，何以全都「賦閒待命」，甚至形同虛設？更有甚者，在實際參加過ICSID仲裁的上述63人中，竟有49人是歐美發達國家的國民，而來自發展中國家的只有區區14人，僅占全數的22%；在已經組建處斷爭端的19個仲裁庭和兩個專案委員會中，擔任庭長和主席的幾乎全是發達國家國民，而來自發展中國家的只有寥寥3個人，僅占全數的14%。然而須知：發展中國家占《華盛頓公約》成員國66%左右，而且在上述仲裁庭中的被告（被訴人）幾乎100%都是發展中國家，在此種情況下，ICSID仲裁員及有關仲裁庭的上述結構和比例是否合理？裁斷能否公正？難道發展中國家真的如此缺乏合格的仲裁員人才？問題的真正癥

結何在？應當怎樣解決或糾正？

上述這些關鍵問題，也都是值得認真探究和深思的。

綜上所述，可以看出：在一九八五至一九八九年，即中國實行對外開放、吸收外資國策屆滿五年至十年之際，國內外客觀形勢的不斷發展，日益增強了中國人對《華盛頓公約》以及ICSID體制積極開展研究的必要性、現實性和緊迫感。

對於中國應否加入上述公約以及在何種保留條件下方可參加這個公約的問題，中國人應當儘早做到情況明了，胸有成竹，慎重決策，果斷行事。

「情況明」，才能「決心大」。換言之，「情況明」是「決心大」的前提和基礎。已經擺在議程上的現實問題，既不宜長期猶豫，久拖不決；尤不宜盲目決斷，貿然行事。久拖不決或貿然行事，都可能影響對外開放或損害國家權益，兩者都是對中國相當不利的。為了避免這兩種可能，除加緊研究之外，別無他途可循。

五、中國參加《華盛頓公約》、接受「解決投資爭端國際中心」仲裁體制後面臨的新形勢和待決問題

中國政府當局和有關主管部門在數年來加強調查研究、多方徵詢意見的基礎上，經過全面的利弊權衡，審時度勢，終於在一九九○年二月九日，由當時的駐美大使朱啟楨代表中國政府簽署參加《華盛頓公約》。大約事隔三年之後，經全國人民代表大會常務委員會審議通過，中國政府於一九九三年一月七日向《華盛頓公約》保存者世界銀行總部提交了批准書，並按有關規定，自

一九九三年二月六日起，正式成為《華盛頓公約》的締約國，接受了《華盛頓公約》設定的ICSID仲裁體制。

從一九八五年開始加強調查研究到一九九三年果斷交存締約批准書，先後歷時七八年，這從一個側面反映出中國政府參加《華盛頓公約》、接受ICSID仲裁體制的決策過程，是深思熟慮，反覆權衡，相當審慎的。

自一九九〇年中國簽署加入《華盛頓公約》之後，晚近十一年來有關《華盛頓公約》和ICSID體制新的形勢發展和國際實踐，證明中國的上述決策是適時的、正確的。近十一年來，《華盛頓公約》的簽署國和締約國，大幅度增加，ICSID仲裁體制的功能不斷擴大，受理的投資爭端案件，也日益增多。相應地，中國對《華盛頓公約》和ICSID體制的認識也有待於進一步深化，並面臨著一些新的待決問題。

（一）十一年來《華盛頓公約》締約國大幅度增加

在中國於一九九〇年簽署加入《華盛頓公約》之前，《華盛頓公約》已擁有97個簽署國，其中91個國家已交存了批准書，成為正式締約國。如果從《華盛頓公約》開始提供各國簽署的一九六五年起算，《華盛頓公約》簽署國與締約國達到此數，先後歷時25年。在中國簽署加人《華盛頓公約》之後，迄二〇〇七年四月為止，《華盛頓公約》的簽署國已大幅度增加到155個，其中143個國家已交存批准書，成為正式締約國。這種「增幅」和「增速」具體地表明《華盛頓公約》和ICSID仲裁體制已在更加廣泛的程度上為當今國際社會成員所普遍認同和接受。

迄今為止，世界各國相繼加入《華盛頓公約》的簡況，可見下表：

表3-4-1　《華盛頓公約》締約國與簽署國一覽表[58]（截至2007年4月）

State	Signature	Deposit of Ratification	Entry into Force of Convention
Afghanistan	Sep. 30，1966	June 25，1968	July 25，1968
Albania	Oct. 15，1991	Oct. 15，1991	Nov. 14，1991
Algeria	Apr. 17，1995	Feb. 21，1996	Mar. 22，1996
Argentina	May 21，1991	Oct. 19，1994	Nov. 18，1994
Armenia	Sep. 16，1992	Sep. 16，1992	Oct. 16，1992
Australia	Mar. 24，1975	May 2，1991	June 1，1991
Austria	May 17，1966	May 25，1971	June 24，1971
Azerbaijan	Sep. 18，1992	Sep. 18，1992	Oct. 18，1992
Bahamas	Oct. 19，1995	Oct. 19，1995	Nov. 18，1995
Bahrain	Sep. 22，1995	Feb. 14，1996	Mar. 15，1996
Bangladesh	Nov. 20，1979	Mar. 27，1980	Apr. 26，1980
Barbados	May 13，1981	Nov. 1，1983	Dec. 1，1983
Belarus	July 10，1992	July 10，1992	Aug. 9，1992
Belgium	Dec. 15，1965	Aug. 27，1970	Sep. 26，1970
Belize	Dec. 19，1986		
Benin	Sep. 10，1965	Sep. 6，1966	Oct. 14，1966
Bosnia and Herzegovina	Apr. 25，1997	May 14，1997	June 13，1997
Botswana	Jan. 15，1970	Jan. 15，1970	Feb. 14，1970
Brunei Darussalam	Sep. 16，2002	Sep. 16，2002	Oct. 16，2002
Bulgaria	Mar. 21，2000	Apr. 13，2001	May 13，2001
Burkina Faso	Sep. 16，1965	Aug. 29，1966	Oct. 14，1966
Burundi	Feb. 17，1967	Nov. 5，1969	Dec. 5，1969
Cambodia	Nov. 5，1993	Dec. 20，2004	Jan. 19，2005
Cameroon	Sep. 23，1965	Jan. 3，1967	Feb. 2，1967

State	Signature	Deposit of Ratification	Entry into Force of Convention
Canada	Dec. 15，2006		
Central African Republic	Aug. 26，1965	Feb. 23，1966	Oct. 14，1966
Chad	May 12，1966	Aug. 29，1966	Oct. 14，1966
Chile	Jan. 25，1991	Sep. 24，1991	Oct. 24，1991
China	Feb. 9，1990	Jan. 7，1993	Feb. 6，1993
Colombia	May 18，1993	July 15，1997	Aug. 14，1997
Comoros	Sep. 26，1978	Nov. 7，1978	Dec. 7，1978
Congo	Dec. 27，1965	June 23，1966	Oct. 14，1966
Congo, Democratic Rep. of	Oct. 29，1968	Apr. 29，1970	May 29，1970
Costa Rica	Sep. 29，1981	Apr. 27，1993	May 27，1993
Côte d'Ivoire	June 30，1965	Feb. 16，1966	Oct. 14，1966
Croatia	June 16，1997	Sep. 22，1998	Oct. 22，1998
Cyprus	Mar. 9，1966	Nov. 25，1966	Dec. 25，1966
Czech Republic	Mar. 23，1993	Mar. 23，1993	Apr. 22，1993
Denmark	Oct. 11，1965	Apr. 24，1968	May 24，1968
Dominican Republic	Mar. 20，2000		
Ecuador	Jan. 15，1986	Jan. 15，1986	Feb. 14，1986
Egypt, Arab Rep. of	Feb. 11，1972	May 3，1972	June 2，1972
El Salvador	June 9，1982	Mar. 6，1984	Apr. 5，1984
Estonia	June 23，1992	June 23，1992	Jul 23，1992
Ethiopia	Sep. 21，1965		
Fiji	July 1，1977	Aug. 11，1977	Sep. 10，1977
Finland	July 14，1967	Jan. 9，1969	Feb. 8，1969
France	Dec. 22，1965	Aug. 21，1967	Sep. 20，1967
Gabon	Sep. 21，1965	Apr. 4，1966	Oct. 14，1966
Gambia, The	Oct. 1，1974	Dec. 27，1974	Jan. 26，1975
Georgia	Aug. 7，1992	Aug. 7，1992	Sep. 6，1992
Germany	Jan. 27，1966	Apr. 18，1969	May 18，1969
Ghana	Nov. 26，1965	July 13，1966	Oct. 14，1966

State	Signature	Deposit of Ratification	Entry into Force of Convention
Greece	Mar. 16，1966	Apr. 21，1969	May 21，1969
Grenada	May 24，1991	May 24，1991	June 23，1991
Guatemala	Nov. 9，1995	Jan. 21，2003	Feb. 20，2003
Guinea	Aug. 27，1968	Nov. 4，1968	Dec. 4，1968
Guinea-Bissau	Sep. 4，1991		
Guyana	July 3，1969	July 11，1969	Aug. 10，1969
Haiti	Jan. 30，1985		
Honduras	May 28，1986	Feb. 14，1989	Mar. 16，1989
Hungary	Oct. 1，1986	Feb. 4，1987	Mar. 6，1987
Iceland	July 25，1966	July 25，1966	Oct. 14，1966
Indonesia	Feb. 16，1968	Sep. 28，1968	Oct. 28，1968
Ireland	Aug. 30，1966	Apr. 7，1981	May 7，1981
Israel	June 16，1980	June 22，1983	July 22，1983
Italy	Nov. 18，1965	Mar. 29，1971	Apr. 28，1971
Jamaica	June 23，1965	Sep. 9，1966	Oct. 14，1966
Japan	Sep. 23，1965	Aug. 17，1967	Sep. 16，1967
Jordan	July 14，1972	Oct. 30，1972	Nov. 29，1972
Kazakhstan	July 23，1992	Sep. 21，2000	Oct. 21，2000
Kenya	May 24，1966	Jan. 3，1967	Feb. 2，1967
Korea, Rep. of	Apr. 18，1966	Feb. 21，1967	Mar. 23，1967
Kuwait	Feb. 9，1978	Feb. 2，1979	Mar. 4，1979
Kyrgyz Republic	June 9，1995		
Latvia	Aug. 8，1997	Aug. 8，1997	Sep. 7，1997
Lebanon	Mar. 26，2003	Mar. 26，2003	Apr. 25，2003
Lesotho	Sep. 19，1968	July 8，1969	Aug. 7，1969
Liberia	Sep. 3，1965	June 16，1970	July 16，1970
Lihuania	July 6，1992	July 6，1992	Aug. 5，1992
Luxembourg	Sep. 28，1965	July 30，1970	Aug. 29，1970
Macedonia, former Yugoslav Rep. of	Sep. 16，1998	Oct. 27，1998	Nov. 26，1998

中
國
特
色
話
語
：
陳
安
論
國
際
經
濟
法
學

第
三
卷

上
冊

State	Signature	Deposit of Ratification	Entry into Force of Convention
Madagascar	June 1，1966	Sep. 6，1966	Oct. 14，1966
Malawi	June 9，1966	Aug. 23，1966	Oct. 14，1966
Malaysia	Oct. 22，1965	Aug. 8，1966	Oct. 14，1966
Mali	Apr. 9，1976	Jan. 3，1978	Feb. 2，1978
Malta	Apr. 24，2002	Nov. 3，2003	Dec. 3，2003
Mauritania	July 30，1965	Jan. 11，1966	Oct. 14，1966
Mauritius	June 2，1969	June 2，1969	July 2，1969
Micronesia	June 24，1993	June 24，1993	July 24，1993
Moldova	Aug. 12，1992		
Mongolia	June 14，1991	June 14，1991	July 14，1991
Morocco	Oct. 11，1965	May 11，1967	June 10，1967
Mozambique	Apr. 4，1995	June 7，1995	July 7，1995
Namibia	Oct. 26，1998		
Nepal	Sep. 28，1965	Jan. 7，1969	Feb. 6，1969
Netherlands	May 25，1966	Sep. 14，1966	Oct. 14，1966
New Zealand	Sep. 2，1970	Apr. 2，1980	May 2，1980
Nicaragua	Feb. 4，1994	Mar. 20，1995	Apr. 19，1995
Niger	Aug. 23，1965	Nov. 14，1966	Dec. 14，1966
Nigeria	July 13，1965	Aug. 23，1965	Oct. 14，1966
Norway	June 24，1966	Aug. 16，1967	Sep. 15，1967
Oman	May 5，1995	July 24，1995	Aug. 23，1995
Pakistan	July 6，1965	Sep. 15，1966	Oct. 5，1966
Panama	Nov. 22，1995	Apr. 8，1996	May 8，1996
Papua New Guinea	Oct. 20，1978	Oct. 20，1978	Nov. 19，1978
Paraguay	July 27，1981	Jan. 7，1983	Feb. 6，1983
Peru	Sep. 4，1991	Aug. 9，1993	Sep. 8，1993
Philippines	Sep. 26，1978	Nov. 17，978	Dec. 17，1978
Portugal	Aug. 4，1983	July 2，1984	Aug. 1，1984
Romania	Sep. 6，1974	Sep. 12，1975	Oct. 12，1975

State	Signature	Deposit of Ratification	Entry into Force of Convention
Russian Federation	June 16，1992		
Rwanda	Apr. 21，1978	Oct. 15，1979	Nov. 14，1979
Samoa	Feb. 3，1978	Apr. 25，1978	May 25，1978
Sao Tome and Principe	Oct. 1，1999		
Saudi Arabia	Sep. 28，1979	May 8，1980	June 7，1980
Senegal	Sep. 26，1966	Apr. 21，1967	May 21，1967
Serbia	May 9，2007	May 9，2007	June 8，2007
Seychelles	Feb. 16，1978	Mar. 20，1978	Apr. 19，1978
Sierra Leone	Sep. 27，1965	Aug. 2，1966	Oct. 14，1966
Singapore	Feb. 2，1968	Oct. 14，1968	Nov. 13，1968
Slovak Republic	Sep. 27，1993	May 27，1994	June 26，1994
Slovenia	Mar. 7，1994	Mar. 7，1994	Apr. 6，1994
Solomon Islands	Nov. 12，1979	Sep. 8，1981	Oct. 8，1981
Somalia	Sep. 27，1965	Feb. 29，1968	Mar. 30，1968
Spain	Mar. 21，1994	Aug. 18，1994	Sep. 17，1994
Sri Lanka	Aug. 30，1967	Oct. 12，1967	Nov. 11，1967
St. Kitts & Nevis	Oct. 14，1994	Aug. 4，1995	Sep. 3，1995
St. Lucia	June 4，1984	June 4，1984	July 4，1984
St. Vincent and the Grenadines	Aug. 7，2001	Dec. 16，2002	Jan. 15，2003
Sudan	Mar. 15，1967	Apr. 9，1973	May 9，1973
Swaziland	Nov. 3，1970	June 14，1971	July 14，1971
Sweden	Sep. 25，1965	Dec. 29，1966	Jan. 28，1967
Switzerland	Sep. 22，1967	May 15，1968	June 14，1968
Syria	May 25，2005	Jan. 25，2006	Feb. 24，2006
Tanzania	Jan. 10，1992	May 18，1992	June 17，1992
Thailand	Dec. 6，1985		
Timor-Leste	July 23，2002	July 23，2002	Aug. 22，2002
Togo	Jan. 24，1966	Aug. 11，1967	Sep. 10，1967

State	Signature	Deposit of Ratification	Entry into Force of Convention
Tonga	May 1，1989	Mar. 21，1990	Apr. 20，1990
Trinidad and Tobago	Oct. 5，1966	Jan. 3，1967	Feb. 2，1967
Tunisia	May 5，1965	June 22，1966	Oct. 14，1966
Turkey	June 24，1987	Mar. 3，1989	Apr. 2，1989
Turkmenistan	Sep. 26，1992	Sep. 26，1992	Oct. 26，1992
Uganda	June 7，1966	June 7，1966	Oct. 14，1966
Ukraine	Apr. 3，1998	June 7，2000	July 7，2000
United Arab Emirates	Dec. 23，1981	Dec. 23，1981	Jan. 22，1982
United Kingdom of Great Britain and Northern Ireland	May 26，1965	Dec. 19，1966	Jan. 18，1967
United States of America	Aug. 27，1965	June 10，1966	Oct. 14，1966
Uruguay	May 28，1992	Aug. 9，2000	Sep. 8，2000
Uzbekistan	Mar. 17，1994	July 26，1995	Aug. 25，1995
Venezuela	Aug. 18，1993	May 2，1995	June 1，1995
Yemen, Republic of	Oct. 28，1997	Oct. 21，2004	Nov. 20，2004
Zambia	June 17，1970	June 17，1970	July17，1970
Zimbabwe	Mar. 25，1991	May 20，1994	June 19，1994

（二）十一年來 ICSID 仲裁體制的功能不斷擴大

晚近十一年來，ICSID仲裁體制的功能不斷擴大，主要體現在以下幾個方面：[59]

第一，有更多的發展中國家，直接在本國頒行的外資法規中明文規定：把本國境內的涉外投資爭端提交ICSID調解或仲裁。如前所述，在一九八七年間，在國內立法中直接作出此種規定的國家只有十來個；到了一九九九年春，作出此類國內立法規定的國家已增加到三十來個。據ICSID專家解釋，這種法律規定意味

著有關東道國已向外國投資者提出一般性的「要約」（offers）或表示一般性的「同意」（consents），一旦發生爭端，外商即可據以將爭端提交ICSID裁斷。

第二，有愈來愈多的雙邊投資保護條約，直接規定了ICSID仲裁條款。在一九八七年間，在此類雙邊條約中訂有ICSID仲裁條款者約為一〇八項；到了一九九九年春，訂有ICSID仲裁條款的雙邊投資保護條約已猛增至九五〇項左右。[60] 據ICSID專家解釋，在此類雙邊條約中訂有ICSID仲裁條款，其含義相當於在國內立法中作出的上述規定，即各締約的東道國已經向外來投資者發出一般性的「要約」，或表示一般性的「同意」：遇有涉外投資爭端，外商即可據以向ICSID投訴。

第三，有日益增多的國際經濟組織作出規定，與ICSID仲裁體制「聯手」協作，以解決國際經濟爭端。二十世紀九〇年代以來出現的雙邊投資保護條約中，有些當事國並非《華盛頓公約》的締約國，因而難以在有關雙邊條約中直接納入ICSID仲裁條款，但它們往往藉助於聯合國貿易法委員會制定的仲裁規則中的有關規定，與ICSID的仲裁體制掛上鉤，對後者加以利用，間接地轉請ICSID祕書長代為指定仲裁員，組庭受理和處斷有關的國際投資爭端。這種「聯手」和「掛鉤」的做法，又進一步被先後推廣運用於在九〇年代簽訂的一系列多邊性的經貿條約和相關的國際經濟組織之中，諸如《北美自由貿易協定》《卡塔赫納自由貿易協定》《南部錐形地區共同市場投資議定書》以及《能源憲章條約》中，都有類似的藉助於ICSID仲裁體制的規定，藉以促進國際投資爭端的解決。這些做法實質上都起到擴大和增強

ICSID仲裁體制功能的作用。

第四，在日益增多的東道國與外國投資者訂立的投資合同中，直接明文約定：將日後有關投資的行政爭端提交ICSID仲裁解決。

第五，有日益增多的國際性仲裁機構與ICSID機構開展互助協作，增強了ICSID仲裁體制的功能和效率。《華盛頓公約》第63條規定，經當事人雙方同意，有關的仲裁程序可以在ICSID以外的其他公私仲裁機構的所在地進行。據此，ICSID機構先後與海牙的「常設仲裁院」、開羅與科倫坡的「亞非法律諮詢委員會地區仲裁中心」、墨爾本的「澳大利亞國際商務仲裁中心」、悉尼的「澳大利亞解決商務爭端中心」「新加坡國際仲裁中心」巴林的「GCC商務仲裁中心」等等，就ICSID受理的有關仲裁案件在當地開庭聽審等項事宜，多次開展合作，作出科學安排，方便了當事人，提高了效率，也擴大了ICSID體制的國際影響。

在以上這五個方面因素的綜合作用下，進入二十世紀九〇年代以來，ICSID受理的國際投資爭端案件增長的幅度和速度，頗令人矚目。

（三）十一年來ICSID受理的國際投資爭端案件急遽增多

據統計，自一九六六年ICSID始建迄一九八八年六月三十日止，二十餘年間，ICSID共受理國際投資爭端25起，平均每年僅約一起。而自一九九八年一月至二〇〇一年五月，短短三年四個月間，共受理同類案件38起，其受案頻率已達到每年11起以上。[61] 此種增長勢頭，顯非偶然現象，值得重視，加強研究。

截至二〇〇一年五月二十四日，經ICSID登記受理的國際投資爭端案件共計86起，其中已經結案的52起，懸而待決的34起。有關兩類案件的簡況，可分別綜合如下頁列表。

（四）在 ICSID 新形勢下中國面臨新的待決問題

《華盛頓公約》及其設定的ICSID仲裁體制在晚近十一年中的重大發展，已概述如上。這些重大發展，對於當代中國說來，尤其具有現實意義，不可低估，更不容忽視。其所以然，是因為：

第一，根據國際經濟組織的權威性統計，中國已連續多年成為跨國投資的首選地之一，就全球一百多個發展中國家而論，中國吸收的外商投資總額已連續多年穩居「榜首」；即使與全球幾十個發達國家相比，中國近幾年來吸收外資的總額也已超過絕大多數發達國家，而僅次於最大的發達國家美國。巨額外資源源流入中國，對於中國的社會主義「四個現代化」建設事業，起了重大的推動和促進作用，這當然是可喜的。相應地，從總體上說，中國政府對外資施加的保護是充分和周到的，給予外資的待遇是優惠和友善的，對外資實行的必要管束是適度寬鬆的，對涉外投資爭端的處斷是公正、公平、合理的。但是，作為當代的中國人，也不能不清醒地看到：大量外資的流入，不可能不同時帶來，而且已經帶來某些負面的作用，針對這些負面作用，必須及時採取適當的措施，予以必要的制約，使其盡量減輕或消除；尤其不能不清醒地看到：在資本輸出國與資本輸入國之間、外國投資人與東道國政府之間，既有互利互惠的一面，因而導致國際合作，又有利害衝突的另一面，因而導致國際爭端。這是國際經濟

交往和資本跨國流動的內在規律之一，是客觀存在的必然，不以人們的主觀願望為轉移。

誠然，迄今為止，中國從未成為ICSID任何具體仲裁案件中的「被訴人」或當事國，但是，既然中國已經相繼成為《多邊投資擔保機構公約》和《華盛頓公約》的締約國，而這兩項公約中都規定各締約國在一定條件下均應接受ICSID仲裁體制，以解決在該國境內發生的涉外投資爭端；既然中國已經相繼與八九十個外國簽訂了雙邊投資保護條約，而其中又都納人了ICSID仲裁條款，因此，中國不可能完全避免有朝一日也成為ICSID仲裁案件中的「被訴人」。

表3-4-2　ICSID受理並已結案的國際投資爭端一覽表
（截至2001年5月28日，共52起）

案號	申請人（請求人）	被訴人（被請求人）	案由	立案日期	結案日期
1.　ARB/72/1	假日酒店公司等	摩洛哥	合資經營酒店爭端	1972.1.13	1978.10.17
2.　ARB/74/1	阿德里昂諾公司	科特迪瓦	化纖產品爭端	1974.3.6	1977.8.6
3.　ARB/74/2	牙買加阿爾科礦業公司	牙買加	鋁土礦開採爭端	1974.6.21	1975.7.6
4.　ARB/74/3	愷撒鋁礦公司	牙買加	鋁土礦開採爭端	1974.6.21	1977.2.27
5.　ARB/74/4	雷諾茲牙買加礦業公司與雷諾茲金屬公司	牙買加	鋁土礦開採爭端	1974.6.21	1977.10.12
6.　ARB/76/1	加蓬政府	塞勒特公司	建造產科醫院爭端	1976.10.5	1978.2.27
7.　ARB/77/1	AGIP公司	剛果人民共和國	石油產品銷售爭端	1977.11.4	1979.11.30

案號	申請人（請求人）	被訴人（被請求人）	案由	立案日期	結案日期
8. ARB/77/2	班弗努蒂與邦芬特公司	剛果人民共和國	塑料瓶製造爭端	1977.12.15	1980.8.8
9. ARB/78/1	瓜達魯普油氣產品公司	尼日利亞	液化氣產銷爭端	1978.3.20	1980.7.22
10. ARB/81/1	阿姆科公司等	印度尼西亞	A.建造和經營大酒店爭端	1981.2.27	1984.11.20
			B.申請撤銷裁決書	1985.3.18	1986.5.16
			C.申請重新仲裁	1987.5.21	1990.10.17
			D.再次申請撤銷裁決書	1990.10.18	1992.12.17
11. ARB/81/2	克勞科納公司等	喀麥隆	A.建造和經營肥料公司爭端	1981.4.14	1983.10.21
			B.申請撤銷裁決書	1984.2.16	1985.5.3
			C.申請重新仲裁	1985.6.7	1988.1.26
			D.再次申請撤銷裁決書	1988.7.1	1990.5.17
12. ARB/82/1	非洲烏厄斯特公司	塞內加爾	建造低薪階層住宅爭端	1982.11.5	1988.2.25
13. CONC/82/1	塞迪特紡織工程公司	馬達加斯加	組建紡織企業爭端	1982.10.5	1983.6.20
14. ARB/83/1	瑞士鋁業公司與冰島鋁業公司	冰島	鋁礦冶煉廠爭端	1983.6.16	1985.3.6
15. ARB/83/2	利比里亞東方木材公司	利比里亞	森林業特許爭端1	1983.6.21	1986.3.31
16. CONC/83/1	泰索羅石油公司	特立尼達和多巴哥	石油勘探與開採爭端	1983.8.26	1985.11.27
17. ARB/84/1	大西洋特里頓公司	幾內亞	建造漁船合同爭端	1984.1.19	1986.4.21

案號	申請人 （請求人）	被訴人 （被請求人）	案由	立案日期	結案日期
18. ARB/84/2	科爾特工業公司	韓國	武器生產技術許可證爭端	1984. 2. 21	1990. 8. 3
19. ARB/84/3	南太平洋房地產（中東）公司	埃及	A.旅遊開發項目爭端	1984. 8. 28	1992. 5. 20
			B.申請撤銷裁決書	1992. 5. 27	1993. 3. 9
20. ARB/84/4	國際海運代理公司	幾內亞	A.鋁礦土運輸合營爭端	1984. 9. 18	1988. 1. 6
			B.申請撤銷裁決書	1988. 3. 30	1989. 12. 22
			C.申請重新仲裁	1990. 1. 26	1990. 11. 20
21. ARB/86/1	蓋思・法隆公司	突尼斯	旅遊度假項目爭端	1986. 9. 24	1988. 11. 21
22. ARB/87/1	塞蒂梅工程公司	加蓬	改建住宅區爭端	1987. 2. 24	1993. 1. 21
23. ARB/87/2	莫比爾石油公司	新西蘭	合成燃料項目爭端	1987. 4. 15	1990. 11. 26
24. ARB/87/3	亞洲農產品公司	斯里蘭卡	蝦類養殖合營爭端	1987. 7. 20	1990. 6. 27
25. ARB/87/4	巴基斯坦西方公司	巴基斯坦	石油開採特許爭端	1987. 10. 7	1989. 1. 27
26. ARB/89/1	漢諾威信託公司	埃及	銀行分行經營爭端	1989. 6. 15	1993. 6. 24
27. ARB/92/1	真空鹽產公司	加納	鹽礦經營爭端	1992. 6. 11	1994. 2. 16
28. ARB/92/2	西米塔爾勘探公司	孟加拉	石油勘探與開發爭端	1992. 11. 3	1994. 5. 4
29. ARB/93/1	美國工業與貿易公司	剛果民主共和國	工貿企業爭端	1993. 2. 2	2000. 7. 26
30. ARB/94/1	菲利普・格魯斯林	馬來西亞	建築企業爭端	1994. 1. 13	1996. 4. 24
31. CONC/94/1	塞迪特紡織工程公司	馬達加斯加	組建紡織企業爭端	1994. 6. 13	1996. 7. 19

案號	申請人 （請求人）	被訴人 （被請求人）	案由	立案日期	結案日期
32. ARB/94/2	特拉德・赫拉斯公司	阿爾巴尼亞	組建農業企業爭端	1994. 12. 8	1999. 4. 29
33. ARB/95/1	米歇爾賴德菸草公司等	阿爾巴尼亞	菸草加工爭端	1995.4.27	1997. 1. 30
34. ARB/95/2	尼維斯有線電視公司等	聖基茨一尼維斯	有線電視特許爭端	1995.11.14	1997. 1. 13
35. ARB/95/3	安東尼・戈茨公司等	布隆迪	組建礦產企業爭端	1995.12.18	1999. 2. 10
36. ARB/96/1	桑塔・愛麗納公司	哥斯達黎加	地產評估爭端	1996. 3. 22	2000. 2. 17
37. ARB/96/3	菲德公司	委內瑞拉	債券爭端	1996. 6. 26	1998. 3. 9
38. ARB/(AF)/97/1	塔克拉館公司	墨西哥	組建廢品處理企業爭端	1997.1.13	2000. 8. 20
39. ARB/97/1	雷徹奇採礦公司	布基納・法索	金礦開採爭端	1997.1.27	2000. 1. 19
40. ARB/97/2	居佩（剛果）公司	剛果共和國	石油勘探與開採爭端	1997.1.27	1997. 9. 8
41. ARB(AF)/97/2	羅伯特・阿津寧公司等	墨西哥	組建廢品處理企業爭端	1997. 3. 24	1999. 11. 1
42. ARB/97/5 WRB	公司等	格林納達	組建電力企業爭端	1997. 7. 30	1998. 12. 21
43. ARB/97/6	蘭科國際公司	阿根廷	港口特許協議爭端	1997.10.14	2000. 10. 17
44. ARB/97/7	埃米略公司等	西班牙	組建化工企業爭端	1997.10.30	2000. 11. 13
45. ARB/97/8	法國化纖開發公司	科特迪瓦	組建紡織企業爭端	1997.11.4	2000. 4. 4
46. ARB(AF)/98/1	約瑟・雷米爾公司	烏克蘭	組建廣播企業爭端	1998.1.16	2000. 9. 18
47. ARB/98/6	國際採礦公司	秘魯	金礦開採爭端	1998.10.28	2001. 2. 23
48. ARB/98/7/	班羅美洲資源公司	剛果民主共和國	金礦開採特許爭端	1998.10.28	2000. 9. 1
49. ARB(AF)/98/2	廢品管理公司	墨西哥	組建廢品處理企業爭端	1998.11.18	2000. 6. 2

（續表）

案號	申請人 （請求人）	被訴人 （被請求人）	案由	立案日期	結案日期
50. ARB/99/1	莫比爾（阿根廷）公司	阿根廷	石油勘探與開採爭端	1999. 4. 9	1999. 7. 21
51. ANB/99/4	恩普利薩電力公司	阿根廷	水電站特許爭端	1999. 7. 12	2001. 2. 8
52. ARB/99/8	阿斯塔迪公司等	洪都拉斯	高速公路改建爭端	1999. 12. 8	2000. 10. 19

資料來源：（ICSID）Cases, Litof Concluded Cases, http://www. world bank, org/icsid/cascs/conclude, htm. 原資料逐一列明各案仲裁員或調解員名單等，限於篇幅，茲從略。

表3-4-3　ICSID受理後待決的國際投資爭端一覽表
（截至2001年5月28日，共33起）

案號	申請人 （請求人）	被訴人 （被請求人）	案由	立案日期
1.　ARB/96/2	米西馬礦業公司	巴布亞新幾內亞	採礦特許爭端	1996. 4. 29
2.　ARB/97/3	阿孔基哈公司等	阿根廷	供水與下水道服務特許爭端	1997. 2. 19
3.　ARB/97/4	捷克斯洛文斯卡銀行	斯洛伐克	債券爭端	1997. 4. 25
4.　ARB/98/1	休斯敦工業能源公司等	阿根廷	電力銷售特價爭端	1998. 2. 25
5.　ARB/98/2	卡薩多與阿連德總統基金	智利	組建出版企業爭端	1998. 4. 20
6.　ARB/98/3	利比里亞國際信託公司	利比里亞	海事登記爭端	1998. 5. 28
7.　ARB/98/4	韋納飯店公司	埃及	旅社租賃與開發爭端	1998. 7. 31
8.　ARB/98/5	E. A. 奧爾昆	巴拉圭	組建食品企業爭端	1998. 8. 26
9.　ARB(AF)/98/3	洛文集團公司等	美國	組建殯儀館與保險企業爭端	1998. 11. 19
10. ARB/98/8	坦桑尼亞電力供應公司	坦桑尼亞獨立電力公司	電力購銷合同爭端	1998. 12. 7

案號	申請人 （請求人）	被訴人 （被請求人）	案由	立案日期
11. ARB/99/2	亞歷克斯·格寧等	愛沙尼亞	組建銀行爭端	1999. 5. 12
12. ARB/99/3	菲利普·格魯斯林	馬來西亞	互助基金爭端	1999. 5. 12
13. ARB(AF)/99/1	費德曼·卡爾帕	墨西哥	組建外貿企業爭端	1999. 5. 27
14. ARB/99/5	阿利門塔公司	岡比亞	組建花生企業爭端	1999. 7. 12
15. ARB(AF)/99/2	蒙德維國際公司	美國	商用地產開發爭端	1999. 9. 20
16. ARB/99/6	中東水泥裝運裝卸公司	埃及	組建水泥銷售企業爭端	1999. 11. 19
17. ARB/99/7	帕特里克·米歇爾	剛果民主共和國	組建律師事務所爭端	1999. 12. 10
18. ARB/00/1	津瓦利開發公司	格魯吉亞	水電站改建合同爭端	2000. 1. 7
19. ARB/00/2	米哈利國際公司	斯里蘭卡	電力項目爭端	2000. 1. 11
20. ARB/00/3	格拉德聯合公司	委內瑞拉	建造教養所爭端	2000. 3. 1
21. ARB/00/4	薩利尼建築公司等	摩洛哥	建造高速公路爭端	2000. 6. 13
22. ARB/00/5	奧托皮斯塔公司	委內瑞拉	建造高速公路爭端	2000. 6. 23
23. ARB/00/6	康索蒂安公司	摩洛哥	建造高速公路爭端	2000. 6. 28
24. ARB/00/7	世界免稅公司	肯尼亞	免稅特許爭端	2000. 7. 7
25. ARB/00/8	利澤波因特公司	剛果民主共和國	銅礦開採特許爭端	2000. 7. 27
26. ARB(AF)/00/1	ADF集團公司	美國	高速公路建設爭端	2000. 8. 25
27. ARB(AF)/00/2	塔尼卡斯公司	墨西哥	組建廢品處理企業爭端	2000. 8. 28
28. ARB(AF)/00/3	廢品管理公司	墨西哥	組建廢品處理企業爭端	2000. 9. 27

（續表）

案號	申請人（請求人）	被訴人（被請求人）	案由	立案日期
29. ARB/00/9	世代烏克蘭公司	烏克蘭	建造辦公大樓爭端	2000. 10. 20
30. ARB/01/1	英普列基羅公司等	阿拉伯聯合酋長國	建造清真寺爭端	2001. 2. 15
31. ARB/01/2	安托英公司等	布隆迪	組建採礦、銀行企業爭端	2001. 3. 27
32. ARB/01/4	AES高峰電力公司	匈牙利	電力購銷協議爭端	2001. 4. 25
33. ARB/01/5	索西礦業開發公司	馬里	金礦開採特許爭端	2001. 5. 24

資料來源：ICSI）Cases, LJst of Pending Cases, httpj：//www. worldbank. org/icsid/cascs/pending, htm.原資料逐一列明各案仲裁員或調解員姓名等，限於篇幅，茲從略。

　　誠然，遇有涉外投資的行政爭端（即外國的「民」控告中國的「官」），中國的主管當局和有關部門可以採取適當的措施和步驟，儘可能在中國境內「消化」矛盾，解決爭端；但是，一旦涉案的外商堅持其無理要求、過苛索償或乘機要挾，則中國的主管當局和有關部門顯然不應一味姑息遷就或一味迴避應訴，恰恰相反，理應勇於正視矛盾，敢於按照有關規定，善於在ICSID組建的國際性仲裁庭上，與申訴人針鋒相對，對簿公堂，依法據理力爭，使爭端獲得公正、公平、合理的解決。

　　簡言之，當代中國人對於很可能出現的上述情況，應當早有「憂患」意識，預設「防範」屏障，未雨綢繆，早做準備，以免屆時措手不及，陷於被動。

　　第二，二十世紀九〇年代以來，經濟全球化進程明顯加快，中國正式加人世界貿易組織，已指日可待。一旦「入世」，勢必遵循全球性的經濟「遊戲規則」，在現有基礎上進一步全方位、

多層次地擴大對外開放，吸收和利用更多的外資；結合全面實施西部大開發、國企改革更新、優化產業結構等新的經濟戰略，擴大外商投資的地域和領域，逐步推進原先屬於禁止或限制外資進入的商業、外貿、金融、保險、證券、電信、旅游和中介服務等行業的對外開放，鼓勵外商更積極地投資基礎設施、環保產業和高新技術產業。加上中國政局平穩、社會安定、經濟活躍、持續快速發展等客觀有利條件，今後外商來華投資的規模、範圍和總量，勢必達到前所未有的水平。與此俱來的，涉外投資爭端出現的領域、頻率和規模，也勢必有相應的擴大和變化。面對在中國勢必出現的新現實，面對ICSID仲裁體制功能不斷擴大，受案數量大幅、加速增多的新現實，如何妥善應對，因勢利導，做到游刃有餘，這也是當代中國人不能不預為深思熟慮的。「無遠慮者必有近憂」，這個中華「古訓」，自應謹記，不可或忘。

基於對ICSID體制發展新態勢的清醒認識，基於對中國吸收外資進人新階段的全面預估，中國在接受和適應ICSID體制的現階段，要切實做到趨利避害，為我所用，至少面臨著以下幾個方面新的待決問題：

第一，加強對ICSID仲裁成案的深人研究。

成案先例作出的是非判斷，對於後續類似爭端的處理，是否具有法律上、法理上或道義上的約束力？大陸法系與英美法系各有不同的理論與實踐，見仁見智，迄未統一，也不必強求統一。但是，成案先例之對於後續類似爭端的分析與論證，至少具有正面或負面的精神影響，則是全球法律學者的共識，關於這一點，看來不會有多大爭議。對於這種精神影響，後人是接受它，作為

判斷後續類似爭端的依據或參考，抑或是拒絕它，在判斷後續類似爭端過程中，努力擺脫這種精神影響，以便反其道而行之？要做到科學地解決這個問題，其前提都是必須對有關的成案先例的審理過程、兩造主張之論點和論據、仲裁員處斷之依據和理由，進行深入細緻的研究，方能在「接受它」抑或「拒絕它」的判斷上，做到持之有故，言之成理。

這種科學的方法，當然也適用於ICSID成案的研究。

對於面臨前述國內外新形勢的中國人說來，ICSID組建以來受理和處斷國際投資爭端的實況和案例，當然應當成為加緊研究的重點，其理至顯，不必多贅，因為，這些案件的仲裁處斷結果是整個ICSID仲裁體制和ICSID仲裁人員具體運作的綜合產品和集中表現，案件的裁決書最集中、最具體地展示了ICSID仲裁體制的審理水平（可否信賴）、公正程度（有無偏袒）、斷案傾向（對誰有利）以及實際效果（能否執行）。因此，它們成為全世界資本輸出國以及資本輸入國共同矚目的焦點，儘管這兩類國家備加關注的動機和角度大相逕庭，甚至完全相反。

在已經裁決的諸項爭端案件中，認定事實是否清楚？有否歪曲臆斷？適用法律是否正確？東道國的法律是否獲得充分的尊重？各案裁斷是否公正持平和合情合理？有無蓄意偏袒和執法不公現象？特別是有無坑害東道國、嚴重侵害其主權權益情事？《華盛頓公約》第53條規定：ICSID仲裁庭的裁決一般是終局性的，當事人不得就裁決提起上訴或尋求其他救濟，而前述已結案件一覽表中所列的第10、11、19、20四例卻依據《華盛頓公約》第52條的規定撤銷了原裁決，或最終以雙方和解結案，那麼，原

裁決何處不公或不當？何故造成不公或不當？ICSID前任祕書長伊伯拉欣・希哈塔對於當事人可能濫用「撤銷原裁決」這一程序表示擔心，已建議「中心」的行政理事會考慮修訂現行的《仲裁規則》，嚴格地把「撤銷原裁決」程序作為特殊的例外來對待。[62] 這種擔心和修訂是否有必要，是否合理？此外，上述各項裁決正式生效後，其執行情況如何？其拘束力是否確實有效？爭端當事人和當事國是否嚴格履行？作為第三者和局外人的其他締約國對有關裁決是否全盤承認並在其國境內認真協助執行？作為發展中國家和吸收外資的東道國，從上述爭端案例的裁決和執行中應當吸取哪些經驗或教訓？應當採取哪些必要的、有效的、恰如其分的防範措施？──不認真研究和充分掌握上述有關情況，則中國一旦遇到類似爭端，並被捲入類似的國際仲裁程序，就難以做到胸有成竹，從容對付，依法據理力爭，以確保中國的正當權益。

第二，加強對各國「保留條款」的深入研究。

有些締約國在參加《華盛頓公約》之初或其後，就行使《華盛頓公約》第25條第4款賦予的有關預設「保留條款」的權利，書面通知ICSID，列舉何種爭端打算提交ICSID受理和管轄，何種爭端不擬提交ICSID裁斷。例如，沙特阿拉伯王國在一九八〇年五月八日正式批准加入《華盛頓公約》之際，就明確宣布：本國「保留權利，不將一切涉及石油以及涉及國家主權行為的爭端問題，提交『解決投資爭端國際中心』進行調解或仲裁。」隨後，又在一九八三年四月頒行的《沙特阿拉伯仲裁條例》第3條中明文規定：「非經大臣會議主席批准，各級政府機構不得將它們與

其他第三方當事人之間的爭端提交仲裁解決。」[63]這就從實體法和程序法兩個方面在很大程度上限制了可以提交ICSID管轄的爭端的範圍。

又如，圭亞那共和國早在一九六九年七月十一日就正式批准加人《華盛頓公約》，事隔五年之後，根據本國國情需要，曾於一九七四年七月八日正式書面通知ICSID：「圭亞那不考慮將有關圭亞那礦藏以及其他自然資源投資所直接引起的法律爭端，提交ICSID管轄。」又隔十三年以後，到了一九八七年十月，圭亞那政府根據本國國情的變化和吸收外資的新需要，又通知ICSID：圭亞那決定正式撤回上述保留條款，不再限制提交ICSID管轄的投資爭端的種類和範圍。[64]

對於諸如此類「保留條款」的具體內容，提出的背景和用意，實際的影響和利弊，都應逐一地加以比較研究，參考借鑑，從而開闊眼界，增廣見識，俾便結合中國的具體國情，作出正確的抉擇、取捨和創新。

中國政府於一九九〇年二月九日簽署了《華盛頓公約》，進而在一九九三年一月七日遞交批准書，並鄭重通知ICSID：「根據《華盛頓公約》第25條第4款的規定，中國僅考慮把由於徵收和國有化而產生的有關補償的爭端提交『解決投資爭端國際中心』管轄。」[65]這一「保留」和「限制」，顯然是在廣泛調查研究、多方徵詢意見、反覆全面權衡之後，作出的審慎抉擇。對比上述沙特阿拉伯一九八〇年和一九八三年的兩項保留以及圭亞那一九七四年的一項保留，中國對ICSID管轄權所作的保留和施加的限制，顯得不很嚴格而較為寬鬆；反之，對比圭亞那一九八七年之

完全撤回了保留條款，對提交ICSID管轄的涉外投資爭端的種類和範圍不再施加任何限制，則中國的做法又顯得並不寬鬆而較為嚴格。可以說，這是中國立足於中國當時的國情並參考各國相關做法後，採取了「寬嚴適度」的「中庸之道」。

「一切依時間、地點和條件而轉移」，「實踐是檢驗真理的唯一標準」，這是辯證唯物論或唯物辯證法的基本準則。循此準則作深入思考，中國在面臨前述國內外新形勢下，是否應當對一九九三年當年所作的保留再作適當的調整？或者是否應當繼續堅持當年所作的保留？這顯然又是一個有待認真調查研究、審時度勢、重新探討的問題。

第三，加強對外國專家有關ICSID論述的深入研究。

ICSID組建以來，特別是二十世紀九〇年代以來，外國法學專家和ICSID高級官員對於《華盛頓公約》和ICSID的評論，不論其政治傾向和法學觀點如何，也不論這些評論是讚美、歌頌，還是批評、指摘，是工作總結，還是改革建議，都在應當了解之列。了解各種有代表性的「一家之言」，也是一種重要的調查研究，頗有助於中國人進行比較分析和獨立判斷。「他山之石，可以攻玉」，「兼聽則明」，其理至顯，毋庸贅述。

第四，抓緊推出有關ICSID體制的國內配套立法。

中國一九九〇年初簽署《華盛頓公約》，迄今已經十一年有餘；如果從一九九三年初正式提交批准書起算，迄今也已超過八年。但是，直到現在，中國尚未正式推出有關貫徹《華盛頓公約》規定、適應ICSID仲裁體制的國內「配套」立法。對比《華盛頓公約》其他許多締約國的立法實踐以及中國當前的國情需

要，[66] 似已顯得立法滯後和不足，亟待改進和完善。換言之，似應抓緊考慮在中國的具體條件下，如何參照《華盛頓公約》其他締約國的有關做法，通過審慎和合理的國內立法，制定有關《華盛頓公約》和ICSID體制在中國的實施條例或細則，既要信守和貫徹《華盛頓公約》的基本規定，又要對中國的保留條款和必要的防範措施，作出具體和周密的安排，從而靈活地充分運用《華盛頓公約》各項既定條款，力爭趨利避害，維護中國的正當權益，——這顯然是中國當前應當認真著手解決的一項待決問題。諸如，在有關的國內立法中，明確規定何類涉外投資爭端、在何種條件下可以提交ICSID管轄和裁斷，何類涉外投資爭端、在何種條件下不允許或嚴禁擅自提交ICSID；特別是，針對《華盛頓公約》「序言」和第25條第1款賦予吸收外資東道國的逐項「書面同意權」應由中國政府的何種、何級主管部門，根據何種標準和何種手續作出科學判斷，對外表示同意或不同意將有關涉外投資爭端正式提交ICSID管轄；一旦中國政府的有關部門成為ICSID仲裁案件的「被訴人」應當如何正面對待、積極應訴；ICSID作出的仲裁裁決，在中國境內如何加以承認和執行，等等。針對這些具體的問題，都應當在中國的國內立法中，從實體上和程序上確立嚴格的審批標準和操作辦法，俾便有法可依，有章可循，從而逐項嚴格把關，審慎行事，防範未然。[67]

第五，抓緊研究ICSID仲裁機制在「一國兩制」下的正確運用。

如前所述，中國於一九九〇年初簽署《華盛頓公約》、一九九三年初正式遞交了批准書。當時離香港、澳門回歸祖國尚有相

當時日，因而對於日後該公約以及ICSID仲裁機制是否適用於、如何適用於中國港、澳地區問題，也尚未有十分具體的考慮。

一九九七年七月一日、一九九九年十二月二十日香港、澳門先後回歸祖國。依據《中華人民共和國憲法》《中華人民共和國香港特別行政區基本法》《中華人民共和國澳門特別行政區基本法》的規定，中國對香港、澳門恢復行使主權後，實施「一國兩制」的基本方針，兩地區仍然分別保持其原有的資本主義制度，五十年不變。兩地區均在中央人民政府直轄之下，實行高度的自治，享有行政管理權、立法權、獨立的司法權和終審權。[68] 在對外關係方面，中央人民政府負責管理與港、澳兩地區有關的外交事務和防務；與此同時，又授予兩地區以中國一般地方行政區所未能享有的、特定的對外交往權利，諸如：第一，港、澳兩個特別行政區可以在經濟、貿易、金融、航運等領域，以「中國香港」或「中國澳門」的名義，單獨地同世界各國、各地區及有關國際組織保持和發展關係，簽訂和履行有關協議；第二，中華人民共和國締結的國際協議，中央人民政府可根據港、澳兩地區的情況和需要，在徵詢兩地區政府的意見後，決定是否適用於該兩地區；第三，中華人民共和國尚未參加但已適用於香港的協議，仍可繼續適用。中央人民政府根據需要，分別授權或協助港、澳兩地區政府作出適當安排，使其他有關國際協議適用於港、澳兩地區。[69]

不言而喻，關於《華盛頓公約》和ICSID仲裁機制今後是否適用於以及如何具體地和正確地適用於中國港、澳兩地區的問題，顯應根據上述基本規定，加以慎重研究。

從歷史上說，在一九九七年七月一日中國對香港恢復行使主權之前，香港由英國強行占領和統治。英國早在一九六七年一月十八日就正式成為《華盛頓公約》的締約國，相應地，該公約所規定的ICSID仲裁機制在當時就開始適用於香港地區。同理，在一九九九年十二月二十日中國對澳門恢復行使主權之前，澳門由葡萄牙強行占領和統治。葡萄牙於一九八四年八月一日正式成為《華盛頓公約》的締約國，相應地，ICSID仲裁機制也在當時就開始適用於澳門。在這方面，兩地的共同點是：

（1）在回歸祖國之前，兩地均受發達國家的統治和管轄，實行的都是資本主義制度，其在《華盛頓公約》中所享有的權利和承擔的義務，都是採取發達國家的標準。

（2）在回歸祖國之後，兩地均成為中國這一社會主義國家和發展中國家直接管轄的特別行政區，但都在法定時期內繼續保持其原有的相當發達的資本主義制度。

（3）由於中國參加締結《華盛頓公約》和接受ICSID仲裁機制之時，其所享有的權利和承擔的義務，從整體上說，採取的是發展中國家的標準，於是，就產生了這些標準和相應的具體規定是否適用於以及如何適用於資本主義經濟相當發達的港澳地區這一現實問題。

（4）作為資本主義經濟相當發達的地區，原先其吸收外國投資的總體環境是相當寬鬆、透明、自由化和法治化的。相應地，就外商與當地政府之間有關跨國投資的行政爭端而言，兩地外商利用ICSID仲裁機制直接向華盛頓ICSID機構投訴，其限制或障礙也是頗少的。兩地回歸祖國之後，中國既要對它們恢復行

使主權，又要繼續保持和發展其原有的對外國資本具有重大吸引力的良好經濟環境和法律環境，特別是要保持和發展香港作為全球性國際金融、投資、貿易一大中心的優勢，以吸收更大量的外資，這就需要對堅持行使中國主權與允許外商充分利用ICSID仲裁機制這兩個方面，加以新的綜合考慮，審慎地作出不同於內地各省、各地區的妥善安排。

試以前述關於「書面同意」權的行使[70]為例：一般而論，發展中國家鑒於自身經濟實力不足、法治水平不高以及高層次涉外法律人才不多等現實情況，均傾向於由中央一級的國家主管部門統一「把關」，逐案審議和判斷是否可以書面同意將本國境內某項涉外投資行政訟爭的管轄權轉交ICSID，由後者實行國際性的仲裁裁決。本國地方行政當局非經中央主管機關逐案授權，一般不直接具備行使此種「書面同意」的權力。許多學者主張，在中國擬訂實施《華盛頓公約》的國內「配套」立法中，亦當按此國際通行做法辦理。但是，鑒於香港、澳門兩個特別行政區的特殊環境和特殊地位，鑒於兩地在引進外資方面所能發揮的特殊作用和特殊需要，已有學者提出：對在港、澳兩地區的外商投資進行行政管理，應分別屬於兩地實行高度自治的權限範圍。而且，它們對於產生於當地的國際投資爭端實況和有關事宜，相當熟悉，因此，對於兩地區政府與外商之間出現的投資爭端，應當由兩地政府自己負責處理。它們可分別作為中國統一授權指派到ICSID的「下屬單位或下屬機構」（a constituent subdivision or agency of a Contracting State designated to the Centre by that State）[71]，分別以兩地政府自己的名義，單獨地參與ICSID仲裁，單獨地享受

「應訴」的權利，並實際承擔履行ICSID仲裁裁決的義務，中央人民政府不必直接介入。[72] 這種特殊授權，當能更有助於消除外商在港、澳回歸中國後繼續對兩地投資的疑慮。

再以前述關於ICSID對在華國際投資爭端的管轄範圍為例：中國在一九九三年遞交《華盛頓公約》批准書時，曾鄭重聲明僅考慮把由於徵收和國有化而產生的補償爭端提交ICSID管轄。換言之，對於外商指控東道國政府違約、禁止匯兌、戰亂等事故或風險所產生的補償爭端，凡不涉及徵收和國有化者，均不提交ICSID管轄。這一管轄問題的「保留」和「限制」，是否應當完全適用於回歸中國之後的港、澳地區？這也是應當審慎研究考慮的現實問題。鑒於港、澳地區的特殊地位及其在吸收外資中的特殊作用，已有學者主張：可以提交ICSID仲裁管轄的港、澳兩地政府與外商之間的投資爭端，其具體範圍不應僅僅侷限於徵收和國有化的賠償方面，而應適當地結合兩地的實況和吸收外資的需要，比照發達國家的有關規定，適當地予以擴大。至於擴大的具體幅度和範圍，則可由港、澳兩地政府在徵詢中央人民政府意見的基礎上，自行決定。[73]

舉一反三。對於諸如此類有關《華盛頓公約》及ICSID仲裁機制是否適用以及如何適用於中國香港、澳門兩地區的問題，確實有待於抓緊研究。迄今有關這方面的研究成果似仍不多見，不足以適應形勢發展的需要，亟宜加強探討。

第六，抓緊研究利用ICSID仲裁機制保護中國的海外投資。

中國的對外開放國策，素來就包含「引進來」和「走出去」這兩個基本方面。中國人有能力、有智慧學會充分利用國內和國

外兩種資源，開拓國內和國外兩個市場。就國際投資領域而言，改革開放初期，囿於中國當時的經濟實力和開拓經驗，注意力主要集中於引進和利用外資，並取得了舉世矚目的成就。二十世紀九〇年代以來，隨著綜合國力的逐步提高和對外開拓經驗的逐步積累，中國在繼續加強引進外資的同時，開始認真探索如何做到「引進來」與「走出去」並重和並舉。經過近十年來的努力，一些有條件、有實力、有市場的國內企業和產品生產開始走向境外，開辦了一大批受當地政府和人民歡迎的投資項目，從而在利用國內外兩個市場、兩種資源以促進中國經濟發展方面，有了實質性的推進。[74] 向海外投資的「勢頭」不斷強化，並初見成效。據不完全的統計，截至二〇〇〇年底，經國家批准和備案的中國在境外的企業已超過六千家，投資總額超過一百億美元。這些境外企業向外開拓投資市場，對促進中國「四化」建設的重大意義和作用，是不容忽視的：第一，它大幅度地擴大了中國產品的出口。越來越多的大型生產企業、知名品牌企業紛紛到境外開展加工貿易，不僅優化了中國向境外投資企業的結構，而且通過投資直接帶動了出口。據統計，已投資的境外加工項目每年可直接帶動出口約十億美元。第二，它有力地推動了中國的承包工程和勞務輸出。單單二〇〇〇年一月至十二月，中國對外經濟技術合作、承包工程和勞務合同金額即高達149.43億美元。[75] 第三，它緩解和補充了國內緊缺資源的需求。從比較效益的角度出發，中國企業向境外諸如森林、能源、礦產和農業等方面的投資項目，與東道國企業就地合作開發，產品分成或採購東道國內物質，對滿足中國建設急需而又緊缺的農、林、礦等資源要求，起

了緩解和補充的作用，而且減少了諸多中間環節的費用，大大節約了成本，提高了經濟效益。

但是，有關國際投資的歷史以及來自有關方面的信息表明：向海外投資並非都是一片坦途，它歷來都是機遇與挑戰並存，厚利與風險同在的。就風險而言，除了一般性的商業風險之外，還存在著非商業性的即政治性的風險。目前中國到境外投資的企業，大多重視是否存在商業風險，注意對成本、價格、銷路、市場等因素事先開展調查研究，並據以作出決策；而相形之下，對於東道國的政局是否動盪，其外資政策、法規以及外匯管理措施是否透明和穩定，其投資爭端解決機制是否公平、公正等等因素，即對於是否存在著戰爭動亂、政權更迭、政府違約、濫行罰沒、禁止匯兌等等潛在的政治風險，則往往未予足夠的重視，或事先調查研究不足，或事先防範不力，便貿然投入巨資，以致一旦發生上述非商業性風險，就陷於十分被動的困境：或無從索賠，或投訴無門，以致已有不少中國企業的境外投資在諸如「東道國政局動盪或戰亂」中，遭到重大損失。據有關部門介紹：中國人民保險公司出口信貸保險部自一九九四年起就開辦海外投資保險業務，承保各類政治風險，但迄二〇〇〇年十一月三十日為止，竟尚無任何一家中國企業為其海外投資前來投保。[76] 僅此一端，就足見其憂患意識、風險觀念，以及事先採取自我保護和未雨綢繆措施，都很不到位。基於這種現狀，不難推斷：迄今為止，能夠自覺地充分利用中國已經參加《多邊投資擔保機構公約》以及《華盛頓公約》的良好條件，主動向MIGA申請擔保政治風險，[77] 主動在各類對外投資合同中力爭訂立ICSID仲裁條款

者，如果不是尚無此舉，也是鳳毛麟角，十分罕見。

如前所述，在當代跨國投資活動中，不但有愈來愈多的雙邊投資保護條約，直接規定了ICSID仲裁條款，而且有日益增多的東道國同意在其與外國投資者訂立的投資合同中也直接約定將日後可能出現的投資行政爭端提交ICSID仲裁解決。這是資本輸出國保護其本國向海外投資的企業的有力措施之一。中國現在既已開始認真推進「引進來」與「走出去」並舉的方針，則在跨國投資領域，除了繼續是資本輸入國之外，也開始初步兼具資本輸出國的地位，因而對於當代資本輸出國可以援用的法律手段，自應加強研究和善加利用，以維護本國「走出去」的企業的合法權益。對此，中國的主管部門已經開始加以重視，提出：「我國要抓緊同有關國家商簽雙邊投資保護協定，避免雙重徵稅協定，進一步研究和利用《多邊投資擔保機構公約》的有關條款，保護中國對外投資企業的利益。」[78] 與此同時，顯然也應抓緊研究近年來在世界各國、各地、各類國際投資合同中直接約定ICSID仲裁條款的通行做法及其實踐效果，並結合中國資本輸出的國情，在有關向海外投資的管理性法規或部門規章中，作出相應規定和制定示範性條款，指示或指導中國的海外投資企業遵行。

第七，抓緊落實向ICSID指派中國遴選的仲裁員和調解員。

根據《華盛頓公約》第3條以及第13至15條的規定，每個締約國有權向ICSID指派仲裁員和調解員各四名，共同構成ICSID配備的仲裁員團組和調解員團組。任期六年，可以連任。迄二〇〇一年三月為止，在一三四個正式締約國中已有八十個國家行使了此項重要權利，但在ICSID開列的仲裁員和調解員總名單

上，至今未見列明中國指派的成員。據悉：早在一九九三年八月，中國政府的主管當局經過鄭重遴選，已決定向ICSID指派四名仲裁員和四名調解員，但由於各種原因，至今尚未最後落實和完成指派的正式手續。在這方面的工作滯後，「有權不用」或不及時使用，顯然相當不利於提高中國在ICSID體制中的應有聲譽和形象；相當不利於中國人在「近距離」和第一線觀察和體驗ICSID仲裁體制的具體運作實況，及時獲得必要的信息，積累必要的經驗，俾便為中國以及第三世界發展中國家仗義執言，提供公正、公平的法律服務；也相當不利於中國自身專業人才國際實踐能力的培養和綜合素質的提高。如果認真考慮中國當前面臨的前述各種新形勢，看來這也是已經提到日程上亟待落實解決的一個重要問題。

以上七個方面的待決問題，輕重緩急，各有不同。但從總體上考慮，第一方面的問題，即加強對ICSID仲裁成案的深入研究，顯然乃是居於首要地位的基礎研究，屬於重中之重，需要更多的「志士仁人」，投入更大的精力，進行持續的「回溯探討」和「跟蹤追擊」，從而不斷求索和積累新知，為我所用。把此項基礎研究做好，就不難舉一反三，觸類旁通，把其他待決問題也逐一妥善解決。

廈門大學國際經濟法研究所幾位同道近三年來的「集體攻關」，就是基於這種共識，沿著上述這個方向進行一次新的、初步的探索。

六、《國際投資爭端仲裁──ICSID 機制研究》一書的內容結構

有關ICSID仲裁成案的各種文檔，可謂繁篇浩帙。題述著作是廈大幾位同道對其中部分文檔開展集體研究的初步成果。它是一些研究心得的彙集，也是一些原始素材的選要。

全書除緒論外，原先輯為四編。第一編是ICSID仲裁專題研究，分列仲裁管轄權、仲裁法律適用、仲裁臨時措施制度、仲裁撤銷制度、仲裁裁決的承認與執行、ICSID仲裁與其他機構仲裁的比較等六個專題。這些專題研究，以ICSID的基本體製為「經」，以ICSID仲裁實踐的典型案例為「緯」，加以梳理、編織和歸納，逐一加以綜合剖析和評論，從其「靜態」與「動態」的結合上，來觀察ICSID體制成立三十五年來的具體運作情況，辨明其主要的是非臧否。第二編以個案為單位，從ICSID成立迄今已結的五十二件成案中，精選其七，以「夾敘夾議」的方式，逐一敘述和評論其案情梗概、紛爭焦點、仲裁進程和處斷結果，以及發展中國家（特別是中國人）應當從中吸取的主要經驗教訓。第三編以上述各典型成案的仲裁「裁決書」為中心，分別將各案有關的英文原始文檔譯成中文，以供難以直接蒐集到或難以順利閱讀這些原始文檔的學術界有心人，作進一步的查索、發掘和評析。第四編附錄了有關ICSID仲裁體制的基本文獻，含《華盛頓公約》全文、ICSID的仲裁規則、調解規則等。這些基本文獻，是ICSID組建成立、中心仲裁具體運作的主要依據和基本規則，在各項具體成案文檔（含裁決書等）之中經常被援引、被論證。

附錄於該書，旨在為讀者提供方便，在閱讀該書其餘各編有關論述過程中，可以隨時順手查核對照，以加深理解。

以上這四編，總字數約為一一七萬字。考慮到全書篇幅較大，也考慮到廣大讀者定會有不同的需要，故將上述研究心得和原始素材分成兩冊，以「姊妹書」形式，同時出版，分別定名為《國際投資爭端仲裁──「解決投資爭端國際中心」機制研究》和《國際投資爭端案例精選》，前者含緒論、專題研究、成案述評和基本文獻，後者專門收輯經精選和編譯的九個典型案例的仲裁裁決書等原始文檔。這兩本成果，既各自獨立成書，又互相呼應配套。

如前所述，該書是一部集體創作。在成書的全過程中，各人分工撰寫與集體切磋探討，兩相結合，交叉進行。全書的基本觀點是集體智慧的結晶，也是參撰作者們的共識。但是，在論證和行文的具體過程中，在個別問題的看法上以及文字表述的風格上，都保留著若干「個性」特點，以存其真，並不全求統一。

「存真」更有利於「求教」。作者們自知學力有限，面對許多既「難得」，又「難啃」的外文原始資料，其所譯、所解、所悟和所論，難免有不妥或舛誤之處，懇切期待海內外方家和廣大讀者惠予指正。

注釋

* 本文是由筆者參撰和主編的《「解決投資爭端國際中心」述評》一書（鷺江出版社1989年版）的「代前言」，以及《國際投資爭端仲裁──ICSID機制研究》一書（復旦大學出版社2001年版）的「緒論」綜合整理而

成。前一本書於1994年獲得「福建省人民政府第二屆社科優秀成果獎」一等獎；後一本書於2002年先後獲得中國司法部頒發的「第一屆全國法學教材與科研成果獎」一等獎以及中國出版總署頒發的「中國圖書大獎」。

〔1〕 參見《中華人民共和國中外合資經營企業法實施條例》第109條。

〔2〕 參見《中華人民共和國中外合資經營企業法實施條例》第110條。

〔3〕 參見《中華人民共和國中外合資經營企業法實施條例》第111條。

〔4〕 參見《中華人民共和國中外合作經營企業法》第26條。

〔5〕 參見《中華人民共和國合同法》第128條。

〔6〕 參見《中華人民共和國外資企業法》第8條。

〔7〕 《中華人民共和國憲法》第41條。

〔8〕 參見任建新：《最高人民法院工作報告》（1989年3月29日），載《法制日報》1989年4月11日。

〔9〕 《中華人民共和國行政訴訟法》第2條。

〔10〕 《中華人民共和國憲法》第32條、第18條。

〔11〕 《中華人民共和國行政訴訟法》第71條第1款。同條第2款進一步規定：「外國法院對中華人民共和國公民、組織的行政訴訟權利加以限制的，人民法院對該國公民、組織的行政訴訟權利，實行對等原則。」

〔12〕 指1982年3月簽訂的《中華人民共和國政府和瑞典王國政府關於相互保護投資的協定》，載陳安：《美國對海外投資的法律保護及典型案例分析》，鷺江出版社1985年版，附錄，第154-158頁；或中國對外貿易經濟合作部編：《國際投資條約彙編》，警官教育出版社1998年版，第142-145頁。

〔13〕 指1983年10月簽訂的《中華人民共和國和德意志聯邦共和國關於促進和相互保護投資的協定》，載陳安：《美國對海外投資的法律保護及典型案例分析》，鷺江出版社1985年版，第163-172頁；或中國對外貿易經濟合作部編：《國際投資條約彙編》，警官教育出版社1998年版，第163-170頁。

〔14〕 參見《中華人民共和國和德意志聯邦共和國關於促進和相互保護投資的協定》第4條第1款，所附《議定書》第4條第3款、第4款，載陳安：《美國對海外投資的法律保護及典型案例分析》，鷺江出版社1985年版，第165、170頁；或中國對外貿易經濟合作部編：《國際

投資條約彙編》，警官教育出版社1998年版，第164、167頁。

〔15〕《中華人民共和國和德意志聯邦共和國關於促進和相互保護投資的換文》，載《中國國際法年刊》，中國對外翻譯出版公司1984年版，第479-480頁；或中國對外貿易經濟合作部編：《國際投資條約彙編》，警官教育出版社1998年版，第169頁。

〔16〕《中華人民共和國和荷蘭王國關於相互鼓勵和保護投資協定的議定書》，載《中國國際法年刊》，中國對外翻譯出版公司1987年版，第621、637、658頁；或中國對外貿易經濟合作部編：《國際投資條約彙編》，警官教育出版社1998年版，第291頁。

〔17〕1801年，法軍占領埃及，從埃及取得開鑿專利權的法國人費迪南·德·勒賽普組織開鑿公司，於1869年開通了蘇伊士運河。1875年，英國殖民勢力收買了「蘇伊士運河公司」44%的股票，與法國一起控制了埃及的財政命脈。後來英國在蘇伊士運河區長期駐軍占領。埃及人民進行了長期的反帝反封建鬥爭，於1953年6月成立埃及共和國。1956年7月，埃及政府宣布將「蘇伊士運河公司」收歸國有。同年10月，英、法兩國糾合以色列向埃及發動侵略戰爭，企圖以武力強迫埃及放棄上述國有化措施，在國際上引起軒然大波，並遭到世界進步輿論和眾多發展中國家的一致譴責。在聯合國的調停和監督下，英、法、以侵略軍被迫於同年12月從埃及撤出。1958年7月，爭端雙方達成協議，由埃及政府適當地向「蘇伊士運河公司」支付國有化補償金2830萬英鎊，分6年付清。

〔18〕1951年，伊朗議會通過法律，決定將涉及本國經濟命脈的石油企業收歸國有。應伊朗境內英商投資的「英伊石油公司」要求，英國政府出面向國際法院控告伊朗政府。根據《國際法院規約》第36條第1款，必須是各有關當事國家一致同意提交該院管轄審理的案件，該院才有權受理。礙於這一規定，而且鑒於世界潮流所趨，國際法院終於以伊朗一方不同意作為理由，明確宣布：「本院對本案無權管轄（投票表決時9票贊成此結論，5票反對），駁回英國的單方投訴，不予受理」。參見《1952年國際法院判例彙編》，1952年英文、法文對照版，第93-115頁。

〔19〕參見《華盛頓公約》「序言」。

〔20〕參見《華盛頓公約》第1條。

〔21〕參見《華盛頓公約》第25條第1款、第2款。

〔22〕參見《華盛頓公約》第25條第1款、第4款,「序言」。

〔23〕參見《華盛頓公約》第25條第1款。

〔24〕參見《華盛頓公約》第26條。

〔25〕參見《華盛頓公約》第27條。

〔26〕參見《華盛頓公約》第28條、第34條。

〔27〕參見《華盛頓公約》第36條、第53條、第54條。

〔28〕參見《華盛頓公約》第55條。

〔29〕參見《華盛頓公約》第52條。

〔30〕參見《華盛頓公約》第42條第1款、第3款。

〔31〕參見《華盛頓公約》第4條、第5條。

〔32〕參見《華盛頓公約》第9-11條、第28條、第29條、第36條、第37條。

〔33〕參見《華盛頓公約》第12-14條。

〔34〕參見《解決投資爭端國際中心1988年年度報告》以及《解決投資爭端國際中心訊息》1989年第6卷第1期。

〔35〕參見《解決投資爭端國際中心成立二十周年》,載《解決投資爭端國際中心訊息》1987年第4卷第1期,第6頁。

〔36〕「亞非法律諮詢委員會」正式成立於1958年,是亞非二十多個國家政府間的高級法律諮詢機構,總部設在新德里,由各成員國指派本國最高法院院長或總檢察長一級的專家官員組成委員會,每年開會一次。其任務為:審議聯合國「國際法委員會」研究的各種問題,提出意見或建議;審議各成員國政府提出的法律問題並提出建議;就成員國共同關心的法律事項交換意見並提出建議;受委託提出對國際法律問題的見解,經成員國同意後,報聯合國及其他有關國際機構。

〔37〕參見《解決投資爭端國際中心訊息》1987年第4卷第1期。

〔38〕參見《中華人民共和國和德意志聯邦共和國關於促進和相互保護投資的協定》,載陳安:《美國對海外投資的法律保護及典型案例分析》,鷺江出版社1985年版,第163-172頁;或中國對外貿易經濟合作部編:《國際投資條約彙編》,警官教育出版社1998年版,第163-170頁;《中華人民共和國和德意志聯邦共和國關於促進和相互保護投資的協定》第4條第1款,所附《議定書》第4條第3款、第4款,載陳安:《美國對海外投資的法律保護及典型案例分析》,鷺江出版社1985年版,第165、170頁;或中國對外貿易經濟合作部編:《國際

投資條約彙編》，警官教育出版社1998年版，第164、167頁；《中華人民共和國和德意志聯邦共和國關於促進和相互保護投資的換文》，載《中國國際法年刊》，中國對外翻譯出版公司1984年版，第479-480頁；或中國對外貿易經濟合作部編：《國際投資條約彙編》，警官教育出版社1998年版，第169頁；《中華人民共和國和荷蘭王國關於相互鼓勵和保護投資協定的議定書》，載《中國國際法年刊》，中國對外翻譯出版公司1987年版，第621、637、658頁；或中國對外貿易經濟合作部編：《國際投資條約彙編》，警官教育出版社1998年版，第291頁；以及有關正文。

〔39〕參見《多邊投資擔保機構開張營業》，載《解決投資爭端國際中心訊息》1988年第5卷第2期，第10頁。

〔40〕參見《MIGA投資保證標準合同已被批准》，載《解決投資爭端國際中心訊息》1989年第6卷第2期，第8頁。

〔41〕參見《多邊投資擔保機構公約》第14-18條，中華人民共和國財政部外事財務司世界銀行處1985年，中譯單行本，第8-9頁。其中文改譯本見陳安主編：《MIGA與中國：多邊投資擔保機構述評》，福建人民出版社1995年版，附錄，第581-582頁。

〔42〕參見《多邊投資擔保機構公約》第57條第2款。

〔43〕參見《多邊投資擔保機構公約》附件II第4條第2款。

〔44〕參見《多邊投資擔保機構公約》附件II第4條第5款。

〔45〕參見《多邊投資擔保機構公約》附件II第4條第11款。

〔46〕參見金克勝：《中國國際法學會1986年學術討論》，載《中國國際法年刊》，中國對外翻譯出版公司1987年版，第462-471頁。

〔47〕在這方面，比較突出的例子是美國。美國在1982年提交中國供談判用的《雙邊保護投資條約〈樣本〉》第6條中，就提出了這種要求。中美之間的上述雙邊條約談判，至今未獲一致協議，重要原因之一，就在於中方不同意美方提出的這種要求。上述樣本中文譯文見陳安：《美國對海外投資的法律保護及典型案例分析》，鷺江出版社1985年版，附錄，第220-230頁。

〔48〕參見《華盛頓公約》第54條

〔49〕參見《華盛頓公約》第25條第1款、第2款、第4款

〔50〕參見「解決投資爭端國際中心」出版物：《華盛頓公約立法史》第2卷，1968-1970年英文版；林紅梅：《論「解決投資爭端國際中心」

仲裁的法律適用問題》第一部分《〈公約〉第42條立法史》,載陳安主編:《「解決投資爭端國際中心」述評》,鷺江出版社1989年版,第105-111頁。

〔51〕國際復興開發銀行:《執行董事會關於解決國家與他國國民間投資爭端公約的報告書》,載陳安主編:《「解決投資爭端國際中心」述評》,鷺江出版社1989年版,第1088頁。

〔52〕《關於自然資源永久主權的決議》第一部分第4條,載《第17屆聯合國大會決議集》,1963年英文版,第15頁;中譯本見陳安、劉智中主編:《國際經濟法資料選編》,法律出版社1991年版,第3頁。

〔53〕《各國經濟權利和義務憲章》第2條第2款第3項,載《1974年聯合國年鑑》(第28卷),1977年英文版,第404頁。

〔54〕1974年12月12日聯大第2315次會議對《各國經濟權利和義務憲章》進行表決時,阿富汗、中國等120個國家投了贊成票;美國、英國、原聯邦德國等6國投了反對票;日本、法國、義大利等10國投了棄權票。參見陳安:《美國對海外投資的法律保護及典型案例分析》,鷺江出版社1985年版,第22-28頁。

〔55〕19世紀至20世紀初,歐洲列強政府常常濫用國際法上的「外交保護權」,專橫地介入拉丁美洲國家政府與歐洲的公司或個人間有關經濟合同方面的爭端,粗暴干涉拉美國家內政。有鑒於此,阿根廷法學家卡爾沃(Carols Calvo, 1824-1906)極力主張:在有關國家政府與外國人之間在經濟合同方面的爭端中,作為合同當事者的外國人,應當依據合同當事國的國內法,服從該國(即東道國)國內法院的管轄,不得請求本國政府加以外交保護;外國政府亦不得濫用外交保護權。這種主張,通稱「卡爾沃主義」,成為世界上弱小民族反抗列強干涉內政的理論武器。它在國際法的發展史上產生過很大的影響,在拉美各國更是深入人心,甚至定為憲法條款或對外條約專款,通稱「卡爾沃條款」。

〔56〕參見《解決投資爭端國際中心訊息》1987年第4卷第2期,第3頁;《解決投資爭端國際中心訊息》1988年第5卷第2期,第4頁;《解決投資爭端國際中心訊息》1989年第6卷第1期,第3頁。

〔57〕參見《解決投資爭端國際中心仲裁庭組建概況》,載《解決投資爭端國際中心訊息》1987年第4卷第2期,第5-7頁、第3頁。

〔58〕數據來源:http://icsid. worldbank. org/ICSID/FrontServlet? requestTy pe=ICSIDDocRH&acionVal=ContractingStates&-ReqFrom=Main.

〔59〕參見〔美〕安東尼奧・帕拉（ICSID高級法律顧問，現已升任ICSID副祕書長）：《ICSID在解決投資爭端中發揮的作用》，載《解決投資爭端國際中心訊息》1999年第16卷第1期，第5-8頁。另參見ICSID，http://www.worldbank.org/icsid/about/main.htm。

〔60〕另據安・帕拉統計，截至2000年11月10日，全球約有170個國家先後分別簽訂了大量的雙邊投資保護條約，合計約為1800項左右，其中大部分都表示同意將有關國際投資爭端提交ICSID按其有關規則加以仲裁解決。參見《由國際投資條約產生的適用於「中心」仲裁的實體法》，載《解決投資爭端國際中心訊息》2000年第17卷第2期，第6頁。

〔61〕參見《解決投資爭端國際中心1988年度報告》1988年英文本，第4頁；《解決投資爭端國際中心訊息》1987年第4卷第1期，第7頁；《解決投資爭端國際中心訊息》1987年第4卷第2期，第3頁；《解決投資爭端國際中心訊息》1999年第16卷第1期，第7頁；以及以下兩份ICSID受理案件「一覽表」。

〔62〕參見《解決投資爭端國際中心1988年度報告》（英文本），第4頁。

〔63〕參見〔黎巴嫩〕納西布・G. 嘉德：《「解決投資爭端國際中心」與阿拉伯國家》，載《解決投資爭端國際中心訊息》1988年第5卷第2期，第5頁。引文中所稱「大臣會議」是沙特阿拉伯王國政府的最高執行機構，由內閣各部大臣和國王顧問組成，國王和王儲分別擔任主席和副主席。

〔64〕參見《依據〈華盛頓公約〉第25條第4款作出的通知》，載《解決投資爭端國際中心訊息》1988年第5卷第1期，第10頁。

〔65〕《中國批准ICSID公約》，載《解決投資爭端國際中心訊息》1993年第10卷第1期，第1頁。

〔66〕《多邊投資擔保機構公約》（《MIGA公約》）首席法律顧問羅林・威森費爾德先生（Lorin S. Weisenfeld）曾為陳安教授主編的《MIGA與中國》一書撰寫專章，闡述MIGA機構與中國法律關係的現狀。據他提供的信息：美國「海岸能源公司」（Coastal Energy Corporation）在中國江蘇省南京、蘇州、無錫等地投資6000多萬美元建立了4家合資公司，經營火力發電廠，近因與地方政府當局發生投資爭端，已向其投資風險「承保」機構——MIGA投訴索賠，並正在由MIGA

派員向爭端雙方斡旋之中。一旦斡旋調解失敗，則依據《MIGA公約》的有關規定，最後就難免要提交ICSID仲裁（見威森費爾德2000年3月29日、2001年4月26日致陳安函）。

〔67〕參見李萬強：《ICSID管轄權行使的法律實踐與中國的對策》，載陳安主編：《國際經濟法論叢》（第3卷），法律出版社2000年版，第194-240頁。

〔68〕參見《中華人民共和國憲法》第31條；《中華人民共和國香港特別行政區基本法》序言，第2、5、12條；《中華人民共和國澳門特別行政區基本法》序言，第2、5、12條。

〔69〕參見《中華人民共和國香港特別行政區基本法》第13、151、153條；《中華人民共和國澳門特別行政區基本法》第13、136、138條。

〔70〕參見《華盛頓公約》序言，第25條第1款、第4款。

〔71〕參見《華盛頓公約》第25條第2款。

〔72〕See Xu Chongli, & Zhao Deming, Debate Regarding the Application of International Investment Treaties to the Hong Kong Special Administrative Region After 1997, *Journal of Chinese Law and Comparative Law*, Vol.2, No.1, 1996 , pp.142-143.

〔73〕See Xu Chongli, & Zhao Deming, Debate Regarding the Application of International Investment Treaties to the Hong Kong Special Administrative Region After 1997, *Journal of Chinese Law and Comparative Law*, Vol.2, No.1, 1996, pp.140-141.

〔74〕參見中國對外經貿部部長石廣生在全國外經貿工作會議上的講話：《不斷提高外經貿運行質量和水平》（2000年12月26日），第2頁，http://www. moftec. gov. cn/moftec-cn/news/2001-1-4. html。

〔75〕參見鄭志海：《承包工程勞務合作大有可為》，載《國際經貿消息》2001年4月25日。

〔76〕參見展石：《國內企業海外投資該上雙保險》，載《北京晨報》2000年11月30日。

〔77〕參見陳安主編：《MIGA與中國：多邊投資擔保機構述評》，福建人民出版社1995年版，緒論。

〔78〕中國對外經貿部部長石廣生在全國外經貿工作會議上的講話：《不斷提高外經貿運行質量和水平》（2000年12月26日），第7頁。

第 5 章

中—外雙邊投資協定中的四大「安全閥」不宜貿然拆除[*]

——美、加型BITs談判範本關鍵性「爭端解決」條款剖析

↘ 內容提要

迄今為止，中國已經與一一〇多個國家締結了「雙邊投資協定」（BITs）。目前還正在進一步與一些國家談判締結新的BITs或修訂原有的BITs。據悉，在近期的上述談判中，有些外國向中國提供的談判文本，是以美國、加拿大的BITs範本作為藍本，略加增刪而成，其基本內容，大體相同。本文以美、加BITs範本為主要對象，針對其中若干關鍵性「爭端解決」條款的設計，加以剖析，指出這些條款實質上要求吸收外資的東道國全盤放棄「逐案審批同意」權，放棄「當地救濟優先」權，放棄「東道國法律適用」權，甚至放棄「重大安全例外」權。這些要求，不符合當代國際公約對吸收外資東道國的授權規定，不符合中國當前的現實國情，無視於晚近發展中國家實踐的沉痛教訓，無視於晚近東道國的最新立法轉軌。因此，中國在有關談判中，應當保持清醒頭腦，立足於本國的現實國情，吸取國際實踐的有關教訓，增強

憂患意識，堅持有關國際公約的授權規定，善於掌握四大「安全閥」，趨利避害，維護國家權益，進而在確立跨國投資合理規範和建立國際經濟新秩序的過程中，發揮應有的示範作用。

⬎ 目次

在國際社會的締約實踐中，自二十世紀六〇年代之初起，由德國領先創新，把用以調整跨國投資關係的國際法規範，從傳統的「友好通商航海條約」（Friendship, Commerce and Navigation Treaty, FCNT）之中分離出來，加以細化，自成一體，形成「雙邊投資條約」（Bilateral Investment Treaty, BIT or BITs），成為多

種國際條約中獨具一格的新模式。[1]此種模式的條約，以促進和保護國際投資為宗旨，故往往冠以名稱：「甲國與乙國相互促進和保護投資協定」或「甲國與乙國相互鼓勵和保護投資協定」。由於此種模式的雙邊專題條約，其條款設計日趨細密和具體，在調整跨國投資關係的實踐中確有實效，故許多國家紛紛師法倣效，互相締結同類條約，四十多年來，其累計數目之多，居多種國際條約的最前列。

BIT的主要內容，一般包括投資保護範圍、投資待遇、徵收與補償、貨幣匯兌、業績要求、高層人員國籍、政策法令公開透明、稅收規則、爭端解決等主要條款。本文集中探討的，就是美國和加拿大型BITs中若干關鍵性的爭端解決條款問題，特別是中國與外國締結的一一〇多部BITs（以下簡稱「中國型BITs」）中的爭端解決條款及其發展問題。

一、中國型 BITs 中爭端解決條款與《華盛頓公約》相關條款的「接軌」

根據二〇〇五年十二月「解決投資爭端國際中心」（International Centre for Settlement of Investment Disputes, ICSID）祕書長羅伯托·丹尼諾（Roberto Danino）披露的最新信息，晚近十五年來有關跨國投資的三項統計數字，十分引人矚目：（1）在一九九〇年至二〇〇四年底這段時間裡，外國私人資本流入發展中國家的總額已從750億美元迅速增加到4000億美元。（2）相應地，世界各國相互間簽訂的雙邊投資條約，迄今已超過2000部，其中

1500部以上選定ICSID作為解決投資爭端的受理機構。（3）相應地，各類國際投資爭端總數也迅速增加。以ICSID受案情況為例，十年以前，ICSID手中只有五起案件懸而未決，涉訟金額約共1500萬美元，時至二〇〇五年底，ICSID積案未決者多達113起，涉訟金額超過300億美元。[2]

上述信息及其相關數字，與中國都是息息相關的：（1）中國自實行改革開放國策以來，迄二〇〇四年底為止，已累計吸收並實際使用外資5621.01億美元；[3]近幾年以來，其累計數和每年增長額，均居於全球發展中國家之首位。（2）自一九八二年中國與瑞典締結第一部BIT以來，迄二〇〇五年九月為止，中國與其他外國分別簽訂的BIT已多達112部，目前還在繼續與另外一些國家談判締結新的BIT或修訂原有的BIT。其所參加締結的BIT數目，亦居全球發展中國家之冠。（3）但是，在ICSID受理的仲裁案件中，無論已決或待決，迄今尚無一例是以中國這個吸收外資最多的東道國作為「被訴人」（respondent，又譯「被申請人」）。其所以然，除了其他有關因素之外，十分關鍵的原因在於：中國在參加《解決國家與他國國民間投資爭端公約》（Convention on the Settlement of Investment Disputes Between States and Nationals of Other Sates，簡稱《華盛頓公約》）以及與外國締結BIT的過程中一直抱著十分謹慎的態度，十分注意把國際公約認可和授予的各種主權權利——各種「安全閥」保留在自己手中。具體說來：

第一，自從一八四〇年「鴉片戰爭」失敗以來，在不平等條約的「鐐銬」下，中國人民飽嘗了喪權辱國的種種苦楚，其中包括對本國境內的涉外爭端竟然無權管轄而被迫接受外國列強的

「領事裁判權」，對此，中國人民是極端憤慨和深惡痛絕的。中華人民共和國成立後，中國徹底廢除了列強強加的不平等條約及其相關的「領事裁判權」。但是，基於一百多年來的沉痛歷史教訓，即使在一九七八年實行對外開放國策後的一段時期內，中國對於事關國家司法主權的涉外爭端管轄權部分向外「讓渡」的問題，仍然不能不秉持十分嚴肅認真和慎之又慎的態度。經過多年的調查研究、政策諮詢和審慎考慮，[4] 中國直到一九九〇年二月九日才簽署了《華盛頓公約》，接受了ICSID仲裁體制。事後，又經過大約三年的權衡利弊和審慎考慮，中國立法機構才正式批准了《華盛頓公約》，該公約自一九九三年二月六日起對中國生效。

第二，依據二十世紀八〇至九〇年代中國型BITs中有關爭端條款的規定，對於允許外國投資者將其與東道國政府（含中國政府）之間的投資爭端提交ICSID仲裁的**範圍**和**程序**，均有較嚴格的限制。試以一九九三年中國正式參加《華盛頓公約》之後在一九九五年與摩洛哥簽訂的BIT為例，該雙邊協定第10條「有關投資的爭議解決」的條款規定如下：[5]

一、締約一方和締約另一方投資者之間有關投資的爭議應盡量由爭議雙方通過友好協商談判解決。

二、如果爭議在書面提出解決之日起六個月內不能由爭議雙方通過直接安排友好解決，該爭議應按投資者的選擇提交：

（一）投資所在締約一方有管轄權的法院，或者

（二）一九六五年三月十八日在華盛頓開放簽字的《關於解

決國家和他國國民間投資爭端公約》下設的「解決投資爭端國際中心」仲裁。

為此目的，締約任何一方對**有關徵收補償款額的爭議**提交該仲裁程序均給予不可撤銷的同意。**其他爭議**提交該仲裁程序，**應徵得當事雙方同意。**

三、作為爭議一方當事人的締約國家不能因為作為爭議另一方的投資者可以根據保險單收取全部或部分損失的補償，而在仲裁程序的任何階段或在執行仲裁裁決時提出任何異議。

四、仲裁庭應根據作為爭議當事人接受投資的締約國一方的**國內法**，包括有關衝突法的規則、本協定的規定、為該投資簽訂的特別協議的規定以及**國際法**的原則，作出裁決。

五、仲裁裁決是終局的，並對爭議雙方均有拘束力。締約國任何一方應承諾依照其國內法執行該仲裁。

從上述中國型BITs的爭端解決條款中可以看出：

（A）在涉外投資爭端發生後的一定期間內，應當努力充分使用包括友好協商、司法訴訟在內的「**當地救濟**」手段，使爭端獲得雙方都可接受的公平解決。中國型BITs中的這項爭端解決條款，與《華盛頓公約》第26條有關「用盡當地救濟」[6]的規定，是互相「接軌」和基本一致的。

（B）在一定期間內使用「當地救濟」手段仍未能解決的**一般投資爭端，應徵得當事雙方同意後，方可提交ICSID仲裁。**僅僅是其中有關徵收補償款的特定投資爭端，才允許當事人單方提請ICSID仲裁。中國型BITs中的這項爭端解決條款，與《華盛頓

公約》第25條第1款有關「逐案同意」[7]的規定，是互相「接軌」和基本一致的。

（C）ICSID仲裁庭審理和裁斷爭端案件時，應當以**東道國的國內法**以及有關的國際法原則，作為準據法。中國型BITs中的這項爭端解決條款的規定，與《華盛頓公約》第42條有關適用東道國法律和國際法準則的規定，[8]是互相「接軌」和基本一致的。

（D）中國型BITs有關保留「用盡當地救濟」權、「逐案同意」權、「適用東道國法律」權的各項具體條款規定，顯然是中國行使國家主權和保證國家安全的具體表現。即一方面對發生於中國境內的涉外爭端的管轄權，進行一定的「自我限制」，並向ICSID這一國際仲裁機構實行必要的、有限的「讓渡」；另一方面，實行這種讓渡的範圍和程序，是在中國獨立自主和嚴格限制的基礎上，與有關外國達成了雙邊協定。中國型BITs中這些爭端解決條款的規定，與《華盛頓公約》第25條第4款的規定，[9]是互相「接軌」和基本一致的。

前文提到，早在中國正式參加《華盛頓公約》之前，中國就已在一九八二年與瑞典締結了第一部BIT。在這第一部中—外BIT的正文中，對於投資爭端在一定條件下可以提交國際仲裁解決，只作了抽象的原則規定，隨即在雙方代表的「換文」中作了明確的補充說明：「鑒於中華人民共和國不是一九六五年三月十八日關於解決各國與他國國民之間投資爭端的《華盛頓公約》的參加國，雙方代表團感到還不可能在本協定內寫入解決締約一方與締約另一方投資者之間的爭端的任何規定。但是，雙方代表團同意：如果將來中華人民共和國加入了華盛頓公約，本協定即應

補充一項協議，規定提交『解決投資爭端國際中心』去解決爭端所必須遵守的制度」[10]。翌年，在中國與德國締結BIT時，為補充正文的「不足」，也在隨後的「議定書」中規定：「締約雙方同意，在締約雙方都成為一九六五年三月十八日在華盛頓簽訂的《關於解決國家與他國國民間投資爭端公約》締約國時，雙方將舉行談判，就締約一方的投資者和締約另一方之間的何種爭議和如何按該公約的規定提請『解決投資爭端國際中心』進行調解或仲裁，作出補充協議，並作為本協定的組成部分」[11]。此後，在中—外BIT等一系列雙邊協定中，也分別以「附件」「換文」「議定書」或直接列入正文等形式，對各該BIT日後與《華盛頓公約》的接軌問題，表明了締約雙方進行後續談判、達成補充協議或修改BIT的共同意向。[12]

一九九三年中國正式成為《華盛頓公約》締約國之後，中國與前此簽訂了BITs的各有關外國，就有必要適應形勢的最新發展，共同磋商如何補充或修改原有的BITs。

同時，為了適應更多外資流入中國以及中國開始注重向外投資的新形勢，中國也有必要進一步與尚未簽訂BIT的相關外國進一步磋商締結新協定。在世界各國相互締結BIT的進程中，美國作為全球最強大的發達國家，精心設計和不斷更新它所愜意的BIT範本，極力在全球廣泛推行。中國與外國當前正在開展有關締約新BITs或修改原BITs的談判，就有若干外國向中國提供了美國型的BITs或其變種作為談判的範本，並要求在此基礎上開展磋商。目前正在進行的中國與加拿大之間的BIT談判，就是其中一例。

對於此類談判，中國自應根據進一步擴大對外開放的基本國策，立足於本國國情，秉持對外談判締約中應有的謹慎，對美、加型BITs談判範本，特別是對其中若干關鍵性的爭端解決條款，進行認真的、深入的剖析。通過「解剖一隻麻雀」，藉以舉一反三。

二、美、加型 BITs 談判範本關鍵性「爭端解決」條款之基本規定

美國早在二十世紀八〇年代初期就推出了精心設計的BIT範本，以後經數度增訂更新，形成了二〇〇四年的現行談判範本。[13] 其中第二部分（Section B）有關「爭端解決」的主要條款如下：

第23條　調解和磋商

發生投資爭端時，申訴人與被申訴人應力求通過協商和談判，包括通過不具有約束力的第三人調停程序，解決爭端。

第24條　提交仲裁

1. 如果爭端的一方當事人認為投資爭端不能通過協商和談判解決，則

（a）申訴人可以根據本章規定，以自己的名義，把爭端訴求（claim）提交仲裁，(i) 主張被訴人（A）違反了本協定第3-10條規定的義務，（B）違反了投資授權，或（C）違反了投資協議；(ii) 主張由於上述違約行為，使申訴人遭受損失。

（b）申訴人可以根據本章的規定，代表由申訴人擁有、直接控制或間接控制的具有被訴方〔按指東道國〕法人資格的企業，把爭端提交仲裁，(i)主張被訴人（A）違反了本協定第3-10條規定的義務，（B）違反了投資授權，或（C）違反了投資協議；(ii)主張由於上述違約行為，使申訴人遭受損失。

2. 申訴人根據本章規定將爭端訴求提交仲裁，至少應提前九十天向被訴人送達書面通知，說明把爭端訴求提交仲裁的意向。⋯⋯

3. 引起爭端訴求的事件發生六個月之後，申訴人可根據以下規定，提出本條第1款的有關訴求：

（a）如果被申訴方〔按：指東道國〕以及非投資爭端方〔按：指投資者的母國〕兩者都是《華盛頓公約》的締約國，可根據《華盛頓公約》和《ICSID仲裁程序規則》提交仲裁；

（b）如果被訴方或非爭端締約方不是《華盛頓公約》的締約國，可根據《ICSID附設機構規則》提交仲裁；

（c）根據《聯合國國際貿易法委員會仲裁規則》提交仲裁；

（d）根據爭議各方同意的任何其他仲裁規則提交仲裁。

4、5、6〔略〕

第25條　締約國各方同意提交仲裁

1. 締約國各方同意根據本條約本章規定把爭端訴求提交仲裁。

2. 本條第1款規定的同意表示以及〔涉訟投資人〕根據本條約本章規定把爭端訴求提交仲裁，應即符合（shall satisfy）以下各種要求：

（a）《華盛頓公約》第二章關於ICSID管轄權的要求以及《ICSID附設機構規則》的要求，以及

（b）《紐約公約》第2條關於「書面協議」的要求；

（c）《美洲各國公約》關於「協議」的要求。[14]

第26-29條〔略〕

第30條　準據法

1. 受本條第3款限制，仲裁庭應當根據本條約以及可適用的國際法，處斷根據本條約第24條第（1）（a）（i）（A）款或第24條第（1）（b）（i）（A）款規定提交的爭端問題。

2. 受本條第3款以及本章其他條款的限制，仲裁庭應當根據以下的法律規則，處斷根據本條約第24條第（1）（a）（i）（B）或（C）款，或第24條第（1）（b）（i）（B）或（C）款規定提交的爭端訴求：

（a）有關投資協議或投資授權中具體規定的法律規則；

（b）如果沒有上述具體規定的法律規則或其他約定的規則，則應適用：

（i）被訴方〔按：指涉訟東道國〕國內的法律，包括其法律衝突規則；

（ii）可適用的國際法規則。

3. 締約國各方應就本條規定，指定各自的代表，作出共同決定並且宣布：

他們對本條約有關規定作出的解釋，對於根據本章規定組建的仲裁庭具有約束力，任何裁決都必須符合上述共同決定。

二〇〇四年加拿大BIT談判範本中若干關鍵性的「爭端解決」條款，與上述二〇〇四年美國BIT範本「爭端解決」條款，可謂「同出一源」，即都是從一九九四年以美國為主導的《北美自由貿易區協定》（NAFTA）的相關規定「脫胎」而出的，故其基本內容大體相同。略有差異的是加拿大BIT範本有關條款的行文較為簡練，而其中個別規定，則比美國範本更為「苛刻」（下文另作評介）。[15] 它們的共同特點是充分體現了作為資本輸出國的發達國家之權益。為剖析行文方便，以下統稱為「美國型BITs」或「美、加型BITs」。

三、中國在 BIT 談判中不宜貿然接受上述條款或其「變種」

上述「美、加型BITs」中的爭端解決條款，充分體現了當代發達國家資本輸出國的權益。對於吸收外資的發展中國家說來，特別是對於吸收巨額外資的中國說來，其要害在於這些條款要求把《華盛頓公約》授予發展中東道國的四種重大權利，即「逐案審批同意」權、「當地救濟優先」權、「東道國法律適用」權以及「重大安全例外」權，全盤放棄或嚴重削弱，從而拆除了吸收外資的發展中國家用以避免重大風險的四大「安全閥」。這種條款，背離了有關國際公約對弱者實行自我保護的授權，不符合中國的現實國情，無視於國際實踐的沉痛教訓，也無視於各類東道國當前的最新立法動向。因此，中國在有關BIT的締約或修約談判中，不宜貿然接受美、加型上述爭端條款或其變種，以免造成

重大被動，甚至貽害無窮。茲試縷析如下：

（一）此類條款背離了國際公約對東道國的授權

這裡指的是《華盛頓公約》和《維也納條約法公約》授予締約東道國的以下幾種權利：

（A）「逐案審批同意」權

根據《華盛頓公約》第25條第1款的規定，ICSID管轄權適用於締約國和另一締約國國民之間直接因投資而產生的任何法律爭端，而該項爭端須經雙方書面同意提交給ICSID，ICSID仲裁庭才可受理處斷。這款內容規定了提交ICSID的爭端必須經東道國預先同意，也就是授予了東道國「逐案審批」權。然而，美國二〇〇四年BIT範本第25條以及加拿大二〇〇四年BIT範本第28條都規定東道國在條約（即雙邊投資協定）中作出同意後，外國投資者就可以直接把爭端提交國際仲裁庭，而無須東道國另行專門逐案表示同意。這就剝奪了或閹割了東道國的對每一案件的「逐案審批」權。

（B）「當地救濟優先」權

《華盛頓公約》第26條規定：「除非另有規定，雙方同意根據本公約交付仲裁，應視為同意排除任何其他補救辦法而交付上述仲裁。締約國可以要求用盡當地各種行政或司法補救辦法，作為其同意根據本公約交付仲裁的一個條件。」換言之，在把有關爭端提交國際仲裁庭之前，東道國有權要求優先用盡當地各種行政或司法補救辦法。但是，在美國與加拿大的二〇〇四年BIT範本中，卻規定東道國在條約中表示的同意視為無條件地同意投資

者可以把有關爭端直接提交國際救濟，而無須受當地救濟的約束，也就完全剝奪了東道國要求優先適用當地救濟的權利，即廢除了東道國在一定時期內優先實行本國管轄的權利。

（C）「東道國法律適用」權

《華盛頓公約》第42條第1款規定：「仲裁庭應依據當事雙方協議的法律規範處斷爭端。如無此種協議，仲裁庭應適用作為爭端當事國的締約國的法律（包括它的法律衝突規範）以及可以適用的國際法規範。」可見，該公約規定應該先根據當事雙方合意選擇的法律規範來裁決爭端，如當事雙方未作共同選擇，則把東道國的國內法律以及可適用的國際法並列作為裁決依據。該公約並沒有把東道國法律排除在外，即使在當事雙方沒有合意的情況下，仍然承認東道國法乃是應當適用的準據法之一。

但是，美國二〇〇四年範本第30條卻以「偷天換日」的手段，從實質上剝奪了或閹割了「東道國法律適用」權：它根據申訴方主張被訴方是違反條約還是違反投資許可或投資合同，而分別規定應適用不同的準據法。第30條第1款規定，當申訴方主張被訴方違反了本條約第3到10條項下的義務[16]時，仲裁庭應該適用本條約與可適用的國際法規則來解決爭端；第30條第2款則規定，當申訴方主張被訴方違反了某項投資許可或者投資合同時，仲裁庭應該適用（a）相關投資許可或者投資合同中所指定的法律規則，或者（b）如果沒有指定此種法律規則或者雙方另有協議，則適用被訴方的法律（包括其法律衝突規範）以及可適用的國際法規則。

可見，按二〇〇四年美國BIT範本規定，當申訴方主張被訴

方違反了有關的投資許可或者投資合同時，其準據法的適用與《華盛頓公約》的規定是一致的。但是，當申訴方主張被訴方違反了BIT時，其準據法的適用就背離了《華盛頓公約》的規定，剝奪了或排除了東道國法律的適用。

加拿大二〇〇四年範本第40條第1款[17]則是並不對申訴方的主張加以區別，而是「統一」地明確規定，仲裁庭應該適用本條約（協定）以及可適用的國際法規則解決爭端。這就更苛刻、更徹底地把東道國法規完全排除在可適用範圍之外。可以說，美國範本「部分地」剝奪了《華盛頓公約》有關適用東道國法規的授權，而加拿大範本則是完全剝奪了適用東道國法規的可能。

不過，美國BIT範本第30條兩款的上述「分軌法」，其實質與加拿大BIT範本的上述「並軌法」，不但毫無二致，而且有些偽善。因為「聰明」的投資人及其律師，當然不妨選擇依據美國BIT範本第30條第1款的規定，把東道國法規的適用權完全排除在外。因此，如果說，加拿大BIT範本第40條對東道國法規適用權的剝奪，是赤裸裸的；那麼，美國BIT範本第30條對東道國法規適用權的剝奪，則是「羞答答」的——多了一重假仁假義的遮羞布。

（D）「重大安全例外」權

在發生重大金融風險或經濟危機時，東道國為保障本國安全所採取的緊急措施常常被外國投資者指責為構成「間接徵收」，並訴之於國際仲裁庭，這在阿根廷二〇〇二年發生金融危機時外國投資者向國際仲裁庭提出的投訴和指控中，表現得非常突出。有鑒於這種怵目驚心的國際教訓，加拿大在二〇〇四年範本第13

條確立高標準徵收補償規則的同時，又單獨通過附錄B.13（1）專門規定了許多例外，以防止投資者濫用「間接徵收」規定，從而損害東道國的主權。其中兩段文字尤其值得注意：「雖然締約方的某種措施或者一系列措施對某項投資的經濟價值具有消極效果，但僅僅這一事實本身還不足以推斷已經發生間接徵收」，「締約方旨在保護合法公共利益目標，如健康、安全以及環境而制定並採取非歧視措施，這些非歧視措施不構成間接徵收。」

　　美國在其二〇〇四年範本附錄B中對「間接徵收」也作了與加拿大相似的規定。除此之外，美國還另外在二〇〇四年範本第18條（「重大安全」）中規定，「本條約不能解釋為要求締約國披露其認為將違反重大安全利益的信息，不得解釋為阻礙締約國採取某些必要措施，這些措施是它認為對於履行有關維持或者恢復國際和平、安全或保護本國重要安全利益方面的義務所必須的。」[18] 相較該範本中其他有關確認「金融服務」例外及「稅收措施」例外之設定各種條件，採取的有關措施是否屬於「重大安全」例外，只要締約國「認為……所必須」即可，並沒有規定其他任何條件，諸如：應該依次提交締約雙方的有關機構、解決國家間爭端的仲裁庭、解決投資者和東道國間爭端仲裁庭進行確認，等等。所以，美國對保留其本國的「重大安全」例外權是極其重視的。

　　同樣，屬於發展中國家的印度也對「重要安全利益」規定了例外。其二〇〇三年BIT範本第12條第2款規定，本協定內容不得排除東道國為保護其重要安全利益或者在特別緊急的情況下根據其法律在非歧視基礎上正常、合理地採取行動。[19] 一九九五

年印度和英國之間的投資保護條約第11條就是和印度範本第12條的規定相同，其第2款規定了投資保護條約不得排除東道國為保護其重要安全利益或者在特別緊急的情況下採取行動的權利。[20]

由此可見，不論是發達國家加拿大，甚至是「超級大國」美國，還是與中國相似的發展中國家印度，都極其重視把涉及「重要安全利益」「特別緊急」的事項排除於國際仲裁庭的管轄範圍之外。而且，兩個維也納公約也都規定當事國可以「情勢變更」為由終止條約。根據一九六九年《維也納條約法公約》第62條第1款的規定，如果簽訂條約時存在之情況發生當事國預料之外的根本改變（fundamental change），而且這種情況構成當事國同意承受條約約束之必要根據，這種改變還會根本變動依條約尚待履行義務之範圍，那麼，可以援引這種情況作為終止或者退出條約之理由。[21]一九八六年《關於國家和國際組織間或國際組織相互間條約法的維也納公約》第62條第1款也作了相同的規定。[22]不言而喻，作為發展中國家的中國有權也應該在BIT中規定「重大安全利益」例外。但是，就筆者所知，中國對外簽訂BIT時卻沒有把涉及「重大安全利益」的事項明確排除在國際管轄之外。尤其是在與德國、荷蘭等發達國家簽訂的BIT中，在全面同意ICSID管轄權這一前提條件下，仍然是沒有規定「重大安全利益」例外。中國對外簽訂的BIT一般是12、14、15或者16條，內容相當簡略，似乎不足以把應有例外表述全面。即使是條文最長、內容最多的二〇〇三年中國和德國BIT，也僅僅在附加「議定書」當中用了三項內容作了輕微的限制性聲明。[23]另外，發達國家BIT示範文本還規定了許多其他的一系列重要例外事項，

例如「最惠國待遇」「利益的拒絕」「新投資企業的建立、併購」等等例外事項，而中國對外簽訂的BIT卻基本上沒有涉及。[24] 在沒有附加「重大安全例外」的前提下全盤接受ICSID仲裁庭的管轄權，頗似「門戶洞開」卻「毫不設防」！如不及時警醒和採取必要的「剎車」措施，則有朝一日，中國在國際資本或國際投機「巨鱷」的衝擊下，發生了難以完全預見或難以完全避免的重大危險或危機，其後果就可能「不堪設想」「後患無窮」！這樣的憂患意識，是任何時候都不應削弱的！這樣說，應當不會被誤解為是「危言聳聽」或「杞人憂天」吧！

（二）此類條款不符合中國的現實國情

關於這個問題可以從以下四個方面加以評析：

1. 現階段中國吸收外資與對外投資的比例

BIT所提供的保護標準越高，締約東道國承擔的國際義務也就越重、越大、越多。高標準的投資保護十分有利於對海外投資多的國家，而對外投資少的國家則利益不大。如果某國主要是作為資本輸入國（即締約東道國）而存在，則其在利用大量外資的同時也面臨被訴之於國際仲裁庭的巨大風險。所以，科學地判斷中國吸收外資與對外投資的真實比例，顯然大大有助於科學評估中國在締結高保護標準的BIT面前所面臨風險與可獲利益的比例，進而可以對締結高保護標準的BIT採取正確的態度。

據中國商務部外資管理司的統計：（1）二〇〇四年中國對外直接投資分別相當於全球對外直接投資（流出）流量、存量的0.9%和0.55%，可謂「微乎其微」。（2）二〇〇四年中國對外直

接投資淨額（即存量）只相當於中國引進外資的6.8%。[25]（3）如果以累計投資來分析，截至二〇〇四年，中國累計對外投資額只相當於累計引進外資額的4.5%。[26]（4）如果以美國或加拿大單個國家為對象進行比較，則截至二〇〇四年底，中國累計對美國直接投資淨額是6.70億美元，而美國對中國累計投資額為480.29億美元。換言之，中國對美國的投資額只相當於美國對中國投資額的1.3%。（5）截至二〇〇四年底，中國累計在加拿大投資額為4.67億美元，而加拿大在中國直接實際投資約45億美元，即中國對加拿大投資額約相當於加拿大對中國投資額的10%。[27]

　　從以上五組數據對比中，不難看出：迄二〇〇四年底，雖然中國「走出去」對外投資越來越多，但與中國吸收外資的相關數額對比，以上0.55%、6.8%、4.5%、1.3%以及10%這些數據仍然說明，中國目前主要還是作為資本輸入國參加國際投資活動。相應地，中國在對外簽訂BIT時，除了注重如何保護中國海外投資之外，顯然更應該著重注意過於「開放」的BIT對國家管理公共利益權力的侵蝕。如果不牢牢立足於中國現階段的具體國情和國力，脫離了現實，對外締結開放程度過大、開放速度過快、對外資保護標準過高的BIT，則權衡利弊得失，顯然可能弊大於利，得不償失。即以上述第（3）組數據為例，在現階段以及可預見的近期以內，用只占4.5%的可保護海外中資利益換回來95.5%被國際資本訴於國際仲裁的風險，無疑會得不償失。換言之，要對外締結高保護標準的BIT，不妨靜觀形勢發展，逐步地、穩妥地「與時俱進」等日後中國對外投資額相當於所吸收的外資額時再

改動現有的較低（但較符合中國現實國情）的保護標準，也不為遲。

2. 二十多年來中國吸引大量外資與中外BITs之間的實證關係

關於這個問題，可以從以下三個不同的角度加以考察：

（1）從對華投資最多的國家這一角度看：二〇〇五年一至七月，對中國內地投資前十位國家／地區實際投入外資金額占全國實際使用外資金額的86.26%。如果不計來自中國香港和臺灣地區的投資，前八位外國投資者（以實際投入外資金額計）依次分別為：英屬維爾京群島、日本、韓國、美國、開曼群島、新加坡、德國、薩摩亞。[28] 在這八個國家／地區中，只有維爾京群島的宗主國英國、日本、韓國、新加坡以及德國這五國和中國內地簽訂了雙邊投資保護條約。維爾京群島的宗主國英國與中國簽訂的BIT只規定有關補償額的特定爭端應由國際仲裁，但沒有提及ICSID仲裁庭。[29] 一九八八年日本與中國簽訂的BIT[30] 及一九九二年中國與韓國簽訂的BIT[31] 都只規定，ICSID只對徵收補償額的特定爭端具有管轄權；對其他爭端是否具有管轄權必須由爭端雙方另行簽訂協議。一九八五年新加坡與中國簽訂的BIT也只規定了就徵收補償額的特定爭端提交國際仲裁的意向。[32] 但是，二〇〇三年十二月一日，德國和中國修改簽訂的新BIT中文本第9條卻規定，締約一方與締約另一方投資者間就投資發生的任何爭議「可以」提交ICSID仲裁，而英文本卻規定「應當」（shall）提交ICSID仲裁，兩種文本都規定英文本效力高於中文本。由此可見，二〇〇三年德國和中國修訂的新BIT已經概括地全面地同意了ICSID管轄權。[33]

簡言之，在以上八個對華投資最多的國家／地區中，只有德國和中國簽訂的BIT概括地全面地同意了ICSID管轄權，中國和英屬維爾京群島、日本及韓國簽訂的BIT只就徵收補償額爭端同意了ICSID管轄權。在這八個國家／地區實際投入的180.91億美元外資中，來自德國的只有8.64億美元，比例為4.8%。換言之，從表面上看，充其量也只有4.8%的外資有可能在某種程度上是與中德BIT新訂全面同意ICSID管轄權有關，但顯然沒有任何證據可以斷言如果不存在這種全面同意ICSID管轄權，8.64億美元的德國資本就不會進人中國。

更何況，據統計，二〇〇〇年至二〇〇二年，德國對華投資幾乎只維持在德國對外投資總額1%的水平，二〇〇三年也只上升至1.2%。德國對華投資只相當於美國和日本對華投資的1/5，甚至遠遠落後於韓國及中國臺灣地區對中國大陸的投資。[34]換言之，在中德雙方簽訂規定全面同意ICSID管轄權的新BIT的二〇〇三年，德國對華投資在其對外投資總額中只比上年度增加0.2%。可見，與德國簽訂全面同意ICSID管轄權的BIT，此舉並沒有使德國對華投資顯著增加，對其實際積極影響顯然不宜估計過高。

（2）從晚近中國對外投資的角度看：二〇〇五年九月一日，商務部、國家統計局聯合發布的《2004年度中國（不包括香港、澳門特區和臺灣省）對外直接投資統計公報》（非金融部分）顯示，目前中國境外企業分布在全球149個國家和地區，占全球國家（地區）的71%。中國境外企業在美國、俄羅斯、日本、德國、澳大利亞和香港地區的聚集程度最高，在這些國家和地區的

中國境外企業占全部中國境外企業的43%，其中香港為17%。[35]
不過，到二〇〇四年底中國只與149個東道國中的17個國家簽訂
了全面接受ICSID仲裁管轄權的BITs，這17個締約另一方分別
是：巴巴多斯、剛果（布）、博茨瓦納、塞浦路斯、塞拉利昂、
莫桑比克、肯尼亞、荷蘭、緬甸、波黑、特立尼達和多巴哥、科
特迪瓦、圭亞那、德國、貝寧、拉脫維亞、烏干達，其中又只有
德、荷兩國是發達國家。上述統計數據表明：中國對外投資企業
在選擇東道國時似乎也並沒有把中國是否已與東道國簽訂規定全
面同意ICSID管轄權的BIT作為首要的考慮因素。

（3）**從晚近全球性投資報告的角度看：**二〇〇三至二〇〇
五年有關國際投資的全球性綜合研究報告表明，ICSID仲裁之類
的投資爭端仲裁安排無法實現有關國家在簽訂BIT時對於吸引外
資的預期，易言之，此類安排對於吸引外資雖略有作用但作用不
大。在《2003年全球經濟展望》中，世界銀行根據客觀事實指
出：「即使BIT中相對強有力的保護措施，看來也沒有增加向簽
署協定的發展中國家的投資流動。」[36] 世界銀行《2005年世界
發展報告》則進一步明確強調不要過分誇大BIT對投資流動的影
響：「（BIT中的）這類保證〔按：包括把投資爭端交付國際仲裁
的安排〕有助於改善東道國的投資環境，也有一些證據表明投資
者信賴這些保證。誠然，東道國與投資者母國之間已經簽訂
BIT，有時是投資保險機構向投資者發放政治風險保單的前提條
件。但儘管如此，迄今的實證研究尚未發現，在締結BIT與其後
的投資流入間存在密切連繫。」[37] 它還指出，有證據顯示，投
資者在進行投資決策時並不清楚其母國與東道國已經簽訂BIT這

一事實，而直到其與東道國間發生爭端且該BIT的規定可能有助於解決爭端時，投資者這才恍然大悟。[38]還有一份留英學者提供的調查報告也印證了這一觀點。他發現，ICSID仲裁機制對於從事國際投資的歐盟投資者是鮮為人知的：在進行對中國投資決策時，只有18%的歐盟投資者注意到能否援用ICSID仲裁機制的問題。[39]

聯合國貿易與發展會議（UNCTAD）的《2003年世界投資報告》指出：「在今後的國際投資協定中，發展中國家面臨的最大挑戰是，在這類協議推動外國直接投資流量的潛力與東道國維持其從外國直接投資流動中獲得更多益處、有利於發展的外國直接投資政策的能力之間，如何保持平衡，即如何確保東道國有權基於公共利益考慮實行管制。這意味著發展中國家必須保留足夠的政策空間，使政府能夠在所簽署的國際投資協定確定的權利、義務框架內靈活地運用這些政策。」[40]什麼叫「必須保留足夠的政策空間」？在筆者看來，這就是指東道國在簽訂BIT時需要保留本國可以調整政策、加強管理國民經濟的自主權力，並在必要時「有權基於公共利益考慮實行管制」。換言之，就是在BIT中不能毫無條件、毫無保留地全盤同意國際仲裁庭的管轄權！同時，還應該保留應有的例外，保留基於公共利益「靈活運用」管制措施的權力，並以明確的文字載入相關的BIT之中，做到「有言在先」，以免事後被指責為「違反國際投資協定」。UNCTAD上述報告書中之所以鄭重提出這種忠告，顯然不是「無的放矢」。不妨說，它是針對某些發展中國家為急於吸收外資而過度放鬆對本國經濟的控制和管理，不「保留足夠的政策空間」，因

而嘗到苦果的事實，「有感而發」！關於這一點，下文將作進一步的分析。

3. 二十多年來外資大量流入中國的主要原因

眾所周知，中國能夠在引進外資上取得巨大成就，主要是由於以下原因：（1）中國的勞動力成本低下。目前在許多外資工廠中，工人領取著僅僅六百元人民幣甚至是四百元人民幣的月工資，但工作時間每天達十小時以上的情況非常普遍，外國投資者不理會中國《勞動法》的規定似乎已成為「正常」現象，也不用擔心「工會」抗議。（2）中國的外資優惠政策與廣大的消費市場。隨著中國加人WTO，中國廣闊的市場越來越開放。而且，在中國投資可以比中資企業享受更優惠的稅收、行政程序、用地等等「超國民待遇」，這意味著和中資企業競爭時，外資從一開始就占據了優勢地位。（3）中國政局穩定。這意味著政治風險大大減小，同時中國法律一再重申在正常情況下不對外資實現國有化和徵收的明確規定，以及多年來一直信守諾言的具體行動，也讓外國投資者大大減少了後顧之憂。（4）中國資源相對豐富。雖然中國原材料、能源都面臨緊缺的情況，但相對於許多發達國家，中國資源在許多方面還是相對豐富的，就地取材的價款也相當低廉，這也對外資具有較大的吸引力。

總之，中國吸引外資位居發展中國家之冠，主要是由於以上因素換來的，而不是由於對外締結高保護標準BIT的「功勞」。其中，最具說服力的證據是：由於美國一直「要價」過高，中國與美國之間迄今並未締結任何BIT，更不必說是高保護標準的BIT。但是，迄二〇〇四年底為止，二十多年來，穩居累計對華

投資數額「榜首」的，竟然正是美國，而不是其他任何國家。[41] 此外，還應該看到：一九八八年日本與中國簽訂的BIT[42] 及一九九二年中國與韓國簽訂的BIT[43] 都只同意ICSID對徵收補償額爭端有管轄權，但是迄二〇〇四年底為止，韓國與日本分別高居累計對華投資第二位和第三位。這也有力地證明：中日BIT和中韓BIT中現行的相對「低標準」的外資保護規定，並未影響日資和韓資投入中國的積極性和熱情。因此，在現階段似乎沒有必要「隨大流」地任意大幅度提高其保護標準。

4. 中國現在正處於政策調整期

作為正處於向完善的市場經濟全面轉型過程的發展中國家，面對著今後一個時期內勢必不斷出現的許多新問題，中國還需要制定一系列新的法律和規則，或改革舊有的法律和規則，以有效地調整宏觀國民經濟，因而不能排除發生為維護國家安全和公共利益而違反有關特許協議的情況。首先，毋庸諱言，經過多年的粗放型經濟發展，中國的自然生態環境受到很大破壞，正在日益對中國經濟綜合實力水平的進一步提高產生負面影響。因此，中國政府強調實現可持續發展，強調對環境的保護。但是如果對各類有關企業全面提高保護環境的要求，則可能會大規模地影響到外資的利益。其次，中國多年的經濟發展一直是建立在勞工保護制度嚴重欠缺之基礎上的，尤其在許多外資企業中，對農民工的保護幾乎是空白狀態，所謂「工會」也是有名無實。而且，中國的兩極分化正在造成越來越多的社會問題。為了應對此類問題，中國提出了建立「和諧社會」的目標，正在著手提高勞工保護標準，而這也可能會影響到外資的既得利益。再次，針對外資的

「超國民待遇」問題，中國正在進行內、外資有關稅收統一等方面的改革。而這一系列的改革也會極大地影響到外資的既得利益。最後，作為發展中國家，中國的金融體制和經濟運行還不是很完善、很穩健，抵禦各種金融風險和經濟危機的能力不是很大，受到重大風險或危機的衝擊時，必然會採取加強外匯管制、強化海關監控等措施以保護國家的經濟安全，這也將極大地影響到外資的既得和潛在利益。

以上這些環境政策、勞工政策、「超國民待遇」政策等等都勢在必改，日後一旦經濟運行失調、遭遇金融風險或發生經濟危機時，中國就會像其他主權國家一樣，也勢必在特定時期內採取各種加強經濟管制和監控的必要措施。凡此種種，都不可能不在特定的時期內和一定的程度上損害到外商的既得利益或潛在利潤。一旦因緊急需要而不得不觸犯投資合同或者BIT中的高標準保護規定，外商就會動輒以投資合同或者BIT為依據申請國際仲裁，並且可能產生「多米諾」骨牌的「連鎖效應」，從而造成中國大量被訴於國際仲裁庭的後果。在這方面，有的發展中國家在締結高保護標準BIT的實踐中，已經有了沉痛的教訓，中國不可不引以為戒。因此，中國如不增強憂患意識，居安思危，未雨綢繆，預先有所防範，則有朝一日，很可能會變成第二個阿根廷。

（三）此類條款無視於弱國 BIT 締約實踐的沉痛教訓：阿根廷的前車之鑒

阿根廷是南美第二大國，歷史上曾經長期淪為殖民地。飽受殖民統治痛苦的阿根廷人民有著反抗殖民主義的優良傳統。因

此，以維護本國司法主權獨立、主張境內涉外商事爭端應由本國法院管轄為核心內容的「卡爾沃主義」發祥於此地，這不是偶然的。但是，晚近二十多年來，曾經具有全球重大影響的「卡爾沃主義」，卻在其發祥地阿根廷本國，經歷了一場「馬鞍形」的「否定之否定」，舉世矚目，發人深思。

在一九六五年《華盛頓公約》及其國際仲裁體制討論、產生的過程中，因其與「卡爾沃主義」精神相悖，阿根廷曾經牽頭予以公開抵制，並且造成南美眾多國家長期拒不參加《華盛頓公約》的局面。然而，二十世紀九〇年代初，阿根廷為了緩解國內的經濟困局，吸收更多外資和促進本國經濟建設，一方面，開始在國內採取兩大改革措施：（1）對原屬國有的公用事業與能源事業單位，大規模地實行私有化，通過與外商簽訂長期合同來吸收大量外國資金流入；（2）規定阿根廷貨幣比索與美元直接「等價」掛鉤，由金融機構保證以法定比索1：1自由兌換，以提高和加強比索在國內外金融市場中的地位。另一方面，在國際締約活動中，也採取了兩大改革措施：（1）在經歷多年抵制和觀望後，阿根廷終於決定在一九九一年五月簽署參加《ICSID公約》，並在一九九四年十月正式提交了批准書；（2）又與許多外國簽訂了大量的雙邊投資條約。

但是，阿根廷在其與許多發達國家簽訂BITs的過程中，卻顯得考慮不周、有欠慎重。這主要表現在其有關當局不顧自己實際的國情和國力，憂患意識和風險觀念不強，以致在大量的BIT中，對外商提供了過高的保護標準，特別是在同意外商可以規避阿根廷國內管轄、把有關投資爭端提交國際仲裁方面，開放幅度

過寬，開放速度過快，幾乎沒有設置什麼必要的限制和重大的例外，即把本文前面提到的、由《華盛頓公約》等授予的四大「安全閥」，完全拆除了，從而留下重大的隱患和禍根！

據統計，為促進吸引外資，從二十世紀九〇年代之初開始，阿根廷陸續與包括美、法、德、澳、西（班牙）等發達國家及其他比較富足的發展中國家締結了一系列高保護標準的BITs。整個二十世紀九〇年代，阿根廷共簽訂了五十多個BITs，這一數字遠遠高於拉美其他國家。[44] 大約從一九九〇年起，阿根廷在簽訂的BITs中除了規定對外資提供廣泛的高標準的實體待遇外，還對國際仲裁庭的管轄權作出了概括性的全面同意。[45] 比如，規定投資者可以選擇ICSID仲裁機構或者利用《ICSID附設機構規則》解決有關投資爭端，也可以根據《聯合國國際貿易法委員會仲裁規則》提交國際仲裁，還可以根據雙方同意的其他方式提交國際仲裁。[46] 可謂自由選擇，「悉聽」外國投資者「尊便」。然而，在全面接受ICSID或其他國際仲裁庭管轄權的同時，阿根廷簽訂的此類BITs卻未明文附加《華盛頓公約》授權的必要限制和重大安全例外條款。至此，曾經在全球弱小民族億萬人民中素來享有盛譽的「卡爾沃主義」，竟然就是在「卡爾沃主義」的故鄉，幾近蕩然無存！

大約從二〇〇一年開始，在國際資本衝擊和國內管理失當的情況下，阿根廷經濟正常運轉失靈，金融危機日益嚴重。在二〇〇二年頒布了《公共緊急狀態法》以及配套的法律規章，其主要內容有：（1）政府和金融機構不再保證以1：1的法定匯率自由兌換比索與美元；同時（2）強制性地要求將包括存款在內的

各種美元債務、其他外幣債務以遠低於正常市場匯率的比率兌換成比索債務，遂使比索針對美元大幅貶值。（3）還規定公用事業單位（含大量外資的私營單位或合營單位）在向消費者收費的時候，仍需按照一美元兌換一比索的匯率收費，公用事業單位還必須全面履行其在特許合同等項下的義務。同時，阿根廷政府還針對包括外商投資經營或合營的能源企業的出口產品大幅度增徵關稅，以開闢財源，增加國庫收人。[47]

　　阿根廷政府在金融危機中所採取的這些「開源節流」的緊急措施，顯然難免在相當程度上損害了外商的利益。外商遂紛紛依據BIT高標準保護規定向ICSID提出仲裁申請。至二〇〇六年一月二十二日為止，在ICSID的一〇三個未決案件中，阿根廷為被訴方的案件數目竟高達三十七起。「被告」如此集中於一國並導致「群起而攻之」此種現象，不但在《華盛頓公約》及其仲裁體制誕生四十年來所從未見過，而且即使在近現代整個國際仲裁製度的發展史上，也可謂空前未有！近幾年來，阿根廷處境極為被動。從《ICSID 2005年度報告》以及ICSID網站公布的有關情況來看，與當初對外簽訂一系列BITs時十分「慷慨大方」地全盤同意ICSID管轄權相比，阿根廷在連續不斷地成為國際仲裁之被訴方後，卻是「寸土必爭」地採取了「拖延戰術」，即先提出管轄權異議，在仲裁庭連續駁回管轄權異議並且已經對實體問題作出裁決的情況下，又針對終局性仲裁裁決提出撤銷申請，要求再次組成專門委員會重新審理。[48]與此同時，阿根廷國內也出現了要求恢復「卡爾沃主義」及其相關法制的強烈呼聲，出現了要求把相關管轄權收回並重新保留在國內法院的最新動向。換言之，

如果把當初涉外爭端管轄權之大幅度、無保留地向國際仲裁庭「讓渡」舉措，看作對「卡爾沃主義」的否定，則如今要求收回相關管轄權的強烈呼聲和相應行動，不妨稱為是已經開始進入「否定之否定」的新階段。[49]

（四）此類條款無視於兩類東道國的最新立法轉軌

近年來，阿根廷政府採取「否定之否定」措施的典型事例之一，就是發布政令，指定本國法院重審GB石油公司爭端案。據報導，原先，一九九六年阿根廷時任總統C.梅內姆（Carlos Menem）應外商要求，曾經簽署一項法令，建立國際仲裁庭來解決GB石油公司與阿根廷政府之間的爭端，認為這是解決該爭端最有效與最經濟的方法。但幾經反覆，迄未解決問題。事隔七年，二○○三年十月，阿根廷政府發布了另一項新的法令，廢除了一九九六年的前項法令，並指派專人針對原先由GB石油公司控制但現已停業的兩家公司向阿根廷本國法院重新起訴，追索價值五億阿根廷比索（ARS500 million）的欠交稅款、罰款與貸款。這一行動被認為是政府把其與境內外商間的許多法律爭端「重新交給本國管轄」（"renationalizing" legal conflicts）採取的第一步驟。這些爭端實際上包括許多家主要由外商擁有的公用事業公司對阿根廷政府提起的大約二十件訟案在內，而這些訴訟案件正由ICSID仲裁庭受理審議之中。

阿根廷政府的這一舉措所帶來的衝擊遠遠超越於本案。輿論認為，此項新法令正式拋棄了（scraps）國際仲裁庭，因為該法令提到把上述案件提交給境外第三方審理「從法律、政治與經濟各

個層面來看，都會帶來一系列的困難」。阿根廷財政部總長辦公室主任（the head of the office of the Attorney General in the Treasury）H. 羅薩蒂（Horacio Rosatti）在記者招待會上發表的以下言論被廣泛引用：政府的目的就在於「恢復阿根廷本國法院的管轄權」。他說，阿根廷政府正在研究如何把政府與阿根廷境內外資企業之間的其他爭端，包括那些因二〇〇二年緊急措施受到損失並把爭端提交給ICSID仲裁庭解決的案件在內，拿回到阿根廷境內解決（bring back within Argentina's orbit）。他還提到，阿根廷政府力圖確保做到兩點：第一，這些公司已在阿根廷境內優先用盡所有的法律救濟；第二，任何國際仲裁庭的最後決定都應當受到阿根廷國內法院的「分析」（analysis）。他還宣稱：「我們正在質疑這種（國際）管轄權，我們還可能進一步質疑其整個體系的合憲性（constitutionality）。」[50] 換言之，阿根廷政府正在認真研究並提出質疑，把境內涉外投資爭端全盤交由ICSID國際仲裁管轄，是否符合阿根廷國家的根本大法——憲法。

另據一篇題為《卡爾沃終於起死回生了嗎？》的評論文章所述，[51] 二〇〇五年三月二日，阿根廷總統科奇納（President Kirchner）曾在阿根廷的第一二三次國會上，公開嚴詞質疑國際仲裁庭豈能對阿根廷境內外商狀告東道國的索賠案件作出終局裁決。緊接其後，兩名議員提出了一份立法議案，要求正式通過立法，作出明確規定：（1）設置嚴格條件，從嚴限制把本國境內涉外投資爭端提交國際仲裁；（2）即使國際仲裁庭已經作出裁決，當事人仍可向阿根廷本國聯邦法院提起上訴，這就完全否定了國際仲裁庭裁決的終局性，把最後的決定權收回阿根廷自己手

中；（3）指示阿根廷政府通知各有關締約國，申述阿根廷的意向，將要廢除先前接受國際仲裁管轄權的國際條約；（4）授權阿根廷政府及其所屬機構和企業發布命令與決定，廢除先前訂立或作出的與本法案相牴觸的各種協議或決定。不言而喻，此項法案如獲正式通過，當年卡爾沃的主權意識和民族精神終將在新的劫難中獲得新生。國際輿論正在密切關注其進一步的發展。

與阿根廷相似，加拿大、美國也經歷了一個先「全面放開」再收回管轄權的過程。由於加拿大、美國主要是和發展中國家簽訂BITs，其立場顯然是基於資本輸出國的角度，盡量訂立最高規格的投資保護條款，盡量推動投資者在爭端發生後有權不受約束地尋求包括ICSID在內的國際仲裁救濟。然而，在NAFTA體制的實際運行中，加拿大與美國政府也逐漸體會到了本國作為「被告」被外國投資者訴諸國際仲裁庭的不利影響，認為應該對本國境內的外國投資者動輒向國際仲裁庭提出申訴的權利加以限制，應該維護東道國政府行使宏觀經濟調控的權力。於是，加拿大與美國分別在二〇〇四年對其原有的BIT示範文本作了重大修改，增加了大量的例外，並對NAFTA中的一些法律問題作了澄清。例如，加拿大在其二〇〇四年範本附錄B.13（1）、美國在其二〇〇四年範本附錄B中都進一步澄清：什麼情況以及具備哪些條件才可以視為東道國對外資實行「間接徵收」；東道國為了健康、安全以及環境等公共利益而採取的有關措施，不得視為「間接徵收」；等等。這就把「間接徵收」的範圍大大縮小了。又如，加拿大二〇〇四年BIT範本第5條與美國二〇〇四年BIT範本第5條都對「公平與公正待遇」作了限制解釋，附加了「傳統國

際法的最低待遇」的要求，等等。因此，加拿大二〇〇四年範本被西方學者稱為「進兩步，退一步」。[52]而對於美國二〇〇四年範本的發展動向，西方學者認為，美國政府傾向於在它與智利、新加坡以及其他國家的自由貿易區協定、雙邊投資保護條約當中，弱化對投資者的保護。儘管迄今美國境內的外國投資者對美國提起國際仲裁申訴的案件為數尚不很多，但是，美國二〇〇四年BIT範本仍然更多地關注國會、公眾的批評以及外國投資者今後可能對美國所提起的國際申訴。[53]

美國商務部曾要求其國際經濟政策諮詢委員會（一個代表廣泛群體的非政府專家委員會）對「示範BIT」草案加以審查和評論。二〇〇四年一月三十日，該諮詢委員會下屬的「投資委員會」提交了一份報告，把其成員觀點歸納如下：（1）代表美國本土海外投資者的成員認為不需要或者不應該修改一九九四年的BIT範本，因為該一九九四年BIT範本反映了現代國際法和投資實踐，對美國海外投資者所面臨的風險提供了強有力的保護。相反，二〇〇四年BIT範本在實質上削弱了對美國海外投資者的保護，體現了「走下坡路」傾向，不足以排除美國的海外投資者常常面臨的東道國「不發達法律體系」的管轄；（2）代表美國環境保護機構和勞工組織的成員認為，即使是在二〇〇四年BIT範本當中，也沒有能夠充分地維護美國政府的權力，以便政府隨時可以採取保護重要公共利益的措施。BIT範本中應該強調要求外國投資者遵守美國國內法的義務，以便美國在必要時有權提高保護環境和工人權利的標準，並要求美國境內的外國投資者切實遵守和執行這些標準。代表美國勞工組織的成員反對任何可能會使

得就業機會或者生產機構被轉移到美國境外的促進對外投資條約。[54] 另外，由於擔心國際仲裁庭裁決的終局性可能過度影響美國的國家利益，二〇〇二年出臺的《兩黨貿易促進授權法案》明確規定：美國的首要談判目標在於通過建立「上訴機構」或者類似機制的方式，改善外國投資者與東道國政府間的爭端解決機制。[55] 而美國二〇〇四年BIT範本附件D也規定，在有關BIT生效三年內，締約國雙方應該考慮是否建立一個「雙邊上訴機構」或者類似機制，以審查有關國際仲裁庭的裁決。

從以上有關動態可以看出：

第一，就阿根廷這樣的發展中國家而言，對於把東道國本國政府與境內外資之間的投資爭端管轄權提交給國際仲裁庭這種體制，原先曾經極力排斥，主張有關爭端應在東道國國內解決。但隨著國際經濟形勢的發展，意識到不能把國際仲裁庭的管轄權一概排斥，於是經歷了一個適當限制國內管轄權的階段，甚至轉而全面否定國內管轄權和全面同意國際仲裁庭的管轄權。但是，在國際仲裁實踐中遭受重大挫折之後，又意識到這樣大幅度放權甚至全面放權的做法，相當不利於國家對宏觀經濟的管轄與對公共利益的維護，於是又開始力圖重新否定國際仲裁庭管轄權，盡可能把相關管轄權收回來。

第二，就美國這樣的發達國家來說，它們原先是極力排斥和否定東道國對境內涉外投資爭端的全面管轄權，極力倡導有關爭端應提交國際仲裁庭解決，但是隨著國際經濟形勢的最新發展，就連美國這個全球唯一的「超級大國」都體驗到對本國境內的涉外投資爭端任由國際仲裁庭「一裁終局」的不利之處，進而開始

「改弦更張」，實行立法轉軌。

第三，上述兩類國家，在分別經歷了不同層次的「否定」階段之後，現在都正處於新的「否定之否定」階段。有趣的是，這兩種不同層次的「否定之否定」，如今都正在朝著同一種方向發展，即都開始否定國際仲裁的全面管轄，開始注重對國際仲裁加以必要的限制，開始重視或者強調東道國對本國境內涉外投資爭端應當在必要的範圍和必要的條件下保持優先的管轄權或排他的管轄權。

第四，相形之下，中國作為發展中國家，在近期締結新BIT或修改原BIT的實踐中，似乎有些昧於當前形勢的最新發展，不了解有關BIT締約之最新動向和轉軌方向，因而貿然追隨前階段某些發展中國家的過時「潮流」，即從原先的注重國內管轄權逐步轉到實質上否定國內管轄權並「全面同意」國際仲裁庭管轄權。這種傾向，顯然是「不合時宜」的，已有「前車之鑒」的，勢必會吃大虧的。反之，如能總結經驗，及時「剎車」，並不為晚。

四、結論：有關今後中外 BIT 談判的幾點管見

基於以上粗略剖析，似可針對中國今後對外談判締結新BIT和修訂原BIT有關事宜，提出以下幾點管見和芻議：

（一）加強調查研究，「摸著石頭過河」

對於任何國家說來，特別是對於以吸收外資為主的發展中國家說來，BIT是一把「雙刃劍」。不言而喻，中國在對外談判締

結或修訂BIT過程中，必然是有所「予」方能有所「取」。如果要在「予」與「取」之間、「義務」與「權利」之間實現正確的平衡，其先決要件就是要立足中國國情，放眼國際實踐，總結經驗教訓，明確潮流方向，綜合地、全面地剖析和權衡BIT各類條款（包括本文所專門討論的爭端解決條款）對中國可能產生的各種利弊得失，認真地、謹慎地考慮如何趨利避害。利取其重，害取其輕。為此，就務必對中國的現有國情——與吸收外資有關的一切國情，進行全面的、深人的和充分的調查研究。同時，也對國際BIT締約實踐中的有益經驗和沉痛教訓，進行儘可能全面、深入和充分的調查研究，從而在充分掌握國內外實況的基礎上，掌握好談判中「予」與「取」的正確分寸和尺度，實行科學的決策，定下恰如其分的「底線」。反之，在上述各方面的調查研究還不夠全面、不夠深人和不夠充分之前，與其想當然，隨大流，追求表面的「談判成功」和「達成協議」的數量，不如在未明水流深淺、流速和漩渦細情之前，兢兢業業地摸著石頭過河。換言之，在情況不夠明了的條件下，舉步慢些、穩些，步伐小些，力求安全，這絕非「保守因循」或「抱殘守缺」，而是最明智和最可靠的「與時俱進」。如果舉目望去，已見前面過河者陷人急流漩渦而正在奮力掙扎卻難以自拔，則就尤應慎之又慎，並「繞道而行」了！

（二）善用公約授權，牢握「安全閥門」

　　《華盛頓公約》等授予東道國，特別是授予國際弱勢群體——發展中國家的前述四權，即「逐案書面同意」權、「當地

救濟優先」權、「東道國法律適用」權以及「重大安全例外」權，既是國家主權特別是司法主權的應有體現，又是締約當年眾多發展中國家聯合奮鬥、據理力爭、得來十分不易的重要權利，[56]繼續生效也是國際弱勢群體在國際資本強大實力面前用以自我保護、自我防衛的必要「安全閥」。在《華盛頓公約》等本身依然健在、繼續生效、未作任何修改的情況下，牢牢把握這四大授權或四大「安全閥門」，使其有效地為我服務，乃是正大光明、名正言順和理直氣壯的。這是中國對外談判締結新BIT或修訂原BIT時應當具備的基本心態。一九九八年中國—巴巴多斯BIT中設定新「全盤同意」型爭端解決條款以前，原有的中國—摩洛哥等BITs中設有必要「安全限制」的爭端解決條款，已經行之多年，頗見實效，而且沒有任何證據足以證明此類規定的基本內容或主流防患意識已經「脫離」中國現實國情和「落後」於世界最新潮流。相反，它們絲毫未曾明顯影響或削弱全球外商對華投資的信心和熱情，此點已經反覆地為大量外資源源不斷地流入中國的有關事實和官方統計數字所佐證。因此，在中國對外BIT談判中，面對美、加型BITs或其變種中的爭端解決條款，不但無須全盤同意接受，全面自動放棄上述這些國際公約授予的四權，貿然拆除四大「安全閥」，恰恰相反，理應援引《華盛頓公約》規定，依該公約據理力爭，針對談判對方提出的爭端解決條款中十分不利於中國「留權在手」的規定，予以明確的、堅決的抵制；同時，對於談判對方BIT範本中現在提出的各種「安全例外」最新規定，而我方過去往往予以忽略的，現在則不妨認真地虛心學習，作為可以「攻玉」的「他山之石」，結合中國的國情需

要，予以「師法」和「移植」，使其為我所用。

在上述這些前提下和基礎上，再適當考慮中國在對方國家投資的實況和客觀需要，適當地、穩步地修訂中—摩型BIT中的爭端解決條款規定，在真正互利互惠的原則下，對國際仲裁的適用範圍和適用條件，加以恰如其分的放寬。

然而，中國已經在與發達國家如德國簽訂的BIT中放棄了某些「安全閥」，以後如何才能把這些「安全閥」重新取回並牢牢把握在自己手中？筆者認為在今後的對外BIT談判中理應做到和不難做到。

（三）堅持「下不為例」，「亡羊」及時「補牢」

第一，《華盛頓公約》第25條第1款規定「當（爭端）雙方表示同意後，不得單方面撤銷其同意。」換言之，如果只有投資爭端當事人某一方表示了「同意」，那麼其在另一方表示「同意」之前，是可以單方面撤銷同意的。而在實踐中，作為投資爭端一方當事人的東道國，通常是在美、加型BITs中作出這種概括性的「同意」表示，待到爭端發生後，外國投資者把該爭端提交ICSID仲裁的書面申請書，就被視為該外國投資者的「同意」。中國目前雖然已在一九九八年以後新訂的BIT中作出概括性的「同意」，但迄今還沒有哪一位外國投資者向ICSID正式提交仲裁申請。也就是說，目前只有可能成為爭端當事人的中國一方（東道國）預先作出了同意，所以，根據《華盛頓公約》第25條第1款的上述規定，迄今為止，中國還是有權撤銷這種預先「同意」的。因此，中國不妨以吸取「阿根廷教訓」作為理由，向德、荷

等國要求重啟談判，爭取達成新的議定書，對有關概括性全盤「同意」的有關規定加以必要的修訂與補充，作為相關BITs不可分割的一部分，並明文規定應當「以新議定書的修訂內容為準」。

第二，中國所簽訂的BITs中都規定了最惠國待遇條款，那麼，即使中國從此以後在簽訂新BITs時不再放棄這四大「安全閥」，但締約對方的投資者是否有可能根據「最惠國待遇」條款，主張援例享受到中國與德國BIT中的更優惠的爭端解決待遇？從ICSID的「墨菲茲尼案」（Maffezini v. Spain）裁決[57]等來看，這種可能性非常大。但中國可以在今後締結或修訂的BITs中對最惠國待遇條款的具體適用加以明確限制，即規定該條款不適用於程序性待遇。因為最惠國待遇條款的通常適用範圍，是實體性待遇。它是否可以適用於程序性待遇，這在國際上迄今未有定論，並沒有取得一致的意見。但是鑒於ICSID仲裁庭在其實踐中具有通過自由裁量權擴大管轄權的傾向，所以應當在今後締結或修訂的BITs中對此作出明確限制。

這樣做，是有先例可援的。例如，二〇〇三年《美洲自由貿易協定（草案）》中就有這樣的注解：本協定中的MFN條款……並不適用於本章第C.2b部分所包含的國際爭端解決機制（締約一方與締約另一方的投資者之間的爭端解決）之類的事宜。」[58]另外，中國還可以借鑑加拿大二〇〇四年BIT範本附錄Ⅲ「最惠國待遇的例外」中的規定：「第4條（最惠國待遇）不應該適用於在本協議生效日以前有效或者簽訂的所有雙邊或者多邊國際協議所賦予的待遇」[59]，加以師法和移植，這樣，中國對外談判

簽訂BIT的相對方就不能根據最惠國待遇的規定要求援例享受中國以前曾經賦予第三方的更優待遇。

總之，在大量吸收外資並與實力強大的國際資本交往的過程中，中國難以全面、準確地預測前面會有多少坎坷、陷阱與漩渦。阿根廷經歷過的沉痛教訓及其已經交付的昂貴「學費」，中國無須再交一遍。應當力求避免重蹈覆轍，誤陷漩渦。從此種意義上講，在對外BITs談判中一時達不成協議或暫時沒有協定，比迅速達成對中國不利的協定好得多。衡之於國內外的現實形勢，中國完全沒有必要放權過快、棄權過多，更不宜僅為了製造政治氣氛、友好氛圍或彰顯「政績」而貿然行事，從而不知不覺地導致「門戶洞開，毫不設防」。反之，立足中國，放眼世界，則在當前條件下，顯然仍宜保留清醒的頭腦，增強必要的憂患意識，經常居安思危。這樣，中國才能更好地通過簽訂或修訂BITs，達到名副其實的互利互惠、持續促進經濟發展；進而在確立跨國投資合理規範和建立國際經濟新秩序的過程中，發揮應有的示範作用。中國的和平崛起要求這麼做，中國在國際上的地位也要求我們這麼做。只有這樣，才有利於中國，有利於發展中國家，有利於世界的共同繁榮與發展。

注釋

* 本文可簡稱為《一論中一外BIT》最初發表於陳安主編：《國際經濟法學刊》2006年第13卷第1期。文章發表後，引起學界強烈興趣，認同者固多，但也不無疑議。針對疑議，筆者又就後續研究心得，另撰新文，題為《區分兩類國家，實行差別互惠：再論ICSID體制賦予中國的四大「安

全閥」不宜貿然全面拆除》，可簡稱為《再論中一外BIT》，再次陳述管見，收輯於陳安主編：《國際投資法的新發展與中國雙邊投資條約的新實踐》，復旦大學出版社2007年出版。兩文實為「姊妹篇」，後文是前文見解的擴展與申論。兩篇專論所述，均以撰寫當時的官方媒體報導以及官方網站統計數字為據，如實反映了筆者對當時形勢發展認識之逐步深化。現將兩文一併輯入本書，分別列為本書第三編之第5章和第6章，便於讀者對照參考。兩文所述的基本觀點至今未變。但近來中國吸收外資和對外投資的對比態勢和具體數字又有新的發展，閱讀時請予留意。此外，這兩篇專論的英文本，先後相繼發表於*The Journal of World Investment & Trade*, Vol.7, No.6, December 2006以及Vol.8, No.6, December 2007，並曾經輯入復旦大學出版社2008年版《陳安論國際經濟法學》，分別列為第七編之第III章和第IV章，也可供有關讀者對照參考。

〔1〕　參見〔日〕橫川新：《論國外投資與雙邊條約》，載陳安編譯：《國際經濟立法的歷史和現狀》，法律出版社1982年版，第119-144頁；陳安：《國際經濟法學芻言》，北京大學出版社2005年版，上卷，第459-465頁。

〔2〕　See Roberto Domino (Secretary General, ICSID), Opening Remarks at the Symposium Co-organized by ICSID, OECD and UNCTAD, 12 Dec. 2005.

〔3〕　依據中國商務部外國投資管理司在2005年10月19日發表的統計數字：截至2004年底，中國內地累計批准設立外商投資企業508941個，合同外資金額10966.08億美元，實際使用外資金額5621.01億美元。中國香港（2415.74億美元）位居累計對華投資國家／地區之首位，占內地實際使用外資累計總額的42.98%。位居對華投資前十位的其他國家／地區依次為：美國（480.29億美元）、日本（468.46億美元）、臺灣（396.05億美元）、維爾京群島（368.95億美元）、韓國（259.35億美元）、新加坡（255.39億美元）、英國（122.31億美元）、德國（99.09億美元）和法國（8.04億美元）。數據來源：http://www.fdi.gov. cn/common/info. jsp? id=ABC00000000000025847。

〔4〕　參見陳安主編：《國際投資爭端仲裁——「解決投資爭端國際中心」機制研究》，復旦大學出版社2001年版，第1-72頁。

〔5〕　中國對外貿易經濟合作部編：《國際投資條約彙編》警官教育出版社1998年版，第995頁。此前和此後，在中國與其他許多外國相繼

分別簽訂的BITs中，也有類似的爭端解決條款規定，參見該書第
894、906、931、956、968、1015、1027、1041、1053、1067、
1079、1094、1106、1118、1130、1142頁。

〔6〕 《華盛頓公約》第26條規定：「締約國可以要求用盡當地各種行政
或司法救濟辦法，作為其同意根據本公約交付仲裁的一種條件。」
參見陳安主編：《國際投資爭端仲裁──「解決投資爭端國際中心」
機制研究》，復旦大學出版社2001年版，第575頁。

〔7〕 《華盛頓公約》「序言」明文宣告：「不能僅就締約國批准、接受或
認可本公約這一事實而不經其同意就認為締約國具有將任何特定的
爭端接交仲裁或調解的義務。」第25條第1款進一步明確規定：
「ICSID的管轄權適用於締約國（或締約國指派到ICSID的該締約國的
任何下屬單位或機構）和另一締約國國民之間因直接投資而產生的
任何法律爭端，該項爭端應經雙方書面同意提交ICSID。當雙方表示
同意後，不得單方面撤銷其同意。」參見陳安主編：《國際投資爭端
仲裁──「解決投資爭端國際中心」機制研究》，復旦大學出版社
2001年版，第569頁、第574-575頁。

〔8〕 《華盛頓公約》第42條第1款規定：「仲裁庭應依據當事人雙方協議
的法律規範處斷爭端。如無此種協議，仲裁庭應適用作為爭端當事
國的締約國的法律（包括它的法律衝突規範）以及可以適用的國際
法規範。」參見陳安主編：《國際投資爭端仲裁──「解決投資爭端
國際中心」機制研究》，復旦大學出版社2001年版，第579頁。

〔9〕 《華盛頓公約》第25條第4款規定：「任何締約國可以在批准、接受
或認可本公約時，或在此後任何時候，把它考慮或不考慮提交給
ICSID管轄的一類或幾類爭端，通知ICSID，祕書長應立即將此項通知
轉交給所有締約國。此項通知不構成第一款所要求的同意。」參見
陳安主編：《國際投資爭端仲裁──「解決投資爭端國際中心」機
制研究》，復旦大學出版社2001年版，第575頁。

〔10〕中國對外貿易經濟合作部編：《國際投資條約彙編》，警官教育出版
社1998年版，第145頁。

〔11〕同上書，第169頁。

〔12〕同上書，第189、208、224、237、249、291、307、325、347、368、
385、405、428、445、467、485、564、642、677、705、902、
844、894、906頁等。

〔13〕 資料來源：http://www. ustr. gov/Trade_Sectors/Investment/Model_ BIT/Section_Index. html。

〔14〕2004年美國BIT範本的相關原文是：

Article 25: Consent of Each Party to Arbitration

1. Each Party consents to the submission of a claim to arbitration under this Section in accordance with this Treaty.

2. The consent under paragraph 1 and the submission of a claim to arbitration under this Section shall satisfy the requirements of:

(a) Chapter II of the ICSID Convention (Jurisdiction of the Centre) and the ICSID Additional Facility Rules for written consent of the parties to the dispute; [and]

(b) Article II of the New York Convention for an "agreement in writing"; [and]

(c) Article I of the Inter-American Convention for an "agreement."

2004年加拿大BIT範本的相關原文是：

Article 28: Consent to Arbitration

1. Each Party consents to the submission of a claim to arbitration in accordance with the procedures set out in this Agreement.

2. The consent given in paragraph 1 and the submission by a disputing investor of a claim to arbitration shall satisfy the requirement of:

(a) Chapter II of the ICSID Convention (Jurisdiction of the Centre) and the Additional Facility Rules for written consent of the parties;

(b) Article II of the New York Convention for an agreement in writing; and

(c) Article I of the Inter-American Convention for anagreement.

1994年1月1日開始生效的《北美自由貿易區協定》（NAFTA）相關條款的原文是：

Article 1122: Consent to Arbitration

1. Each Party consents to the submission of a claim to arbitration in accordance with the provisions of this Subchapter.

2. The consent given by paragraph 1 and the submission by adisputing investor of a claim to arbitration in accordance with the provisions of this Subchapter shall satisfy the requirement of:

(a) Chapter II of the ICSID Convention (Jurisdiction of the Center) and the Additional Facility Rules for writen consent of the parties;

(b) Article II of the New York Convention for an agreement in writing; and

(c) Article I of the Inter-American Convention for an agreement

1998年版《多邊投資協定》（MAI，草案）「V. Dispute Settlement」中的相關內容是：

3. Contracting Party Consent

a. each Contracting Party hereby gives its unconditional consent to the submission of a dispute to international arbitration in accordance with the provisions of this Article.…

5. Written Agreement of the Parties

The consent given by a Contracting Party in subparagraph 3. a, together with either the writen submission of the dispute to resolution by the investor pursuant to subparagraph 2. c or the investor's advance written consent to such submission, shall constitute the written consent and the written agreement of the parties to the dispute to its submission for settlement for the purposes of Chapter II of the ICSID Convention, the ICSID Additional Facility Rules, Article 1 of the UNCITRAL Arbitration Rules, the Rules of Arbitration of the ICC, and Article II of the United Nations Convention on the Recognition and Enforcement of Foreign Arbitral Awards (the "New York Convention"). Neither party may withdraw its consent unilaterally, except as provided in paragraph 9. e of this Article.

從以上四種原文對比中，不難看出：（1）2004年美國BIT範本第25條的規定以及2004年加拿大BIT範本第28條，都是從1994年以美國為主導的《北美自由貿易區協定》（NAFTA）第1122條的相關規定「脫胎」而出的，前兩者都是後者的衍生物。（2）主要由發達國家組成的「經濟合作與發展組織」（OECD）所設計的1998年《多邊投資協定（草案）》「V. Dispute Settlement」的相關規定，把締約國各方在談國際協定中表示「同意」解釋為「應即構成」（shall constitute）華盛頓公約》第25條規定的逐案「書面同意」，其用詞，較上述NAFTA以及美國BIT範本的「應即滿足」（shall satisfy），又更加明確和更加強化，可謂「毫不含糊」。

〔15〕Agreement between Canada and—for the Promotion and Protection of Investments, Article 40 Governing Law, 1；其原文為「A Tribunal established under this Section shall decide the issues in dispute in accordance with this Agreement and applicable rules of international law」。

〔16〕這8條義務是指「國民待遇」「最惠國待遇」「最低待遇標準」「徵收與補償」「資金移轉」「業績要求」「高級管理層與董事會」「涉及投資的法律與決定之公布」。

〔17〕其原文為「A Tribunal established under this Section shall decide the issues in dispute in accordance with this Agreement and applicable rules of international law」。

〔18〕該第18條「Essential Security」原文為「Nothing in this Treaty shall be construed: 1. to require a Party to furnish or allow access to any information the disclosure of which it determines to be contrary to its essential security interests; or 2. to preclude a Party from applying measures that it considers necessary for the fulfillment of its obligations with respect to the maintenance or restoration of international peace or security, or the protection of its own essential security interests」。

〔19〕該第12條原文為「(1) Except as otherwise provided in this Agreement, all investment shall be governed by the laws in force in the territory of the Contracting Party in which such investments are made. (2) Notwithstanding paragraph (1) of this Article nothing in this Agreement precludes the host Contracting Party from taking action for the protection of its essential security interests or in circumstances of extreme emergency in accordance with its laws normally and reasonably applied on a non discriminatory basis」。

〔20〕資料來源：http://www. unctad. org/sections/dite/iia/docs/bits/uk_india. pdf。

〔21〕See Vienna Convention on the Law of Treaties, 1969. http://www. un. org/law/ilc/texts/treatfra. htm.

〔22〕See Vienna Convention on the Law of Treaties between States and International Organizations or between International Organizations, 1986. http://www. un. org/law/ilc/texts/trbtstat. htm.

〔23〕在該附加「議定書」的7項規定中，只有第3、4、5項規定包含了可以稱為「例外或者限制」的內容。第3項規定中國將採取措施逐步消除現有的「不符合措施」，第4項第2句規定「第3條（投資待遇）並不要求締約一方有將其依照稅法只給予住所在本國境內的投資者的稅收優惠、免稅或者減稅待遇，擴大到住所在締約另一方境內的投資者的義務」。第5項內容是中國對適用第6條第1款第3項附加了條件，該第6條第1款第3項的內容是「締約任何一方應談保證締約另一方投資者轉移在其境內的投資和收益，包括……（三）全部或者部分出售或者清算投資或者減少投資資本所獲得的款項」，而「議定書」第5項內容的限制是要求「如果轉移遵循有關外匯管理的中國現行法律和法規規定的相關手續」。另外，該第5項內容還對轉移投資和收益的「沒有遲延」加以更具體的規定。

〔24〕有關這些例外事項的討論，請參見王海浪：《「落後」還是「超前」？──論中國對ICSID管轄權的同意》，載陳安主編：《國際經濟法學刊》2006年第13卷第1期。

〔25〕據中國商務部外資管理司於2005年10月發布的統計信息：2004年，中國對外直接投資淨額（即存量）為55億美元，扣除對香港地區投資額26.29億美元後是28.71億美元。2004年，實際使用外資金額606.30億美元，如果要扣除香港投資額189.98億美元的話，數額為416.32億美元。把2004年上述對外投資的28.71億美元與吸收外資的416.32億美元相比較，中國的對外投資額只相當於所引進外資的6.8%。

〔26〕截至2004年底，中國累計對外直接投資淨額為448億美元。其中，對香港地區累計投資額為303.93億美元，占中國對外累計投資額的67.8%。在扣除這一項之後，中國累計對外投資額為144.07億美元。截至2004年底，全國累計實際使用外資金額5621.01億美元。其中香港是2415.74億美元，占內地實際使用外資累計總額的42.98%。如果也扣除香港投資的話，累計實際使用外資額為3205.27億美元。把上述累計對外投資的144.07億美元與累計吸收外資的3205.27億美元相比較，中國累計對外投資額只相當於累計引進外資額的4.5%。

〔27〕資料來源：《2004年度中國對外直接投資統計公報（非金融部分）》，http://www. chinapressusa. com/luntan/200510270180. htm；《2004年中國吸收外商直接投資情況綜述》，http://www. fdi. gov. cn/common/

info, jsp? id=ABC00000000000025847。

〔28〕2005年1-7月對中國內地投資前十位國家／地區（以實際投入外資金額計）中，香港地區（91.22億美元）、臺灣地區（13.31億美元）分別名列第一、第六位。參見《2005年1-7月全國吸收外商直接投資快訊》，http://www.fdi.gov.cn/common/info.jsp? id=ABC00000000000023505。

〔29〕參見1986年5月中國一英國BIT第7條。

〔30〕參見1988年中國一日本BIT第11條。

〔31〕參見1992年中國一韓國BIT第9條。

〔32〕1985年中國一新加坡BIT第13條（「爭端解決」）第1款規定，爭端當事雙方應談協商解決爭端。第2款規定，6個月內無法協商解決的，應該提交東道國內有管轄權的法院。第3款規定，如果爭端涉及徵收、國有化或其他具有同樣效果的措施的補償額，且無法在6個月內協商解決的，可以提交當事雙方建立的國際仲裁庭。

〔33〕參見2003年中國和德國間修訂的新BIT第9條，中國與聯邦德國間原有的BIT簽訂於1983年10月7日。

〔34〕參見中國駐德國使館經商處：《德國對華投資現狀及趨勢》，http://www.chinatradenews.com.cn/news/Article_Show.asp? ArticleID=9067.

〔35〕參見《去年中國對外投資同比增長近一倍》，http://www.huaxia.com/sw/cjzx/jjdt/2005/00361580.html。

〔36〕世界銀行：《2003年全球經濟展望》，http://www.worldbank.org/prospects/gep2003/summarycantonese.doc。

〔37〕World Bank, *Wold Development Report 2005—A Better Investment Climate for Everyone,* World Bank and Oxford University Press, 2004, p.177.

〔38〕Ibid.

〔39〕Wenhua Shan, The Role of Law in China's Success in Attracting Foreign Investment: An Empirical Approach, p.12. 該文是作者在2004年11月4-5日於廈門召開的「國際經濟法與經濟轉型期的中國」國際研討會（International Economic Law and China in Its Economic Transition）上提交的論文。

〔40〕UNCTAD, World Investment Report 2003—FDI Policies for Development: National and International Perspectives (Overview), 2003, p.18.

〔41〕參見中國商務部外國投資管理司在2005年10月19日發表的統計數字，http://www.fdi.gov.cn/common/info.jsp? id=ABC00000000000025847。

〔42〕參見1988年中國—日本BIT第11條。

〔43〕參見1992年中國—韓國BIT第9條。

〔44〕See Freshfields Bruckhaus Deringer, The Argentine Crisis-Foreign Investor's rights, http://www. Freshfields. com/ places/ latinamerica/ publications/ pdfs/ 2431. pdf

〔45〕阿根廷至少已經在23個BITs中全盤接受了ICSID仲裁管轄權，其中包括與瑞典、美國、西班牙、德國、法國、芬蘭這些發達國家簽訂的BITs。這些統計數據可以從以下網址下載阿根廷所簽訂之BIT原文加以驗證：http://www. unctadxi. org/templates/DocSearch. aspx? id=779。另外，2005年7月12日，ICSID高級顧問Ucheora Onwuamaegbu先生在廈門大學講學時曾指出，阿根廷在ICSID的仲裁案件均是投資者依據BITs提起。

〔46〕如阿根廷—美國BIT第7條以及阿根廷—瑞典BIT第8條。http://www. unctadxi. org/templates/ DocSearch. aspx? id=779。

〔47〕See Paolo Di Rosa, The Recent Wave of Arbitrations Against Argentina Under Bilateral Investment Treaties: Background and Principal Legal Issues, *The University of Miami Inter-American Law Review*, Vol. 36, 2004, pp.44-49.

〔48〕詳情請參見ICSID網站：http://www. worldbank. org/icsid/cases/pending. htm。ICSID Annual Report 2005, pp.15-35.試以CAA公司與VU訴阿根廷政府一案為例：談爭端於1997年3月在ICSID立案，幾經反覆，2004年7月再度開庭，2005年3月被申請人提出管轄權異議書，同年5月申請人提出對管轄權異議的反駁書，同年6月被申請人又針對申請人的反駁提出答辯書……

〔49〕有關阿根廷在這方面的具體經歷和經驗教訓，可進一步參見另外三篇論文：（1）魏豔茹：《論我國晚近全盤接受ICSID仲裁管轄權之不當》，第三部分；（2）單文華：《卡爾沃主義的「死亡」和「再生」——晚近拉美國際投資立法的態度轉變及其對我國的啟示》；（3）蔡從燕：《不慎放權，如潮官司——阿根廷輕率對待投資爭端管轄權的慘痛教訓》，載陳安主編：《國際經濟法學刊》2006年第13卷第1期。

〔50〕Laurence Norman, Argentina: Government Reopens 7-Year-Old Case vs Oil Group, By Dow Jones Newswires, http://www. LatinPetroleum. com,

01-01-2006. See also C. E. Alfaro et al., The Growing Opposition of Argentina to ICSID Arbitral Tribunals, A Conflict between International and Domestic Law? *The Journal of World Investment & Trade*, Vol.6, No.3, June2005.

〔51〕 Guido Santiago Tawil, Is Calvo Finally Back? Translational Dispute Management, No. 3, June 2005, http://www.transnational-dispute-management.com/news/tdm2-2005_5.htm.

〔52〕 See James Mcilroy, Canada's New Foreign Investment Protection and Promotion Agreement, Two Steps Forward, One Step Back? *The Journal of World Investment & Trade,* Vol.5, No.4, August 2004.

〔53〕 See David A. Gantz, The Evolution of FTA Investment Provisions: From NAFTA to the United States-Chile Free Trade Agreement, *American University International Law Review*, Vol.19, p.679.

〔54〕 See Subcommittee on Investment of the U. S. Dep't of State Advisory Comm. on International Economic Policy (ACIEP), Report Regarding the Draft Model Bilateral Investment Treaty 2-3 (Jan. 30, 2004), http://www.ciel.org/ Publications/BIT_Subcmte_Jan3004. pdf. Sean D. Murphy, Proposed New U. S. "Model" Bilateral Investment Treaty, *American Journal of International Law*, October 2004.

〔55〕 See 19USCS § 3802(b) (3) (G) (iv).

〔56〕 參見陳安主編：《「解決投資爭端國際中心」述評》，鷺江出版社1989年版，第66-84、95-99、106-111、126-130、138-153頁；陳安主編：《國際投資爭端仲裁──「解決投資爭端國際中心」機制研究》，復旦大學出版社2001年版，第8-71頁。

〔57〕 See Emilio Agustin Maffezini v. Kingdom of Spaind (ICSID Case No. ARB/97/7), Decision on Objections to Jurisdiction of January 25, 2000, http://www. worldbank.org/icsid/cases/emilio_DecisiononJ urisdiction. pdf.

〔58〕 Chapter XXIII Dispute Settlement of FTAA (Draf Agreement), footnote 13, http://www. ftaaalca. org/ FTAADraft03/ChapterXXIII_e. asp.

〔59〕 加拿大範本請參見http://www.naftaclaims.com/files/Canada_Model_BIT.pdf.

第6章

區分兩類國家，實行差別互惠：再論ICSID體制賦予中國的四大「安全閥」不宜貿然全面拆除*

↘ 內容提要

　　當代各類「雙邊投資協定」（BITs）的具體條款不一。其中有一類條款要求東道國全面拆除四大「安全閥」，即全盤放棄「逐案審批同意」權、「當地救濟優先」權、「東道國法律適用」權以及「重大安全例外」權。中國作為發展中國家，如果無條件、無差別地全盤接受這些要求，勢必背離當代國際公約對東道國的授權規定，漠視聯合國權威機構的反覆告誡，不符合中國當前的現實國情，無視晚近發展中國家BITs締約實踐的沉痛教訓，無視兩類東道國的最新立法轉軌。因此，中國今後在有關BITs的締約、修約談判中，切宜保持清醒頭腦，增強憂患意識，善於掌握四大「安全閥」，趨利避害，區分南、北兩類國家，實行差別互惠，明文排除最惠國條款對爭端程序的普遍適用，從而切實維護中國的應有權益。

⤷ 目次

序，符合UNCTAD晚近的反復警示

（六）區別對待的做法符合於國際仲裁的最新實踐

（七）區別對待、排除或限制MFN條款適用範圍的做法已有
　　　若干先例可援

六、結論

　　中國已經與一二〇多個國家締結了雙邊投資條約（BITs）。
[1]為了適應引進更多外資以及重視向外投資的新形勢，中國目
前正在進一步與一些國家談判締結新的BITs或修訂原有的BITs。
在此過程中，有些發達國家提出美國BIT範本爭端解決條款或其
變種，要求吸收外資的中國大幅度放開甚至完全放棄對本國境內
涉外投資爭端的管轄權，代之以ICSID或其他國際仲裁的全面管
轄。此類條款實質上要求中國全盤放棄「逐案審批同意」權，放
棄「當地救濟優先」權，放棄「東道國法律適用」權，甚至放棄
「重大安全例外」權。這些要求，**背離了當代國際公約對吸收外
資東道國的授權規定，漠視了聯合國權威機構的反覆告誡，不符
合中國當前的現實國情，無視於晚近發展中國家BIT締約實踐的
沉痛教訓，無視於兩類東道國的最新立法轉軌**。中國如貿然接
受，並普遍推廣，勢必對本國的司法主權和應變能力造成重大傷
害和削弱，遺患無窮。因此，中國今後在有關談判中，切宜保持
清醒頭腦，立足於本國的現實國情，吸取國際實踐的有關教訓，
增強憂患意識，堅持有關國際公約的授權規定，善於掌握四大
「安全閥」，趨利避害，**區分南、北兩類國家，實行差別互惠，
明文排除最惠國條款（MFN條款）對爭端程序的普遍適用**，從而

在「引進來」與「走出去」之間，在保護外資合法權益和維護中國主權權力之間，保持正確的綜合平衡，進而在確立跨國投資合理規範和建立國際經濟新秩序的過程中，發揮應有的示範作用。

一、問題的緣由

三年多以前，二○○三年十二月，中國與德國商定終止一九八三年簽訂的原有BIT，另行簽訂新的BIT。倫敦友人來電話詢及此事的背景及其有關條款之合理性，促使筆者開始認真關注此事，進行新的探討。

較之一九八三年中─德BIT，二○○三年中─德BIT的主要特點有二：第一，擴大了外國投資者就有關爭議向國際仲裁庭投訴東道國政府的權利範圍，從原先限於「徵收補償金」的爭議，擴大到「就投資產生的任何爭議」；[2]第二，賦予了外國投資者單方向國際仲裁庭投訴東道國政府的隨意性和決定權。[3]相應地，否定了或取消了東道國政府逐案審批許可外商向國際仲裁庭投訴的同意權。

其實，中─德新BIT的上述兩大特點，並非最初出現於中國分別與其他發達國家簽訂的同類BIT。早在一九九八年七月二十日中國與巴巴多斯簽訂的BIT中，就含有類似的條款或類似的「模式」。[4]其後，自一九九八年八月至二○○三年十一月，在中國與剛果（布）等十三個發展中國家相繼分別簽訂的BITs中，也都採用同類的條款或模式，但均未引起學術界的認真關注和足夠關切。

二〇〇三年十二月中—德新BIT之所以引起國內外法學理論界和實務界的特別關注，其主要原因有二：第一，德國是當今經濟實力最強大的發達國家之一，是原「七國集團」的骨幹成員，其海外投資占全球對外投資的領先地位；第二，當時德國對華投資總額與中國對德投資總額之間的比例，約為100：0.93。[5] 相應地，儘管中—德新BIT的條款文字在表面上看來是「平等互惠」的，但一旦情勢變遷，涉外投資爭端頻起，則中國政府被在華德商任意訴之國際仲裁庭的概率和風險，約為德國政府被在德華商訴之國際仲裁庭的概率和風險的107倍；這也意味著中國司法主權之可能受限與削弱，遠遠大於德國司法主權之可能受限與削弱，約達107倍，懸殊極大，構成了實際上的不平等、非互惠。

作為全球經濟最發達的強國之一，德方提出並為中方接受的上述爭端解決條款，**實際上源於美國早在一九八二年到一九八四年間即已精心設計並不斷更新的BIT範本之中**。[6] 此種範本曾被若干西方發達強國師法、倣效、移植。當年美國曾經一再向中國政府「推銷」，要求按此模式簽訂中—美BIT。鑒於中美之間經濟實力懸殊，中國對美投資總額與美國對華投資總額相比，可謂微不足道；且此類貌似「平等互惠」的過苛要求，實際上會構成中國對境內美商投資的管轄權、管理權受到重大損害。故迄今為止二十多年以來，中美之間迄未訂立任何形式的BIT。

顯然，要評析中—德新BIT有關爭端解決條款之妥當性與合理性，就不能不追本身溯源地論及美式BIT範本之是非臧否。

二〇〇六年五月，筆者曾就國內外學界提出的有關二〇〇三年中—德新BIT爭端解決條款之合理性問題，撰寫專文，題為

《中外雙邊投資協定中的四大「安全閥」不宜貿然拆除》（簡稱《一論》[7] 進行探討。筆者認為，把以美國BIT模式為範本的爭端解決條款納入中外BITs，實質上讓中國拆除了國際公約賦予東道國的四大「安全閥」。面對實力強大的國際資本和「富可敵國」的跨國公司，中國既要充分調動其對華投資的積極性，又不能在境內投資爭端管轄權方面「放權」過多、過快。否則，如果聽任在華外商「就投資產生的任何爭議」有權單方隨意決定訴之國際仲裁，確實不符合中國的現實國情。因此，今後中國與經濟發達的強國修訂原BITs或締結新BITs時，亟宜採取「亡羊補牢」措施，即明確宣布並堅持「下不為例」。

文章發表後，引起了學界的強烈興趣，肯定、認同者固多，也不無若干質疑或異議。其中最主要的問題有二：第一，中國現在正在貫徹「走出去」戰略，在BIT中按當前通行的「國際慣例」行事，應當是勢在必行。在境內涉外投資爭端的管轄權上全面「放權」，允許外商自由向國際仲裁庭投訴，也是難以全然避免的。何況，迄今為止，中國基本上按美國模式（德式）爭端解決條款簽訂的BIT已經多達二十八個。第二，《一論》中提到「亡羊補牢，下不為例」之說，似不符合於當代盛行的MFN待遇原則。中國既已在二〇〇三年中—德BIT中同意採用美國式的爭端解決條款，則難以在今後與任何其他發達國家（包括經濟發達的其他強國）簽訂和修訂BIT時，拒絕對方援引MFN條款要求在新BIT中援例辦理。

針對上述兩點質疑，本文擬就新近探討心得，再次陳述管見，姑稱為《再論》，以就教於同行專家和讀者，並期待能引起

更熱烈的探討和爭鳴，共同提高認識。

為便於讀者了解筆者思維之連續性，本節《再論》先簡單複述《一論》中的主要觀點及主要論據。

二、中國型 BITs 中爭端解決條款與《華盛頓公約》相關條款「接軌」的簡要回顧

中國實行對外開放基本國策以來，迄今為止，已經與一二〇多個國家締結了「雙邊投資協定」（BITs）。目前還正在進一步與一些國家談判締結新的BITs或修訂原有的BITs。這些BITs的主要內容，一般包括投資保護範圍、投資待遇、徵收與補償、貨幣匯兌、業績要求、稅收規則、爭端解決等主要條款。本文集中探討的，就是美國型BITs中關鍵性的爭端解決條款問題，特別是中國與外國締結的一二〇多部BITs（簡稱「中國型BITs」）中的爭端解決條款及其發展問題。

中—外BITs中的爭端解決條款，與中國參加締結的《解決國家與他國國民間投資爭端公約（Convention on the Settlement of Investment Disputes Between States and Nationals of Other States，以下簡稱《華盛頓公約》），[8] 互相緊密銜接。

當初，中國在參加《華盛頓公約》以及與外國締結BITs的過程中，一直抱著十分謹慎的態度，十分注意把國際公約認可和授予的各種主權權利——各種**「安全閥」**保留在自己手中。具體說來：

第一，自一八四〇年「鴉片戰爭」失敗以來，在不平等條約

的鐐銬下，中國人民飽嘗了喪權辱國的種種苦楚，其中包括對本國境內的涉外爭端竟然無權管轄而被迫接受外國列強的「領事裁判權」，對此，中國人民是深惡痛絕的。中華人民共和國成立後，中國徹底廢除了列強強加的不平等條約及其相關的「領事裁判權」。但是，基於一百多年來的沉痛歷史教訓，即使在一九七八年實行對外開放國策後的一段時期內，中國對於事關國家司法主權的涉外爭端管轄權部分地向外「讓渡」的問題，仍然不能不秉持十分嚴肅認真和慎之又慎的態度。經過多年的調查研究、政策諮詢和審慎考慮，[9]中國直到一九九〇年二月九日才簽署了《華盛頓公約》，接受了ICSID仲裁體制。事後，又經過大約三年的權衡利弊和審慎考慮，中國立法機構才正式批准了《華盛頓公約》，該公約自一九九三年二月六日起對中國生效。此時，距一九七八年中國開始實行對外開放政策，已約十五年。不言而喻，中國決策者如此之慎而又慎，絕非「思想保守」而是**痛定思痛，居安思危**。

第二，綜觀二十世紀八〇至九〇年代中國與外國簽訂的BITs中有關爭端條款的規定，對於允許外國投資者將其與東道國政府（含中國政府）之間的投資爭端提交ICSID仲裁的**範圍和程序**，均有較**嚴格的限制**。其要點是：（1）東道國政府與對方國家投資者之間有關投資的爭議，如在一方書面提出要求解決之日起六個月內不能由爭議雙方通過友好協商解決，應按投資者的選擇提交東道國**有管轄權的法院**，或者《華盛頓公約》下設的**ICSID仲裁**。（2）為此目的，締約任何一方對**有關徵收補償款額的爭議**提交該仲裁程序均給予不可撤銷的同意。**其他爭議**提交該仲裁程

序，**應徵得當事雙方同意**。（3）仲裁庭應根據東道國的**國內法**、本協定的規定、為該投資簽訂的特別協議的規定以及**國際法**的原則，作出裁決。（4）仲裁裁決是終局的，並對爭議雙方均有拘束力。[10]

從上述中國型BITs的爭端解決條款中可以看出：東道國保留了「當地救濟優先」權、「逐案審批同意」權、「東道國法律適用」權。就中方而言，這顯然是中國**行使國家主權和保證國家安全**的具體表現。即：一方面對發生於中國境內的涉外爭端的管轄權，進行一定的「自我限制」，並向ICSID這一國際仲裁機構實行必要的、有限的「讓渡」；另一方面，實行這種讓渡的範圍和程序，是在中國獨立自主和嚴格限制的基礎上，與有關外國達成了雙邊協定。中國型BITs中這些爭端解決條款的規定，與《華盛頓公約》第25條第一款和第四款、第26條、第42條第一款的相關規定，是互相「接軌」和基本一致的。[11]

早在中國正式參加《華盛頓公約》之前，中國就已在一九八二年三月至一九九三年一月期間與瑞典等四十七個國家分別締結了BIT。鑒於中國當時還不是《華盛頓公約》參加國，故締約雙方分別對各該BIT日後與《華盛頓公約》的接軌問題，表明了待機進行後續談判的共同意向。[12] 一九九三年二月中國正式成為《華盛頓公約》締約國之後，為了適應更多外資流入以及開始注重向外投資的新形勢，中國不但有必要與上述各有關外國，共同磋商適當修訂原有的BITs，也有必要進一步與尚未簽訂BIT的相關外國進一步磋商締結新協定。

在與相關外國磋商修訂BITs或締結新BITs進程中，有些經濟

實力強大的發達國家，向中國提供了美國型的BITs或其變種作為談判的範本，並要求在此基礎上開展磋商。

三、中國在 BITs 談判中不宜貿然接受美國型的爭端解決條款或其「變種」

上述美國型BITs中的爭端解決條款，充分體現了當代發達國家資本輸出國的權益。對於吸收外資的發展中國家說來，特別是對於吸收巨額跨國公司外資的中國說來，其要害在於這些條款要求把《華盛頓公約》等授予發展中東道國的四種重大權利，即「逐案審批同意」權、「當地救濟優先」權、「東道國法律適用」權以及「國家重大安全例外」權，全盤放棄或嚴重削弱，從而拆除了吸收外資的發展中國家用以避免重大風險的四大「安全閥」。這種條款，背離了有關國際公約對弱者實行自我保護的授權，漠視了聯合國權威機構的反覆告誡，不符合中國的現實國情，無視於國際實踐的沉痛教訓，也無視於各類東道國當前的最新立法動向。因此，中國在有關BIT的締約或修約談判中，不宜**不辨明雙方實力對比，無差別地、全盤地貿然接受美國型**上述爭端條款或其變種，以免造成重大被動，甚至貽害無窮。

茲試逐一縷析如下：

（一）此類條款背離了國際公約對東道國的授權

這裡指的是《華盛頓公約》和《維也納條約法公約》授予締約東道國的以下幾種權利：

1. 「逐案審批同意」權

根據《華盛頓公約》第25條第1款的規定，ICSID管轄權適用於締約國和另一締約國國民之間直接因投資而產生的任何法律爭端，而該項爭端須經**雙方書面同意**提交給ICSID，ICSID仲裁庭才有權受理處斷。此項規定實質上授予了東道國「逐案審批同意」權。然而，美國二〇〇四年BIT範本第25條以及加拿大二〇〇四年BIT範本第28條都規定，東道國在條約（即BIT）中作出同意後，外國投資者即可直接把爭端提交國際仲裁庭，而無須東道國另行逐案表示同意。這就剝奪了或閹割了東道國對每一案件的「逐案審批同意」權。

2. 「當地救濟優先」權

《華盛頓公約》第26條規定：「除非另有規定，雙方同意根據本公約交付仲裁，應視為同意排除任何其他補救辦法而交付上述仲裁。締約國可以要求用盡當地各種行政或司法補救辦法，作為其同意根據本公約交付仲裁的一個條件。」換言之，在把有關爭端提交國際仲裁庭之前，東道國有權要求**優先用盡**當地各種行政或司法補救辦法。但是，在美國與加拿大的二〇〇四年BIT範本中，卻規定東道國在條約中表示的同意視為無條件地同意投資者可以把有關爭端直接提交國際救濟，而無須受當地救濟的約束，也就完全剝奪了東道國要求優先適用當地救濟的權利，即廢除了東道國在一定時期內優先實行本國管轄的權利。

3. 「東道國法律適用」權

《華盛頓公約》第42條第1款規定：「仲裁庭應依據當事雙方協議的法律規範處斷爭端。如無此種協議，仲裁庭應適用作為爭

端當事國的締約國的法律（包括它的法律衝突規範）以及可以適用的國際法規範。」可見，該公約規定應該先根據當事雙方合意選擇的法律規範來裁決爭端，如當事雙方未作共同選擇，則把東道國的國內法律以及可適用的國際法並列作為裁決依據。該公約並沒有把東道國法律排除在外，即使在當事雙方沒有合意的情況下，仍然承認東道國法乃是應當適用的準據法之一。

但是，美國二〇〇四年範本第30條第1款規定，當申訴方主張被訴方違反了本條約第3條到第10條項下義務[13]時，仲裁庭應該適用本條約以及可適用的國際法規則來解決爭端。換言之，此項有關準據法適用的條款背離了《華盛頓公約》的上述規定，剝奪了或排除了東道國法律的適用。

4.「國家重大安全例外」權

在發生重大金融風險或經濟危機時，東道國為保障本國安全所採取的緊急措施常常被外國投資者指責為構成「間接徵收」，並訴之於國際仲裁庭，這在阿根廷二〇〇二年發生金融危機時外國投資者向國際仲裁庭提出的投訴和指控中，表現得非常突出（詳見下文）。有鑒於這種觸目驚心的國際教訓，加拿大二〇〇四年BIT範本第13條確立高標準徵收補償規則的同時，又單獨通過附錄B.13（1）專門規定了許多例外，以防止投資者濫用「間接徵收」規定，從而損害東道國的主權。其中兩段文字尤其值得注意：「雖然締約方的某種措施或者一系列措施對某項投資的經濟價值具有負面效果，但僅僅這一事實本身還不足以推斷已經發生間接徵收」，「締約方旨在保護合法公共利益目標，如健康、安全以及環境，有權制定並採取非歧視措施，這些非歧視措施不

構成間接徵收。」〔14〕

　　美國二〇〇四年BIT範本附錄B中對「間接徵收」也作了與加拿大相似的規定。此外，美國還另在該範本第18條（「重大安全」中規定，「本條約不得解釋為要求締約國披露**它認為**將違反重大安全利益的信息，不得解釋為阻礙締約國採取**它認為必要**的措施，以便它履行有關維持或者恢復國際和平、安全或保護本國重大安全利益方面的義務。」〔15〕換言之，採取的有關措施是否屬於「重大安全」例外，只要締約國**主觀上**「**認為必要**」即可，並沒有規定其他任何客觀條件。可見，美國對保留其本國的「重大安全例外」權是極其重視的，是可以**自行解釋**和**單方認定**的。

　　同樣，屬於發展中國家的印度也對「重大安全利益」規定了例外。其二〇〇三年BIT範本第12條第2款規定，本協定內容不得排除東道國為保護其重大安全利益或者在特別緊急的情況下根據其法律在非歧視基礎上正常、合理地採取行動。〔16〕一九九五年印度─英國BIT第11條就和印度二〇〇三年BIT範本第12條的規定相同，其第2款規定了投資保護條約不得排除東道國為保護其重大安全利益或者在特別緊急的情況下採取行動的權利。〔17〕

　　由此可見，不論是發達國家加拿大，甚至是「超級大國」美國，還是與中國相似的發展中國家印度，都極其重視把涉及「重大安全利益」「特別緊急」的事項**排除於國際仲裁庭的管轄範圍之外**。

　　此外，兩個維也納公約也都規定當事國可以「情勢變更」為由終止條約。根據一九六九年《維也納條約法公約》第62條第1款的規定，如果簽訂條約時存在之情況發生當事國預料之外的根

本改變（fundamental change），而且這種情況構成當事國同意承受條約約束之必要根據，這種改變還會根本變動依條約尚待履行義務之範圍，那麼，可以援引這種情況作為終止或者退出條約之理由。[18]一九八六年《關於國家和國際組織間或國際組織相互間條約法的維也納公約》第62條第1款也作了相同的規定。[19]不言而喻，作為發展中國家的中國也應該有權在BIT中規定「重大安全利益」例外。

但是，就筆者所知，中國對外簽訂BIT時卻沒有把涉及「重大安全利益」的事項明確排除在國際仲裁庭管轄之外。尤其是在與德國、荷蘭等發達國家簽訂的BIT中，在全面同意ICSID仲裁庭管轄權這一前提條件下，仍然沒有明確規定「重大安全利益」例外。另外，美國、加拿大現行BIT示範文本還規定了一系列重要例外事項，例如「MFN待遇」「利益的拒絕」和「新投資企業的建立、併購」等等例外事項，而中國對外簽訂的BIT卻基本上沒有涉及。[20]在沒有附加「重大安全例外」的前提下全盤接受ICSID仲裁庭的管轄權，頗似「門戶洞開」卻「毫不設防」！如不及時警醒和採取必要的「剎車」措施，設若中國在國際資本或國際投機「巨鱷」的衝擊下，發生了難以完全預見或難以完全避免的重大危險或危機，則可能後患無窮！這樣的憂患意識，是任何時候都不應削弱的！

（二）此類條款漠視了聯合國權威機構的反覆告誡

二〇〇三至二〇〇六年，聯合國貿易與發展會議（UNCTAD）、世界銀行等聯合國權威機構相繼發表了多份有關國際投資的全球

性綜合研究報告。這些研究報告先後「異口同聲」地強調，ICSID仲裁之類的投資爭端仲裁安排，無法實現有關國家在簽訂BIT時對於吸引外資的預期，易言之，此類安排對於吸引外資雖略有作用但作用不大。與此同時，這些研究報告多次提醒和反覆告誡處在弱勢地位的發展中國家在對外締約時，務必注意BIT的「雙刃劍」作用，切勿放權過多、過快，應當力求趨利避害，盡量留有餘地。茲列舉如下：

1. 在《2003年全球經濟展望》中，世界銀行根據客觀事實指出：「即使BIT中相對強有力的保護措施，看來也沒有增加向簽署協定的發展中國家的投資流動。」[21]世界銀行《2005年世界發展報告》進一步明確強調不要過分誇大BIT對投資流動的影響：「東道國與投資者母國之間已經簽訂的BIT，有時是投資保險機構向投資者發放政治風險保單的前提條件。但儘管如此，迄今的實證研究尚未發現，在締結BIT與其後的投資流入間存在密切連繫。」[22]

2. 作為最密切關注全球發展中國家發展問題的權威專設機構，UNCTAD在其多份研究報告中更是再三提醒眾多發展中國家：務必清醒地認識BITs的「雙刃劍」作用：

UNCTAD《2003年世界投資報告》指出：「在今後的國際投資協定中，發展中國家面臨的最大的挑戰是……如何確保東道國家有權基於公共利益考慮〔對外國直接投資〕實行管制。這意味著發展中國家必須保留足夠的政策空間，使政府能夠在其簽署的國際投資協定所確立的權利與義務框架內，靈活地運用這些政策。這顯然有難度，因為保留過多的政策空間會削弱國際義務的

價值，而過於苛刻的國際義務則會過度擠壓東道國國家的政策空間。在這方面面臨的挑戰是應當在國際投資協定的目標、結構、落實方式和內容上，保持有利於發展的平衡。」〔23〕

3. 2004年，UNCTAD第十一次大會通過的決議即《聖保羅共識》中，再次強調發展中國家在對外締結BITs時必須為本國保留足夠的政策空間。它言之諄諄：「接受各種國際規則和承擔國際義務從而獲得利益，勢必因此受到各種限制和喪失政策空間，各國政府在這兩者之間實行交換之際，都應衡量利弊得失。對於一切發展中國家說來，特別重要的是，務必牢記發展的宗旨和目標，仔細考慮在保留本國政策空間與接受國際規則和承擔國際義務之間，需要保持恰如其分的平衡。」〔24〕

4. 時隔兩年之後，UNCTAD《2006年世界投資報告》提到：截至二〇〇五年底，BIT總數已增至二四九五項；國際投資協議的格局日益複雜化，晚近的國際投資協議往往涉及範圍更廣的各類問題。針對現實情況，該報告再次強調指出：BITs「這種量和質的變化，或許有助於為外國直接投資形成更具扶持性的國際框架，但也意味著政府和公司需要面對迅速演變的、多層次多方面的規則體系。如何保持這個框架的一致性，並作為有效的工具用於推進各國〔東道國〕的發展目標，這仍然是關鍵的挑戰（remain key challenges）。」〔25〕

5. 在這同時，一份由UNCTAD組織國際知名專家撰寫的題為《在國際投資條約中留權在手：善用保留權》的研究報告，針對BITs的「雙刃劍」作用，表達了更加直截了當，也更加語重心長地告誡：

各種國際協定的真實本質（very nature），都是要限制有關國家自己的政策選擇。就國際投資條約而言，其中所設定的各種義務就限制了各國決策者在設計本國投資政策時原本可以自由選擇的範圍。……雖然國際投資條約可以改善東道國的投資環境，但這些條約不應過分地限制東道國決策者為追求本國發展或其他政策目標所享有的靈活性。〔26〕

6. 二〇〇七年二月，UNCTAD又推出一份長篇的專題研究報告，專門針對一九九五至二〇〇六年這十一年間締結的全球各類雙邊投資條約進行綜合剖析，探討其中釐定投資規則的最新走向。它指出，近期以來：

有關直接投資是否可能發生負面作用的爭論正在進行之中，在此種背景下，愈來愈多的國家在其締結的BITs中強調：**實行既定的投資保護不得以犧牲東道國其他合法的公共利益關切**（legitimate public concerns）**作為代價。**為此，多數國家採取在條約中設定各種例外的做法，藉以維護東道國製定各種條例的權利，這些條例甚至可以與BIT中規定的義務前後矛盾，並不一致。除了多年來在BITs中通常設定的「傳統的」例外領域（諸如稅收、地區經濟一體化等）之外，如今有更多的國際協定又將保證東道國的重大安全與公共秩序、保護國民健康與安全、保護自然資源、保護文化多樣性以及東道國在金融服務方面採取慎重措施等等，也全部或部分地列為BIT義務的豁免範圍。這些例外豁免規定表明了締約國各方在決策考慮方面的價值觀念和衡量標

準，並且把對投資的保護從屬於締約國各方所追求的其他各種關鍵性的政策目標。……除了在投資協定中設置各種一般性的例外之外，還有一些BITs在協定的序言中或具體條款中運用正面表述的語言，強化了締約國各方對維護某些重要價值觀念的承諾，主要涉及保證國民健康、維護國家安全、保護環境生態以及國際公認的勞動者權利等。這種正面表述的法律效力，儘管不同於一般的例外規定，但它也發出了同樣的政治信號，表明締約國各方不願使對投資的保護凌駕於本國其他重大的公共政策目標之上。[27]

綜上各點，人們不免會問：什麼叫「發展中國家必須保留足夠的政策空間」？UNCTAD為何一再提醒和告誡發展中國家要謹慎應對BITs提出的「最大的挑戰」「關鍵的挑戰」？顯而易見，這主要就是指東道國在簽訂BITs時需要保留本國可以調整政策、加強管理本國國民經濟的自主權力，並在必要時有權基於公共利益考慮對本國境內外國直接投資實行管制。換言之，其要害問題，就是在BITs中務必恰如其分地「留權在手」，不能毫無條件、毫無保留地全盤同意國際仲裁庭的管轄權！相反，應該保留應有的例外，保留基於公共利益「靈活運用」管制措施的權力，並以明確的文字載入相關的BIT之中，做到「有言在先」，以免事後被指責為「違反國際投資協定」。

UNCTAD上述多項報告書中之所以反覆多次鄭重提出這種忠告，顯然不是「無的放矢」。不妨說，它是針對某些發展中國家為急於吸收外資而過度「放權」，過度放棄對本國經濟必要的宏觀控制和管理，不「保留足夠的政策空間」，因而嘗到苦果的

事實，「有感而發」！關於這一點，下文將作進一步分析。

（三）此類條款不符合中國的現實國情

關於這個問題可以從以下四個方面加以評析：

1. **現階段中國吸收外資與對外投資的比例：資本總輸入超過資本總輸出二十倍及其可能帶來的風險**

BIT所提供的保護標準越高（包含外商可單方決定把東道國境內的任何涉外投資爭端提交國際仲裁），締約東道國承擔的國際義務也就越重、越大、越多。高標準的投資保護十分有利於對外投資龐大的經濟強國，而對海外投資少而吸收外資很多的國家則弊大於利。如果某國主要是作為資本輸入國（即締約東道國）而存在，則其在利用大量外資的同時也面臨被訴之於國際仲裁庭的巨大風險。所以，科學地判斷中國吸收外資與對外投資的真實比例，顯然大大有助於科學地評估中國在締結高保護標準的BIT中所面臨風險與所可獲利益的比例，進而對締結高保護標準的BIT採取正確的態度。

茲試以中國商務部外資管理司最近兩年來的統計數字為據，作出以下分析：

（1）截至二〇〇四年底，中國內地累計對境外直接投資淨額為448億美元，[28]累計實際使用外資金額5621.01億美元。[29]兩者相比較，中國內地累計對境外投資額只相當於累計引進外資額的7.9%。

（2）但是，在上述中國內地累計對**境外**直接投資淨額的**448億美元**中，對中國香港地區累計投資額為303.93億美元，對中國

澳門地區累計投資額為6.25億美元[30]，兩者合計為310.18億美元，占中國內地對境外累計投資額的69.2%。眾所周知，基於中國實行「一國兩制」的特殊國情，中國內地對本國香港和澳門地區的這部分投資，實質上並非對**外國**的投資；[31]基本上不存在中國內地向**外國**投資所可能遇到的政治風險，一般也不存在內地投資者以香港政府或澳門政府為「被告」訴請ICSID實行國際仲裁的法律根據，即不存在通過《華盛頓公約》來保護在港澳地區的內地投資的問題。故在核算累計中國內地對**外國**投資總額時，似應實事求是地從上述**境外**直接投資淨額的**448億**美元中扣除對港、澳地區的投資。在扣除這兩項境外（對港、對澳）投資之後，中國內地累計真正對**外國**的投資的總額，實際上僅僅為**137.82億**美元。換言之，截至二〇〇四年底，中國內地累計真正對外國的投資總額（137.82億美元），大約只相當於全國累計實際使用外資總金額（5621.01億美元）的2.45%。[32]

（3）根據新的統計數字，截至二〇〇六年底，中國內地累計實際使用外資金額7039.74億美元。[33]與此同時，截至二〇〇六年底，中國內地累計非金融類對外直接投資750.26億美元。[34]照此計算，中國內地對境外累計投資也只相當於同期引進外資累計總額的**10.66%**。

（4）但是，在上述中國內地對**境外**累計直接投資淨額的750.26億美元中，對中國香港地區累計投資額約為422.7億美元，對中國澳門地區累計投資額約為6.1億美元，[35]兩者合計為428.8億美元，約占中國內地對境外累計投資額的57.1%。如前所述，中國內地對本國港、澳地區的這部分投資，實質上並非對**外國**的

投資；基本上不存在中國內地向**外國**投資所可能遇到的政治風險。在扣除這兩項境外（對港、對澳）投資之後，迄二〇〇六年底，中國內地累計真正對**外國**的投資的總額，實際上僅僅為**321.50億**美元。換言之，截至二〇〇六年底，中國內地累計真正對**外國**的投資總額（**321.50億**美元），大約只相當於全國累計實際使用外資總額（**7039.74億**美元）的**4.57%以下，還不到5%**。顯而易見，中國近年來努力推行「走出去」方針，雖已取得較大成績，但從數量上和質量上看，其整體「**戰略態勢**」，仍然還處在「**起步階段**」。[36] 這樣評估，是比較客觀和切合實際的。

從以上四組數據對比中，不難看出：迄二〇〇六年底，雖然中國「走出去」對**境外**投資越來越多，但與中國吸收外資的相關總額對比，前者只相當於後者的**10.66%**（似可稱為「毛數」），特別是其中中國內地累計真正對**外國**的投資總額，只大體相當於全國累計實際使用外資金總額的**2.45%至4.57%**（似可稱為「實數」）。這些數據強有力地說明，中國目前仍然主要還是作為資本輸入國參加國際投資活動。相應地，中國在與外國簽訂BIT時，除了注重如何保護中國企業對外國的投資之外，顯然更應該著重注意**過於「對外放權」的BIT對國家管理公共利益權力的嚴重侵蝕，對保證國家安全能力的重大削弱**。

可見，如果不牢牢立足於中國現階段的具體國情和國力，脫離了現實，對外締結放權程度過大、速度過快以及對外資保護標準過高的BIT，則權衡利弊得失，顯然弊大於利，得不償失。即以上述第（2）和（4）兩組數據為例，在現階段以及可預見的近期以內，用只相當於**2.45%至4.57%**的中國在外國投資的可保護

利益（潛在債權或潛在權益），換回來相當於100%的中國隨時可能面臨被國際資本投訴於國際仲裁的風險（潛在債務或潛在風險），猶如在市場採購中，為了取得只值三五百元的標的物而支付多達一萬元的價款，這無疑是一筆大大的「虧本生意」，任何頭腦冷靜清醒的市場買方，顯然都不會貿然接受這樣的交易。

換言之，要**普遍地、統一地**對外締結高保護標準的BIT，顯宜從整體上慎重考慮**現階段中國吸收外資與對外投資的比例**，認真權衡其中是否真正體現了「等價交換」的交易原則，是否以形式上的「平等互惠」掩蓋了事實上的不平等、非互惠。如果已經發現其中存在事實上的不等價和事實上的不平等，那就不應該立即或在可預見的近期內，以普遍地、統一地對外締結高保護標準的BIT作為對外締約或修約的基本**取向**。相反，如非絕對必要，就不妨靜觀形勢發展，逐步地、穩妥地「與時俱進」，在現階段對發展中國家與發達國家這兩類對方締約國，**區別對待**，只與發展中國家締結高保護標準的BIT。等日後中國對外國的投資額大體相當於所吸收的外資額時，再普遍地、統一地改動現有的較低（但較符合中國現實國情）的保護標準，也不為遲。關於此點，下文將進一步加以分析。

2. 二十多年來中國吸引大量外資與中外BITs之間的實證關係：對BIT的引資作用不宜估價過高

關於這個問題，可以從以下兩個不同的角度加以考察：

（1）從對華投資最多的國家或地區這一角度看

自一九七八年底至二〇〇六年底，對中國內地投資最多的前十位國家／地區，其分別實際投入的FDI累計金額及其在全球對華

FDI累計總額（7039.74億美元）中所占百分比，依次分別為：[37]

1）中國香港（2797.55億美元，占對華FDI累計總額的39.74%）。

2）日本（579.73億美元，占對華FDI累計總額的8.23%）；

3）英屬維爾京群島（571.64億美元，占對華FDI累計總額的8.12%）；

4）美國（539.55億美元，占對華FDI累計總額的7.66%）；

5）臺灣（438.93億美元，占對華FDI累計總額的6.23%）；

6）韓國（349.99億美元，占對華FDI累計總額的4.97%）；

7）新加坡（300.04億美元，占對華FDI累計總額的4.26%）；

8）英國（139.22億美元，占對華FDI累計總額的1.97%）；

9）德國（134.18億美元，占對華FDI累計總額的1.90%）；

10）英屬開曼群島（107.54億美元，占對華FDI累計總額的1.57%）。

在這十個國家／地區中，如果不計屬於中國本國的香港、澳門和臺灣地區，只有英國、日本、韓國、新加坡以及德國這五個國家分別和中國簽訂了BIT。其中，一九八六年中國—英國BIT只規定有關徵收補償額的特定爭端應由國際仲裁，但沒有提及ICSID仲裁庭。[38]一九八八年中國—日本BIT[39]及一九九二年中國—韓國BIT[40]都只規定，ICSID仲裁庭只對徵收補償額的特定爭端具有管轄權；對其他爭端是否具有管轄權必須由爭端雙方另行簽訂協議。一九八五年中國—新加坡BIT只規定了就徵收補償額的特定爭端提交國際仲裁的意向。[41]雖然中國—德國新BIT中文本第9條規定，締約一方與締約另一方投資者間就投資發生

的任何爭議都「可以」提交ICSID仲裁庭仲裁，英文本卻規定「應當」（shall）提交ICSID仲裁庭仲裁，而兩種文本都規定英文本效力高於中文本。可見，二〇〇三年中國—德國新BIT已經概括地全面地同意了ICSID仲裁庭的管轄權。[42]

如果進一步結合一九七八年底至二〇〇六年底上述前十位國家／地區分別對華實際投資累計金額及其在對華FDI累計總額中所占百分比，加以分析，則值得特別注意的是：

第一，以上十個對華累計實際投資最多的國家／地區中，中國分別和英國、日本、韓國、新加坡簽訂的BIT，均只就徵收補償額爭端同意提交「國際仲裁」或ICSID仲裁庭管轄。只有中國與德國修改簽訂的新BIT概括地全面地同意任何涉外投資爭端均可提交ICSID仲裁庭管轄。

第二，德國以外的其他九個國家／地區對華實際投入FDI合計約為5958.37億美元，約占對華FDI累計總額7039.74億美元的84.63%；相形之下，在對華FDI累計總額7039.74億美元外資中，來自德國的只有134.18億美元，即只占對華FDI累計總額的1.90%。換言之，表面上看，充其量也只有這1.90%的外資有可能在某種程度上是與中—德BIT新訂全面同意ICSID管轄權或許有關，但仍然沒有任何證據可以斷言如果不存在中—德BIT中新訂這種全面同意ICSID仲裁庭管轄權，這134.18億美元即只占對華FDI累計總額的1.90%的德國資本，就不會進人中國。而且，與德國簽訂全面同意ICSID仲裁庭管轄權的BIT已三年有餘，新近的統計數字表明：此舉並未使德國對華投資的總額和排名明顯上升，故對其實際積極影響顯然不宜估計過高。[43]

第三，由於美國一直「要價」過高，中國與美國之間迄今並未締結任何BIT，更不必說是高保護標準的BIT。但是，迄二〇〇六年底止，二十多年來，穩居累計對華投資數額「榜首」（「狀元」）或「榜眼」（第二名）的，竟然正是美國，而不是其他任何國家。[44]這就有力地證明：對華投資的多寡，主要並不取決於投資者的母國是否與中國締結了任何標準的BIT。此外，還應該看到：

第四，一九八八年中國—日本BIT[45]及一九九二年中國—韓國BIT[46]都只同意ICSID仲裁庭僅限於對徵收補償額爭端有管轄權，但是迄二〇〇五年底為止，韓國與日本分別穩居累計對華投資第二位和第三位；其中日本在二〇〇六年底甚至進一步躍居第一位，取代了美國原先的「榜首」地位。[47]這也有力地證明：中日BIT和中韓BIT中現行的相對「低標準」的外資保護規定，絲毫未影響日資和韓資投入中國的積極性和熱情。因此，在現階段似乎沒有必要「隨大流」地任意大幅度提高BIT中的保護標准，包含外商有權單方決定把東道國境內的任何涉外投資爭端逕自提交國際仲裁。

（2）從晚近中國對外投資的角度看

《2004年度中國（不包括中國的香港、澳門特區和臺灣省）對外直接投資統計公報》（非金融部分）顯示，當時中國境外企業即已分布在全球149個國家和地區，約占全球國家（地區）的71%。中國境外企業在美國、俄羅斯、日本、德國、澳大利亞和香港地區的聚集程度最高，在這些國家和地區的中國境外企業占全部中國境外企業的43%，其中香港為17%。[48]不過，到二〇〇

四年底中國只與149個東道國中的17個國家簽訂了全面接受ICSID仲裁管轄權的BITs，這17個締約另一方分別是：巴巴多斯、剛果（布）、博茨瓦納、塞浦路斯、塞拉利昂、莫桑比克、肯尼亞、荷蘭、緬甸、波黑、特立尼達和多巴哥、科特迪瓦、圭亞那、德國、貝寧、拉脫維亞和烏干達，其中又只有德、荷兩國是發達國家。上述統計數據表明：中國對外投資企業在選擇東道國時似乎也並沒有把中國是否已與東道國簽訂規定全面同意ICSID管轄權的BIT作為首要的考慮因素。

3. 二十多年來大量外資流入中國的主要的、決定性的原因：不在於訂有百餘中外BITs

眾所周知，中國能夠在引進外資上取得巨大成就，主要取決於以下原因：（1）中國的勞動力成本低下。（2）中國的外資優惠政策與廣大的消費市場。隨著中國加入WTO，中國廣闊的市場越來越開放。而且，在中國投資可以比中資企業享受更優惠的稅收、行政程序、用地使用等「超國民待遇」，這意味著和中資企業競爭時，外資從一開始就占據了優勢地位。（3）中國政局穩定。這意味著政治風險大大減小，同時中國法律一再重申在正常情況下不對外資實現國有化和徵收的明確規定，以及多年來一直信守諾言的具體行動，也讓外國投資者大大減少了後顧之憂。（4）中國資源相對豐富。就地取材的價款也相當低廉，這也對外資具有較大的吸引力。

總之，中國吸引外資累計總額位居發展中國家之冠，主要是由於以上諸因素綜合作用的結果，而不是由於對外締結高保護標準BIT的「功勞」。其中，最具說服力的證據是：如前文所述，

中國與美國之間迄今並未締結任何BIT，但是，迄二〇〇五年底止，二十多年來，穩居累計對華投資數額「榜首」或「榜眼」的，竟然正是美國。一九八八年中國—日本BIT及一九九二年中國—韓國BIT都只同意ICSID仲裁庭僅僅對徵收補償額爭端有管轄權，但是迄二〇〇五年底為止，韓國與日本分別高居累計對華投資第二位、第三位（其中日本最近甚至躍居第一位，取代了美國的「榜首」地位）。其中緣由，確實值得深思！

4. 中國現在正處於政策調整期：不能不預估調整政策對外商權益可能帶來的現實影響及其對中國可能帶來的風險

作為正處於向完善的市場經濟全面轉型過程的發展中國家，面對著今後一個時期內勢必不斷出現的許多新問題，中國還需要制定一系列新的法律和規則，或改革舊有的法律和規則，以有效地調整宏觀國民經濟，因而不能排除發生為維護國家安全和公共利益而違反有關特許協議的情況。

第一，中國政府近年來不斷強調實現可持續發展，不斷加強對環境保護的力度。但是，如果進一步對各類有關企業全面提高保護環境的要求，則可能會大規模地影響到外資的利益。

第二，中國多年來的經濟發展，一直建立在勞工保護制度嚴重欠缺基礎之上；尤其在許多外資企業中，對農民工的保護幾乎是空白狀態，所謂「工會」往往也是有名無實。而且，中國的兩極分化正在造成越來越多的社會問題。為了應對此類問題，中國提出了建立「和諧社會」的目標，正在著手提高勞工保護標準，而這也可能會影響到外資的既得利益。

第三，針對外資的「超國民待遇」問題，中國正在進行內、

外資有關稅收統一等方面的改革。[49] 而這一系列的改革也難免會在頗大程度上影響到外資的既得利益，從而引發齟齬、矛盾和爭訟。

第四，作為發展中國家，中國的金融體制和經濟運行還不是很完善、很穩健，抵禦各種金融風險和經濟危機的能力不是很強，受到重大風險或危機的衝擊時，必然會採取加強外匯管制、強化海關監控等措施，以保護國家的經濟安全，這也勢必會在頗大程度上影響到外資的既得利益和潛在利益。

以上這些環境政策、勞工政策、對外商的「超國民待遇」政策等，都勢在必改；日後一旦經濟運行失調、遭遇金融風險或發生經濟危機時，中國就會像其他主權國家一樣，也勢必在特定時期內採取各種加強經濟管制和宏觀監控的必要措施。凡此種種，都不可能不在特定的時期內和一定的程度上損害到外商的既得利益或潛在利潤。一旦因緊急需要而不得不觸犯投資合同或者BIT中的高標準保護規定，外商就會動輒以投資合同或者BIT為依據，申請國際仲裁，並且可能產生「多米諾」骨牌的「連鎖效應」，從而造成中國大量被訴於國際仲裁庭的後果。在這方面，有的發展中國家在締結高保護標準BIT的實踐中，已經有了沉痛的教訓，中國不可不引以為戒。具體說來，中國如不增強憂患意識，居安思危，未雨綢繆，預先有所防範，則有朝一日，不排除可能會變成第二個阿根廷。

（四）此類條款無視於弱國 BIT 締約實踐的沉痛教訓：阿根廷的前車之鑒

阿根廷是南美第二大國，歷史上曾經長期淪為殖民地。飽受殖民統治痛苦的阿根廷人民有著反抗殖民主義的優良傳統。因此，以維護本國司法主權獨立、主張境內涉外商事爭端應由本國法院管轄為核心內容的「卡爾沃主義」，發祥於此地，這不是偶然的。但是，晚近二十多年來，曾經具有全球重大影響的「卡爾沃主義」，卻在其發祥地阿根廷本國，經歷了一場「馬鞍形」的「否定之否定」，引起舉世矚目，發人深思。

《華盛頓公約》及其國際仲裁體制討論、產生的過程中，因其與「卡爾沃主義」精神相悖，阿根廷曾經牽頭予以公開抵制，並且造成南美眾多國家長期拒不參加《華盛頓公約》的局面。然而，二十世紀九〇年代初，阿根廷為了吸收更多外資和促進本國經濟建設，在內政和外交上實施了重大轉變。一方面，對原屬國有的公用事業與能源事業單位，大規模地實行私有化，並通過與外商簽訂長期合同來吸收大量外國資金流人；另一方面，在經歷多年抵制和觀望後，阿根廷終於決定在一九九一年五月簽署參加《華盛頓公約》，隨後在一九九四年十月正式提交了批准書；又與許多外國分別簽訂了大量的BITs。但是，阿根廷在其與許多發達國家簽訂BITs的過程中，卻顯得考慮不周、有欠慎重。這主要表現在不顧自己實際的國情和國力，憂患意識和風險觀念不強，以致在大量的BITs中，對外商提供了過高的保護標準，特別是在同意外商可以規避阿根廷國內管轄、把有關投資爭端提交國際仲裁方面，開放幅度過寬，開放速度過快，全面接受ICSID或其他

國際仲裁庭管轄權，幾乎沒有設置什麼必要的限制和重大的例外，即把本文前面提到的、由《華盛頓公約》等授予東道國的四大「安全閥」，完全拆除了。至此，曾經在全球弱小民族億萬人民中素來享有盛譽的「卡爾沃主義」，竟然就是在「卡爾沃主義」的故鄉，幾近蕩然無存！從而留下重大的隱患和禍根！

大約從二〇〇一年開始，在國際資本衝擊和國內管理失當的情況下，阿根廷經濟正常運轉失靈，金融危機日益嚴重。為了緩解此種危機，阿根廷不得不在二〇〇二年頒布了《公共緊急狀態法》以及配套的法律規章，對當時的金融體制和外匯政策實行改革，大幅度增徵關稅，以開闢財源，增加國庫收人。[50] 阿根廷政府在金融危機中改採取的這些「開源節流」的緊急措施，難免損害外商的利益。外商遂紛紛依據BIT高標准保護規定向ICSID提出仲裁申請。據統計，自一九九七年三月至二〇〇五年十一月，阿根廷境內外商把投資爭端提交ICSID仲裁庭的案件竟高達41起。截至二〇〇六年九月二十九日，在ICSID各仲裁庭的105個未決案件中，阿根廷作為被訴方的案件數目仍然高達33起。[51] 多起案件的「被告」在短期內如此集中於單一國家身上，並導致「群起而攻之」，此種現象，不但在《華盛頓公約》及其仲裁體制誕生四十年來所從未見過，而且即使在近現代整個國際仲裁制度的發展史上，也可謂前所未有！

在此情況下，阿根廷國內也出現了要求恢復「卡爾沃主義」及其相關法制的強烈呼聲，出現了要求把相關管轄權收回並重新保留在國內法院的最新動向。換言之，如果把當初涉外爭端管轄權之大幅度、無保留地向國際仲裁庭「讓渡」的舉措，看作對

「卡爾沃主義」的否定，則如今要求收回相關管轄權的強烈呼聲和相應行動，則不妨稱為是已經開始進人「否定之否定」的新階段。[52]

（五）此類條款無視於兩類東道國的最新立法轉軌

　　近年來，阿根廷政府採取「否定之否定」措施的典型事例之一是：二〇〇三年十月，阿根廷政府發布了一項新的法令，把原先已提交國際仲裁庭的GB石油公司與阿根廷政府之間的爭端，重新向阿根廷本國法院起訴，追索該公司的長期欠交的巨額稅款、罰款與貸款。阿根廷高級官員H.羅薩蒂（Horacio Rosatti）在記者招待會宣稱：政府此舉的目的就在於「恢復阿根廷本國法院的管轄權」。過去，阿根廷把境內涉外投資爭端提交國際仲裁機構管轄，現在，「我們正在質疑這種（國際仲裁機構）管轄權，我們還可能進一步質疑其整個體系的合憲性。」[53]換言之，阿根廷政府正在認真研究和質疑：把境內涉外投資爭端全盤交由ICSID等國際仲裁機構管轄，是否符合阿根廷國家的根本大法——憲法。

　　另據一篇題為《卡爾沃終於起死回生了嗎？》的評論文章所述，[54]二〇〇五年三月二日，阿根廷總統科奇納曾在阿根廷的第一二三次國會上，公開嚴詞質疑：國際仲裁庭豈能對阿根廷境內外商狀告東道國的索賠案件作出終局裁決。緊接其後，兩名議員提出了一份立法議案，要求正式通過立法，作出明確規定：（1）設置嚴格條件，從嚴限制把本國境內涉外投資爭端提交國際仲裁；（2）即使國際仲裁庭已經作出裁決，當事人仍可向阿

根廷本國聯邦法院提起上訴。這就完全否定了國際仲裁庭裁決的終局性，把最後的決定權收回阿根廷自己手中。不言而喻，此項法案如獲正式通過，當年「卡爾沃主義」的主權意識和民族精神終將在新的劫難中獲得新生。國際輿論正在密切關注其進一步的發展。

與阿根廷相似，在外國投資者與東道國爭端管轄權問題上，美國和加拿大也正在經歷一個從先前主張「全面放開」到現在力圖強化自己管轄權的過程。美國和加拿大基於資本輸出國的立場，在與發展中國家簽訂的大量BITs中，一向規定投資者在爭端發生後有權不受東道國約束，逕自尋求包括ICSID在內的國際仲裁救濟。然而，近年來在《北美自由貿易協定》（NAFTA）體制的實際運行中，美國與加拿大政府也逐漸嘗到了中國作為「被告」被外國投資者訴諸國際仲裁庭的苦頭，[55] 認為應該對本國境內的外國投資者動輒向國際仲裁庭提出申訴的權利，加以限制，應該維護東道國政府行使宏觀經濟調控的權力。兩國已分別在二○○四年對其原有的BIT示範文本作了重大修改，增加了大量的例外，並對NAFTA中的一些法律問題作了澄清。諸如：突出強調東道國為了健康、安全以及環境等公共利益而採取的有關措施，外商不得視為「間接徵收」並據以提交國際仲裁索賠；對給予外商「公平與公正待遇」作了限制解釋，附加了「傳統國際法的最低待遇」的要求等等。[56]

美國商務部曾要求其國際經濟政策諮詢委員會對二○○四年BIT範本草案加以審查和評論。二○○四年一月三十日，該諮詢委員會下屬投資委員會提交了一份報告，其中指出：代表美國環

境保護機構和勞工組織的成員認為，二〇〇四年BIT範本未能充分地維護美國政府的權力，以便政府隨時可以採取保護重要公共利益的措施。BIT範本中應該強調要求外國投資者遵守美國國內法的義務，以便美國在必要時有權提高保護環境和工人權利的標準，並要求美國境內的外國投資者切實遵守和執行這些標準。由於擔心國際仲裁庭裁決的終局性可能過度影響美國的國家利益，二〇〇二年出臺的《兩黨貿易促進授權法案》明確規定：美國的首要談判目標在於通過建立「上訴機構」或者類似機制的方式，改善外國投資者與東道國政府間的爭端解決機制。[57] 而美國二〇〇四年BIT範本附件D也規定，在有關BIT生效三年內，締約國雙方應該考慮是否建立一個「雙邊上訴機構」或者類似機制，以審查有關國際仲裁庭的裁決。[58]

從以上有關動態可以看出：

第一，就阿根廷這樣的發展中國家而言，對於把東道國政府與境內外資之間的投資爭端管轄權提交給國際仲裁庭這種體制，原先曾經極力排斥，主張有關爭端應在東道國國內解決。但隨著國際經濟形勢的發展，意識到不能把國際仲裁庭的管轄權一概排斥，於是經歷了一個適當限制國內管轄權的階段，進而全面否定國內管轄權和全面同意國際仲裁庭的管轄權。但是，在國際仲裁實踐中遭受重大挫折之後，又意識到這樣大幅度放權甚至全面放權的做法，相當不利於國家對宏觀經濟的管轄與對公共利益的維護，於是又開始力圖重新否定國際仲裁庭管轄權，儘可能把相關管轄權收回來。

第二，就美國這樣的發達國家來說，它們原先是極力排斥和

否定東道國對境內涉外投資爭端的全面管轄權，極力倡導有關爭端應提交國際仲裁庭解決，但是隨著國際經濟形勢的最新發展，就連美國這個全球唯一的「超級大國」，都體驗到對本國境內的涉外投資爭端任由國際仲裁庭「一裁終局」，多有不利之處，進而開始「改弦更張」，實行立法轉軌。

第三，上述兩類國家，在分別經歷了不同層次的「否定」階段之後，現在都正處於新的「否定之否定」階段。有趣的是，這兩種不同層次的「否定之否定」，如今都正在朝著同一種方向發展，即都開始否定國際仲裁的全面管轄，開始注重對國際仲裁加以必要的限制，開始重視或者強調東道國對本國境內涉外投資爭端，應當在必要的範圍和必要的條件下保持優先的管轄權或排他的管轄權。

第四，相形之下，中國作為發展中國家，在近期締結新BIT或修改原BIT的實踐中，似乎有些忽視了當前形勢的最新發展，未全面了解有關BIT締約之最新動向和轉軌方向，因而貿然追隨前階段某些發展中國家的過時「潮流」，即從原先的注重國內管轄權，逐步轉到實質上否定國內管轄權並「全面同意」國際仲裁庭管轄權。這種傾向，看來是「不合時宜」的，已有「前車之鑒」的，可能會吃大虧的。反之，如能總結經驗，及時「剎車」，並不為晚。

四、有關今後中外 BIT 談判的幾點思考

基於以上粗略剖析，似可針對中國今後對外談判締結新BIT

和修訂原BIT有關事宜，沿著以下思路，進行思考，並提出以下幾點管見和芻議：

（一）加強調查研究，「摸著石頭過河」

對於任何國家說來，特別是對於以吸收外資為主的發展中國家說來，BIT是一把「雙刃劍」。不言而喻，中國在對外談判締結或修訂BIT過程中，必然是有所「予」方能有所「取」。如果要在「予」與「取」之間、「義務」與「權利」之間實現正確的平衡，其先決要件就是要立足中國國情，放眼國際實踐，總結經驗教訓，明確潮流方向，綜合地、全面地剖析和權衡BIT各類條款對中國可能產生的各種利弊得失，認真地、謹慎地考慮如何趨利避害。利取其重，害取其輕。

為此，就務必對中國與吸收外資有關的一切國情，進行全面、深入和充分的調查研究。同時，也對國際BIT締約實踐中的有益經驗和沉痛教訓，進行儘可能全面、深入和充分的調查研究，從而在充分掌握國內外實況的基礎上，掌握好談判中「予」與「取」的正確分寸和尺度，實行科學決策，定下恰如其分的「底線」。

反之，在上述各方面的調查研究還不夠全面、不夠深入和不夠充分之前，與其想當然，隨大流，追求表面的「談判成功」和「達成協議」的數量，不如在未明水流深淺、流速和漩渦細情之前，兢兢業業地摸著石頭過河。換言之，在情況不夠明了的條件下，舉步慢些、穩些，步伐小些，力求安全，這絕非「因循守舊」或「抱殘守缺」，而是最明智和最可靠的「與時俱進」。如

果舉目望去，已見前面過河者陷入急流漩渦而正在奮力掙扎卻難以自拔，如無法予以救助，就應慎之又慎，並「繞道而行」了！

（二）善用公約授權，牢握「安全閥門」

《華盛頓公約》等授予東道國，特別是授予國際弱勢群體——發展中國家的前述四權，即「逐案書面同意」權、「當地救濟優先」權、「東道國法律適用」權以及「重大安全例外」權，既是國家主權特別是司法主權的應有體現，又是締約當年眾多發展中國家聯合奮鬥、據理力爭、得來十分不易的重要權利，[59] 也是國際弱勢群體在國際資本強大實力面前用以自我保護、自我防衛的必要「安全閥」。在《華盛頓公約》等本身依然健在、繼續生效、未作任何修改的情況下，牢牢把握這四大授權或四大「安全閥門」，使其有效地為我服務，乃是正大光明、名正言順和理直氣壯的。這是中國對外談判締結新BIT或修訂原BIT時應當具備的基本心態。

一九九八年中國—巴巴多斯BIT中設定新「全盤同意」型爭端解決條款以前，原有的中國—摩洛哥等BITs中設有必要「安全限制」的爭端解決條款，已經行之多年，頗見實效，而且沒有證據證明：此類規定的基本內容或主流防患意識已經「脫離」中國現實國情和「落後」於世界最新潮流。相反，它們絲毫未曾明顯影響或削弱全球外商對華投資的信心和熱情，此點已經反覆地為大量外資源源不斷地流入中國的事實所證明。

因此，在中國對外BITs談判中，面對美國型BITs或其變種中的爭端解決條款，不但無須全盤同意接受，全面自動放棄《華盛

頓公約》等授予的四權，貿然拆除四大「安全閥」，恰恰相反，理應援引《華盛頓公約》等的規定，據理力爭，針對經濟發達強國談判對方提出的爭端解決條款中十分不利於中國「留權在手」的規定，予以明確的、堅決的抵制；同時，對於談判對方BIT範本中現在提出的各種「安全例外」最新規定，而我方過去往往予以忽略的，現在則不妨認真地虛心學習，作為可以「攻玉」的「他山之石」，結合中國的國情需要，予以「師法」和「移植」，使其為我所用。

在上述這些前提下和基礎上，再適當考慮中國在對方國家投資的實況和客觀需要，適當地、穩步地修訂中—摩BIT型中的爭端解決條款規定，在真正互利互惠的原則下，對國際仲裁的適用範圍和適用條件，加以恰如其分的放寬。

（三）區分兩類國家，實行差別互惠，排除或限制 MFN 條款適用於爭端程序

前文提到，從宏觀上說來，現階段中國吸收外資與對外國投資的比例，大體上是100%：2.45%至4.57%，兩者差距巨大，因此，不應該立即或在可預見的近期內，以**普遍地、統一地**對外締結**「放權」**過多、**過快**的高保護標準的BIT，作為對外締約或修約的基本取向，以免為保護2.45%至4.57%的潛在債權利益而承擔100%的潛在債務風險。

但是，這並不是說，在可預見的近期內，對任何類型的外國，一概不宜與之在真正平等互惠的基礎上締結高保護標準的BIT。

眾所周知，在當代世界，存在兩大類國家，即發展中國家和

發達國家。就若干發展中國家對外來資本實行的法律保護而言，其法制不夠健全，法治水平較低，當地救濟手段和力度不足，效率不高或效果不彰。這是無可諱言的客觀現實。相應地，中國在這些國家中的投資，其所獲得的當地法律保護可能不足，而其所遭遇的政治風險則可能較多、較大。針對這種現實，中國在與此類發展中國家締結的BIT中，自應在**真正**平等互惠的基礎上互相給予高標準的保護，包括互相全盤同意把各自境內外資與東道國政府之間的爭端，提交ICSID國際仲裁庭管轄，以**彌補**當地救濟手段和力度之不足，求得公正、公平的解決。

前文提到：據中國官方網站所載，截至二〇〇七年二月，中國先後已與二十九個外國分別簽訂了全面接受ICSID仲裁管轄權的BITs（見表3-6-1），其相對締約方之中有二十三個國家均是發展中國家。可以說，中國與這二十三個發展中國家分別簽訂了全面接受ICSID仲裁管轄權的BITs，是基於中國進一步貫徹「走出去」戰略的客觀需要，也基本符合真正的平等互惠的精神。但是，如果把簽訂全面接受ICSID仲裁管轄權的BITs的做法，立即「全面鋪開」，或在可預見的近期內，普遍地推廣於對華投資數額巨大的西方發達強國，那就有待另行慎重思考和認真權衡了。

表3-6-1　全面接受ICSID仲裁管轄權的中外BITs
（1998.07-2007.02，按締約時間先後排序）

1	巴巴多斯	1998-07-20
2	剛果布	2000-03-20
3	博茨瓦納	2000-06-12
4	塞拉利昂	2001-05-16
5	莫桑比克	2001-07-10

6	肯尼亞	2001
7	約旦	2001-11-05
8	荷蘭	2001-11-26
9	緬甸	2001-12-12
10	塞浦路斯	2002-01-15
11	波黑	2002-06-26
12	特立尼達和多巴哥	2002-07-22
13	科特迪瓦	2002-09-30
14	圭亞那	2003-03-27
15	吉布提	2003-08-18
16	德國	2003-12-01
17	拉脫維亞	2004-04-15
18	烏干達	2004-05-27
19	突尼斯	2004-06-21
20	芬蘭	2004-11-15
21	貝寧	2004-12-18
22	朝鮮	2005-03-22
23	西班牙	2005-11-14
24	捷克	2005-12-08
25	葡萄牙	2005-12-09
26	瓦努阿圖	2006-04-05
27	俄羅斯	2006-11-09
28	印度	2006-11-21
29	塞舌爾	2007-02-12

資料來源：http://tfs. mofcom. gov. cn/h/h. html以及http://ita. law. uvic. ca/investmenttreaties. htm.

　　換言之，要**普遍地、統一地**對外締結全面「放權」的高保護標準的BIT，就不能不從整體上慎重考慮**現階段中國內地吸收外資與對外投資的比例**，認真權衡其中是否**真正**體現了「等價交換」的交易原則，是否以形式上的「平等互惠」掩蓋了**事實上的不平等、非互惠**。關於此點，下文試以迄今累計對中國內地投資最多的十五個國家／地區為例，進一步加以具體分析：

表3-6-2　對中國內地投資最多的十五個國家／地區與中國內地對其反向投資的比較

（截至2006年底）

（單位：億美元）

名次	累計實際投資金額 對中國內地投資的國家或地區	(A) 截至2006年底中國內地實際使用外資（FDI）累計金額	(B) 截至2006年底中國內地對外投資（CDI）累計金額	(C) 中國內地對外投資累計金額相當於其吸收外資累計金額的百分比
1	香港	2797.55	422.7	15.10%
2	日本	579.73	2.24	0.39%
3	英屬維爾京群島	571.64	47.5	8.30%
4	美國	539.55	12.38	2.29%
5	臺灣	438.93	0.002	0.0004%
6	韓國	349.99	9.49	2.71%
7	新加坡	300.04	4.68	1.56%
8	英國	139.22	2.02	1.45%
9	德國	134.18	4.72	3.51%
10	開曼群島	107.55	142.09	132.11%
11	法國	78.02	0.45	0.58%
12	荷蘭	77.59	0.20	0.26%
13	薩摩亞	75.13	0.009	0.012%
14	澳門	69.40	6.124	8.82%
15	加拿大	54.14	1.40	2.59%

資料來源：根據以下信息綜合整理：表中（A）欄目中相關數據引自於中國商務部：《中國外資統計2007》，2007年版，第19頁；（B）欄目中的相關數據引自中國商務部：《2006年度中國對外直接投資統計公報》，2007年版，第21-25頁，表8；以上各欄數字之間的關係：（B）÷（A）＝C。

　　從上述數據比較中，可以看出：迄二〇〇七年底，中國對日累計投資只相當於日本對華累計投資的0.39%；中國對美累計投資只相當於美國對華累計投資的2.29%；中國對韓累計投資只相當於韓國對華累計投資的2.71%；中國對新加坡累計投資只相當於新加坡對華累計投資的1.56%；中國對英累計投資只相當於英

國對華累計投資的1.45%；中國對德累計投資只相當於德國對華累計投資的3.51%；中國對法累計投資只相當於法國對華累計投資的0.58%；中國對加拿大累計投資只相當於加拿大對華累計投資的2.59%。一言以蔽之，中國累計對這些發達國家或「新興工業化國家」[60]的投資只分別相當於這些國家對華投資的0.39%至3.51%之間，其最低比例還不到1%，其最高比例也還不到4%。

在此種具體條件下，如果不顧中國現實國情，不慎重考慮現階段中國吸收外資與對外投資的具體比例，貿然與所有這些國家**普遍地、統一地**分別締結高保護標準的BITs，包括互相同意把涉外投資爭端全盤提交ICSID等國際仲裁機構管轄，則儘管在雙邊協定的條款文字上貌似「平等互惠」，實際上卻違背了國際經濟領域中的公平原則和「等價交換」原則，是以形式上的「平等互惠」掩蓋了事實上的不平等、非互惠。

因為：第一，如前所述，這無異於為了保護1%至4%以下的潛在債權權益而甘冒100%的潛在債務風險；無異於為了取得只值39元至351元的標的物而支付近一萬元的價款。第二，作為主權國家，中國對本國境內涉外投資爭端所固有的司法主權或管轄權，由此受到不公平、不平等和過多的限制。第三，作為主權國家，中國為保護本國重大安全在必要時調整政策或採取應急措施的空間和餘地，將大幅度削減和縮小。

可見，在可預見的近期內，中國在對外締結或修訂BITs的實踐中，其所面臨的現實綜合國情是：既要「引進來」，又要「走出去」；既要求發展，又要求穩定；既要趨大利，又要避大害。因此，在可預見的近期內，中國在對外締結或修訂BITs時，在投

資爭端管轄權的向外開放問題上，明智的做法理應是**區分南北兩類國家，釐定差別互惠標準，正確實行區別對待**，從而實現真正的公平、平等與互惠。

　　需要進一步探討的問題是：（1）上述這種**區別對待**的做法，是否並不違背當代國際法上通常所說的MFN待遇原則？（2）**區別對待**的做法在理論上是否有足夠的根據？（3）它在實踐中是否已有明顯的先例？（4）中國已經在與若干發達國家（如德國）簽訂的BITs中拆除了某些「安全閥」，從而在「平等互惠」條款文字下潛存著實質上不公平的隱患和風險，今後在中國與其他發達國家締結或修訂BITs時，是否有權**「亡羊補牢」**，堅持**「下不為例」**，不受對方援引MFN待遇原則的約束，把這些「安全閥」重新取回並牢牢把握在自己手中？下文的討論表明，對這四個問題的答案都是肯定的。

五、區分兩類國家，實行差別互惠的理論依據和實踐先例

（一）區別對待的做法符合於「具體分析」的普遍哲理

　　眾所周知，馬克思主義的最本質的東西，馬克思主義的活的靈魂，就在於具體地分析具體的情況。[61]這是「放之四海而皆準」的普遍哲理。上述這種**區別對待**的做法，是完全符合這一普遍哲理的。因為這種做法正是針對上述兩類不同國家各異的具體情況以及現階段中國的具體情況，進行具體的綜合分析之後，所得出的符合國內外客觀現實的科學結論和可行途徑。反之，如果

不進行具體的、綜合的分析，不實行**區別對待**，卻採取統一的標準、統一的模式，實行「一刀切」，則是不科學、不明智、不可行的。

（二）區別對待的做法符合於「公平互利」的基本法理

在當代國際經濟交往的實踐中，互利原則的貫徹，往往遇到干擾、阻礙和破壞。在發達國家與發展中國家之間的經濟交往中，儘管以不平等條約為基礎的公開的不平等，一般說來已經大為削弱或已不復存在，但是，發達國家仍然憑藉其經濟實力上的絕對優勢，對歷史上積貧積弱因而經濟上處於絕對劣勢的發展中國家，進行貌似平等實則極不平等的交往，實行形式上等價有償實則極不等價的交換。其常用的主要手段，就是對於經濟實力懸殊、差距極大的國家，**「平等」地用同一尺度去衡量，用同一標準去要求，實行絕對的、無差別的「平等待遇」**。其實際效果，有如要求先天不足、大病初癒的弱女子與體魄強健、訓練有素的壯漢，在同一起跑點上「平等」地賽跑，從而以「平等」的假象掩蓋不平等的實質。

質言之，對於經濟實力相當、實際地位基本平等的同類國家說來，公平互利落實於原有平等關係的維持；對於**經濟實力懸殊、實際地位不平等的不同類國家說來，公平互利落實於原有形式平等關係或虛假平等關係的糾正以及新的實質平等關係的創設**。為此，應當積極採取各種措施，讓經濟上貧窮落後的發展中國家有權單方面享受非對等、不要求直接互惠回報的特殊優惠待遇，並且通過給予這些貌似「不平等」的特惠待遇，來補償歷史

上的過錯和糾正現實中的弊病，以實現真正的、實質上的平等，達到真正的公平。[62]

正是在這種背景下，第三世界眾多發展中國家在強調各國主權平等，強調各國在政治上、法律上享有平等地位的同時，又側重從國際經濟關係方面，強烈要求貫徹公平互利原則，突出強調了**公平**的重要性和迫切性，並且藉助於一九七四年《建立國際經濟新秩序宣言》和《各國經濟權利和義務憲章》，使公平互利上升為建立國際經濟新秩序的一項基本法理和調整國際經濟關係的一項基本準則。

三十多年來，上述宣言和憲章所強調的公平互利法理原則在國際社會中日益形成共同的法律確信，成為國際經濟交往的指導原則。

針對當代BITs中存在的事實上的不平等，國際知名學者索納拉雅（M. Sornarajah）教授曾作過頗為深刻的剖析：[63]

許多雙邊投資協定是在**不平等的合作夥伴**（unequal partners）之間締結的。通常是由一個輸出資本的發達國家與一個急欲從該發達國家吸引資本的發展中國家雙方商定。⋯⋯儘管此種協定預期各種資本能在締約國彼此之間雙向流動，但是，由於締約雙方在財力和技術上的懸殊，事實上僅僅是打算和實行單向流動。**作為締約的基礎而在協定中冠冕堂皇地表述的雙向流動**，往往只是**一種虛構**（fiction），因此雙方之間存在著不適當的交換關係（insufficient quid pro quo）。⋯⋯這些協定並未設定明確的義務，要求資本輸出國那一方必須確保資本能夠流入對方，卻要求希望

獲得外國投資的國家這一方在外國資本即將流入的信賴之中拱手交出自己的主權。由於協定項下的外國投資能夠從國際爭端解決機制中獲得外來的保護，**東道國當地的法律在頗大程度上鞭長莫及，無從管轄，其主權也就拱手出讓了。**

可見，為了預防或糾正當代BITs中此種貌似「平等互惠」、實則顯失公平的弊端，中國今後在對外締結和修訂BITs的實踐中，理應依據雙方經濟發展水平和經濟實力的對比、吸收外資與對外投資規模的對比、境內外資政治風險和外資法律保護體制的對比、實行國際仲裁時爭訟能力的對比，以及確保國家安全的需要等具體情況，採取**「區分兩類國家，釐定差別標準，實行區別對待」**的做法，對MFN條款的適用加以明確的限制和排除，這是完全符合當代國際社會公認的「公平互利」基本法理的。

（三）區別對待的做法符合於「國家主權至高無上」的國際法基本原則

在國際法中，MFN待遇原則從來就不是，也不應當是絕對的和至高無上的強制性原則，也不是國際習慣法原則。這一點，已經成為當代國際法學界的主流共識。在當代國際法的規範體系和理論體系中，國家主權原則乃是第一性的、居於最高位階的基本原則，MFN待遇設定的根據，端賴於互相給予、互相享受此種待遇的主權國家之間締結的條約。給予或不給予，在何種具體條件下可以給予或不可以給予，何種具體條件下可以收回或撤銷，給予對象的類別、範圍和限制，悉由參加締約的主權國家斟

酌內政外交國情和權衡利弊之後，完全自主自願地作出決策，並通過條約作出明確規定。[64]

從這個意義說，MFN待遇原則乃是國家主權原則的衍生物，它應當附屬於、服從於國家主權原則，它只是第二性的、居於次要地位的原則。況且，在國際交往中，即使是居於最高位階的國家主權原則，也可以依締約主權國家的自由意志，通過平等磋商，作出適當的真正平等互惠的自我限制。因此，居於次要地位的MFN待遇原則，當然更可以依締約主權國家的自由意志，通過平等磋商，依不同的時間、地點和條件，施加必要的限制，既可以在必要時予以設定，也可以在必要時予以撤銷或廢除。

在這方面，中國人民記憶猶新的是：晚清時期，西方列強曾在一系列不平等條約中把MFN條款強加於中國。諸如一八四三年的《中英虎門條約》第8條規定：中國日後「如有新恩施及各國，亦應准英人一體共沾」云云，實質上形成了「一強勒索特權，列強援例共享」的連鎖反應，其喪權辱國的嚴重後果，可謂「殷鑒不遠」。如今已經站起來了的中國人民，既已恢復和強化了完全獨立和充分自主的主權國家身分，在其締約和修訂BITs的新實踐中，當然不會輕易淡忘上述歷史慘痛。

（四）區別對待的做法符合於 MFN 待遇原則的發展進程

在當代的國際締約實踐中，在經濟實力懸殊的國家之間實行絕對的MFN待遇原則，勢必造成嚴重的事實上的不公平和不平等，由此引發了眾多發展中國家的強烈反對和聯合抗爭。在數十年來南北矛盾衝突和南北合作共事的歷史進程中，MFN待遇早

已被一系列「例外」所「增補」和「修訂」，從而在實質上遭到重大修正。最明顯的例證是在GATT/WTO體系中，MFN待遇規則數十年來不斷地「與時俱進」修訂頻頻。具體說，GATT 1947第1條規定的普遍MFN待遇原則，在其後修訂和增補的第18條中，就開了「先河」允許眾多積貧積弱的發展中國家有權在一定條件下「暫時偏離」本協定其他條款（含MFN條款）的規定。第21條關於「安全例外」的規定，第24條關於「關稅同盟和自由貿易區」的規定，第24條和第25條關於「豁免義務」的規定，以及其後增補的整個第四部分（貿易與發展，即第36-48條），也都從各種不同的領域、在不同的程度上允許發展中成員「偏離」MFN條款的規定。

在GATT發展成為WTO之後，經過眾多發展中成員的據理力爭，與普遍MFN待遇原則相左的各種「特殊與差別待遇」條款（S&D），在更多的領域、更大的範圍，以更高的頻率，出現在WTO的各種「遊戲規則」之中。尤其是，由於其中還存在許多「口惠而實不至」之處，二〇〇一年十一月發表的WTO《多哈宣言》，更進一步把落實各類S&D條款作為新一輪多邊談判的主題之一。[65] 簡言之，上述「與時俱進」的發展，已導致普遍MFN待遇原則中原有的「普遍性」，逐漸地、不斷地被惠及發展中國家的「特殊性」和「差別性」所補充和取代。[66]

由此可見，中國今後在對外締結和修訂BITs的實踐中，依據雙方經濟發展水平、經濟實力對比、吸收外資與對外投資規模對比、外資法律保護環境對比以及確保國家安全需要等具體情況，在境內涉外投資爭端管轄權問題上，採取「**區分兩類國家，釐定**

差別標準，實行區別對待」的做法，從而在真正公平互惠的基礎上，做到「放權適度，寬嚴有別」，這是完全符合於當代MFN待遇原則的發展進程的。

（五）區別對待、排除或限制 MFN 條款擴大適用於爭端程序，符合 UNCTAD 晚近的反覆警示

如前所述，[67] 二〇〇三至二〇〇六年UNCTAD在其一系列研究報告中，接二連三地鄭重告誡全球眾多發展中國家，務必清醒地認識BITs的「雙刃劍」作用，既要努力引進外資為本國的發展服務，又要恰如其分地「留權在手」，努力保障本國的主權權益，在這兩者之間保持必要的平衡。特別是題為**《在國際投資條約中留權在手：善用保留權》**的研究報告，尤其值得注意。它專門探討和指導處在弱勢地位的眾多發展中國家，在對外締結投資條約中，如何善用《維也納條約法公約》第2條賦予的「保留」權，設定必要的例外，儘可能地把自主權、管轄權、靈活處理權保留在自己手中。現任UNCTAD祕書長素帕差指出，包括本項文獻在內的系列研究報告旨在為各國決策者、政府官員、國際組織官員、公司主管人員和非政府組織代表人士們提供咨詢意見和合理建議。這些建議，實質上乃是UNCTAD麾下專家們在充分調查發展中國家有關國際投資條約實踐的經驗教訓之後，作出的**科學總結和懇切諍言**，切合中國的現實需要，值得中國認真研究，擇善而從。而及時採取**「區分兩類國家，實行差別互惠」**的做法，從而在真正公平互惠的基礎上，做到「放權適度，寬嚴有別」，顯然完全符合UNCTAD關於「善用保留權」建議的基本精

神。

（六）區別對待的做法符合於國際仲裁的最新實踐

在BIT中可以採取**區別對待**的做法，以明確的措辭，在爭端管轄權問題上，**限制或排除MFN條款**的適用，這已在近年來國際仲裁的實踐中逐漸形成**主流共識**。[68] 在二〇〇〇年阿根廷墨菲茲尼（Maffezini）公司訴西班牙案中，ICSID仲裁庭對阿根廷—西班牙BIT中的MFN條款進行了深入的分析。[69] 仲裁庭雖然認定：有關MFN條款可適用於該案爭端解決程序，因而應當提交ICSID國際仲裁庭管轄審理，但是，其各種推理和論證，均以阿根廷—西班牙BIT中並無明確排除MFN條款適用於爭端解決程序的明文規定作為立論前提。反之，如果有關BIT中已有明白無誤的排除規定，則按照「當事人意思自治」這一公認的法理原則，語意含糊的MFN條款顯然就無從擴大適用於爭端解決這一程序性待遇問題了。此種推理和論證，曾在國際仲裁界引起廣泛的關注和熱烈的討論，並在後續的多起涉及ICSID管轄權的爭端中具有深刻的影響。

在二〇〇五年作出的有關塞浦路斯普拉瑪（Plama）公司訴保加利亞案管轄權的決定中，ICSID仲裁庭明確認定**某一BIT**中的MFN條款不能擴大適用於**另一BIT**中規定的爭端解決程序。[70] 在該案所涉保加利亞—塞浦路斯BIT中，爭端解決條款規定僅僅限於與**徵收補償金額**有關的爭端可提交國際特設仲裁庭仲裁。[71] 訟爭過程中，當事人雙方對於可否通過其中MFN條款，依據保加利亞—芬蘭BIT等其他BITs中有關爭端解決的規定，把徵收補

償金額以外的爭端也提交國際仲裁的問題，堅持相反的主張。

普拉瑪案仲裁庭指出：「在締結條約時，保—塞雙方把特定的投資者與東道國之間的爭端適用相關國際仲裁解決程序限定於BIT規定的〔與徵收補償金額有關的爭端〕範圍，並且沒有通過MFN條款擴展這些規定的意圖」[72]，「把爭端解決納入到MFN條款適用範圍之內的意圖必須是明確的並且毫無疑義的表述」[73]。因此，仲裁庭的結論是：即使把保加利亞—塞浦路斯BIT中的MFN條款與保加利亞和其他國家簽訂的BITs（特別是保加利亞—芬蘭BIT）連繫起來解讀，也不能任意解釋為保加利亞已經同意把東道國與普拉瑪公司之間的爭端（徵收補償額爭端以及其他爭端）都提交ICSID管轄，或者任意解釋為普拉瑪公司有權援引其他BITs中有關爭端解決的規定，把本案爭端提交ICSID管轄。

比較兩案仲裁庭MFN條款與ICSID管轄權問題分別作出的決定，可以發現，墨菲茲尼案仲裁庭的主張是：除非另有明確的排除規定，MFN條款**一般可以適用**於爭端管轄權的程序性待遇；普拉瑪案仲裁庭的主張則是：除非另有明確的適用規定，MFN條款**一般不能適用**於爭端管轄權的程序性待遇。兩者的**共同點**是都不認為MFN條款**絕對**適用於爭端管轄權的程序性待遇。較之前者，後者的主張及其論據，顯然更尊重舉世公認的當事人意思自治原則，更切合於提交國際仲裁的基礎和前提，因此獲得更普遍的好評與肯定。

（七）區別對待、排除或限制 MFN 條款適用範圍的做法已有若干先例可援

MFN條款的通常適用範圍，是實體性待遇。它是否可以通過推理和解釋，擴大適用於程序性待遇，國際上迄今未有最後的權威定論。鑒於ICSID仲裁庭在其實踐中具有通過自由裁量擴大管轄權的傾向，因此，中國如果不願把MFN條款擴大適用於程序性待遇，就應當在今後締結或修訂的BITs中對此作出明確的限制或排除。這樣做，是有先例可援的。例如，二○○三年《美洲自由貿易協定（草案）》針對其中的MFN條款附加了這樣的注解：「締約各方注意到ICSID仲裁庭最近針對阿根廷墨菲茲尼公司訴西班牙案作出的決定，其中確認在阿根廷與西班牙的一份協定中具有含義非常廣泛的MFN條款。相形之下，《美洲自由貿易協定（草案）》中的MFN條款明文限定僅僅適用於『有關投資的立項、併購、擴充、經營、活動、運作、出售以及其他處置事宜』。鑑此，締約各方現在達成共識，確認本協定中的MFN條款並不適用於本節第C節所包含的國際爭端解決機制〔即締約一方與締約另一方的投資者之間的爭端解決〕的有關事宜。」[74]

另外，在締結BIT的範本中，也有以「不溯即既往」的規定對MFN條款的適用加以限制的做法，可供參考。因此，中國不妨借鑑加拿大二○○四年BIT範本附錄Ⅲ（MFN例外）中的下述規定，加以師法和移植。該附錄規定：「第4條關於MFN待遇的條款不應該適用於在本協定生效日以前已經生效或者已經簽訂的所有雙邊或多邊國際協定所賦予的待遇」。如果仿此辦理，則今後與中國談判修訂或簽訂BIT的任何發達強國，就一律無權根據

MFN條款規定，要求援例享受中國以前曾經在其他中外BITs中賦予第三方（含德、荷等發達國家）的同等待遇。

六、結論

總之，在中國對外談判締結新的BITs或修訂原有的BITs過程中，切宜根據國內外實情，**區分兩類國家，實行差別互惠，明文排除或限制MFN適用於爭端程序**。尤其是在大量吸收外資並與實力強大的國際資本交往的過程中，中國難以全面、準確地預測前面會有多少坎坷、陷阱與漩渦；阿根廷經歷過的沉痛教訓及其已經交付的昂貴「學費」，已轉化成為眾多發展中國家的共同財富，中國無須再交一遍「學費」。中國應當力求避免重蹈覆轍，誤陷漩渦。從此種意義上講，中國在與實力懸殊的經濟強國進行BITs談判中，一時達不成協議或暫時沒有協定，比迅速達成對中國不利的協定要好得多。權衡國內外的現實形勢，中國完全沒有必要全面地放權過快、棄權過多，更不宜僅為了製造政治氣氛、友好氛圍而貿然行事，從而不知不覺地導致「門戶洞開，毫不設防」。反之，立足中國，放眼世界，則在當前條件下，顯然仍宜保留清醒的頭腦，**增強必要的憂患意識，經常居安思危**，[75]堅持有關國際公約的授權規定，善於掌握四大「安全閥」，趨利避害，在「引進來」與「走出去」之間，在保護外資合法權益和維護中國主權權力之間，保持正確的、恰如其分的綜合平衡。

這樣，今後中國才能更好地通過簽訂或修訂BITs，達到名副其實的互利互惠、持續促進經濟發展；進而在確立跨國投資合理

規範和建立國際經濟新秩序的過程中，發揮應有的示範作用。中國的和平崛起要求我們這麼做，中國在國際上的地位也要求我們這麼做。只有這樣，才有利於中國，有利於發展中國家，有利於和諧世界的共同繁榮與發展。

注釋

* 本篇專論最初收輯於陳安主編：《國際投資法的新發展與中國雙邊投資條約的新實踐》，復旦大學出版社2007年版。本文簡稱《再論中一外BIT》，與簡稱《一論中一外BIT》的前文互為姊妹篇。前文全題為《論中外雙邊投資協定中的四大「安全閥」不宜貿然拆除——美、加型BITs談判範本關鍵性「爭端解決」條款剖析》，載陳安主編：《國際經濟法學刊》2006年第13卷第1期。前文發表後，引起了學界的強烈興趣，認同者固多，也不無疑議。針對疑議，筆者就後續研究心得，撰寫本文，再次陳述管見，以進一步就教於同行學人，並期待能引起更熱烈的探討和爭鳴，共同提高認識。這兩篇專論所述，都以撰寫當時的官方媒體報導以及官方網站統計數字為據，反映了筆者對當時形勢發展認識之逐步深化，其中的基本觀點至今未變。輯入本書時，中國吸收外資和對外投資的對比態勢和具體數字又有新的發展，閱讀時請予留意。此外，這兩篇專論的英文本，先後相繼發表於The Journal of World Investment & Trade, Vol.7, No.6, December 2006以及Vol.8, No.6, December 2007，並曾經輯入復旦大學出版社2008年版《陳安論國際經濟法學》，分別列為第七編之Ⅲ和Ⅳ，俾便讀者對照參考。

〔1〕 中國對外簽訂的BIT通稱《關於相互促進和保護投資的協定》《關於相互鼓勵和保護投資的協定》等。

〔2〕 參見1983年中一德BIT《議定書》第4條，http://tfs. mofcom. gov. cn/aarticle/h/au/200212/20021200058419. html；2003年中一德BIT第9條第1款；《議定書》第6條。http://tfs. mofcom. gov. cn/aarticle/h/au/200405/ 20040500218063. html。

〔3〕 參見2003年中一德BIT第9條第2款。

〔4〕 參見1998年中國一巴巴多斯BIT第9條第1、2款。

〔5〕 據商務部網站公布的統計數字，迄2003年底，中國內地對德國累計投資金額為0.83億美元，而德國對華累計投資金額為88.51億美元，前者還不到後者的1%。參見《2003年度中國對外直接投資統計公報》，第8頁，表2，http://www.fdi. gov. cn/pub/FDI/wztj/lntjsj/jwtzsj/2003 yearjwtzsj/t20060423_27914. htm;《2003年中國吸收外商投資情況綜述》，第2頁。http://www. fdi. gov. cn/pub/FDI/wztj/lntjsj/wstzsj/2003 yearzgwztj/t20060423 _27823. htm。

〔6〕 參見美國型BIT1984年談判範本第6條，附錄於陳安：《美國對海外投資的法律保護及典型案例分析》，鷺江出版社1985年版，第225-227頁。此種範本以後經數度增訂更新，形成了2004年現行談判範本。http://www. ustr. gov/Trade_Sectors/Investment/Model_BIT/Section_Index. html。其中，有關爭端解決的主要條款是第23-25條，其原文和中譯文參見《國際經濟法學刊》第13卷第1期，第9-11頁。

〔7〕 全題為《中外雙邊投資協定中的四大「安全閥」不宜貿然拆除——美、加型BITs談判範本關鍵性「爭端解決」條款剖析》，載陳安主編：《國際經濟法學刊》2006年第13卷第1期。

〔8〕 根據本公約建立了「解決投資爭端國際中心」（ICSID）。

〔9〕 參見陳安主編：《國際投資爭端仲裁——「解決投資爭端國際中心」機制研究》，復旦大學出版社2001年版，第1-72頁。

〔10〕 參見1995年中國—摩洛哥BIT第10條，載中國對外貿易經濟合作部編：《國際投資條約彙編》，警官教育出版社1998年版，第995頁。此前和此後，在中國與其他許多外國相繼分別簽訂的BITs中也有類似的爭端解決條款規定，參閱該書第894、906、931、956、968、1015、1027、1041、1053、1067、1079、1094、1106、1118、1130和1142頁。

〔11〕 參見陳安主編：《國際投資爭端仲裁——「解決投資爭端國際中心」機制研究》，復旦大學出版社2001年版，附錄《華盛頓公約》，第56、574-575和579頁。

〔12〕 參見中國對外貿易經濟合作部編：《國際投資條約彙編》，警官教育出版社1998年版，第189、208、224、237、249、291、307、325、347、368、385、405、428、445、467、485、564、642、677、705、720、728-729、744頁等。

〔13〕 這8條義務分別指「國民待遇」「最惠國待遇」「最低待遇標準」「徵

收與補償」「資金移轉」「業績要求」「高級管理層與董事會」以及「涉及投資的法律與決定之公布周知」。

〔14〕該兩段文字的原文為「〔T〕he economic impact of the measure or series of measures, although the sole fact that a measure or series of measures of a Party has an adverse effect on the economic value of an investment does not establish that an indirect expropriation has occurred";

"[N] on-discriminatory measures of a Party that are designed and applied to protect legitimate public welfare objectives, such as health, safety and the environment, do not constitute indirect expropriation", available at http://ita.law.uvic.ca/investmenttreaties.htm。

〔15〕該第18條「Essential Security」原文為 "Nothing in this Treaty shall be construed: 1. to require a Party to furnish or allow access to any information the disclosure of which it determines to be contrary to its essential security interests; or 2. to preclude a Party from applying measures that **it considers necessary** for the fulfillment of its obligations with respect to the maintenance or restoration of international peace or security, or the protection of its own essential security interests", http://ita.law.uvic.ca/investmenttreaties.htm。

〔16〕該第12條原文為 "(1) Except as otherwise provided in this Agreement, all investment shall be governed by the laws in force in the territory of the Contracting Party in which such investments are made. (2) Notwithstanding paragraph (1) of this Article nothing in this Agreement precludes the host Contracting Party from taking action for the protection of its essential security interests or in circumstances of extreme emergency in accordance with its laws normally and reasonably applied on a non discriminatory basis", http://ita. law. uvic. ca/investmenttreaties. htm。

〔17〕http://www. unctad. org/sections/dite/iia/docs/bits/uk_india. pdf.

〔18〕Vienna Convention on the Law of Treaties, 1969, http://www. un. org/law/ilc/texts/treatfra. htm.

〔19〕Vienna Convention on the Law of Treaties Between States and International Organizations or Between International Organizations,

1986, http://www. un. org/law/ilc/texts/trbtstat. htm.

〔20〕有關這些例外事項的討論，參見王海浪：《「落後」還是「超前」？——論中國對ICSID管轄權的同意》，載陳安主編：《國際經濟法學刊》2006年第13卷第1期。

〔21〕世界銀行：《2003年全球經濟展望》，http://www.worldbank.org/prospects/gep2003/summarycantonese.doc。

〔22〕World Bank, *World Development Report 2005—A Better Investment Climate for Everyone,* World Bank and Oxford University Press, 2004, p.177.

〔23〕UNCTAD, World Investment Report 2003—FDI Policies for Development: National and International Perspectives (Overview), 2003, pp.18-19.

〔24〕The São Paulo Consensus, para. 8. adopted at the UNCTAD XI Conference, http://www. unctad. org/en/docs//td410_en.pdf; also see Preserving Flexibility in IIAs: The Use of Reservations, p.15, note 2, UNCTAD Series on International Investment Policies for Development, New York and Geneva, 2006, http://www.unctad. org/templates/webflyer. asp? docid=7145&intItemID=2310&ang=1 &mode=downloads.

〔25〕UNCTAD, World Investment Report 2006—FDI from Developing and Transition Economies: Implications for Development (Overview), 2006, pp.9-11.

〔26〕UNCTAD, Preserving Flexibility in IIAs: The Use of Reservations, supra note 24, p.6.

〔27〕UNCTAD, Bilateral Investment Treaties 1995-2006: Trends in Rulemaking, United Nations, New York and Geneva, 2007, p.142.

〔28〕參見《2004年度中國對外直接投資統計公報（非金融部分）》，http://www. clinapressusa. com/luntan/200510270180.htm。

〔29〕參見《2004年中國吸收外商直接投資情況綜述》，http://www. fdi. gov. cn/pub/FDI/wztj/lntjsj/wstzsj/2004yearzgwztj/t20060423_27905. htm。

〔30〕參見《2004年度中國對外直接投資統計公報（非金融部分）》，http://hzs. mofcom. gov. cn/table/ 20040909.pdf。

〔31〕當然，中國大陸對臺灣的投資，實質上也並非對**外國**的投資，但鑒於目前中國大陸對臺灣的投資受到臺灣當局無理排斥，數字極小，

為分析方便，暫不計入，下同。

〔32〕為貫徹「一國兩制」政策和促進香港地區的繁榮和穩定，中國政府把中國港、澳地區對中國內地的投資（其中實際上含有「回流」的原內地對港投資）一律視為「外資」加以保護，這些投資可以享受與外國投資的同等待遇。所以，在全面估算中國從高標準的BIT投資保護中「獲利大」還是「風險大」的時候，就應該把「受國際仲裁保護的對外投資總額」以及「受國際仲裁保護的引進外資總額」這兩個數據加以比較，不從後者中扣除來自港、澳地區的投資。

〔33〕參見中國商務部：《中國外資統計2007》，2007年版，第19頁。

〔34〕參見中國商務部：《2006年度中國對外直接投資統計公報》，2007年版，第21頁，表8。

〔35〕同上。

〔36〕參見《商務部部長助理陳健談實施「走出去」戰略》，http://www. gov. cn/zxft/ft32/wz. htm。

〔37〕參見中國商務部：《中國外資統計2007》，2007年版，第19頁。

〔38〕參見1986年5月中國一英國BIT第7條。該BIT第10條規定：「在本協定簽字之時或其後任何時候，締約雙方可互換照會同意將本協定的規定延伸適用於由聯合王國政府負責國際關係的領土。」據筆者查索，迄今尚未發現有此項照會明確規定中國一英國BIT是否延伸適用於英屬維爾京群島和英屬開曼群島。

〔39〕參見1988年中國一日本BIT第11條。

〔40〕參見1992年中國一韓國BIT第9條。

〔41〕1985年中國一新加坡BIT第13條第1款規定，爭端當事雙方應該協商解決爭端；第2款規定，6個月內無法協商解決的，應該提交東道國內有管轄權的法院。第3款規定，如果爭端涉及徵收、國有化或其他具有同樣效果的措施的補償額，且無法在6個月內協商解決的，可以提交當事雙方建立的國際仲裁庭。

〔42〕參見2003年中國一德國新BIT第9條。

〔43〕參見本節第四部分所列表3-6-2「對中國內地投資最多的15個國家／地區與中國內地對其反向投資的比較」中的「德國」欄目。

〔44〕參見商務部外資司在2005年10月19日發表的統計數字，http://www. fdi.gov.cn/common/info.jsp?id=ABC00000000000025847；該司在2006年9月6日發表的統計數字，lhttp://www.fdi.gov.cn/common/info.jsp?

id=ABC00000000000034316。

〔45〕參見1988年中國—日本BIT第11條。

〔46〕參見1992年中國—韓國BIT第9條。

〔47〕參見中國商務部:《中國外資統計2007》,2007年版,「日本」欄目。

〔48〕參見《去年中國對外投資同比增長近一倍》,http://www.huaxia. com/sw/cjzx/jjdt/2005/00361580.html.

〔49〕中國於2007年3月16日頒布新的「內企、外企」統一的企業所得稅法,即《中華人民共和國企業所得稅法》,並定於2008年1月1日開始實施。截至本文付梓前,與該新稅法配套的實施條例等一系列法規尚在國家有關行政立法部門研擬之中,預計將會在2008年1月1日新的統一企業所得稅法生效施行前頒布。事關切身利益,外商對此新稅法及其配套法規具體規定的內容及其實施後果,正在高度關注,調整對策,採取措施,這是自在意料之中,毋庸諱言的。

〔50〕See Paolo Di Rosa, The Recent Wave of Arbitrations Against Argentina Under Bilateral Investment Treaties: Background and Principal Legal Issues, *The University of Miami Inter-American Law Review,*Vol.36, 2004, pp.44-49.

〔51〕See List of Pending Cases, http://www. worldbank. org/icsid/cases/ pending. htm; UNCTAD, Investor-State Disputes Arising from Investment Treaties: A Review, United Nations, New York & Geneva, 2005, pp.6-9.

〔52〕有關阿根廷在這方面的具體經歷和經驗教訓,可參見魏豔茹:《論我國晚近全盤接受ICSID仲裁管轄權之不當》,第三部分;單文華:《卡爾沃主義的「死亡」和「再生」——晚近拉美國際投資立法的態度轉變及其對我國的啟示》;蔡從燕:《不慎放權,如潮官司——阿根廷輕率對待投資爭端管轄權的慘痛教訓》,這三篇論文均載於陳安主編:《國際經濟法學刊》2006年第13卷第1期。

〔53〕laurence Norman, Argentina: Government Reopens 7-Year-Old Case vs Oil Group, Dow Jones Newswires, http://www.LatinPetroleum.com. See alsoC. E. Alfaro et al., The Growing Opposition of Argentina to ICSID Arbitral Tribunals, A Conflict between International and Domestic Law? *The Journal of World Investment & Trade*, Vol.6, No.3, 2005.

〔54〕See Guido Santiago Tawil, Is Calvo Finally Back? Transnational Dispute Management, No.3, June 2005, http://www.transnational-dispute-management.com/news/tdm2-2005_5.htm.

〔55〕 See UNCTAD, supra note 51, p.7.

〔56〕 See James Mcilroy, Canada's New Foreign Investment Protection and Promotion Agreement, Two Steps Forward, One Step Back? *The Journal of World Investment & Trade*, Vol.5, No.4, 2004. See also David A. Gantz, The Evolution of FTA Investment Provisions: From NAFTA to the United States—Chile Free Trade Agreement, *American University International Law Review*, Vol.19, 2004, p.679.

〔57〕 See 19USCS § 3802(b) (3) (G) (iv).

〔58〕 有關美國在這方面的立法討論及其轉軌動向,參見李萬強:《晚近美國對國際投資爭端仲裁機制態度的轉變——以NAFTA為例》;魏豔茹:《美國晚近有關投資仲裁監督機制的態度轉變及其對ICSID仲裁監督制度的影響》,分別載陳安主編:《國際經濟法學刊》2006年第13卷第1期、2005年第12卷第4期。

〔59〕 參見陳安主編:《「解決投資爭端國際中心」述評》,鷺江出版社1989年版,第66-84、95-99、106-111、126-130和138-153頁;陳安主編:《國際投資爭端仲裁——「解決投資爭端國際中心」機制研究》,復旦大學出版社2001年版,第8-71頁。

〔60〕 國際論壇上通常以「Newly Industrialized Countries」一詞形容韓國和新加坡,意指其曾經是列強的殖民地,現在其經濟發展水準已相當於發達國家,但又並非通常意義上的發達國家。

〔61〕 參見《列寧全集》第39卷,人民出版社1986年版;《毛澤東選集》第1卷,人民出版社1969年版,第287、311頁。

〔62〕 參見陳安:《國際經濟法芻言》(上卷),北京大學出版社2005年版,第176-177頁。這種新的平等觀,是切合客觀實際需要的,是科學的,也是符合馬克思主義基本觀點的。早在百餘年前,馬克思在剖析平等權利時,就曾經指出:用同一尺度去衡量和要求先天稟賦各異、後天負擔不同的勞動者,勢必造成各種不平等的弊病,並且斷言:「要避免所有這些弊病,權利就不應當是平等的,而應當是不平等的。」(馬克思:《哥達綱領批判》,載《馬克思恩格斯選集》第3卷,人民出版社1995年版,第305頁)。馬克思的這種精闢見解,對於我們深入理解當代發展中國家提出的關於貫徹公平互利原則、實行非互惠普惠制等正義要求,具有現實的指導意義。

〔63〕 M. Sornarajah, *The International Law on Foreign Investment*, Cambridge University Press, 2004, pp.207-208.

〔64〕 參見聯合國國際法委員會：《關於最惠國條款的條文草案》（1978年7月擬定），載王鐵崖主編：《國際法資料選編》，法律出版社1982年版，第761-767頁；王鐵崖主編：《國際法》，法律出版社1995年版，第180-182頁；趙維田：《世貿組織（WTO）的法律制度》，吉林人民出版社2000年版，第75-81頁。

〔65〕《多哈宣言》強調：「各種特殊與差別待遇條款乃是WTO各種協定不可分割的組成部分，……對所有的特殊與差別待遇條款，都應重新審議，予以加強，使它們更加明確，更加切實有效，更加便於操作。」「給予發展中國家的特殊與差別待遇應當作為一切磋商談判中不可分割的內容，列入有待談判的各種減讓清單和承諾清單，並且納入相關的規則和規章，做到切實可行，以便發展中國家能夠切實有效地用以滿足其各種發展需要。」Doha Ministerial Declaration (14 November 2001), paras. 44, 13, WT/MIN (01)/DEC/1, http://www. wto. org/english/thewto_e/ minist_e/min01_e/mindecl_e. htm.

〔66〕 參見曾華群：《論「特殊與差別待遇」條款的發展及其法理基礎》，載《廈門大學學報》2003年第6期。

〔67〕 見本文第四部分之（二）。

〔68〕 參見王海浪：《ICSID管轄權新問題與中國新對策研究》，廈門大學2006年博士學位論文，第四章「最惠國條款對『同意』範圍的擴展」。

〔69〕 Emilio Agustín Mafezini v. Kingdom of Spain (ICSID Case No. ARB/97/7), Decision of the Tribunal on Objections to Jurisdiction.

〔70〕 See Plama Consortium Limited v. Republic of Bulgaria (ICSID Case No. ARB/03/24), http://www. worldband. org/icsid/cases/plama-decision. pdf.

〔71〕 其第4條規定：「徵收的合法性應該經相關投資者的請求，通過採取徵收措施締約方的普通行政和法律程序加以審查。對於行政裁定中沒有解決的**補償金額爭端**，相關投資者和另一締約當事方的法律代表應該協商解決。如果在開始協商後的三個月內沒有達成協議，經投資者申請，補償金額應該由採取徵收措施的締約一方的法律程序或者是**國際特別仲裁庭**加以審查。」

「4.2第4條第4.1款所述國際仲裁庭應該逐案設立。每一締約方應該指定一名仲裁員，再由這兩名仲裁員同意一個第三國國民作為主席……」Ibid., para. 26.

〔72〕Ibid., paras. 195-197.

〔73〕Ibid., para. 204.

〔74〕Chapter XXIII Dispute Settlement of FTAA (Draft Agreement), footnote 13, http://www. ftaaalca.org/ FTAADraft03/ChapterXXIII_e.asp. See also OECD, International Investment Law: A Changing Landscape, OECD Publishing, 2005, Chapter4, "Most-Favoured-Nation Treatment in Investment Law", pp.127,132

〔75〕參見江澤民：《全面建設小康社會，開創中國特色社會主義事業新局面》（2002年11月22日），http://www.hfzfcg.gov.cn/wzyc/wzyc/20021122141827.htm，第十部分；胡錦濤：《在省部級主要領導幹部提高構建社會主義和諧社會能力專題研討班上的講話》（2005年2月19日），http://news3.xinhuanet.com/newscenter/2005-06/26/content_3138887.htm，第一部分；溫家寶：《關於社會主義初級階段的歷史任務和我國對外政策的幾個問題》（2007年5月1日），http://politics.people.com.cn/GB/1024/5418093.html，第一、三部分。

第 7 章

「南北矛盾視角」應當「摒棄」嗎？

——聚焦「中—加2012 BIT」[*]

↘ 內容提要

　　中國經濟的迅猛發展不但提高了其在國際社會中的經濟排名次序，而且加快了其對外投資的腳步，然而隨之而來的各種言論卻將中國以及數十個其他發展中國家推向了不利的地位，諸如：「中國已不再屬於發展中國家的範疇」，「南北矛盾視角在構建國際經濟規則和締結BIT的談判中已經過時，應當摒棄」，等等。但這些說法的科學性、準確性及其背後隱藏的含義卻著實有待推敲商榷。本文擬從從南北矛盾與BITs的本源出發，以新近締結的「中—加2012 BIT」中的兩大核心條款為例，試圖證明在構建國際經濟規則過程中和締結BITs的談判中，不能夠也不應當摒棄「南北矛盾視角」。

↘ 目次

　　近年來，隨著中國的和平崛起，其國民生產總值逐漸超過發達國家「七強」之中的日本、德國、英國、法國、加拿大和義大利，躍居世界第二，僅次於美國。於是，國際上出現了吹捧中國的言論，說中國已躋身於「發達國家」或「發達強國」之列；甚

至出現「Chimerica」[1]和「G2」[2]等時髦詞彙，鼓吹「中美聯手共治世界」。[3]這些言論，有的是出於朦朧的善意，有的則出於叵測的居心。它們「發源」於某個強權國家，流行於發達世界，但即便在中國境內，這些言論也並非全無影響、全無附和之聲。尤其是在經濟全球化的今天，中國在大量吸引外資的同時也不斷地向外投資。二〇一一年中國吸引外國直接投資再創歷史新高，達到一二四〇億美元；其對外直接投資雖有所下降，但也達到六五〇億美元。[4]不僅如此，在對外締結「雙邊投資保護協定」（BITs）方面，中國參與締結並正式生效的BITs已多達一百個以上。[5]在此背景下，國內開始出現一種雖不十分流行，但也不十分罕見的說法，認為：中國對外締結BITs的談判過程是一個利益交換的過程，也是尋求普世價值的過程；締結BITs，實質上就是一種構建國際經濟規則的活動；衡諸當今的國際形勢和中國的國情，「在構建國際經濟規則過程中，應當摒棄南北矛盾視角」。

這種看法和說法，初聞乍聽，覺得言之有理，似乎頗有新意；但結合現實，細細思考，卻令人心生不少疑竇：中國目前是發達國家嗎？中國目前已不再歸屬於發展中國家的範疇了嗎？現在討論南北矛盾問題真的已經「過時」了嗎？在BITs的締約談判中，應該「摒棄南北矛盾視角」嗎？「普世價值」在BITs的締結過程中又該作何解釋？推而廣之，「構建國際經濟規則」，也應該「摒棄南北矛盾視角」嗎？……一系列的問題無不令人疑惑不解。

下文擬結合現實，針對中國國家的科學定性、南北矛盾的源

與流、BITs的本源屬性，特別是聚焦於新近締結的「中—加2012BIT」兩大核心條款，縷述管見，力證「中—加2012 BIT」乃是當代南北矛盾與南北妥協的典例之一。

一、中國國家的科學定性：迄今仍是發展中國家——仍屬於南方國家範疇

聯合國、國際貨幣基金組織以及世界銀行在區分發達國家和發展中國家問題上，均有自己明確的標準，但最重要的依據還是人均國內生產總值（GDP per capita）或人均國民收人值（GNI per capita）。根據國際貨幣基金組織公布的二〇一一年人均GDP值，中國以5414美元排名第89位，被列為發展中國家。[6] 按照世界銀行對不同經濟體人均國民總收人的分組標準，[7] 進人二十一世紀之前，中國一直是世界上的「人均低收人」（low income—GNI per capita）國家，進人二十一世紀之後，中國開始跨出低收人國家的門檻，進到「人均下中等收人」（lower middle income—GNI per capita）國家的行列，而且直到二〇一〇年，仍屬「下中等收人」國家的行列。[8] 此外，聯合國開發計劃署發布的二〇一一年「人類發展報告」中專門就「人類發展指數」（human development index）[9] 作了統計，中國的「人類發展指數」為0.687，在世界187個國家中位列第101位。[10]

對上述公認的權威統計數字，中國政府領導人曾反覆作過通俗易懂、令人信服的權威解讀。早在二〇〇三年，國務院總理溫家寶就在國際論壇上鄭重指出中國仍然只是發展中國家，他強

調：「人多，不發達，這是中國的兩大國情。中國有13億人口，不管多麼小的問題，只要乘以13億，那就成為很大很大的問題；不管多麼可觀的財力、物力，只要除以13億，那就成為很低很低的人均水平。這是中國領導人任何時候都必須牢牢記住的。」[11]

　　二〇一〇年九月二十四日，溫家寶總理又在聯合國大會上對當代中國的基本國情作了更為具體的分析。他進一步強調：「中國國內生產總值當時位居世界第三，但人均水平較低，只相當於發達國家的十分之一左右。中國經濟已保持30多年的快速增長，但進一步發展受到能源、資源和環境的制約。中國若干重要產品產量位居世界前列，但總體上仍處於全球產業鏈的低端。中國已經成為國際貿易大國，但出口產品技術含量和附加值低，核心技術仍然大量依賴進口。中國沿海地區和一些大中城市呈現出現代化的繁榮，但中西部和廣大農村的不少地方仍然相當落後，還有1.5億人口生活在聯合國設定的貧困線之下。中國民生有了很大改善，但社會保障體系不健全，就業壓力很大。中國社會政治生活日趨活躍，公民基本權利得到較好的維護，但民主法制還不夠健全，社會不公和貪污腐敗等問題依然存在。中國現代化走到今天，先進落後並存，新舊矛盾交織，面臨諸多前所未有的挑戰。中國仍然處於社會主義初級階段，仍然屬於發展中國家。這就是我們的基本國情，這就是一個真實的中國。」[12]

　　此外，值得注意的是，總部設在日內瓦的「南方中心」（South Centre）的現任執行長官（Executive Director）馬丁・霍爾（Martin Khor）博士，在二〇一一年十一月二十一日發表了一篇題為《中國仍然是發展中國家嗎？》（Is China Still a Developing Country?）

的評論，強調中國至今仍然還是發展中國家的一員。他指出，儘管中國已經成為經濟強國，但其人均GDP只居於全球第91位，HDI指數只居於全球第101位，而且正面臨著大多數發展中國家共同面臨的各種社會經濟問題。因此，綜合看來，中國只能算是一個中等水平的發展中國家。就其人均GDP、GNI和HDI的排位次序而言，中國不但落後於所有的發達國家，而且有幾十個發展中國家均居於中國之前，中國還「瞠乎其後」，望塵莫及。如果現在中國被迫承擔起「發達國家」的義務，被迫放棄其作為發展中國家的定位及其各種權益（status and benefits），則人均GDP、GNI和HDI的排位次序均居於中國之前的幾十個發展中國家，都勢必很快被「連鎖效應」連累，也被迫循例放棄其作為發展中國家的定位及其各種權益。當前，中國正在為捍衛自身作為發展中國家的應有權益而戰鬥，這一戰鬥顯然與其他發展中國家息息相關；如果中國在這場保衛戰中失敗了，那麼其他發展中國家應有的權益也會隨之喪失殆盡。[13]

溫家寶總理和Martin Khor博士的上述論斷客觀地反映了中國的現實情況，因而是對中國當前發展水平的十分科學的定位和定性。這也是當前中國人和外國正直人士考察當代南北矛盾和確認中國歸屬範疇的基本立足點和基本視角。反之，如果不顧事實，硬把當前中國歸入為「發達國家」或「發達強國」之列，或戴上他人奉送的廉價「高帽」，便憒憒然自我陶醉，那就勢必導致範疇混亂和定性錯誤。究其原因，如果不是出於居心叵測，就是由於「頭腦發熱」，缺乏冷靜思考。

二、南北矛盾的源與流

在國際政治學和國際經濟法學中，「南北矛盾」已是早有主流共識的概念，一般而言，它是指歷史上長期形成的殖民主義、帝國主義國家與廣大的殖民地、半殖民地附屬國之間的政治、經濟的矛盾。[14] 前者恃其利炮堅船和強大國力向落後地區實行長達數百年的侵略、壓迫、剝削和搾取，造成後者數十億人民的積貧積弱，從而在經濟實力上與前者形成巨大的鴻溝，在世界財富的國際分配上蒙受極其不公平和非正義的待遇。

為了改變這種不公平、非正義的現象，殖民地、半殖民地的弱小民族進行了長期的奮鬥和抗爭，直到第二次世界大戰結束後才相繼地掙脫殖民枷鎖，陸續成立了具有初步獨立自主地位和享有獨立政治主權的發展中國家。然而這些國家至今仍未擺脫世界財富國際分配極端不公的境地，並未取得經濟上的平權地位和應有權益。

為了進一步取得完整的獨立自主地位，發展中國家除了應該堅持政治自主外，還應當進一步強化自己的經濟主權和經濟實力，即努力發展自身的民族經濟，改變長期積貧積弱的處境，力爭在國際上享有完全的平權地位和應有權益。

但是由於長期的積貧積弱，要發展自身的民族經濟，談何容易？它們既缺少必要資金，又無先進技術，也缺少先進的經營管理經驗，所有這些都必須求助於原殖民主義、帝國主義國家，即現在的發達國家。正是在這樣的歷史條件下，才開始出現當代的BIT。存在於當代發展中國家與發達國家之間的「南北矛盾」，

乃是近代數百年來的殖民主義、資本帝國主義侵略史的必然產物，後者是前者產生的本源。由此可見，二十世紀五〇年代以來開始存在於當代發展中國家與發達國家之間的大量BITs，乃是百餘年來南北矛盾的產物，前者是後者的歷史延長和必然衍生。

（一）當代 BITs 的本源屬性：南北矛盾的產物

發展中國家為了吸引外資，往往必須與發達國家締結「雙邊投資條約」（Bilateral Investment Treaty, BIT），除了規定在本國境內依法管轄外資企業時，給予外國投資者以各種經濟優惠和全面保護外，還規定東道國應在特定條件下讓渡一部分司法主權，外資企業在東道國的合法權益受到侵害並發生爭端時，外商有權不經東道國政府的同意，單方決定把有關投資爭端提交ICSID等國際仲裁機構，從而免遭在東道國被任意侵害的風險。

時至今日，隨著世界經濟的發展和資本國際流動的活躍，世界各國締結的各種BITs出現了多樣性，特別是出現了發展中國家與發展中國家之間締結的BITs，即出現了不少調整「南南矛盾」的BITs。儘管如此，當今數以千計的用以調整「南北矛盾」的BITs，依然在資本跨國流動中發揮著主導的、決定性的作用，這也是不爭的事實。

就中國而言，儘管近年來在「引進來」的同時也在積極地「走出去」，但迄今為止以及在可預見的相當長的時期內，中國仍然只是一個發展中國家；相較於發達強國長期在華的巨量投資，中國向外投資的比重仍處於明顯的弱勢地位，就吸收外資（潛在債務）與對外投資（潛在債權）的對比而言，中國是嚴重

「入超」的國家，一旦出現重大經濟危機，其潛在風險是十分巨大的。[15] 簡言之，中國仍然屬於南方國家範疇，這也是不爭的事實。

由此可見，在探討當代BITs的理論和實踐問題時，有關「南北矛盾視角已經過時」，應該「摒棄南北矛盾視角」之類的看法，顯然太過「超前」，不合時宜。

（二）南北類BITs的締結：南北利益交換和互相妥協的過程，卻未必是尋求「普世價值」[16]的過程

「普世」一詞源於希臘文「Οικουμενική）」，意為「整個有人居住的世界」。中文裡的「普世價值」在英文中對應「oecumenical value」和／或「universal value」。「universal va ue」是一個哲學或心理學上的概念，是指人類對自身價值的最基本的評判標準；是人類創造的、千百年來經過沉澱揚棄而昇華的、全世界普遍適用的、最好的價值；是放之四海而皆準的價值觀或最佳價值理念。西方學者通常把「普世價值」解釋或歸納為「博愛、平等、公正、正義、民主、自由、法制、人權」等。[17]

「普世價值」所宣揚的理念固然為廣大民眾所欣然接受，然而具體到投資領域的雙邊投資條約談判，要求BITs締約雙方以追求「公平、正義、自由、平等」為目標，顯然有些過於理想化。衡之於歷史事實與當代現實，與其說BITs締約雙方以追求「公平、正義、自由、平等」的「普世價值」為目標，倒不如說BITs的締結不過是一個彼此博弈、利益妥協的過程；究竟在哪個「利益交匯點」（convergence）上達成一致，主要取決於談判雙方各

自的經濟實力和綜合國力，而並不取決於談判雙方各自的「溫良恭儉讓」，也不取決於談判雙方各自持有何種「普世價值」觀或具有何等水平的「普世價值」。

簡言之，在BITs的締約談判中，外交辭令上追求公平正義、開放自由等所謂的「普世價值」，歸根結底，往往等同於實質意義上的「斤斤計較」和實力較量。對待雙邊投資條約談判，在折衝樽俎之際，尤其應清醒認識和反覆衡量其中每一具體條款對己方的利弊得失，在涉及自身重大利益和根本利益的條款時，堅決不可輕易退讓乃至於全盤放棄；與此同時，對其他一般性條款，則可在對等的基礎上適當地合理讓步。

下文試以新近締結的「中國—加拿大BIT」中的兩項重要條款為例，具體印證締約談判乃是雙方利益交換和互相妥協的過程，而非尋求「普世價值」的過程。

三、「中—加 2012 BIT」的締結乃是南北利益交換和互相妥協的典例：聚焦「徵收補償」條款

二〇一二年九月九日，中國商務部部長陳德銘與加拿大國貿部部長埃德‧法斯特在俄羅斯符拉迪沃斯托克簽署了《中華人民共和國政府和加拿大政府關於促進和相互保護投資的協定》（以下簡稱「中—加2012 BIT」）。中國商務部條約法律司負責人隨即就其主要內容和意義進行了解讀。該負責人表示，「中—加2012 BIT」涵蓋了常規投資保護協定的主要內容和要素，共三十五條和六個附加條款，是中國迄今為止締結的內容最為廣泛的一

個雙邊投資協定，並在重大問題上反映了國際投資協定的新發展和新趨勢。」該負責人同時指出，「中國和加拿大雙邊投資保護協定的談判自一九九四年就啟動了，歷經十八年共二十二輪正式談判和數輪非正式磋商，最終雙方就一系列核心條款達成共識，這一結果來之不易。」[18]

不難想見，在漫長的十八年間，中、加雙方談判代表各為其本國爭取最大的利益，在最終達成共識之前，由「針鋒相對」「斤斤計較」和「討價還價」，到最後互相讓步妥協，其進展是何等的艱難和緩慢。

礙於篇幅，本文無法對「中—加2012 BIT」加以全面的評析，茲試以「中—加2012 BIT」中有關「徵收補償」和「爭端解決」這兩大「敏感」條款為例，通過相關歷史文獻[19]的比較分析，窺見雙方妥協性「共識」「來之不易」之一斑。

就徵收補償而言，東道國因公共利益需要而採取合法手段把境內外國投資者的財產收歸國有，應當給予補償，這在當代國際社會中已逐漸形成共識；但長期以來，在「補償標準」和「補償額的估算」問題上，資本輸出國（發達國家）和資本輸入國（發展中國家）這兩大營壘卻持有不同的見解，分歧很大。[20]

（一）關於「補償標準」問題的南北分歧

在「補償標準」問題上，發達國家主張採用「赫爾規則（Hull Formula）」。[21]以加拿大為例，「加拿大2004 BIT範本」第13條第1款[22]中明確規定將「充分、及時、有效（adequate、prompt and effective）的補償作為徵收的補償標準。現今許多雙邊投資協

定及雙邊投資協定範本均採用「赫爾規則」。[23] 其主要意思如下：「充分（adequate）補償」是指賠償金應相當於被徵收財產的全部價值，并包括可預期的未來潛在利潤以及直至支付賠償金時的利息；「及時（prompt）補償」是指迅速地或毫無遲延地給予補償（without undue delay）；「有效（effective）補償」則需要達到能夠被全額兌現（fully realizable）和自由轉移（freely transferable）的標準。

與發達國家所主張的徵收補償標準不同，發展中國家在聯合國大會等國際舞臺上，[24] 共同支持以「適當（appropriate）補償」作為補償標準。這種補償原則上只是「部分」補償。[25] 中國在一九八六年與瑞士聯邦政府簽訂的BIT第7條中有關徵收補償的規定，就排斥「充分」補償的字眼，轉而規定補償應是「適當」的。[26]

但在國際實踐中，也有部分發展中國家出於對引進外資的迫切期待和需求，在與發達國家簽訂BITs時不得不同意給予發達國家的投資者以高水準的保護，接受「充分」補償的標準。從表面上看，它們似乎是遵守了美國所鼓吹的「普世價值觀」，實質上卻是積貧積弱的發展中國家被迫接受美國設定的「統一標準」。[27]

（二）關於「補償額估算」問題的南北分歧

無論是採用「充分」的補償標準，還是採用「適當」的補償標準，都會涉及對補償額如何估算的問題。倘若按照發達國家的主張，適用「充分」的補償標準，對發展中國家來講將是一筆巨額賠款，甚至是天文數字，勢必會給實力弱小的發展中國家帶來

沉重的經濟負擔。反之，如果適用「適當」的補償標準，發達國家投資者獲得的補償額將會大大減少，「充分」的補償實際上就變成了不充分的「部分」補償。可見，有關徵收補償額的估算問題同補償標準一樣，具有重要的意義，兩者互相呼應、密切相關。[28]

對補償額估算問題的爭議主要圍繞「going concern value」[29]展開。發達國家主張，在外資企業被東道國徵收時，應按照該企業的「興旺企業持續經營總值」（有人簡稱為「興旺發達值」）計算賠償數額，既應包括該企業自身的現有資本價值，也應包括該企業未來的、可預期的、潛在的利潤。仍以「加拿大2004 BIT範本」為例，其第13條第2款強調：估算標準應包括「興旺企業持續經營總值」，包含有形財產的申報稅收價值之資產價值，以及確定公平市場價值之其他適當標準。[30]顯然，這裡的「going concern value」應被理解為現有資產和未來預期利潤的綜合體。

例如：A外資跨國公司在某東道國境內投資1億美元，獲準經營30年，因其從事壟斷經營，平均每年贏利三千萬美元。為發展民族經濟，東道國在該公司經營的第15年決定加以徵收。如按「興旺企業持續經營總值」（「現金流量折算」）核計徵用賠款，則該東道國除應支付A公司現有資產1億美元之外，還要支付未來15年A公司可能贏得的全部預期「潛在利潤」4.5億美元（15年×年均利潤3000萬美元＝4.5億美元）。其結果是：第一，A跨國公司只在東道國投資1億美元，15年間即贏利4.5億美元，被徵用後除獲賠原投資額1億美元，又獲賠未來15年「潛在利潤」4.5億美元。換言之，投資1億美元，15年間總共獲利9億美元，高達原

投資的9倍！第二，如此漫天要價，顯然大大超過東道國的支付能力，實質上無異於剝奪了發展中東道國行使主權、必要時徵用外資以發展民族經濟的合法權利。

正因為這樣的「徵收補償額估算」規定帶有強烈的經濟霸權主義色彩，故數十年來國際上非議、抨擊之聲不絕於耳。[31]但美國憑藉其強大實力，多年來依然我行我素；加拿大則亦步亦趨，多年未改。

與之相反的是，發展中國家主張對被徵收的外資企業給予補償時，僅應補償企業有形資產的損失，不應將未來預期利潤計算在內，而這種主張絕非無理。因為：第一，外資企業在東道國已經營有年，利用東道國豐富的資源、廉價的土地和勞力，一般都獲得了比較豐厚的盈利。爾後東道國政府為實現公共利益的需要，對外資企業實行徵收，並給予其資本金的補償價值，外商投資者則放棄其對未來預期利潤的追償，從某種程度上講，兩者之間已經達成了一種利益上的均衡。第二，即使徵收並未發生，該外資企業也不能保證在未來經營期間必然不會遭遇任何商業風險或經濟危機，並因此虧本乃至破產。第三，如果被徵收的外資企業獲得「現有資本＋預期利潤」的賠償，他們手持所獲全部賠償作為本金再進行投資，日後仍可再度獲得利潤。就同一筆資金獲得雙重利潤，對外商投資者而言乃是暴利，更是不當得利。[32]

在中國與他國簽訂的BITs中，就徵收補償額的問題多是以「市場價值」或「公平市場價值」為標準進行估算。例如，在二〇〇六年中國與俄羅斯聯邦政府簽訂的BIT中，雙方就一致認為應按照徵收或徵收為公眾所知的前一刻被徵收投資的市場價值進

行估算；[33] 在二〇〇四年中國與芬蘭共和國政府簽訂的BIT中，也將「公平市場價值」作為徵收補償額估算的標準。[34] 由此可見，中國的立場和廣大發展中國家一致，支持以客觀和公平的方法估算被徵收外資企業的補償額。

（三）南北兩類國家針對「徵收補償」問題達成妥協的新成果——以「中—加 2012 BIT」第 10 條為例

「中—加2012 BIT」第10條對「徵收補償」問題作了詳盡的規定。該條首先列舉了實施徵收行為的前提條件：基於公共目的、根據國內正當法律程序、不以歧視的方式、給予補償。關於徵收補償的標準，該條規定：「補償的支付應可以有效實現、自由轉移，且不得遲延。」這裡明確排除了「加拿大2004 BIT範本」中所列舉的「充分」（adequate）補償標準，延續了發展中國家一貫的主張，即不認可發達國家主張的「充分」補償，僅在有效和及時的基礎上給予被徵收企業以補償。關於徵收補償額的估算，該條明確排除了按照「興旺企業持續經營總值」計算賠款的方法，轉而適用「公平市場價值」標準，對被徵收企業的有形資產進行客觀公正的估算，但不賠償企業未來預期利潤損失，並按照通常的商業利率支付投資者一定的利息。[35]

縱觀「中—加2012 BIT」第10條的規定，內容具體充分，尤其是在「補償標準」和「補償額估算」的關鍵問題上，中國並未作出不應有的讓步，從而堅持了作為發展中國家應有的立場。如此看來，「中—加2012 BIT」的締結，顯然不可被認定為雙方已實現了「普世價值」。[36]

四、「中－加 2012 BIT」的締結乃是南北利益交換和 南北互相妥協的典例：聚焦「爭端解決」條款

　　長期以來，圍繞著投資者和東道國間的投資爭端解決，資本輸出國和資本輸入國之間存在很大分歧。資本輸出國（發達國家）從保護本國投資者的角度出發，主張運用國際保護的手段將投資者與東道國之間的投資爭端提交ICSID等仲裁機構處理，而資本輸入國（發展中國家）力求將《華盛頓公約》等授予的四種重大權利[37]完整保留，強調當地救濟方法，力主投資爭端應由東道國法院管轄和解決。發達國家現有BIT範本中有關爭端解決的條款（如美、加型BITs）充分體現了發達國家的權益，卻背離了有關國際公約對弱者實行自我保護的授權，對於吸收外資的發展中國家來說，更是一種對經濟主權和司法主權的變相剝奪。

　　因此，在與發達國家締結BITs的談判中，發展中國家面臨的核心問題之一是：對於本國境內本屬於自己的有關外商投資爭端的管轄權，在「留權在手」的幅度與「對外放權」的尺度上，在「留」與「放」的利弊矛盾中，如何趨利避害，拿捏分寸，取得科學的平衡。在BITs中設定的所有「例外條款」，使東道國某些相關法律的位階高於或優先於BITs中相應的程序性或實體性規定，從而排除BITs中一般性條款的適用。

　　「中－加2012 BIT」的談判歷時十八年，終於正式締結，充分體現了上述南北矛盾、南北分歧、南北利益交換、南北協調合作的進程與效果。以下聚焦於與「爭端解決」有關的條款規定，擇其五個要點，即關於「最惠國待遇」的例外、「金融審慎」的

例外、「稅收措施」的例外、「用盡當地救濟」的例外和「國家重大安全利益」的例外，逐一加以剖析，藉以明確當今中國在上述「留權在手」的幅度與「對外放權」的尺度上，持有何種原則立場，如何拿捏恰當分寸。

（一）關於「最惠國待遇」例外的南北分歧與妥協

國際投資條約中確立的「最惠國待遇」標準是指締約一方給予另一方投資者的待遇不得低於其已經給予或將要給予任何第三方投資者的待遇，該項標準賦予了所有外國投資者以平等的待遇和在東道國公平競爭的機會。[38]如果締約雙方在其簽訂的雙邊投資條約中未就「最惠國待遇」條款附加任何限制，則基於「最惠國待遇」條款的「傳遞性」特徵，該條約就會對所有的非締約方適用，從而使雙邊性的BITs演變為多邊的國際條約。然而「最惠國待遇」不單單具有「傳遞性」，還具有「單向性」，實踐中對施惠國來說，會應締約另一方的要求將其已經給予第三方的待遇無條件地寫進條約中，使得受惠國「惠而不費」地享受同等待遇。在晚近的國際投資條約中，圍繞「最惠國待遇」條款存在較多的爭議，主要的焦點在於「最惠國待遇」條款是否惠及和適用於爭端解決機制。[39]大多數BITs對於「最惠國待遇」條款是否適用於「爭端解決」規定均無明確表態，這也為有關當事方及仲裁庭在涉及具體案件的解釋問題上留有自由裁斷（discretion）的餘地。

眾所周知，投資國際仲裁的當事人主體是外國投資者和東道國。「加拿大2004 BIT範本」第4條有關「最惠國待遇」的表述[40]

實際上已經涵蓋了投資爭端解決問題，即「最惠國待遇」可以適用於「爭端解決」機制。一旦外國投資者認定自身利益受到東道國的非法損害，即可單方面地將投資爭端提交給國際仲裁庭，而無須經過其東道國政府的同意。換言之，由發達國家主導的多數BITs已經授權投資者來決定是否援用其中的「最惠國待遇」條款，從而享受第三方條約中更為有利的爭端解決待遇。

相比較而言，「中—加2012 BIT」第5條關於「最惠國待遇」的規定就較為謹慎：除去與「加拿大2004 BIT範本」第4條相同的前兩款規定外，「中—加2012 BIT」增加了第3款，強調「最惠國待遇」條款「不能適用於投資條約和其他貿易協定中的爭端解決機制」。[41] 如此看來，該表述已明確地將「最惠國待遇」排除在爭端解決機制之外。

之所以會有這樣的規定，是「事出有因、有據可循」的：中國經濟的發展離不開世界市場，但同時還必須受國內政府的宏觀調控，「與時俱進」的理念決定了政策也要視全球經濟局勢的發展變化而發生變動，因而不可避免地會使得某一行業或產業的政策出現重大調整，從而可能嚴重地損害該行業或產業的外國投資者的利益，導致其紛紛向ICSID申請仲裁。倘若中國全盤接受ICSID仲裁管轄權，很難想像，當眾多的外國投資者將矛頭直指中國，聲稱中國政府斷然採取徵收措施或其他重大措施剝奪了他們的財產所有權，並要求中國按照「興旺企業持續經營總值」來計算賠償數額時，中國該如何處理呢？再者，一旦在任何一個中—外BIT中同意將與投資有關的爭端提交給ICSID解決，且在「最惠國待遇」條款中未明確規定MFN不得適用於爭端解決機

制，那就意味著所有的中—外BITs一致同意接受ICSID仲裁管轄權，這無疑是對中國司法主權的公然挑戰，更是對中國作為發展中國家理應享有的四大權利的公然剝奪。

值得注意的是，「中—加2012 BIT」中的「最惠國待遇」條款斷然拒絕採用發達國家一貫的主張，這顯然是中方談判代表吸取了某些發展中國家（例如阿根廷[42]）曾經經歷的慘痛教訓，在談判中堅持「居安思危」的憂患意識，從而在原有條文的基礎上增加了上述排除「最惠國待遇」的例外規定，這確是一項「得來不易」的突破性成果，應予充分肯定，同時也為中國後續與他國締結BITs的談判表明了中方應有的原則立場，樹立了示範性的先例。[43]

（二）關於「金融審慎」例外的南北分歧與妥協

國際金融危機爆發所造成的連鎖反應引起了世界各國的關注，部分國家和地區因此而遭受的負面影響更不容小覷。因此，各國為防範金融危機而採取的「金融審慎措施」就被列入BIT談判範本中，作為ICSID或其他「投資者v.東道國仲裁庭」（investor-State tribunal）管轄權例外條款之一。其核心內容是：即使東道國採取的「金融審慎措施」與BITs中的規定不符，但只要不以不合理的方式使用，不是有意將其作為逃避義務的手段，則不必為此承擔法律責任。[44]

在實踐中，多數BITs關注的是「金融審慎措施」的爭端解決方面，尤其是在認定東道國所採取的「金融審慎措施」的合法性問題方面，不同BITs範本的規定不盡相同。將「加拿大2004 BIT

範本」與已經簽署的「中—加2012 BIT」中有關「金融審慎措施」例外的條款進行計較，進而分析兩者的不同之處，可以作為中國今後與其他國家簽訂BITs的重要先例，加以參考和借鑑。

「加拿大2004 BIT範本」有關「金融審慎措施」的規定[45]指出：當投資者單方向國際仲裁庭提出訴請而被訴方東道國以「金融審慎措施」和合理的阻止或限制轉移措施為由進行抗辯時，應先由（1）締約雙方的金融服務主管部門進行磋商，在達成協議的基礎上，或通過（2）另設「仲裁小組」（an arbitral panel）的方式，準備一份書面報告。ICSID在收到該份報告以前，不得就前述條款能否以及在何種程度上對投資者的訴請構成有效抗辯加以審理，上述報告書對ICSID具有約束力。反之，如果ICSID在收到投資者訴請的七十天內，既未收到兩國另行設立「仲裁小組」的請求也未收到來自兩國金融服務主管部門達成共識的書面報告，ICSID即可直接對前述問題進行審理和作出裁定。

簡言之，ICSID對於投資者單方提出的指控東道國金融措施「不合法」侵權之訴請，除受上述（1）（2）限制外，在較大程度上具有直接的和獨立的管轄權、審理權和裁決權。

反觀已經簽署的「中—加2012 BIT」，涉及「金融審慎措施」例外規定的主要有三個條款，[46]這些條款對裁決「金融審慎措施」合法性的認定問題，採取了特殊的、更為嚴格的處理措施：

（1）當投資者單方將爭端提交國際仲裁而被訴方（東道國）以「金融審慎措施」作為抗辯理由時，首先要將問題提交給爭端各締約國的金融服務主管部門進行磋商，並就抗辯理由的有效性聯合作出共同決定。該決定應形成書面的報告，並對ICSID具有

約束力。

（2）如果爭端各締約國的金融服務主管部門未能在規定的期限（60天）內聯合作出共同決定，則任一締約方可在此後三十天內，將爭端提交給「締約國間的仲裁庭」（State-State arbitral tribunal）解決，此時，就不得再以兩國自行磋商的方式進行解決。「締約國間的仲裁庭」所作出的裁定同樣對ICSID具有約束力。

簡言之，ICSID對於投資者單方提出的指控東道國金融措施「不合法」侵權之訴請，除非已經具備上述（1）或（2）的必備條件之一，否則，對於此種單方訴請，ICSID根本沒有直接的和獨立的管轄權、審理權和裁決權。

通過對比，不難發現，在「金融審慎措施」的爭端解決方面，「中—加2012 BIT」的規定較之「加拿大2004 BIT範本」在更大程度上尊重和維護了東道國的立法、執法和司法主權，更好地反映了弱勢發展中國家「儘可能留權在手」的真實意願，避免貿然對外過度「放權」，由ICSID自行對有關條款作出任意解釋，從而影響弱勢發展中國家締約國的金融安全。這樣的規定也是發展中國家（中國）針對發達國家（加拿大）在談判博弈中取得的又一「得來不易」的成果。

（三）關於「稅收措施」例外的南北分歧與妥協

現行BITs針對稅收事項一般均設有專門的條款，主要包括兩方面的內容：一則規定稅收條款的適用範圍，二則規定稅收爭議仲裁的程序性問題。但稅收條款的核心問題是探討稅收措施的爭

端解決，涉及稅收爭議的仲裁程序，尤其在是否強化締約雙方稅務主管部門的作用方面，要有明確的表態。無論是「加拿大2004 BIT範本」還是「中—加2012 BIT」，均強調締約國稅務主管部門在對稅收措施是否構成「間接徵收」[47]的問題上具有發言權和認定權。

「加拿大2004 BIT範本」允許投資者單方對具有「間接徵收」性質的稅收措施向ICSID等國際仲裁機構提起申訴，但這種申訴應受篩選機制的監督。[48]儘管BIT中有關徵收的規定適用於稅收措施，但投資者只有在滿足下述前提的情況下才可提交國際仲裁：（1）已經將稅收措施是否構成「間接徵收」的問題提交給締約雙方的稅務機關；（2）在收到訴請的六個月後，締約雙方的稅務機關仍然未能就該爭議稅收措施是否構成徵收達成一致的決定。此外，締約雙方在爭議稅收措施是否構成「間接徵收」的問題上所作出的共同決定，對仲裁庭或仲裁小組均具有拘束力。[49]這種規定實際上賦予了締約國稅務主管部門在稅收實體問題上享有共同的決定權，從而排除了ICSID在稅收爭端解決方面的直接管轄權。

關於「稅收措施」的例外，「中—加2012 BIT」同樣作出了專門規定：一是規定當BIT中的條款與其他任何稅收協定中的條款存在不一致的情況時，在不一致的範圍內適用稅收協定中的規定；二是對於稅收措施的實體約束，僅限於BIT中的徵收條款規定；三是突出締約方稅務主管部門的作用，在投資者就稅收爭議提出訴請時，應先由雙方稅務主管部門就爭議稅收措施是否構成徵收聯合作出決定，如一致認為不構成徵收，則投資者不能提請

國際仲裁；四是僅在雙方稅務主管部門不能就前述問題達成一致意見時，投資者才可以向國際仲裁庭提交申訴。[50]

值得一提的是，此前中國的BITs中對稅收和徵收的關係尤其是稅收和「間接徵收」的關係上並未作出明確的規定。一方面，BITs雖然沒有將稅收措施排除在徵收範圍之外，但也沒能列舉出「徵收性稅收措施」的具體標準；另一方面，BITs在授權投資者可就稅收爭議提交國際仲裁解決的同時，又規定該種爭議應優先適用稅收協定中的實體規定。[51]

儘管如此，在「稅收措施」例外問題上，發達國家和發展中國家的立場可謂基本一致，「中—加2012 BIT」延續了雙方一貫的堅持，其表述更加明確和細化，沒有出現類似前述其他問題的重大分歧。雙方均認可兩國稅務主管部門的發言權和共同決定權，在很大程度上可取代ICSID在稅收爭議問題上的直接管轄權，進而可以依據各自的國情，更好地制定其本國的稅收政策和法律，防止部分外國投資者單方向國際仲裁庭提出濫訴。

（四）關於「用盡當地救濟」例外的南北分歧與妥協

發展中國家在對外簽訂的BIT中基本上均設立了「用盡當地救濟」條款，規定投資者在爭端發生後，首先應將爭端提交給東道國國內的法院解決或向東道國國內的行政機關申請行政複議解決，只有在國內法院或行政機關未能在合理期限內作出裁決，或投資者對裁決的結果不滿時，才能單方將爭端提交給ICSID等解決。

在晚近中國對外簽訂（包括重新簽訂）的BITs中，不乏出現

「用盡當地救濟」的先例。例如，一九九八年中國與巴巴多斯政府簽訂的BIT第9條的規定；[52] 二〇〇三年中國與德意志聯邦共和國簽訂的BIT第9條以及該協定議定書第6條的規定。[53]

在中方談判代表的堅持下，新近締結的「中—加2012 BIT」第21條就規定了外國投資者單方訴請國際仲裁的前提條件，強調投資者需「用盡當地救濟」後方能將爭端提交給國際仲裁庭。具體說來：（1）外國投資者把爭端提交國際仲裁前，應首先通過東道國的行政複議程序解決，在提出複議申請四個月後，如果該投資者認為爭端仍然存在，或者不存在可用的此種救濟，則可將爭端提交國際仲裁。（2）該投資者如果已經就爭端在東道國當地法院提起訴訟，則僅在該國法院作出判決前該投資者撤訴的情況下，才可訴請國際仲裁。

然而，對於外國投資者尤其是發達強國的投資者而言，更傾向於通過國際仲裁解決投資爭端。他們認為，國際仲裁採用的是國際標準和程序，裁決結果對雙方比較「客觀、公正」；反之，通過東道國的國內法院解決爭端，容易受東道國政府的影響產生「當地偏袒」。「加拿大2004 BIT範本」就是一個很好的例證，該範本第28條規定：東道國在BIT中表示的同意視為無條件地同意投資者把有關爭端直接提交國際救濟，而無須受「用盡當地救濟」的約束，這就完全剝奪了東道國要求優先適用當地救濟的權利，即廢除了東道國在一定時期內優先實行本國管轄的權利。[54]

在「用盡當地救濟」的問題上，中方代表在談判和締結「中—加2012 BIT」的過程中，堅持了中國的原則立場，並未貿然接受發達國家原有的關於爭端解決的條款規定。可以說，《華盛頓公

約》賦予發展中國家的這一「安全閥」，在「中―加2012 BIT」中基本得到了保留，再次印證了該談判成果確實「來之不易」。

（五）關於「國家重大安全利益」例外的南北分歧與妥協

眾所周知，加拿大基於資本輸出國的立場，一向傚效美國，在與發展中國家簽訂的BITs中，往往規定外國投資者在爭端發生後有權不受東道國約束，逕自尋求包括ICSID在內的國際仲裁救濟。然而，自二十一世紀初以來，在《北美自由貿易協定》（NAFTA）體制的實際運行中，加拿大政府也逐漸嘗到了本國作為「被告」被外國投資者訴諸國際仲裁庭的「苦頭」，[55]認為應該對本國境內的外國投資者動輒向國際仲裁庭提出申訴的權利加以限制，以此維護東道國政府行使宏觀經濟調控的權力。加拿大對其二〇〇四年BIT範本作了重大修改，增加了大量的例外，突出強調東道國為了國民健康、國家安全、金融穩定、貨幣信貸穩定、資源保護、環境保護等公共利益而採取的有關措施，外商不得視為「間接徵收」並據以提交國際仲裁索賠。[56]

反觀中國，直至二〇〇三年十二月重新簽訂「中―德BIT」（2005年11月生效），之前對外締結的大量BITs中，條款都十分簡單，特別是在大幅度「對外放權」（允許在華外商有權單方把境內投資爭端直接提交國際仲裁管轄）的同時，對於保留「國家重大安全利益」的例外，即慎重「留權在手」事宜，多未予以應有的重視。有鑑於此，中國學者們早在二〇〇六至二〇〇七年就語重心長地呼籲：「中國如不增強憂患意識，居安思危，未雨綢繆，預先有所防範，則有朝一日，不排除可能會變成第二個阿根

廷。」[57]因此，中國在日後的BITs締約談判中（如與美國的BIT談判），不妨以對方範本中添加的各種「安全例外」條款，作為可以「攻玉」的「他山之石」，結合中國的國情，予以「師法」和「移植」，使其為我所用。[58]

在新近締結的「中—加2012 BIT」相關條款[59]中，就比較完善地實現了南北兩類國家互相尊重對方國家的法律，[60]互相尊重對方國家的立法和執法主權，從而達到彼此平等、互利共贏。這種條款規定，可謂「在重大問題上反映了國際投資協定的新發展和新趨勢」[61]，顯然也是「來之不易」，值得肯定和讚許。

五、多哈回合談判是構建國際經濟規則不能「摒棄南北矛盾視角」的最大明證

本文開頭提到，晚近出現一種說法，認為「中國對外締結BITs的談判是尋求普世價值的過程」；「南北矛盾視角」已經「過時」；由此推論，「在構建國際經濟規則的過程中，應當摒棄南北矛盾視角」。此說似是「以小見大」，實則「以小偏概大全」，大大背離全球大局的現實。眾所周知，迄今延宕十一年之久的「多哈回合」談判，就是構建全球性國際經濟規則的「南北大談判」；換言之，「多哈回合」談判本身就是「構建國際經濟規則」絕對不能「摒棄南北矛盾視角」的最大明證。

多哈回合談判自二〇〇一年啟動以來，就本著WTO所倡導的「以發展問題為主線」的宗旨，尋求對經濟全球化加以有效治理的多邊貿易體制。在此之前，作為多哈回合談判的前身——烏

拉圭回合談判的核心成果，被評價為發達國家和發展中國家之間的一個「南北大交易」，即發達國家開放農產品、紡織品等對發展中國家具有重要出口利益的領域，實行「市場准入」，發展中國家同意將服務貿易、知識產權等新議題納入到多邊貿易體制中。然而隨著烏拉圭回合的結束並伴隨相關協議的實施，發展中國家普遍感受到它們並沒有在這場「南北大交易」中得到預期的利益，尤其是在「市場准入」方面表現得最為明顯。與此同時，它們卻要為新議題的出現而承擔更為沉重的義務。與發達國家在交易中的「收穫多多」相比，發展中國家不僅沒有在市場准入方面獲得貿易順差，還要為新議題作出巨大的讓步，付出巨大的經濟代價。顯然，這場「南北大交易」中的顯失公平，加劇了而不是緩解了多邊貿易體制下發達國家和發展中國家之間的南北分歧。[62]

當前，多哈新一輪多邊貿易體制下的談判已從傳統的貨物貿易領域逐漸向服務貿易、勞工、競爭和發展等領域開放，其所涉及的範圍已經深入到成員國的國內規則、政治經濟制度等較為敏感的「內政」領域，並不斷向發達國家和發展中國家利益直接衝突的重要事項逼近。[63]因此，不難想像，面對兩大群體的正面交鋒，實力強大的發達國家與數量眾多的發展中國家很難在多邊貿易談判中迅速地、順利地達成一致。南北之間的矛盾、角力和較量，勢必還要延續相當長一段時間，其進展勢必步履維艱、曲折向前。

毋庸置疑，迄今歷時十一年的多哈回合談判體現了南北矛盾遇到了新難題，進入了新階段。在某些發達強國的極力阻撓下，

如何在推進貿易自由化和保留發展中國家的經濟自主權和優先發展權之間尋求平衡點和交匯點，乃是當下需要優先考慮和解決的問題，也是在構建國際經濟規則過程中不應該「摒棄南北矛盾視角」的最大明證。

六、結束語

綜上所述，筆者對構建國際經濟規則是否應當「摒棄南北矛盾視角」的問題加以認真探討，試圖釐清幾條基本主線：

第一，在歷史上，大量BITs的締結即為南北矛盾的產物。在南北兩類國家之間，無論是已經締結的BITs還是正處在談判階段的BITs，均體現了南北兩類國家之間利益的交換和妥協過程，這顯然是「構建國際經濟規則，不應當摒棄南北矛盾視角」的一大實證。

第二，新近締結的「中—加2012 BIT」歷經十八年的漫長努力和耐心等待，這一過程表明，南北兩類國家在投資實踐的某些核心問題上已經由分歧走向共識，其過程的艱難和緩慢無疑證明了「構建國際經濟規則，不應當摒棄南北矛盾視角」。

第三，作為促進「構建國際經濟規則」合理變革的多哈回合談判，如已走過十一個年頭，雖步履維艱，卻依然在曲折中前進，並終將在南北雙方均可接受的「交匯點」化解南北僵局，平衡南北兩類國家的利益。[64] 這也為多年來全球多邊談判的最新事例，再次提供了有力的佐證，證明了「構建國際經濟規則，不可能也不應當摒棄南北矛盾視角」。

第四，中國作為長期活躍在世界經濟舞臺的發展中國家，在處理和其他國家尤其是強大發達國家之間的投資利益關係時，應擺正心態，保持「居安思危」的憂患意識。一方面，應當對他國先進的理念和實踐加以學習和借鑑，並立足於中國吸收外資和向外投資的有關國情，進行全面、深入的調查研究，認真吸取當代各國BITs締約實踐中的經驗教訓，謹慎小心地「摸著石頭過河」。另一方面，在面對投資爭端解決時，切不可貿然過度交出本國的司法管轄權和本國法律的優先適用權。恰恰相反，應善於運用四大「安全閥」，儘可能「留權在手」，在「引進來」和「走出去」之間，在保護外資合法權益和維護中國司法主權、經濟主權之間，保持正確的、恰如其分的綜合平衡。

注釋

* 本文由陳安與谷婀娜合作撰寫。谷婀娜是國家重點學科廈門大學國際法學科2017屆博士，現任西安交通大學法學院講師。

致謝：在本文寫作過程中，中國商務部條法司溫先濤處長、廈門大學國際經濟法研究所韓秀麗副教授、陳欣助理教授、王海浪助理教授、博士生李慶靈等分別提供部分資料或修改建議。謹此致謝！

〔1〕 「Chimerica」又譯「中美共同體」「中美國」，是「China」和「America」合拼的英語新詞。2007年3月4日，哈佛大學商學院教授尼爾‧弗格森（Niall Ferguson）在英國《星期日電訊報》發表題為《不是兩個國家，而是一個：中美國（Chimerica）》的文章，以強調中美經濟關係的緊密性，稱中美已走入共生時代。See Niall Ferguson, Not Two Countries, But One: Chimerica, http://blog. sina. com. cn/s/blog_5d09alel0100bdoz. html.

〔2〕 「G2」概念是指由中、美兩國組成一個Group來代替舊有的G8，即八國集團，以攜手合作解決世界經濟問題。2008年8月，華盛頓彼

特森國際經濟研究所所長弗雷德・伯格斯登（Fred Bergsten）在《外交事務》雜誌發表《平等的夥伴關係：華盛頓應如何應對中國的經濟挑戰？》一文，主張中美組成「兩國集團」「共享全球經濟領導權」，並使中國在某種程度上取代歐洲。時值第四次中美戰略經濟對話（U. S. -China Strategic Economic Dialogue）在美國馬里蘭州安納波利斯召開，伯格斯登的觀點引起了學界和政界廣泛關注。See C. Fred Bergsten, A Partnership of Equals: How Washington Should Respond to China's Economic Challenge? http://www. foreignaffairs. com/articles/64448/ c-fred-bergsten/a-partnership-of-equals.

〔3〕 參見金燦榮：《中美聯手共治世界驚人內幕：中國恐將陷入混亂》，http://www. junslinews. com/article/ 201203/8045_3. html。金教授認為，「Chimerica」和「G2」兩個詞都是經濟學家基於經濟發展的事實提出來的，主要是分析中美兩國的經濟地位以及對世界經濟發展的責任。但是，美國少數學者和個別戰略家將前述兩個詞上升到政治層面，特別是提出一種中美共治的制度性領導結構，這在政治上是非常危險的，在實踐中也是行不通的。

〔4〕 參見《2012年世界投資報告》，http://www. unctad-docs. org/UNCTAD-WIR2012-Overview-cn. pdf

〔5〕 資料來源：http://tfs. mofcom. gov. cn/aarticle/Nocategory/201111/ 20111107819474. html。

〔6〕 參見World Economic Outlook Database，「GDP」一詞是「Gross Domestic Product」的縮略語。資料來源：http://www.imf.org/external/ pubs/ ft/weo/2012/02/weodata/weoselgr.aspx。

〔7〕 參見How We Classify Countries，其中，「GNI」一詞是「Gross National Income」的縮略語。資料來源：http://data.worldbank.org/about/ country-classifications。

〔8〕 資料來源：http://data, worldbank. org. cn/indicator/NY. GNP. PCAP. CD。

〔9〕 「人類發展指數」（human development index）以人均收入來衡量生活質量、學校教育、平均壽命以及其他指標等。

〔10〕 參見《2011年人類發展報告》，第126頁。資料來源：http://www. undp. org/content/undp/en/home/ librarypage/hdr/human_ developmentreport2011/。

〔11〕溫家寶：《把目光投向中國》，http://www. chinanews. com. cn/n/
2003-12-12/26/380015. html。

〔12〕溫家寶：《認識一個真實的中國——在第六十五屆聯大一般性辯論
上的講話》，http://politics, people.com.cn/GB/1024/12800629.html。

〔13〕「南方中心」是眾多發展中國家締約組建的政府間國際組織，中國
是其成員國之一，該中心被稱為發展中國家的共同「智庫」（Think
Tank）。馬丁・霍爾的上述觀點不失為洞察當代「南北矛盾」問題實
質的真知灼見。資料來源：http://www. twnside. org. sg/title2/gtrends/
gtrends364. htm。

〔14〕「南北問題」或「南北矛盾」一詞是英國勞埃德銀行行長奧利弗・
弗蘭克斯（Oliver Franks）於1959年11月的一次演講中首次提出來
的，談演講以《新的國際均衡——對西方世界的挑戰》（The New
International Balance: Challenge to the Western World）為題，發表於
1960年1月16日的《星期六評論》（Saturday Review），探討西方世界
中地理位置處在相對北方的主要發達國家（前殖民主義宗主國）與
地理位置處在相對南方的諸多發展中國家（前殖民地和附屬國）之
間的矛盾與協調問題。此後，「南北矛盾」一詞逐漸流行起來。聯
合國大會於1974年4月召開第6屆特別會議和同年12月召開第29屆會
議，先後專門討論了南北矛盾問題，討論了反對殖民主義剝削和掠
奪、改造國際經濟結構的基本原則和具體安排，相繼通過了《建立
國際經濟新秩序宣言》《各國經濟權利和義務憲章》，「南北矛盾」
遂成為全球公認的、影響當代世界全局發展的主要矛盾。

〔15〕截至2011年底，中國對外直接投資累計淨額（存量）達4247.8億美
元，位居全球第13位。（參見商務部、國家統計局、國家外匯管理局
聯合發布的《2011年度中國對外直接投資統計公報》。數據來源：
http://www. gov. cn/gzdt/2012-08/30/content_2213920. htm。）另外，
截至2011年底，中國境內外商直接投資實際使用外資金額累計達
12318.43億美元。（數據來源：商務部發布的《中國外資統計2012》，
第6頁。）兩者相較，中國吸收外資的「潛在債務風險」大約比中國
對外投資的「潛在債權風險」高達3倍之多。詳見陳安此前的有關分
析：《中外雙邊投資協定中的四大「安全閥」不宜貿然拆除：美、
加型BITs談判範本關鍵性「爭端解決」條款剖析》（以下簡稱《一論
「安全閥」），載陳安主編：《國際經濟法學刊》2006年第13卷第1

期；區分兩類國家，實行差別互惠：再論ICSID體制賦予中國的四大「安全閥」不宜貿然全面拆除》（以下簡稱《再論「安全閥」》），載陳安主編：《國際經濟法學刊》2007年第14卷第3期。兩文的英譯本先後發表於*The Journal of World Investment & Trade* (Geneva). Vol. 7, No. 6, 2006; Vol.8, No.6, 2007: 兩文的中文本和英譯本均已收輯於《陳安論國際經濟法學》（五卷本，以下簡稱《陳安五卷本》），復旦大學出版社2008年版，第1079-1146、1853-1938頁，2012年10月15日訪問。

〔16〕「普世價值」一詞源於希臘文「Οικουμενική αξια」，參見https://el. wikipedia.org/wiki/%CE%9F%CE%B9%CE%BA%CE%BF%CF%85%CE% BC%CE%B5%CE%BD%CE%B9%CE%BA%CE%AD%CF%82_%CE%A3%C F%8D%CE%BD%CE%BF%CE%B4%CE%BF%CE%B9。

〔17〕在中國，關於「普世價值」的含義問題，見仁見智，存在不少爭議。有些學者認為普世價值的突然興起，實際上是西方現代價值觀對東方傳統價值觀的入侵；更多學者則認為這是西方現代價值觀與東方傳統價值觀的互相碰撞、互相交流、互相借鑑。近十幾年來，中國媒體《南方週末》《人民日報》《光明日報》及《環球時報》，先後都對普世價值做了專門的討論，學者們各抒己見，迄今仍在不斷「爭鳴」之中，值得關注。參見「普世價值」詞條，http:// baike. so. com/doc/4889809-5107914. html#4889809-5107914-9。

〔18〕參見《商務部就中加（拿大）雙邊投資保護協定進行解讀》，http:// news.china.com.cn/politics/2012-09/ 10/content_26477359.htm。

〔19〕包括但不限於「加拿大2004 BIT範本」、新近簽署的「中—加2012 BIT」等。之所以選定「加拿大2004 BIT範本」與新近簽署的「中—加2012 BIT」作為「對照比較物」，是因為「一滴水珠可以反映一個太陽」！「加拿大2004 BIT範本」具有此前全球主要發達國家在各種BIT範本中基本條款的共同性和典型性。參見《一論「安全閥」》，收輯於《陳安五卷本》。

〔20〕參見陳安主編：《國際經濟法學新論》（第三版），高等教育出版社2012年版，第364-369頁。

〔21〕在1938年給墨西哥政府的照會中，美國國務卿科德爾・赫爾（Cordell Hull）提出針對東道國徵收措施的「充分、及時、有效」補償標準，因此被稱為「赫爾規則」。See Mexico-United States: Expropriation by

Mexico of Agrarian Properties Owned by American Citizens, *The American Journal of International Law*, Vol.32, No.4, Supplement: Official Documents (Oct. ,1938), pp.181-207, published by ASIL, http://home.heinonline.org/.

〔22〕「加拿大2004 BIT範本」第13條第1款原文為：Article13 Expropriation 1. Neither Party shall nationalize or expropriate a covered investment either directly, or indirectly through measures having an effect equivalent to nationalization to nationalization or expropriation (hereinafter referred to as "expropriation"), except for a public purpose, in accordance with due process of law, in a non-discriminatory manner and on prompt, adequate and effective compensation. …… 3. Compensation shall be paid without delay and shall be fully realizable and freely transferable. Compensation shall be payable in a freely convertible currency and shall include interest at a commercially reasonable rate for that currency from the date of expropriation until date of payment.

〔23〕美國—立陶宛BIT（2001）、美國—烏拉圭BIT（2006）、英國—安哥拉BIT（2000）、美國2004 BIT範本第6條（c）、美國2012 BIT範本第6條（c）、英國2005 BIT範本第5條第1項等。參見朴栽亨：《雙邊投資協定徵收條款之研究——以臺灣、韓國比較研究為中心》，臺灣政治大學出版社2010年版，第44-45頁。

〔24〕參見《各國經濟權利和義務憲章》第2條第2款第3項等；陳安主編：《國際經濟法學新論》（第三版），高等教育出版社2012年版，第94-95頁。

〔25〕參見陳安主編：《國際經濟法學新論》（第三版），高等教育出版社2012年版，第367頁。

〔26〕1986年《中華人民共和國政府和瑞士聯邦政府關於相互促進和保護投資協定》第7條規定：「締約一方對締約另一方投資者在其領土內的投資，只有為其公共利益，並且所採取的措施不是歧視性的，是符合其法律規定並給予補償時，才能採取徵收、國有化、剝奪措施或其他類似措施。補償應是適當的，即相當於採取徵收、國有化、剝奪措施或其他類似措施前一刻的或者即將採取的措施開始發生作用前一刻的投資價值。補償應以自由兌換貨幣支付，不無故遲延，並應在締約雙方之間自由轉移。」迄今為止，在中國參加締結的BITs

中，均以大同小異的文字表述了類似的意思。詳見中國商務部網站：http://tfs. mofcom.gov.cn/aarticle/Nocategory/201111/201111078 19474. html。

〔27〕參見朴栽亨：《雙邊投資協定徵收條款之研究——以臺灣、韓國比較研究為中心》，臺灣政治大學出版社2010年版，第46頁；陳安主編：《國際經濟法學新論》（第三版），高等教育出版社2012年版，第367-368頁。

〔28〕參見陳安主編：《國際經濟法學新論》（第三版），高等教育出版社2012年版，第368-369頁。

〔29〕關於「going concern value」一詞，目前有較多學術論文稱為「持續經營價值」。參見徐崇利：《外資徵收中的補償額估算》，載陳安主編：《國經經濟法學刊》第13卷第1期，北京大學出版社2006年版，第79頁。另據查索有關中文、英文工具書，「going concern value」一詞似可綜合改譯為「興旺企業持續經營總值」，更能表達原意。第一，美國Blacks law Dictionary（9th ed.）詞條拴解：「going-concern value」指商務企業資產的價值，或作為營業活躍企業本身的現有資產及其未來贏利能力的價值，其對應詞是「企業或其資產的清算價值」。「興旺企業持續經營價值」包含商號招牌、信譽，等等，又稱「興旺價值」。其英文原文為：The value of a commercial enterprise's assets or of the enterprise itself as an active business with future earning power, as opposed to the liquidation value of the business or of its assets. -Going-concern value includes, for example, goodwill. Also termed going value. See Bryan A. Garner, *Blacks Law Dictionary*, 9th ed., New York: West Publishing Co., 2009: 1691.第二，「going concern」指營業活躍和繁榮的企業、機構等（an active and prosperous business institution, etc.）。參見《牛津高階英漢雙解詞典》（第4版增補本），商務印書館2002年版，第639頁。第三，「營業發達的商行」。參見《新英漢詞典》（增訂本），上海譯文出版社1991年版，第538頁。第四，興旺企業指被證明為盈利的企業，其招牌、信譽等可獲得一種無形價值。參見《英漢法律詞典》，法律出版社1985年版，第365頁。第五，「繼續經營」。參見《英漢財政金融詞彙》，中國財政經濟出版社1984年版，第286頁。

〔30〕「加拿大2004 BIT範本」第13條第2款原文為：Article 13 Expropriation

2. Such compensation shall be equivalent to the fair market value of the expropriated investment immediately before the expropriation took place (date of expropriation), and shall not reflect any change in value occurring because the intended expropriation had become known earlier. Valuation criteria shall include going concern value, asset value including declared tax value of tangible property, and other criteria, as appropriate, to determine fair market value.

〔31〕參見曾華群：《外資徵收及其補償標準：歷史的分野和現實的挑戰》，載陳安主編：《國際經濟法學刊》2006年第13卷第1期，第38-69頁。M. Sornarajah, *The International Law on Foreign Investment* 2nd ed., Cambridge: Cambridge University Press, 2004, pp.435-488.

〔32〕參見徐崇利：《外資徵收中的補償額估算》，載陳安主編：《國經經濟法學刊》第13卷第1期，北京大學出版社2006年版，第70-108頁；陳安主編：《國際經濟法學新論》（第三版），高等教育出版社2012年版，第369頁。

〔33〕參見《中華人民共和國政府和俄羅斯聯邦政府關於促進和相互保護投資協定》 第4條，http://tfs. mofcom.gov. cn/aarticle/Nocategory/201111/20111107819474. html。

〔34〕參見《中華人民共和國政府和芬蘭共和國政府關於鼓勵和相互保護投資協定》第4條第2款，http://tfs. mofcom. gov. cn/aarticle/Nocategory/201111/20111107819474. html。

〔35〕「中—加2012 BIT」第10條第1款的英文原文為：ARTICLE 10 Expropriation 1. Covered investments or returns of investors of either Contracting Party shall not be expropriated, nationalized or subjected to measures having an effect equivalent to expropriation or nationalization in the territory of the other Contracting Party (hereinafter referred to as "expropriation"), except for a public purpose, under domestic due procedures of law, in a non-discriminatory manner and against compensation. Such compensation shall amount to the fair market value of the investment expropriated immediately before the expropriation, or before the impending expropriation became public knowledge, whichever is earlier, shall include interest at a normal commercial rate until the date of payment, and shall be effectively realizable, freely transferable, and made without delay. 對照「加拿大 2004 BIT範本」第13條第1、2款原文，顯見「中─加2012 BIT」第10 條第1款的相關具體規定已經排除了飽受發展中國家詬病的「adequate」補償標準和「going concern value」補償額估算方法。

〔36〕據來自加拿大的最新信息，「中─加2012 BIT」簽訂後，一位加拿大知名學者格斯‧范‧哈滕（Gus Van Harten）迅即致函（公開信）加拿大現任總理哈珀，鄭重提出14點異議，要求開展公開辯論。See Gus Van Harten, China Investment Treaty: Expert Sounds Alarms in Letter to Harper, http://the tyee. ca/Opinion/2012/10/16/ China-Investment-Treaty/. 加拿大多家媒體紛紛批評加拿大政府不該「輕率地」與中國簽訂此項BIT。議會反對黨「新民主黨」領袖托馬斯‧穆克萊爾公開指責加拿大政府和執政黨試圖匆忙通過一份協定，讓加拿大人「在未來31年內都無法改變這份事先既沒有充分研究，也沒有充分諮詢和辯論的協定」。他甚至還強硬地表示，一旦「新民主黨」執政，「只要認為對加拿大有利，就將毫不猶豫地退出此項 BIT」。加拿大現任總理哈珀則針鋒相對地反駁說，反對黨的說法是錯誤的，退出此項BIT等於放棄中國這個對加拿大至關重要的市場，放棄令加拿大投資者在中國的投資獲得保護的權利，「我們都知道中國是多麼重要的市場，我們都知道在這樣重要的市場，加拿大人需要獲得投資保護，這份協定正是這樣做的」；「這就是為何幾乎所有加拿大投資者都一邊倒地支持這項協定」。參見陶短房、李源：《加總理力挺中加投資保護協定稱必須準時生效》，http://world. people. com.cn/n /2012 /1102 /c1002-19476482. html。依據國內外有關信息，迄2013年3月初為止，「中─加2012 BIT」簽署歷時已經半年，儘管中國方面已經完成促使本協定生效的內部法律程序，並已通過外交渠道通知加方，但加方至今尚未完成促使本協定生效的內部法律程序。由此可見，即使是在加拿大一國國內，也眾說紛紜，爭議激烈，並不認為「中─加2012 BIT」已經實現了公認的「普世價值」，遑論其他為數眾多、立場各異的南北各國？！更遑論什麼「普世」？！

〔37〕即「逐案審批同意」權、「當地救濟優先」權、「東道國法律適用」權以及「國家重大安全例外」權，又被稱為發展中國用以避免重大風險的四大「安全閥」。參見陳安：《陳安論國際經濟法學》（五

卷本），復旦大學出版社2008年版，第1088頁。

〔38〕 參見陳安主編：《國際經濟法學新論》（第三版），高等教育出版社
2012年版，第345頁。

〔39〕 較為突出的例子為2000年Maffezini案與2005年Plama案。在這兩個案
件中，不同仲裁庭的意見截然相反：在Maffezini案中，其仲裁庭認
為，除非另有明確的排除規定，「最惠國待遇」條款的適用範圍一般
可以涵蓋程序性事項；在Plama案中，其仲裁庭則認為，除非另有明
確的適用規定，「最惠國待遇」條款一般不能適用於爭端管轄權的
程序性待遇。See Maffezini v. Spain, ICSID Case No. ARB/97/7-January
25, 2000; Plama Consortium Ltd. v. Bulgaria, ICSID Case No. ARB/03
/24-February 8, 2005.參見陳安：《陳安論國際經濟法學》（五卷本），
復旦大學出版社2008年版，第1143-1145、1933-1935頁；梁丹妮：
《國際投資條約最惠國待遇條款適用問題研究——以「伊佳蘭公司
訴中國案」為中心的分析》，載《法商研究》2012年第2期，第99-
100頁。

〔40〕 參見「加拿大2004 BIT範本」第4條。Article 4: 1. Each Party shall accord
to investors of the other Party treatment no less favourable than that it
accords, in like circumstances, to investors of a non-Party with respect
to the establishment, acquisition, expansion, management, conduct,
operation and sale or other disposition of investments in its territory. 2.
Each Party shall, accord to covered investments treatment no less
favourable than that it accords, in like circumstances, to investments of
investors of a non-Party with respect to the establishment, acquisition,
expansion, management, conduct, operation and sale or other
disposition of investments in its territory.

〔41〕 參見「中－加2012 BIT」第5條。Article 5: Most-Favoured-Nation
Treatment: 1.... 2.... 3. For greater certainty, the "treatment" [MFN]
referred to in paragraphs 1 and 2 of this Article does not encompass
the dispute resolution mechanisms, such as those in Part C, in other
international investment treaties and other trade agreements. 對照前
注，「加拿大2004 BIT範本」第4條原文只設兩款規定，留下在國際
仲裁實踐中由仲裁員對MFN待遇任意擴大解釋的空間與弊端，相形
之下，顯見「中－加2012 BIT」第5條第3款的上述規定已明確排除了

此種弊端。

〔42〕參見蔡從燕：《不慎放權，如潮官司——阿根廷輕率對待投資爭端管轄權的慘痛教訓》，載陳安：《國際經濟法學刊》第13卷第1期，北京大學出版社2006年版。

〔43〕早在2007年，陳安教授即在中英雙語長篇專論《區分兩類國家，實行差別互惠：再論ICSID體制賦予中國的四大「安全閥」不宜貿然全面拆除》（Distinguishing Two Types of Countries and Properly Granting Differential Reciprocity Treatment: Re-comments on the Four Safeguards in Sino-Foreign BITs Not to Be Hastily and Completely Dismantled）之中，強調並呼籲在今後中一外BITs談判中應當力爭排除「最惠國待遇」（MFN）條款適用於爭端解決程序。

〔44〕參見「加拿大2004 BIT範本」第10（2）條、第14（6）條、第17條；餘勁松：《國際投資條約仲裁中投資者與東道國權益保護平衡問題研究》，載《中國法學》2011年第2期，第133-134、136頁。

〔45〕參見「加拿大2004 BIT範本」第17條。

〔46〕參見「中一加2012 BIT」第12條第4款、第20條第2款和第33條第3款。

〔47〕「中一加2012 BIT」第10條的「附錄」規定：「間接徵收源於締約方採取的一項或一系列措施，該等措施與直接徵收具備同等效力，但沒有在形式上體現為轉移所有權或直接沒收。」

〔48〕參見石俊平：《東道國外資徵稅權與間接徵收關係辨析》，載《企業經濟》2012年第5期，第161-162頁。

〔49〕參見「加拿大2004 BIT範本」第16條第3、4、5、6款。

〔50〕參見「中一加2012 BIT」第14條；《商務部就中加（拿大）雙邊投資保護協定進行解讀》。

〔51〕參見石俊平：《東道國外資徵稅權與間接徵收關係辨析》，載《企業經濟》2012年第5期，第162頁。

〔52〕資料來源：http://tfs.mfcom.gov.cn/article/Nocategory/201111/20111107819474. shtmil。

〔53〕同上。

〔54〕參見陳安：《陳安論國際經濟法學》（五卷本），復旦大學出版社2008年版，第1089頁。

〔55〕UNCTAD, Investor-State Disputes Arising from Investment Treaties: A Review, New York & Geneva: United Nations, 2005, p.7.

〔56〕參見「加拿大2004 BIT範本」第10條關於「一般例外」（general exceptions）的規定。

〔57〕參見《陳安五卷本》第1129、1092頁，第1128-1134頁。有關阿根廷在這方面的具體經歷和教訓，可參見魏豔茹：《論我國晚近全盤接受ICSID仲裁管轄權之不當》，第三部分；單文華：《卡爾沃主義的「死亡」和「再生」——晚近拉美國際投資立法的態度轉變及其對中國的啟示》；蔡從燕：《不慎放權，如潮官司——阿根廷輕率對待投資爭端管轄權的慘痛教訓》。這三篇論文均載於陳安主編：《國際經濟法學刊》2006年第13卷第1期。

〔58〕參見陳安：《陳安論國際經濟法學》（五卷本），復旦大學出版社2008年版，第1134頁。

〔59〕詳見「中—加2012 BIT」第33條「一般例外」的規定。許多東道國的立法、執法措施，均被列為國際仲裁庭管轄的例外，即不歸國際仲裁庭管轄。其範圍甚廣，諸如：與文化產業相關的措施；保護人類、動物或植物生命或健康所必要的措施；與保護易耗盡的自然資源相關的措施；基於審慎原因而採取維持金融機構和金融體系安全、穩定的措施；為實施貨幣和相關信貸政策或匯率政策而普遍適用的非歧視性措施；為保護國家根本安全利益所必要的任何軍事措施；為履行維護國際和平與安全義務而採取的行動；保護內閣機密、金融機構機密的法律；受《競爭法》《反壟斷法》《價格法》和《反不正當競爭法》保護而不得披露的信息；等等。

〔60〕前文提到，BITs中設定的所有「例外條款」實質上就是旨在維護東道國特定相關法律的權威性及其優先適用地位，換言之，通過BITs中的「例外條款」，使東道國某些相關法律的位階高於、優先於BITs中相應的程序規定或實體規定，從而排除BITs相應一般程序性或實體性條款的法律效力。從這個意義上說，「例外條款」不但是保障東道國國家重大安全利益的一大「安全閥」，而且是保障東道國主權（含經濟主權、立法主權、執法主權和司法主權）和獨立自主的一大「安全閥」。

〔61〕參見《商務部就中加（拿大）雙邊投資保護協定進行解速》，http://news. china. com. cn/politics/2012-09/10/content_26477359. htm。

〔62〕參見黃志雄：《WTO多哈回合談判與轉型中的多邊貿易體制：挑戰與未來》，載陳安主編：《國際經濟法學刊》2008年第15卷第3期，

第218-219頁。

〔63〕參見沈虹：《論多哈回合談判的新趨勢和中國的策略定位》，載《汕頭大學學報》2011年第4期，第79頁。

〔64〕目前，國際社會對於多哈回合談判前景之預測，意見不一：發達強權國家官方學者別有用心地散播「多哈已死」論、「多哈癱瘓」論、「多哈臨終」論；中國代表則在國際論壇上力排「眾議」，旗幟鮮明地提出雖然目前多哈回合遭遇困境，似乎進入「冬眠」期，但在WTO第八次部長級會議上，各成員均展現出經過一段時間磨合後會繼續推進的信心，期待多哈回合的「春天」不會太遙遠。參見陳德銘：《一些國家正值政治選舉期　多哈回合進入「冬眠」》，http://mnc.people.com.cn/BIG5/16641600. html；陳德銘：《中國為多哈發展回合做出了實實在在的貢獻》，http://business. sohu. com/20111219/n329493688. shtml；陳安主編：《國際經濟法學新論》（第三版）高等教育出版社2012年版，第148-162頁。

第8章
國際投資法中「身分混同」問題之宏觀剖析與中國應對*

⤷ 內容提要

　　國際投資條約的有效運行是以締約國雙方的「身分混同」（「可逆性」）為前提條件的。然而，實踐卻表明，身分混同的現象在國際投資領域並非是一種常態，相當部分的國家不存在身分混同的情況。這種現象，可稱為「身分混同的非均衡化」。在國際投資領域，身分混同的非均衡化現象究竟是怎樣的？它是如何產生的？對國際投資法制與締約國產生何種影響？各國應該如何應對？本文探究和剖析以上諸問題，冀能對於中國積極參與國際投資法的制定，準確判斷其定位，把握機遇和規避風險，妥善處理本國公共利益與跨境投資保護之間的關係，提出科學的、可行的應對之策。

⤷ 目次

（一）客觀原因：國際經濟發展的不平衡

（二）主觀原因：國家的戰略性迴避

三、身分混同非均衡化引發的問題

（一）立法模式：雙邊化

（二）實體規則：遵循財產保護邏輯

（三）爭端解決機制：商事化

四、身分混同非均衡化的國家應對——中國視角

（一）中國的身分混同難題

（二）中國的因應之策

　　當前的國際投資法制主要體現為數千個雙邊或者區域投資條約交疊而成的條約網絡。國際投資條約（International Investment Agreement, IIA）[1]建立在這樣的雙邊關係上，互惠也因此構成雙邊主義的基本方面。從內容上看，這些條約雖然是雙向的條約，但卻僅針對其中的一方（東道國）的義務和責任作出規定。[2]因此，國際投資條約的有效運行是以締約國雙方身分的可逆性[3]與重複交往為前提條件的，換言之，締約國身分存在混同的情況下，條約所規定的義務與責任才可能公平地適用於締約各方。因為在此種情況下，每一個締約國均可能成為交易的任一方，既可能是承擔條約責任與義務的東道國，也可能是為本國海外投資尋求保護的投資者母國。

　　可以說，身分混同是國際投資法律體制得以正常、有效運轉的前提條件。然而，實踐卻表明，身分混同的現象在國際投資領域並非是一種常態，相當部分的國家不存在身分混同的情況。這

種現象，筆者稱為「身分混同的非均衡化」。那麼，在國際投資領域，身分混同的非均衡化現象究竟是怎樣的？它是如何產生的？對國際投資法制與締約國產生何種影響？各國應該如何應對？以上問題的研究，對於中國積極參與國際投資法的制定，準確判斷其定位，把握機遇和規避風險，妥善處理本國公共利益與跨境投資保護之間的關係，具有重要的理論與現實意義。

一、身分混同非均衡化的表現

在國際投資領域中，對應國家的身分有許多類型，如發達國家、轉型國家、發展中國家、資本輸出國、資本輸入國、引資東道國、投資者母國等。這些身分是依據不同的標準劃分的，例如依據經濟或法律標準可以分為經濟身分和法律身分兩種類型。經濟身分指的是國家基於一定經濟事實關係而形成的身分，如發達國家、轉型國家、發展中國家；資本輸出國和資本輸入國等。法律身分也是基於一定事實關係產生的，只不過法律對其作出了相應規定，享有這一身分的主體在法律上享有相應的權利與承擔相應義務，如IIA締約方的身分——引資東道國與投資者母國；國際投資爭端仲裁被申請方與申請方投資者的母國等。此外，不同身分之間的性質也有所差別，可能是兼容的，也可能是相互不兼容的。通常情況下，不同類型的身分比較容易兼容。比如說，一個發達國家可能又是一個資本輸出國和投資母國。而同一類型身分的兼容性則需要具體考察。例如，發達國家、轉型國家和發展中國家主要是依據國家的經濟實力劃分，這一類型的國家身分是

單一的，即發達國家不可能同時是轉型國家或發展中國家。而資本輸出國和資本輸入國則可能是兼容的，因為其是依據資本的流向劃分的，各國之間的資本可能是單向的，也可能是雙向的。因此，一個國家可能只是單一的資本輸入國或資本輸出國，也可能既是資本輸出國同時又是資本輸入國。

因此，締約國的身分混同只能在相互兼容的身分類型當中出現。一般說來，具有可逆性的身分主要表現為：資本輸出國與資本輸入國、IIA締約方中的引資東道國與投資母國、國際投資爭端仲裁被申請方與申請方投資者的母國等。從實踐來看，國際投資中身分混同的非均衡化主要體現為兩個方面：

（一）身分混同現象的非普遍化

通常來說，資本輸入國的身分較為普遍，相關數據表明，大多數國家都有吸收外國投資的情況。[4] 而與之相對應的資本輸出國的身分則相對稀缺。一些國家雖然有吸收外國投資的情況，但其對外投資額一直為零。例如，根據聯合國貿發會（UNCTAD）的統計，坦桑尼亞二〇〇五年、二〇一〇年、二〇一三年、二〇一四年的資本輸入額分別為9.36億美元、18.13億美元、21.31億美元、21.42億美元，而這幾年間的對外投資流量均為零。[5] 中非共和國、科摩羅伊斯蘭、查德、佛得角圭亞那、海地等國的情況類似。[6] 因而，這些國家只能以資本輸入國的身分行事。還有一些國家儘管有對外投資的活動，但規模比較小，幾乎可以忽略不計。例如，幾內亞二〇〇五年和二〇一〇年的對外投資為零，二〇一三年為十萬美元，二〇一四年也只有九十萬美元。[7]

即便是資本輸入量與資本輸出量持平的國家，資本輸入與輸出分布地區也不會完全一致，在針對具體國家時，也可能只以單個身分行事。以馬來西亞為例，根據國際貨幣基金（IMF）提供的數據，二〇一四年該國資本輸入量為1356.85億美元，輸出量則是1337.67億美元。其中，馬來西亞對柬埔寨、印度、印度尼西亞、毛里求斯、菲律賓、阿聯酋和越南只有資本輸出而無資本輸入；馬來西亞對丹麥、法國、日本、韓國、盧森堡和瑞士則只有資本輸入而無資本輸出。因而，在與上述國家之間的投資關係當中，馬來西亞也只能以單一身分出現。[8]

這種情況在國際投資爭端仲裁中也非常明顯。UNCTAD的統計數據表明，在目前涉及國際投資爭端仲裁案件的129個國家當中，共有79個國家只以單一身分出現。其中57個國家是作為案件的被申請方22個國家僅作為案件申請方投資者的母國身分。[9]

（二）經濟身分混同與法律身分混同的非對稱性

依據身分的性質，身分混同的情況可以分為經濟身分的混同和法律身分的混同這兩大類。一般來說，經濟身分的混同與法律身分的混同應該是相對應的。例如，資本輸出國締結IIAs的目的在於保護本國海外投資，因而，其IIA締約相對方的分布原則上應該與其海外投資的流向所在地相一致。但事實上，不少國家的締約實踐並非如此。投資大國美國便是其中的一個典型。

首先，美國對外締結IIA數量較少，迄今生效的BIT只有41個，包含投資章節的FTA也只有21個，這與其投資大國的身分並不相符。其次，從其官方公布的IIA締結情況來看，美國所締結

IIA的締約相對方無一例外地是美國處於資本淨輸出國的地位。此外，雖然不少國家有資本輸入到美國，但規模很小，幾乎可以忽略不計（見表3-8-1）。[10] 此種情況下，就IIA締約國的身分而言，美國幾乎是處於投資者母國的身分，而少有作為引資東道國。而在另一方面，二〇〇九至二〇一四年，美國主要的對外投資目的地共有十一個，包括荷蘭、英國、盧森堡、加拿大、愛爾蘭、澳大利亞、智利、德國、瑞士、日本和新加坡等。[11] 這些國家所承接的資本流入量合計占到當年美國資本輸出總量的72%以上。它們也是美國的主要資本輸入來源地。從美國與這十一個國家之間資本流動的情況來看，美國與它們相互間締結IIA的可能性應該是比較高的，也因此，雙方身兼引資東道國和投資者母國的身分的概率會相當大。但事實並非如此，在前述的十一個國家當中，僅有加拿大、澳大利亞和新加坡與美國締結了包含投資章節在內的FTA，其他國家並未與美國締結IIA。

表3-8-1　二〇〇九至二〇一四年美國IIA締約相對國資本流動量統計表

（百萬／美元）

締約相對國	IIA類型	輸入量	輸出量
阿爾巴尼亞	BIT	0	−10
阿根廷	BIT	1,246	66,008
亞美尼亞	BIT	4	5
阿塞拜疆	BIT	−79	−22
澳大利亞	FTA	276,340	810,519
巴林	BIT/FTA	1,489	2,522
孟加拉	BIT	9	1,870
玻利維亞	BIT	−1	2,791

締約相對國	IIA類型	輸入量	輸出量
保加利亞	BIT	−3	1,782
喀麥隆	BIT	−30	599
加拿大	FTA	1,302,947	1,957,192
智利	FTA	2,883	148,027
哥倫比亞	FTA	3,956	34,382
剛果民主共和國	BIT	−1	0
剛果共和國	BIT	33	−185
克羅地亞	BIT	−66	228
捷克	BIT	113	31,361
多米尼加－中美洲	FTA	0	−12
厄瓜多爾	BIT	221	3,907
埃及	BIT	−661	85,483
愛沙尼亞	BIT	−27	456
格魯吉亞	BIT	0	5
格林納達	BIT	40	43
洪都拉斯	BIT/FTA	−92	3,983
牙買加	BIT	21	2,159
約旦	BIT/FTA	−303	972
哈薩克斯坦	BIT	−90	49,141
韓國	FTA	141,625	167,08
吉爾吉斯斯坦	BIT	0	60
拉脫維亞	BIT	−1	−2
立陶宛	BIT	−18	−9
墨西哥	FTA	82,945	497,092
摩爾多瓦	BIT	0	15
蒙古	BIT	−17	57
摩洛哥	BIT/FTA	−35	2,497
莫桑比克	BIT	−3	1,399
尼加拉瓜	FTA	21	1,305
阿曼	FTA	−156	3,025

締約相對國	IIA類型	輸入量	輸出量
巴拿馬	BIT/FTA	6,757	26,138
秘魯	FTA	939	32,025
波蘭	BIT	11,594	63,089
羅馬尼亞	BIT	132	9,496
盧旺達	BIT	0	0
塞內加爾	BIT	0	−278
新加坡	FTA	118,943	727,689
斯洛伐克	BIT	58	2,469
斯里蘭卡	BIT	135	425
特立尼達和多巴哥	BIT	1,176	33,245
突尼斯	BIT	−41	1,528
土耳其	BIT	2,554	21,877
烏克蘭	BIT	−19	3,980
烏拉圭	BIT	2,520	7,541

　　除了美國之外，IMF官方公布出來的二〇〇九至二〇一四年資本輸出量在世界排名前十的荷蘭、盧森堡、英國、法國、德國、瑞士、日本等國的情況與美國類似。[12] UNCTAD提供的數據表明，在二〇〇七年全球締結的2608個BITs中，發達國家之間締結的BIT只占9%，而發展中國家參與簽訂的BIT則占總數的91%左右。其中，最不發達國家對外投資不到世界投資總額的1%，但簽訂的BIT占總數的16%。[13]

　　除了締約實踐之外，美國在國際投資爭端仲裁實踐中同樣出現了經濟身分混同與法律身分混同不匹配的情況。在國際投資爭端仲裁中，其法律身分呈現出一種明顯的單一性，這同樣與其經濟身分的混同情況不相符。[14] 依照UNCTAD的數據，截至二〇一五年年底，美國是涉入已知國際投資爭端仲裁案件最多的國

家，一共153個案件。其中，在15個案件當中，美國是以被申請方的身分出現的；而在其餘138個案件中，美國則以申請方（投資者）母國的身分出現，其頻率是前者的9倍。美國也因此成為迄今為止以這一身分出現頻率最多的國家，遠遠超出排名第二的荷蘭。[15] 特別需要注意的是，所有美國作為被申請方的案件均是在北美自由貿易協定（NAFTA）框架下提起的，且在這15個案件中，只有一個案件是由墨西哥投資者提起的，其餘14個案件均為加拿大投資者提起。[16] 換言之，在其對外締結的非NAFTA的其他投資條約框架下，美國都是以申請方投資者母國的身分出現的。

二、身分混同非均衡化的成因

縱觀各國的締約與國際投資爭端仲裁實踐，不難看出，國際投資領域當中，身分混同並不是一種普遍現象，更多的情況下，它處於一種非均衡化的狀態。究竟是什麼原因導致這樣的情況發生呢？筆者認為有兩個方面的原因：

（一）客觀原因：國際經濟發展的不平衡

前述提及，國家的一些身分是基於一些事實關係而形成的，如經濟身分。這種身分是由既定的社會結構決定，如一國在全球投資架構中的身分只能尤其經濟實力決定。因為，大規模的資本輸出需要以強大的經濟實力為基礎，國家只有在國內資金相對充裕的情況下才會大規模地輸出資金。在國內資金匱乏、外匯短缺

的情況下，即便對外投資，其規模也是很有限的，故這種國家更多地處於資本輸入國的身份。國際經濟發展長期處於不平衡的狀態，無論在經濟總量上，還是在人均GDP上，發達國家與發展中國家之間處於一種失衡的狀態。根據IMF的數據統計，二〇一三年發展中國家和發達國家的經濟總量分別為29.4萬億美元和46.1萬億美元；二者占世界經濟的比重分別為38.9%和61.1%。從GDP來看，發達國家人均值為40186美元，幾乎是發展中國家的8.2倍。[17] 兩者的差別可謂懸殊。

國際經濟發展的南北失衡同樣體現在國際投資領域。第二次世界大戰以前，國際資本的流動主要呈現出一種從發達國家向落後的殖民地、附屬國的單向流動。二戰後，其流向則轉為發達國家之間的雙向流動。依據UNCTAD的統計，一九七八年到一九八〇年這三年期間，發達國家對外投資占國際直接投資輸出總額的平均比例為97%，吸收外資占國際直接投資輸入總額的平均比例是79.70%。直到二〇〇三至二〇〇五年，這兩個比例才有所下降，吸收外資的平均比例下降為59.40%，但資本輸出的比例仍高達85.80%。[18]

表3-8-2　一九七八至二〇〇五年國際直接投資的分布比例

地區	輸出				輸入			
	1978-1980	1988-1990	1998-2000	2003-2005	1978-1980	1988-1990	1998-2000	2003-2005
發達國家	97.00%	93.10%	90.40%	85.80%	79.70%	82.50%	77.30%	59.40%
發展中國家	3.00%	6.90%	9.40%	12.30%	20.30%	17.50%	21.70%	12.60%

二戰以後，國際資本流動的重心也在向發展中國家轉移。在

對外投資方面，發展中國家雖然早有實踐，但對外投資規模小。例如，一九八五年對外投資的發展中國家就有65個，對外投資總額均未超過十億美元。[19] 而且這些投資流向發達國家的數量很少，更多的是流向其他發展中國家。依照UNCTAD提供的數據，在一九八五年到二〇〇四年這20年間，發展中國家總量超過一千億美元的僅有二〇〇〇年和二〇〇四年。除了個別年分之外，發展中國家流向發達國家的對外投資比例超過50%的僅有一九八五年到一九八八年這四年，在50%至30%之間的也只有四年。雖然參加對外投資實踐的國家不少，但具備足夠規模的對外投資能力的發展中國家並不多。例如，二〇〇三年對外投資的發展中國家共有116個，但超過十億美元的國家只有九個。

美國資深學者卡爾・索旺（Karl P. Sauvant）教授的相關研究也指出，截至二〇〇五年底，83%發展中國家對外投資存量集中在十個發展中國家。[20] 因此，少數發展中國家才可能出現身分混同的情況。

（二）主觀原因：國家的戰略性迴避

為避免身分衝突的問題，國家通常會根據自身的利益選擇激活相應的身分而凍結另一些身分，這主要體現在法律身分上。對於IIA的締約方來說，締結條約需要承擔成本與風險，尤其是東道國。除了交易成本之外，東道國還面臨極大的主權風險。[21] 因為IIA要求引資東道國一方給予外資及其投資者高標準的保護，這無疑是把東道國雙手緊緊綁住（tying the hands），使其動彈不得！[22] 是以，儘可能地迴避東道國的身分，而保留投資者

母國的身分，是不少國家的企望。

對於發達國家而言，其經濟實力使得其更容易在經濟身分上出現混同的情況。因而，在締約實踐中，它們常常會採用差別化締約的方式來迴避不利的法律身分。在締約相對方的選擇上，它們會儘可能考慮以下幾種情況：一是，對本國資本輸入量為零的海外投資地；二是，對本國資本輸入量較少，自身處於資本淨輸出國地位的海外投資地。

UNCTAD曾有研究表明，在一九五九至一九九九年這四十多年的IIA締約實踐中，各國IIA的主要締約模式都是「發達國家—發展中國家」模式。「發達國家—發達國家」與「發展中國家—發展中國家」模式比較少見。[23]「發展中國家—發展中國家」模式鮮有實踐的原因是，發展中國家之間投資未成規模，因而缺乏相互間締結IIA的經濟動力。在二〇〇〇年以後發展中國家對外投資在不斷增加，其相互間締結的IIA也在增加，二〇〇七年的締結數量達到全部BITs數量的38%。

與之不同的是，發達國家之間的相互投資規模巨大，但它們之間締結的BIT只占9%。[24] 以荷蘭和美國這兩個國家為例，依照IMF提供的數據，它們在二〇〇九至二〇一四年資本輸出量和資本輸入量均排名世界前兩位。到目前為止，美國對外締結BIT的相對方清一色的都是發展中國家，[25] 荷蘭則無論是FTA還是BIT都是選擇與發展中國家締結。[26] 發達國家之所以只選擇發展中國家作為締約相對方的原因，與其說是其所宣稱的出於「**教育**」發展中國家之目的，以使其知悉外國投資者所需要的投資環境，[27] 還不如說它們是為了避開引資東道國這一身分而獨享投

資者母國的利益。M. Sornarajah教授便指出，不少BIT是在不平等的合作夥伴之間締結的。這些條約雖然是以資本在締約國之間雙向流動為預期的，但由於締約各方在財力和技術上實力懸殊，最終僅表現為資本的單向流動。而這些條約並未明確地規定資本輸出國承擔必須確保資本流入締約相對方的義務，卻要求東道國僅在基於外國投資可能流入的信賴而拱手交出自己的主權。[28]

三、身分混同非均衡化引發的問題

身分混同的非均衡化不可避免地影響國際投資法律體系的發展。這主要體現在它使得國際投資法律體系呈現出一種私法化的特徵。

（一）立法模式：雙邊化

在立法模式方面，國際投資立法目前呈現出明顯的雙邊化特徵。迄今為止，國際投資法體系是由三千多個雙邊和區域投資條約交織而成的複雜網絡。根據聯合國貿易與發展會議提供的數據，截至二〇一七年十二月三十一日，各國締結的投資條約已經達到了3324個投資條約，其中包含2951個雙邊投資條約（BIT）和373個其他包含投資條款的條約（TIP）。[29] 可以說，BIT是當前IIA的主要模式。與多邊條約相比，雙邊條約帶有明顯的契約特徵。其目的不在於創設普遍適用的一般性國際法規則，而在於對締約雙方實質利益進行互易型的調整，以實現雙方權利義務的交換和平衡。[30] 雖然雙邊條約也為當事國創設國際法規則，但

其所創設的規則通常是兩個締約國用以制定個別國際法規則以便相互遵守的條約。[31] 因而，雙邊條約的內容更多地體現締約國自身的利益需求，而非普世的價值。[32] 不少學者的研究也表明，締約國締結IIA的動機是為了實現自身的經濟或政治方面的利益。例如，促進和保護外資[33]、促進締結其他經濟條約的可能性[34]、影響國際投資法的發展[35]、鎖住國內改革成果[36]等。有學者甚至指出，美國決定是否以及選擇哪些國家締結IIA時，經濟方面的考量不會對其決策產生明顯影響，政治方面的考量可能影響更大。[37]

前述分析表明，當前國際經濟發展的不平衡，使得發達國家從與發展中國家締約中獲得很大的覓利空間：迴避東道國的身分，由締約相對方承擔高標準的IIA條約義務，為本國投資者提供最大可能的國際法保護。雙邊策略可以更容易達成這個目標。一方面，在多邊層面下，締約方眾多，締約國很難保持投資者母國的單一身分。另一方面，在多邊決策中，利益相同或相近的國家容易形成集體的力量，即便是實力弱小的國家也可以借此對抗強國。一國範本的可接受度會下降，其預期的締約利益不能最大化。對於經濟、政治和談判技術等方面占優的締約國而言，締約相對方越少，掌握談判話語權的可能性以及程度也更高。[38] 以美國為例，其所有BITs都是以根據美國的條約範本締結的，雖然該範本歷經數次修訂，但其核心條款基本保持一致。[39]

是以，儘管在國際投資規則統一化的問題上，發達國家早有嘗試，但在一九九八年經濟合作與發展組織（Organization for Economic Co-operation and Development, OECD）主導的「多邊投

資協定」（Multilateral Agreement on Investment, MAI）及其「移師」WTO多哈回合的嘗試陷入困境之後，發達國家在多邊投資條約的努力並沒有像西方學者最初預見的那樣積極和順利。[40]多邊投資協定早期談判陷入僵局的主因固然與發展中國家與發達國家在多邊投資議題上的分歧嚴重密切相關，但後期發達國家冷落多邊投資條約談判則是其利益使然。畢竟，在現有規則呈現出片面保護資本輸出國利益特徵的情況下，該議題對於身兼資本輸出國與資本輸入國的發達國家來說，IIA的主權成本與風險將大大增加，這基本上是一種無益之舉。

（二）實體規則：遵循財產保護邏輯

相比較於在WTO框架下打造所謂的「憲政體制」，發達國家在國際投資領域選擇的卻是另一種模式，整個國際投資法體系更像一部侵權責任法——由國際條約規範界定東道國政府的侵權行為，投資者依其損害主張救濟。[41]

如前所述，身分混同的非均衡化使得締約國分化為兩個陣營，資本輸出國更多地處於規則制定者的身分，而資本輸入國更多地作為規則的承擔者。這種分化的一個直接後果便是，IIA的締結更多地體現資本輸出國的利益，這種利益偏向體現在IIA的實體規則上就是片面地強調投資者利益的保護，即遵循財產保護邏輯。其中的一個特點便是其內容僅包含外國投資所享有的權利。[42]

IIA的標題通常以「關於促進和相互保護投資的協定」為名。在具體內容方面，IIA往往包含寬泛的定義和實體待遇條款，直

接賦予外國投資者諸如國民待遇、最惠國待遇和公平公正待遇等等。這些實體待遇條款構成了外國投資者直接享有和行使的國際法權利。除此之外，IIA還就違反相關義務的損害賠償作出具體規定。[43] 例如，NAFTA的徵收條款就規定，補償應以徵收發生時（徵收日）被徵收投資的公平市場價值計算……估價標準應包括持續盈利企業價值（going concern value），以及包括有形資產的納稅申報價值在內的財產價值，或者參照其他適當的標準來確定公平市場價值。可以說，東道國一旦對投資者的權利造成損害，很可能被認定為違反IIA，承擔國際法上的國家損害賠償責任。在賦予外國投資者權利的同時，IIA卻有意識地迴避提及投資者的責任與義務。[44]

不僅如此，在東道國政府對外資監管權方面，IIA也鮮有為其預留相應的政策空間，絕大多數IIAs都沒有納入例外條款，包括國際收支平衡例外、稅收例外、根本安全例外、一般例外以及發展例外等。這些條款都是與東道國的監管主權甚至主權安全息息相關，大部分條款在WTO框架下也得到各國的認可。IIA這種過於強調投資者權利而忽視東道國公共權力的做法，實際上剝奪了東道國通過國內立法要求外國投資者承擔社會責任的主權權利，即便這些社會責任是其母國國內法和國際條約所規定的。在NAFTA框架下，正是由於NAFTA當中僅規定了東道國需承擔高標準的保護外國投資義務，而沒有為其預留公共利益保護和外資規制等權力的施政空間，墨西哥、加拿大和美國這三個締約國都曾在Tecmed v. Mexico案、Metalclad v. Mexico案、Ethyl Corp. v. Canada案、S. D. Myers v. Canada案、Methanex v. United States案、Glamis

Gold Ltd. v. United States案中，[45] 被外國投資者援引NAFTA第1110條等條款，以東道國的環境措施影響其權益為由，提起巨額賠償。

（三）爭端解決機制：商事化

在程序法上創造性地規定投資者直訴東道國的權利是國際投資法的第三大特徵。在WTO框架下，私人只能藉助母國的力量保護其投資。IIA則不同，直接對私人賦予可執行的國際權利，規定外國投資者可以以東道國損害其財產權為由，提出國際求償。在投資者與國家的爭端解決這一機制當中，東道國事先放棄了其管轄豁免權，私人投資者可以在與東道國就投資問題產生爭議之時直接啟動仲裁程序而無須經過其母國的同意。一旦投資者勝訴，他們甚至可以向東道國的國內法院或者任何敗訴東道國擁有財產的第三方締約國國內法院（如果選擇的是ICSID仲裁的話）申請執行。在這個機制當中，國家的主權者身分被淡化，私人當事方被提升到與東道國同等的地位。例如，對於爭端解決方式的選擇、仲裁庭組成、法律適用、仲裁程序進行等問題都是由國家與私人爭端當事方協商確定。這種將東道國與外國投資者管理與被管理的公法關係異化為權利義務對等的商事關係的做法，不僅改變了東道國的權利和責任的性質，還否定其為維護公共利益而享有的特權。前述的Tecmed v. Mexico案、Metalclad v. Mexico案、Ethyl Corp. v. Canada案、S. D. Myers v. Canada案中，墨西哥和加拿大政府的環境規制措施便是被爭端機構裁定為違反徵收、國民待遇等IIA條約義務。

可以說，與IIA的實體規則一起，投資仲裁機制創設了一種特殊的國家責任體制，即東道國只要存在侵權行為必然導致賠償責任。這顯然與國內法當中的國家損害補償責任制度的宗旨相違背，即該制度的目的是在於阻止政府的不法行為而非懲罰政府。無疑，IIA對投資自由化的踐行走得實在太遠了，但對於發達資本輸出國而言，只要能確保自己遠離投資爭議，那麼這種高標準的IIA將會產生以下兩種收益：

第一，給予本國海外投資者最大限度的保護。這種帶有「保險」性質的投資保護無疑會鼓勵外國投資者利用投資摩擦，從中牟取不正當利益。例如，在企業即將喪失經營能力的情況下，或者面臨東道國經濟不景氣的情況下，故意製造與東道國政府的投資糾紛，從而獲得高額賠償。由於東道國承擔了外國投資者所有的投資風險，本國海外投資可以通過訴訟獲得比在公開市場上更高的財產利益，也即是「灰姑娘效應」[46]。

第二，有效遏制東道國的發展。實踐表明，東道國合法的管理行為可能會因影響外資的權益而引發爭議，甚至最後被仲裁庭認定為違反條約義務並支付巨額的賠償，所以，由此會產生一種「寒蟬效應」，減損東道國的監管動力和信心，從而有利於投資者母國通過國際經濟合作、國際投資等途徑，將一些高能耗、高社會成本的產業轉移到發展中國家。研究已表明，發達國家可以利用其強大的全球國際投資和生產網絡，將高耗能、重污染的產業轉移至發展中國家。通過這種方式，它們的投資不僅獲得巨額利潤還可以將對本國的環境污染影響降低到最小。[47]

四、身分混同非均衡化的國家應對——中國視角

　　無疑，國家對國際社會的態度與行為是基於其國家身分作出的，在不同身分的背景下，國家會存在不同的觀念及由此產生的政策，因此，即便是同一個國家，若其身分發生重要變化，它對國際社會的觀念和政策也會因此而發生變化。[48] 前述研究亦表明，國際投資領域中的身分將影響一國在國際投資立法當中的利益並進而影響其決策，國家會儘可能地選擇對自身有利的身分而迴避對自己不利的身分。這種趨利避害的做法對國際投資法制產生重要影響。對於中國來說，早年在國際投資領域的身分選擇受制於其經濟發展的水平而呈現出單一的身分選擇，也因此在國際投資立法當中的決策立場相對明晰。然而，隨著中國綜合實力的迅速增強，中國在國際投資領域的經濟身分出現了混同，從資本輸入大國發展成為資本輸入與輸出大國，由此便帶來了其法律身分混同的問題。經濟身分的轉變既帶來了機遇也帶來了挑戰。一方面，中國在締約談判時可以借此制衡相對方達成互利互惠的國際投資條約，而在另一方面，由於既有法律實踐的影響，中國法律身分也出現了混同，限制和縮小了中國的投資政策選擇空間。是以，中國需要根據這種身分的轉換，借鑑他國的實踐經驗，應對這一挑戰，重新調整其國際投資法的實踐。

（一）中國的身分混同難題

　　與很多發達國家不同，作為轉型國家的中國所面臨的身分混同問題要複雜得多。這可以從其經濟身分與法律身分兩個層面來

考察。

1. 經濟身分的混同

自從實施改革開放政策以來，中國一直在國際投資領域當中扮演重要角色。長期以來，中國一直是排名世界前列的資本輸入大國。二〇〇〇年，中國提出實施「走出去」戰略，鼓勵國內有條件的企業「走出去」參與國際經濟合作與競爭。此後的十多年，中國對外投資規模保持了較快的增長態勢。中國也因此成為資本輸出大國。

在資本輸入方面，從一九七九年開始，中國每年利用外資金額逐年攀升。從一九七九年的數億美元到一九八四年的14.19億美元，再到一九九二年的110.08億美元，二〇〇八年更是開始突破千億美元。二〇一〇至二〇一六年每年利用外資的金額均在千億元以上。[49]二〇一三年到二〇一六年，中國累計新增外商投資企業10.1萬家，實際引進外資5217億美元，也因此，自一九九二年起，中國引進外資已連續25年位居發展中國家的首位，[50]也高於絕大多數發達國家和地區，近年來長期位居世界第二，僅次於美國。從利用外商直接投資的來源地分布來看，中國利用外商直接投資廣泛來自全球各個國家和地區。二〇一六年，對華投資前十位國家／地區依次為：香港（871.8億美元）、新加坡（61.8億美元）、韓國（47.5億美元）、美國（38.3億美元）、臺灣（36.2億美元）、澳門（34.8億美元）、日本（31.1億美元）、德國（27.1億美元）、英國（22.1億美元）和盧森堡（13.9億美元）。[51]

在資本輸出方面，中國近十多年來對外投資發展勢頭迅猛。一九九一年以前，中國對外投資以在對外貿易基礎上發展起來的

窗口公司、貿易公司或少量初級加工業為主，投資規模較小，年度總投資額不超過十億美元。進入二十一世紀以來，經過十多年的發展，中國對外投資規模不斷攀升。二〇〇五年中國對外投資流量突破百億美元，二〇一三年超越千億美元，二〇一五年對外投資額首次超過利用外資額，二〇一六年達到1961.5億美元，由二〇〇二年的全球第26位躍升至二〇一六年的第二位，同期占全球比重也由0.5%提升至13.5%，首次突破兩位數。二〇〇二至二〇一六年，對外投資流量年均增長率35.8%。在投資存量方面，二〇〇七年首次突破千億美元，二〇一五年突破萬億美元，二〇一六年攀升至13573.9億美元，對外投資存量由二〇〇二年的全球第25位上升至二〇一六年的第6位。截至二〇一六年末，中國對外直接投資分布在全球190個國家和地區，境內投資者設立對外投資企業3.72萬家，覆蓋全球超過80%的國家和地區，境外企業資產總額達五萬億美元。[52]

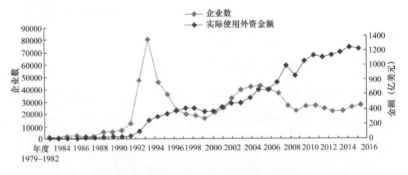

圖3-8-1　截至二〇一六年外商直接投資情況

數據來源：《2017年中國外資統計》，http://img. project, fdi. gov. cn//21/1800000121/File/201710/20171013091259069799 7961. pdf。

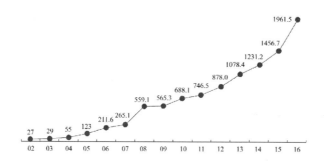

圖3-8-2　中國對外直接投資流量（2002-2016年）（單位：億美元）
數據來源：國家發展改革委統計。

可以說，無論是總體上還是從具體國家之間的資本流動來看，中國在與世界主要國家之間發生資本跨境流動時，都存在身兼資本輸出國和資本輸入國雙重身分的可能。

2. 法律身分的混同

如前所述，法律身分混同的情況並不普遍，發展中國家因受經濟水平的限制通常在IIA締約方和國際投資爭端仲裁中處於單一身分。而發達國家則會利用締約技術迴避對其不利的法律身分——IIA締約方中的引資東道國與國際投資爭端仲裁中的被申請方。然而，在中國的締約與仲裁實踐當中，法律身分混同的情況卻是一種常態。原因在於，早期中國作為世界主要的資本輸入國，多與發達國家締結投資條約，以便吸引更多的外資；晚近中國對外投資也在不斷增多，作為後進生，中國只能選擇亞洲、拉美、非洲等發展中國家作為主要的對外投資目的地，[53]是以，出於保護本國海外投資的考慮，中國也在與發展中國家締結投資條約。

在締約實踐方面，中國迄今已經與全球130多個國家和地區

簽訂了投資條約，[54] 數量達到155個[55]，包括146個BIT，九個包含投資章節的FTA。[56] 從投資條約締約相對方的類型來看，中國已與34個發達國家、16個經濟轉型國家和77個發展中國家締結了投資條約，覆蓋了全球94.44%的發達國家、94.11%的經濟轉型國家和73.33%的發展中國家。可見，中國IIA的締約相對方涵蓋發達國家、經濟轉型國家和發展中國家等所有國家類型，[57] 其範圍基本涵蓋在中國的外國投資來源地與對外投資目的地。雖然，中國與不少國家和地區相互間的資本流動規模並不大，但只要有雙方存在投資條約，中國仍會面臨身分混同問題。這意味著，即便在雙邊投資的框架下，中國身兼IIA締約方中的引資東道國與投資母國雙重身分的可能性還是會很高。更為重要的是，在中國對外締結的IIA中有絕大多數條約中的爭端解決條款包含了國際仲裁這一爭端解決方式。[58] 這提升了中國涉入國際投資仲裁的可能性。

在仲裁實踐方面，中國起步較晚，現有的實踐比較有限。但近年來有不斷上升的趨勢，自二〇一〇年來幾乎平均每年都有涉及中國的仲裁案件提起。目前涉及中國的已知仲裁案件一共九件。其中，中國投資者提起的仲裁案件有六件，[59] 中國政府作為國際投資爭端仲裁被申請方的案件有三件。[60] 換言之，中國在國際投資爭端仲裁案件中同樣存在以國際投資爭端仲裁被申請方和申請方投資者的母國兩種身分出現的情況。

可以說，中國幾乎在所有的領域都出現了身分混同的情況，無論是經濟身分還是法律身分。也因此，這意味著中國在吸引外資和保護海外投資這兩方面均具有重大利益。在國際投資法律實

踐中，中國需要平衡各種身分利益，而不只是簡單地站在某一個身分的立場來決定其國際投資法律決策。這就要求中國政府在IIA實踐方面必須展現出高超的法律智慧乃至政治智慧。

（二）中國的因應之策

隨著參與國際投資活動的廣度與深度在不斷提升，中國對外締結國際投資條約的難度在不斷增大，其締約相對方日益多樣化，在應對不同的締約相對方時，中國需要慎重對待因身分混同而帶來的各種問題。

1. 因應之策一

當前的國際投資法制呈現出私法化的特徵，這種先天的缺陷片面地強調外國投資者的保護，對於身兼多重身分的中國而言，其所面臨的國際法收益和風險是並存的。是以，面對身分混同帶來的挑戰，中國政府可以考慮從以下兩個方面加以應對：

（1）雙邊路徑

當前的國際投資立法仍主要以雙邊條約為主，前述分析表明，在雙邊或區域的層面上，由於各國經濟發展水平有所差異，國家可以通過挑選締約方等方式迴避不利的身分。對於中國而言，儘管雙邊談判的交易成本較大，但現行國際投資仲裁機制正處於一種試錯[61]的過程當中，在改革尚未成功之時，特別是各國對國際投資條約法制改革並未達成共識的情況下，堅持雙邊或區域層面締結IIA是一個比較務實可行的方法。然而，前述的研究亦表明，即便在雙邊的層面上，中國由於沒有區分締約相對方，導致其在法律身分上出現了混同，使其戰略選擇的空間被限

制。為了達成這一目的，中國需要對現有的締約實踐作相應的調整。簡言之便是，在**尊重各國主權的情況下，區分不同國家，實施差別化締約的戰略。反言之，不宜在不尊重各國主權的情況下，不區分不同國家，實施「一刀切」締約的戰略。**

一方面，在與哪些國家締結BIT，中國應區分不同類型的國家，不必刻意追求與某個發達國家締結BIT。換言之，在對美國、加拿大等發達國家締約時，不宜無條件地貿然接受它們所推行的BIT爭端解決條款。[62]因為，中國與發達國家之間存在資本雙向流動的可能性很大，若締結BIT，則雙方的身分互換情況便成為常態，增加雙方締約談判的難度。誠然，中國與發達國家之間的攻防互換成為可能之後，作為締約相對方的發達國家很難沿用一貫做法，簡單地區別對待中國等新興國家與其他發展中國家來消除身分混同帶來的影響，只能在條約規則上做文章，這有助於條約規則的進一步完善。但是，當前國際投資法制無論在實體法上還是在程序法上都存在結構性失衡的問題，積重難返，簡單地依靠少數國家在局部範圍協調，難度較大，即便是BIT締約雙方的國家影響力巨大。中國與美國政府的BIT談判便是如此，兩國二〇〇八年正式啟動BIT談判以來，經過三十四輪談判過後，目前雙方仍未達成一致。[63]因此，對於中國來說，仿效發達國家的做法，迴避相互衝突的身分，保持相對單一的身分，可能更好保持本國在國際投資法律政策上的一致性。當前，中國對外締結的不少條約已經快到期或已經進入存續期，**中國有必要考慮系統梳理現有BIT，修改、廢止部分BIT。**

然而，這一做法並不意味著，中國政府照搬發達國家的做

法，一味迴避對自己不利的身分，推行片面保護自己單方利益的投資規則。中國政府盡量保持相對單一身分只是一種權宜的策略，其目的不僅是降低被訴風險，而更多的是儘可能保持中國締約實踐的一致性。是以，在條約的實體與程序規則的價值取向上，中國仍應在相互尊重國家主權的基礎上，綜合考量本國在國際投資法上的國家利益、價值觀念和實力地位等，審慎平衡保護母國及其投資者權益與東道國及其公共利益。

（2）多邊路徑

在雙邊層面上，投資立法固然有決策靈活、促成共識、試錯演進的優勢，[64] 但也給予了部分國家戰略性迴避的空間，容易造成國際投資法制碎片化的問題。此外，身分混同並非一無是處，恰恰相反，正是在身分可以隨機互換，締約各方可以均衡獲得條約收益的情況下，投資條約才能得以公平地適用。而此種情形，只有在多邊層面上才能實現。是以，中國政府應該適時考慮推動國際投資立法的多邊化。

在多邊層面上，一方面，雖然發達國家仍然具有主導的地位，但發展中國家可以通過集體協作的方式增加自身的談判交易實力加以抗衡。另一方面，也是更為重要的是，在多邊層面上，可以將雙邊條約的特定的互惠擴散成為一般的、普遍的互惠。前述提及，在雙邊層面上，國際投資立法更具有契約性，締約雙方會根據各自的特定情形、利益和需求而作出特定的互惠協議。然而，前述分析已經表明，現有BIT模式下，雙方身分攻防互換的可能會受制於具體國家的經濟發展水平，而在多邊層面上就可以避免此種情況發生。因為，締約方的身分開始多樣化，一國面對

的多種身分的國家，很難保持身分的單一化，是以，在規則的制定上，只能尋求兼顧多種身分，權衡各方利益的一個方案。

晚近國際投資法制改革的實踐表明，最早作出上述反應的並不是深受其害的發展中國家，而是發達資本輸出國，其中又以美國和加拿大最具代表。這是與美加兩國在NAFTA框架下的互訴經歷密切相關的。但真正迫使這些既得利益者主動「讓利」的關鍵原因在於，國際經貿格局在變化，新興國家在迅速崛起，力量對比的變化增加了發達資本輸出國出現身分混同現象的概率。一旦對方「請君入甕」，作為資本輸入國的發達國家，很可能自食苦果。是以，國家間經濟實力的重大變化和既有規則體系內在缺陷的顯露是晚近發達國家調整IIA締約實踐的內在原因。

正是新興國家的崛起使得發達國家不得不面對身分混同的問題，從而給予雙方「換位思考」的機會。對於發展中國家輸出國而言，之前為吸引發達國家的投資，不得不接受對方提出的自由化的BIT方案，其中包含的投資自由化規則雖然使得本國政府的監管手段受到嚴格的限制和削弱，但這種「反映市場邏輯」的規則強調了投資准入上的開放性和競爭上的平等性，可為本國海外投資的保護與促進提供巨大空間。因此，當發展中國家頻繁參與對外投資活動，與發達國家資本輸出國相競爭時，它們越來越多地接受和納入這些遵循自由競爭的「反映市場邏輯之規則」。[65] 晚近的實踐表明，發展中國家締結的IIA趨於自由化，這種自由化不僅僅體現在與發達國家締結的IIA當中，也體現在發展中國家之間締結的IIA當中。這以徵收補償標準最為典型。儘管在二十世紀七〇至八〇年代，就徵收的補償標準，南北國家上演了有

關「適當」補償標準與「充分」補償標準的激烈辯論。但二十世紀九〇年代以後,「充分」補償標準普遍為各國的IIA實踐所採納。[66]印度二〇一六年開始適用的BIT範本的徵收條款採用的便是「充分」標準。[67]對於發達資本輸出國而言,這種「換位思考」並非其所願,為減少發展中國家輸出國利用既有的高度自由化的IIA規則獲取「超額利益」,它們開始修訂條約中的有關條款,回調自己的締約實踐。例如,美國在二〇〇四年和二〇一二年先後出臺的BIT範本,無論在程序方面,還是在實體方面,都可以看到其已經從極力保護外資利益的傳統立場上回退。正是在身分互易情況下,發展中國家與發達國家相互回調立場,使得晚近各國的外資政策無論在國內還是在國際法層面上都呈現出一種趨同化的趨勢。[68]這為國際投資立法共識的凝聚提供了機會,也為國際投資立法的多邊化提供可能。

中國的因應之策,**除雙邊途徑和多邊途徑之外**,還應當**進一步具體化**。因為中國的締約對象,是一個個獨立自主、享有主權的**具體國家**。所以,必須牢牢記住一條「放之四海而皆準」普遍哲理的客觀真理:馬克思主義的最本質的東西,馬克思主義的活的靈魂,就在於**具體**地分析**具體**的情況。[69]在中國對外締約實踐中,只有針對前述兩類不同國家各異的具體情況以及現階段中國的具體情況,進行**具體的綜合分析**之後,才能得出符合國內外客觀現實的科學結論和可行途徑。反之,如果不進行具體的、綜合的分析,不實行**區別對待**,卻採取統一的標準、統一的模式,實行「一刀切」,則是不科學、不明智、不可行的。通俗地說,就是「**因材施教**」—「**因頭理髮**」—「**因國締約**」路徑。

2. 因應之策二

孔子歷來提倡「因材施教」[70]。其核心思想是強調針對不同的受教者的具體情況施以不同的教育，反對死守教條，主張隨時變通。其中**飽含哲理**，可以推而廣之。這一光輝思想不僅對中國古代和當代教育的發展產生深遠的影響，而且對我們當今的**治國、施政、外交、締約**等各方面實踐也具有十分重要的啟示意義。

孔子提倡和實踐的「**因材施教**」原則，與中外理髮師「**因頭理髮**」的規則慣例也是相同的。理髮師理髮，通常必看來客是男是女，區別對待；若是男客，必問顧客的個人願望：「您想理什麼髮型？留髮長些，短些？兩鬢高些，低些？」若是女客，那就複雜細緻和「苛求」多了！理髮師還可以出示各種圖樣讓顧客自選，顧客選定後，理髮師才動手操作。如果理髮師既不分男女兩大類，又不細心詢問來客願望，既不尊重來客對自己髮型的自主之權（「主權」），又不細心觀察來客頭顱之大小圓方平尖，拿起工具就實行「一刀剃」，勢必引起各種糾紛，最後此理髮館勢必「關門大吉」！

同理，當今中國在與任何種類國家（特別是眾多發展中國家）締約時，當然必須「**因國締約**」，即充分尊重對方國家的主權，細心、平等地徵求對方國家的意見，反覆磋商談判，耐心地求得「最大公約數」，才能真正做到互利互惠和合作共贏。為此，至少應當作到「五忌」和「五宜」：

第一，忌自大地「恃強凌弱」，宜平等地「尊重主權」。

一八四〇年鴉片戰爭後百餘年間，舊中國飽嘗列強不斷侵

華、強迫簽訂喪權辱國不平等條約的痛苦。經過長期苦鬥，現在中國正在闊步快速邁向富強。秉持「己所不欲勿施於人」的傳統，如今在對外國（特別是眾多發展中國家）商訂投資條約過程中，當然必須平起平坐，充分地尊重對方的國家主權。

前文提到，中國對外輸出資本的國家，主要是亞非拉美國家，它們雖均屬「發展中國家」大範疇，但各自的具體國情卻又各有不同和差異，導致它們在國際投資締約實踐上的立場各異，更遑論中國對外締結的國家還涵蓋轉型國家和發達國家。比如，在把境內涉外投資爭端管轄權交給國際仲裁機構問題上，這些國家或一律拒絕（如巴西[71]），或先選後拒（如厄瓜多爾[72]），或拒後又選（如澳大利亞[73]）。遇此情況，中國在與對方談判簽約時除必須區分兩大類國家之外，還必須將對方國家的「個性」要求，結合我方的利弊得失，全面綜合平衡，取得雙方「最大公約數」，達成共識，簽訂雙贏協定。

第二，忌絕對地「一視同仁」，宜普遍地「區別對待」。

當代世界存在南北兩大類型的國家，即少數發達國家和大量發展中國家，中國對外簽訂雙邊投資協定時，可否和應否「男女有別」「量體裁衣」？——這是爭議多年的理論問題和現實問題。本文作者早在十一年前即二〇〇七年就已撰寫長篇專論，[74]通過查歷史，排事實，講道理，力排「眾議」，論證對於南北兩大類型的國家，即少數發達國家和大量發展中國家，中國對外簽訂雙邊投資協定時，可以而且應當理直氣壯地主張和踐行在ISDS條款問題和MFN條款問題上認真實施「區別對待」「男女有別」「量體裁衣」。篇幅所限，茲不細贅。

事實上，這種做法早有實踐。比如，澳大利亞在國際投資仲裁方面的締約實踐就是一個典例。在與不同國家締約時，澳大利亞的立場存在明顯的差別。依據其官方發布的信息，澳大利亞對外締結的IIAs共有三十二個。其中納入國際仲裁機制的有二十八個，均是與轉型國家與發展中國家或地區締結的，而在沒有納入國際仲裁的IIAs中，除了二〇一二年澳大利亞—馬來西亞FTA之外，其餘都是與發達國家締結的。二〇一二年澳大利亞—馬來西亞FTA雖然沒有納入國際仲裁機制，但因為二〇〇九年東盟—澳大利亞—新西蘭FTA已包含該仲裁機制，因此，兩國之間仍然可以適用國際投資仲裁。[75] 此外，有些國家雖然在條約的內容上沒有明顯的區別對待，但在締約對象的選擇上，卻作了區分。比如，美國便是區分不同國家實施不同的投資締約實踐，放棄與一些國家締結國際投資條約。

第三，忌機械地「執行軍令」，宜勇敢地「有所不受」。

二〇〇八年九月在中國某地舉行的一場學術性國策探討會上，與會實務部門政府官員與專業學者濟濟一堂，為國家對外談判締結BIT獻策建言。在談到當時正在緊鑼密鼓地談判的「中美BIT」這一熱點問題時，談判第一線官員與專業學者之間出現了「各執一詞，激烈爭辯」的場面。茲錄其對立觀點和說辭如下：[76]

官員：根據國務院主管對美BIT談判的副總理的指示，中美BIT締約談判必須抓緊進行，在今年年底以前談判成功，儘快締約。

學者：中國對外談判締約，特別是對美談判締約，上級設定

時限，指示限時完成，這顯然是不妥的。眾所周知，美國是個強霸國家，經常恃強凌弱，在締結BIT過程中要價很高，苛求不少。從1984年起，美方就提出範本，要求按其範本逐條談判，談到2008年，談了24年延宕多時，由於美方要求過高過苛，涉及中方司法主權、國家安全等底線問題，中方不肯遷就屈服，因此始終談不攏。現在不分青紅皂白，指示中方談判代表要在2008年年底以前談判成功，儘快締約，無異於要求中國單方遷就屈服。這難道符合中國利益？

官員：國務院副總理的指示，可謂「軍令如山」，必須認真貫徹執行！

學者：常言道：「軍令如山」，必須認真貫徹執行，這是常態下的常理，誠然不錯。但是，也有另一種常言道：「將在外，君命有所不受！」在美方無理要求中國單方遷就屈服情況下，我方一線談判代表對上級指示就不宜機械理解，僵硬執行。恰恰相反，我方一線談判代表理應堅持中方底線立場繼續說服對方，同時，應當排除「個人政績」之類的各種雜念，**敢於**向上級反映，設定固定時限，要求限期完成，後果極其不利於堅決維護我國主權和核心權益，**敢於**建議應當撤銷談判締約期限或無限期延長談判締約時限。

如今，時光荏苒，中美BIT的「馬拉松」談判，從一九八二年起算，已經歷了三十六年數十輪，[77] 迄今為止，雙方雖逐漸相向而行，慢慢靠攏，但仍遠未達成共識。上述官員與學者之間的激烈爭辯、對立觀點和相反說辭，仍然不失其重大現實意義。

孰是孰非，仍然有待智者思考、判斷和踐行。但十年前學者們提出的關於撤銷談判締約期限或無限期延長談判締約時限的建言，實際上已被明智的上級官員採納，而且十年來的實踐已經證明：不設談判締約期限或無限期延長談判締約時限，並未影響中美雙方相互投資和經貿交往與時俱進、不斷發展的大局。

另外，尤其值得警惕的是，美國新任總統特朗普（民間賜予的諧音「美稱」是「特離譜總統」）上臺執政以來，極盡反覆「變臉」之能事：一意孤行，退出已達成的《伊朗核協議》《巴黎氣候協定》以及《跨太平洋夥伴關係協定》；忽而宣稱舉行美朝峰會，忽而又宣布取消，忽而又宣布如期舉行。最讓各國難以適應的是其反覆無常，四處挑起貿易戰，中國更是深受其害——前腳剛與中國達成貿易框架協議，雙方發表了聯合聲明，美方宣布擱置對中國產品加徵關稅的計劃，後腳又變卦，聲稱將對中國產品加徵高額關稅。[78] 面對這樣一個極不穩定、特不靠譜的美國政府，中美雙方原已「逐漸相向而行，慢慢靠攏」的良好局面，迅速轉化為「逐漸背道而馳，漸行漸遠」的局面；中美談判前途可謂風雲突變，布滿急流險灘，吉凶未卜。[79] 面臨此種最新局面，當然更加有待中國智者堅守主權底線，深入思考，準確判斷，靈活應對，堅決踐行。總之，切忌設定時限，自綁手腳，尤忌不分青紅皂白，實行「一刀切」！

第四，忌糊塗地「高枕無憂」，宜清醒地「居安思危」。

進入二十一世紀以來，中國加速和平崛起，經濟實力大幅增長和加強，引起舉世矚目和豔羨，也增長和加強了中國人的自豪和自信。這是毋庸置疑的。但是，中國面對全球性金融危機的急

性蔓延和慢性拖累，其「免疫力」或「抵抗力」卻是並不強大或比較脆弱的；中國自身經濟發展，也存在各種泡沫（諸如股市泡沫、樓市泡沫）以及由此引起的經濟動盪。這些情況，都是眾所周知，毋庸諱言的。況且，**中國現在正處於深層次結構性的政策調整期：不能不預估調整政策對外商權益可能帶來的現實影響及其對中國可能帶來的風險。**

習近平在二〇一四年二月七日俄羅斯索契接受俄羅斯電視臺專訪時便曾明確指出，「在中國這樣一個擁有十三億多人口的國家深化改革，絕非易事。中國改革經過三十多年，已進入深水區，可以說，容易的、皆大歡喜的改革已經完成了，好吃的肉都吃掉了，剩下的都是難啃的硬骨頭。」[80] 全面深化改革系統性強、風險性大，遇到的複雜矛盾和尖銳問題可能是前所未有的。[81] 作為正處於向完善的市場經濟全面轉型過程的發展中國家，面對今後一個時期內勢必不斷出現的許多新問題，中國還需要制定一系列新的法律和規則，或改革舊有的法律和規則，以有效地調整宏觀國民經濟，因而不能排除發生為維護國家安全和公共利益而違反有關對外特許協議的情況。

例如，中國政府近年來不斷強調實現可持續發展，不斷加強對**環境保護**的力度。[82] 但是，如果進一步對各類有關企業全面提高保護環境的要求，則可能會大規模地影響到外資的利益。

又如，中國多年來的經濟發展，一直建立在**勞工保護**制度嚴重欠缺基礎之上；尤其在許多外資企業中，對農民工的保護幾乎是空白狀態，所謂「工會」往往也是有名無實。而且，中國的兩極分化正在造成越來越多的社會問題。為了應對此類問題，中國

提出了建立「和諧社會」的目標，正在著手提高勞工保護標準，[83]而這也可能會影響到外資的既得利益。

又如，中國深化涉及投資、貿易體制改革，完善法律法規，為各國在華企業創造公平經營的法治環境的同時，[84]也可能會取消之前給予外資的一些特殊優惠。針對外資的「超國民待遇」問題，中國正在進行內、外資有關稅收統一等方面的改革。而這一系列的改革也難免會在頗大程度上影響到外資的既得利益，從而引發齟齬、矛盾和爭訟。

又如，作為發展中國家，中國的**金融體制**和經濟運行還不是很完善、很穩健，抵禦各種金融風險和經濟危機的能力不是很強，[85]受到重大風險或危機的衝擊時，必然會採取**加強外匯管制、強化海關監控**等措施，以保護國家的經濟安全，這也勢必會在頗大程度上影響到外資的既得利益和潛在利益。

以上這些環境政策、勞工政策、對外商的「超國民待遇」政策等等，都勢在必改；日後一旦經濟運行失調、遭遇金融風險或發生經濟危機時，中國就會像其他主權國家一樣，也**勢必在特定時期內採取各種加強經濟管制和宏觀監控的必要措施。凡此種種，都不可能不在特定的時期內和一定的程度上損害到外商的既得利益或潛在利潤**。一旦因緊急需要而不得不觸犯投資合同或者BIT中的高標準保護規定，外商就會動輒以投資合同或者BIT為依據，申請國際仲裁，並且可能產生「多米諾」骨牌的「連鎖效應」，從而造成中國大量被訴於國際仲裁庭的後果。在這方面，有的發展中國家在締結高保護標準BIT的實踐中，已經有了沉痛的教訓，中國不可不引以為戒。具體說來，中國如不增強憂患意

識，居安思危，未雨綢繆，預先有所防範，則有朝一日，不排除可能會變成**第二個阿根廷**！這樣說，絕非「危言聳聽」，更非「譁眾取寵」。

看來，中華人民共和國成立近七十年以來，幾代中國國家領導人在不同時期不同場合反覆多次一再提醒國人務必加強憂患意識，反覆多次一再強調務必「居安思危」，「治不忘亂」，確實都是有的放矢、切中時弊的，值得全國上下牢牢銘記，全面踐行。

第五，忌麻痺地「重蹈覆轍」，宜警惕地「汲取教訓」。

在國際投資法律實踐當中，不少發展中國家出於吸引外資的目的爭相接受高標準的國際投資條約，然而，這種輕率的行為也讓這些國家付出了慘重的代價。阿根廷便是其中的一個典例。阿根廷是卡爾沃主義的首倡者，但它在國際投資締約當中卻放棄了卡爾沃主義。二十世紀八〇年代後期，阿根廷深陷債務危機、惡性通貨膨帳及經濟持續蕭條的困境，投資者已對阿根廷貨幣失去了信心。為有效控制政府赤字、吸引外資，阿根廷政府採取了包括國有企業私有化、貿易自由化、金融自由化、削減政府開支、稅制改革等一系列「新自由主義」舉措，在對外締結國際投資條約時，也不加區分，無論是在實體方面還是在程序方面，全盤接受給予外國投資者高標準保護的BIT條款，[86] 也因此，阿根廷屢屢被外國投資者訴諸國際投資仲裁，深陷訴事。

自一九九七年三月至二〇一七年十二月，阿根廷作為國際投資仲裁被申請方的案件高達60個，[87] 是國際投資仲裁實踐迄今為止作為被申請方涉案最多的國家。[88] 這些案件涉及的爭端一部分源於阿根廷二十世紀九〇年代初對其核心工業部門所實施的

私有化運動，另一部分則是阿根廷為了應對二十世紀九〇年代末到二十一世紀初的金融危機而採取的緊急措施所引發的。在這些案件中，目前已經審結的案件共有46個。[89] 除了沒有對外公開數據的三個案件之外，[90] 已審結的案件中有九個已經終止，[91] 14個是通過和解的方式解決的，[92] 而由仲裁庭作出裁決方式審結的案件則有25個。[93] 在仲裁庭審結的25個案件中，除了一個案件雙方各有輸贏之外，[94] 仲裁庭作出對阿根廷有利裁決的案件僅有五個，[95] 占其中的20%，餘下的19個案件均是作出對外國投資者有利的裁決。[96] 從這些案件所涉金額來看，外國投資者普遍提出高達數千萬，甚至數億美元的巨額索賠（詳見表3-8-3）。比如，在已決的案件中，Teinver v. Argentina案投資者索賠金額高達15.9億美元，仲裁庭雖然並沒有完全支持這一主張，但其最終裁決的金額也高達3.2億美元。也因此，當前最終裁決的案件，阿根廷的全部賠償金額高達24.23億美元。對於疲於應對金融危機的阿根廷來說，這無疑是雪上加霜。

表3-8-3　部分阿根廷案件的涉案金額統計[97]

案件申請年分	案件名稱	涉案金額（百萬／美元）	
		申請方主張金額	最終裁定金額
2009	Teinver v. Argentina	1590.00	320.80
2007	HOCHTIEF v. Argentina	157.20	13.40
2007	Impregilo v. Argentina (I)	119.00	21.29
2004	SAUR v. Argentina	143.90	39.90
2004	Total v. Argentina	940.00	269.90
2003	AWG v. Argentina	34.10	21.00
2003	BG v. Argentina	238.10	185.20

案件申請年分	案件名稱	涉案金額（百萬／美元）	
		申請方主張金額	最終裁定金額
2003	Continental Casualty v. Argentina	114.00	2.80
2003	EDF and others v. Argentina	270.00	136.00
2003	El Paso v. Argentina	28.20	43.00
2003	National Grid v. Argentina	59.00	53.50
2003	Vivendi v. Argentina (II)	834.10	383.60
2002	LG&E v. Argentina	268.00	57.40
2002	Sempra v. Argentina	209.00	128.00
2002	Siemens v. Argentina	462.50	237.80
2001	Azurix v. Argentina (I)	685.00	165.20
2001	CMS v. Argentina	261.10	133.20
2001	Enron v. Argentina	582.00	106.20
1997	Vivendi v. Argentina (I)	317.00	105.00

　　面對如此嚴峻的法律挑戰，雖然阿根廷採用包括啟動仲裁撤銷程序和國內法院審查等方式來應對，但這些措施收效甚微。例如，阿根廷一共就十七個案件啟動了ICSID仲裁裁決撤銷程序，除了目前仍有二個案件尚未審理，有二個案件程序已經終止，其餘的案件當中，阿根廷僅在Sempra v. Argentina案等三個案件獲得ICSID專門委員會的支持。[98]而在啟動國內法院審查的案件方面，投資仲裁庭的裁決全部獲得承認。[99]也正因如此，阿根廷開始反思自己的國際投資法律實踐存在的問題，並嘗試作出相應的調整。繼玻利維亞、厄瓜多爾和委內瑞拉三個國家之後，[100]阿根廷也表示可能退出《華盛頓公約》。[101]儘管迄今為止，阿根廷並未正式宣布退出《華盛頓公約》，但阿根廷與玻利維亞、哥倫比亞、厄瓜多爾、秘魯、巴西、烏拉圭、巴拉圭和委內瑞

拉、智利、圭亞那和蘇里南等十二個國家正在建立一個替代《華盛頓公約》的區域性投資爭議解決機制。[102] 二〇一六年一月，南美洲國家聯盟成員國的專家在烏拉圭首都蒙得維的亞最終敲定投資爭議解決區域中心的協定文本，接下來將交由十二位成員國依照國內程序討論和批准。[103]

中國古諺說：「前車之覆，後車可鑒。」[104] 阿根廷的慘痛教訓應該引起中國的反思和警示，從中吸取教訓和經驗，力求避免重蹈覆轍，誤陷訟累。當代中國在未來的締結條約或修改條約的過程中，切宜根據國內外實情，區分兩類國家，實行差別互惠。詳言之，**即中國在與實力懸殊的經濟強國進行BITs談判中，若一時達不成協議或暫時沒有協定，暫時擱置比迅速達成對中國不利的協定要好得多。權衡國內外的現實形勢，中國完全沒有必要全面地放權過快、棄權過多，更不宜僅為了製造政治氣氛、「友好」氛圍而貿然行事，從而不知不覺地導致「門戶洞開，毫不設防」。反之，立足中國，放眼世界，則在當前條件下，顯然仍宜保留清醒的頭腦，增強必要的憂患意識，經常居安思危，堅持有關國際公約的授權規定，善於掌握四大「安全閥」，趨利避害，在「引進來」與「走出去」之間，在保護外資合法權益和維護中國主權權力之間，保持正確的、恰如其分的綜合平衡。**

這樣，今後中國才能更好地通過簽訂或修訂BITs，達到**名副其實的互利互惠、持續促進經濟發展**；進而在確立跨國投資合理規範和建立國際經濟新秩序的過程中，**發揮應有的示範作用**。中國的和平崛起要求我們這麼做，中國在國際上的地位也要求我們這麼做。只有這樣，才有利於中國，有利於廣大發展中國家，有

利於南北兩大類國家的互利合作，有利於和諧世界的共同繁榮與發展，有利於構建富強康樂的全球人類利益共同體。

注釋

〔1〕 本文論及之國際投資條約並不限於雙邊投資條約（Bilateral Investment Treaty, BIT），也涵蓋包含投資內容的自由貿易協定（Free Trade Agreement, FTA）。

〔2〕 Patrick Juillard, Bilateral Investment Treaties in The Context of Investment Law, http://www.oecd.org/investment/internationalinvestmentagreements/1894794.pdf; Tarcisio Gazzini, *Interpretation of International Investment Treaties,* Hart Publishing, 2016.

〔3〕 身分的可逆性是指相互對應的身分可以相互對換的情況。比如，兩國之間存在國際資本的相互流動，一國作為引資東道國時，另一國便是投資者母國的身分，而其作為投資者母國時，對方則是引資東道國。

〔4〕 See UNCTAD, Country Profile, http://unctadstat.unctad.org/CountryProfile/en-OB/index.htmil.

〔5〕 See UNCTAD, General Profile: United Republic Of Tanzania, http://unctadstat.unctad.org/CountryProfile/GeneralProfile/en-GB/834/index.html.

〔6〕 See UNCTAD, Country Profile, http://unctadstat.unctad.org/CountryProfile/GeneralProfile/en-GB/ 834/index.html.

〔7〕 See UNCTAD, General Profile: Guinea, http://unctadstat. unctad. org/CountryProfile/GeneralProfile/en-GB/324/index.html.

〔8〕 http://data. imf. org/? sk=40313609-F037-48C1-84B1-E1F1CE54D6D5.

〔9〕 See UNCTAD, Investor-State Dispute Settlement: Review of Developments in 2015, http://investmentpolicyhub.unctad.org/Upload/ISDS%20Issues%20Note%202016.pdf.

〔10〕 此表格是作者結合美國貿易委員會和IMF官方提供的數據整理而成，國家排序按照其英文名字的排列。http://tcc.export.gov/Trade_

Agreements/All_Trade_Agreements/index.asp;IMF, Coordinated Direct Investme Survey Guide, http://data.imf.org/? sk=40313609-F037- 48C1-84B1-E1F1CE54D6D5&sid=1390030109571&ss=1424365654133.

〔11〕See IMF,Coordinated Direct Investment Survey Guide, http://data.imf. org/?sk=40313609-F037-48C1-84B1-E1F1CE54D6D5&sid=1390030109 571&ss=1424365654133.

〔12〕值得注意的是，這一排名僅以向IMF提交國際資本流動數據的經濟體 為限，與各國實際的國際資本流動排名有一定的偏差。

〔13〕See World Bank, Development at the International Level 2008, http:// siteresources.worldbank.org/ INTWDRS/Resources/ 477365-132759904 6334/8394679-1327614067045/WDROver2008-ENG. pdf.

〔14〕See UNCTAD, Investor-State Dispute Settlement: Review of Developments in 2015, http://investmentpolicyhub.unctad.org/Upload/ISDS%20 Issues%20Note%202016. pdf.

〔15〕See UNCTAD, World Investment Report 2008: Transnational Corporations, and the Infrastructure Challenge, http://unctad.org/en/Docs/wir2008_ en. pdf.

〔16〕See UNCTAD, United States of America- As Respondent State, http:// investmentpolicyhub.unctad.org/ISDS/CountryCases/223? partyRole=2.

〔17〕See IMF, 2014 World Economic Outlook: Legacies, Clouds, Uncertainties, http://www.imf.org/~/ media/Websites/IMF/imiported-flagship-issues/ external/pubs/ft/weo/ 2014/02/ pdf/_text. ashx.

〔18〕See UNCTAD, World Investment Report 2006, http://unctad. org/en/ pages/Publication Archive. aspx? publicationid=709

〔19〕See Karl P. Sauvant, New Sources of FDI: the BRICs, Outward FDI from Brazil, Russia, India and China, *Journal of Word Investment and Trade*, Vol. 6, 2005, pp.639-709.

〔20〕See Karl P. Sauvant, New Sources of FDI: the BRICs, Outward FDI from Brazil, Russia, India and China, *JournaL of Word Investment and Trade*, Vol. 6, 2005, pp.639-709.

〔21〕See Allee, Todd and Clint Peinhardt, Delegating Differences: Bilateral Investment Treaties and Bargaining Over Dispute Resolution Provisions, *International Studies Quarterly*, Vol.54, 2010, pp.1-26; Poulsen, Lauge

Skovgaard, The Importance of BITs for Foreign Direct Investment and Political Risk Insurance: Revisiting the Evidence, in Karl P. Sauvant(ed.), *Yearbook on International Investment Law and Policy*, 2009-2010, Oxford UniversityPress, 2010, pp.539-573.

〔22〕 See Andrew Kerner, Why should I believe you? The Costs and Consequences of Bilateral Investment Treaties, *International Studies Quarterly*, Vol.53, 2009, p.74.

〔23〕 See UNCTAD, Bilateral Investment Treaties 1959-1999, United Nations, 2000, p.5.

〔24〕 See World Bank, Development at the International Level 2008, http://siteresources.worldbank.org/INTWDRS/Resources/477365-13275990 46334/8394679-1327614067045/WDROver2008-ENG.pdf.

〔25〕 See TCC, Bilateral Investment Treaties, http://tcc.export.gov/Trade_Agreements/Bilateral_Investment _Treaties/index.asp.

〔26〕 See Dutch Government Websites, Treaty Database, https://treatydatabase. overheid.nl/en/Verdrag/ ZoekUitgebreid.

〔27〕 See Kenneth J. Vandevelde, *U. S. International Investment Agreements*, Oxford University Press, 2009, p.26.

〔28〕 See M. Sornarajah. *The International Law on Foreign Investment*, Cambridge University Press, 2004, pp.207-208.

〔29〕 See UNCTAD, International Investment Agreements Navigator, http://investmentpolicyhub. unctad. org/IIA.

〔30〕 S. Rosenne. *Developments in the Law of Treaties 1945-1986*, Cambridge University Press, 1989, p.25.

〔31〕 參見李浩培：《條約法概論》，法律出版社2003年版，第34頁。

〔32〕 參見陳安、谷婀娜：《「南北矛盾視角」應當「摒棄」嗎？》，載《現代法學》2013年第2期，第138-139頁。

〔33〕 See Jeswald W. Salacuse, BIT by BIT: The Growth of Bilateral Investment Treaties and Their Impact on Foreign Investment in Developing Countries, *The International Lawyer*, Vol.24, 1990, pp.655-675.

〔34〕 See Jennifer L. Tobin and Marc L. Busch, A Bit is Better than a lot: Bilateral Investment Treaties and Preferential Trade Agreements, *World Politics*, Vol.62, 2010, pp.1-42.

〔35〕See Kenneth J. Vandevelde, U.S. Bilateral Investment Treaties: The Second Wave, *Michigan Journal of International Law*, Vol.14, 1993, pp.621-702.

〔36〕See Andrew T. Guzman, Why LDCs Sign Treaties That Hurt Them: Explaining the Popularity of Bilateral Investment Treaties, *Virginia Journal of International Law*, Vol.38, 1998, p.639.

〔37〕See Adam S. Chilton, The Politics of the United States' Bilateral Investment Treaty Program. (Coase-Sandor Working Paper Series in Law and Economics No. 722, 2015). 美國在20世紀70年代末啟動BIT戰略的直接目的就是為了回應發展中國家的國家化行為和發展中國家在聯合國關於國家主權的集體行動。See K J. Vandevelde, *U.S. international Investment Agrements*, Oxford University Press, 2009, p.1; K. J. Vandevelde, The BIT Program: A Fifteenth Year Appraisal, *American Society of International Law Proceedings*, Vol.86, 1992, p.532.

〔38〕See Arie Reich, Bilateralism Versus Multilateralism in International Economic Law Applying the Principle of Subsidiarity, *University of Toronto Law Journal*, Vol.60, 2010, pp.273-279.

〔39〕See Akhtar, Shhayerah Ilias and Martin A. Weiss, U.S. International Investment Agreements: Issues for Congress. Congressional Research Service R43052, http://www.fas.org/sgp/crs/row/R43052. pdf.

〔40〕當時，不少學者對多邊投資條約的達成持樂觀的態度。See J. H. Jackson, *Sovereignty, the WTO and Changing Fundamentals of International Law*, Cambridge University Press, 2006; R. Dolzer, Main Substantive Issues Arising from Investment Disputes, National Treatment: New Developments, paper for Symposium on Making the Most of International Investment Agreements: A Common Agenda. Paris, 2005-12-12.

〔41〕See Herfried Woss, Legitimacy in WTO Law and Investment Arbitration: The Role of The Contracting Parties, *Columbia FDI Perspectives*, No.144, 2015; Hersch Lauterpach, *Private Law Sources and Analogies of Law*, Longmans, 1927, p.6; Borzu Sabahi, *Compensation and Restitution in Investor-State Arbitration*, OUP, 2011, pp.15-42; Pablo T. Spiler and Santiago Dellepiane, *Damages in International Arbitration under Complex Long-term Contracts*, OUP, 2014, pp.13-6, 18-9, 223-233, 236-244.

〔42〕 See Jeswald W. Salacuse, Is There a Better Way? Alternative Methods of Treaty-based, Investor-state Dispute Resolution, *Fordham International Law*, Vol.31, 2007, p.140.

〔43〕 See Campbell McLachlan, Laurence Shore, Matthew Weiniger, *International Investment Arbitration: Substantive Principle,* Oxford University Press, 2008, p.334; Sergey Ripinsky, Kevin Williams, *Damages in Intenainal Investment Law*, British Institute of International and Comparative Law, 2008, p.89.

〔44〕 以多邊投資協定（Multilateral Agreement on Investment, MAI）的談判中為例，在其談判之前，OECD已經注意到了外國投資者社會責任這一議題，並著手起草相關的規則，即《國際投資與多國企業的宣言》，但在MAI談判之時卻隻字不提與《國際投資與多國企業的宣言》有關的跨國公司社會責任，反而極力倡導高標準的投資保護與自由化義務。See OECD, Multilateral Agreement on Investment, http://www.oecd.org/investment/internationalinvest mentagreements/multi lateralagreementoninvestment.htm.

〔45〕 Tecnicas Medioambientales Tecmed S. A. v. Mexico, ICISD Case No. ARB(AF)/00/2, Final Award of 29 May 2003; Metalclad v. Mexico, ICSID Case No. ARB(AF)/97/1, Award of 30 August 2000. UNCITRAL, First Partial Award, 13 November 2000; Ethyl Corporation v. Government of Canada (Jurisdiction), Award of June 24. 1998; Metalclad v. Mexico, ICSID Case No. ARB(AF)/97/1, Award on the Merits, 16 December 2002; Methanex Corp. v. United States of America, UNCITRAL, Final Award of the Tribunal on Jurisdiction and Merits, at August 3, 2005; Glamis Gold Ltd. v. United States of America, NAFTA/UNCITRAL, Award of June 8, 2009.

〔46〕 灰姑娘一般指的是「麻雀變鳳凰」的姑娘，Stauffer教授將其借用來形容過分高估被徵收財產的價值的情形。See Thomas R. Stauffer, Valuation of Assets in International Takings, *Energy Law Jounal*, Vol.17, 1996 , pp.476-485.

〔47〕 See Yuping Deng & Helian Xu, International Direct Investment and Transboundary Pollution: An Empirical Analysis of Complex Networks, *SuSainability*, Vol. 7, 2015, p.3944.

〔48〕參見秦亞青：《國家身分、戰略文化和安全利益——關於中國語國際關係社會的三個假設》，載《世界經濟與政治》2003年第1期，第11頁。

〔49〕參見《2017年中國外資統計》，http://img. poject. fdi. gov. cn//21/1800000121/File/201710/20170130912590697961.pdf。

〔50〕參見《中國引進外資已連續25年居發展中國家首位》，http://news.163.com/17/1012/14/D0I8TOU900018AOQ.html。

〔51〕See UNCTAD .World Investment Report 2017: Investment and the Digital Economy, http://unctad.org/ en/PublicationsLibrary/wir2017_en.pdf.

〔52〕參見國家發展改革委：《中國對外投資報告》，http://www.ndrc.gov.cn/gzdt/201711/W020171130400470019984.pdf.

〔53〕截至2016年末，中國對外直接投資分布在全球190個國家（地區）各大洲分布上，對亞洲投資最多，存量9094.50億美元，占比67%，其次是拉丁美洲2071.5億美元，占比15.3%；歐洲872億美元，占比6.4%；北美洲754.7億美元，占比5.6%；非洲398.8億美元，占比2.9%；大洋洲382.4億美元，占比2.8%。接受中國對外投資較多的國家（地區）包括中國香港、開曼群島、英屬維爾京群島、美國、新加坡、澳大利亞、荷蘭、英國、俄羅斯和加拿大等。參見國家發展改革委：《中國對外投資報告》，http://www.ndrc. gov.cn/gzdt/201711/W020171130400470019984. pdf。

〔54〕參見《中國已與130多個國家和地區簽訂投資協定》，http://world.huanqiu.com / hot / 2016 -03 / 8724770. html。

〔55〕需要注意的是，由於中國與部分國家或地區存在有重新締結條約或者既簽訂BIT又簽署FTA的情況，所以，中國的締約相對方國家和地區的數量與中國對外締結條約數量並不一致。

〔56〕這一數據是以商務部條法司網站公布的《我國對外簽訂雙邊投資協定一覽表》為基礎，結合聯合國貿發會官方網站公布的條約文本統計而得。

〔57〕需要注意的是，有關國家類型劃分方面，目前暫時沒有統一的劃分方法，聯合國、世界銀行、國際貨幣基金組織都有各自的劃分標準。本部分的國家類型的劃分是沿用「聯合國發展和政策分析部」（Development Policy and Analysis Division of United Nations, DPAD）

的分類標準。這一標準區分了發達國家、轉型經濟體和發展中國家三類。其中，發達國家有36個，包括：美國、加拿大、日本、澳大利亞、新西蘭，奧地利、比利時、丹麥、芬蘭、法國、德國、希臘、愛爾蘭、義大利、盧森堡、荷蘭、葡萄牙、西班牙、瑞典、英國、保加利亞、克羅地亞、塞浦路斯、捷克、愛沙尼亞、匈牙利、拉脫維亞、立陶宛、馬耳他、波蘭、羅馬尼亞、斯洛伐克、斯洛文尼亞、冰島、挪威、瑞士；轉型經濟體有17個，包括：阿爾巴尼亞、波斯尼亞和黑塞哥維那、黑山、塞爾維亞、馬其頓、阿塞拜疆、哈薩克斯坦、俄羅斯、土庫曼斯坦、烏茲別克斯坦、亞美尼亞、白俄羅斯、格魯吉亞、吉爾吉斯斯坦、摩爾多瓦、塔吉克斯坦、烏克蘭；餘下的便是發展中國家和地區，主要包括：阿爾及利亞、安哥拉、貝寧、博茨瓦納、布基納法索、布隆迪、喀麥隆、中非共和國、乍得、剛果、剛果民主共和國、佛得角、科特迪瓦、吉布提、埃及、赤道幾內亞、埃塞俄比亞、厄立特里亞、加蓬、聖多美和普林西比、岡比亞、加納、幾內亞、幾內亞比紹、利比亞、毛裡塔尼亞、摩洛哥、突尼斯、利比里亞肯尼亞、馬達加斯加、盧旺達、索馬里、烏干達、坦桑尼亞、毛里求斯、萊索托、馬拉維、毛里求斯、莫桑比克、納米比亞、南非、贊比亞、津巴布韋、利比里亞、馬里、尼日爾、尼日利亞、塞內加爾、塞拉利昂、多哥，汶萊、中國、中國香港、印度尼西亞、馬來西亞、緬甸、巴布亞新幾內亞、菲律賓、韓國、新加坡、中國臺灣、泰國、越南、孟加拉國、印度、伊朗、尼泊爾、巴基斯坦、斯里蘭卡、巴林、拉克、以色列、約旦、科威特、黎巴嫩、阿曼、卡塔爾、沙特阿拉伯、敘利亞、土耳其、阿聯酋、也門、巴巴多斯、古巴、多米尼加、圭亞那、海地、牙買加、特立尼達和多巴哥、哥斯達黎加、薩爾瓦多、危地馬拉、洪都拉斯、墨西哥、尼加拉瓜、巴拿馬、阿根廷、玻利維亞、巴西、智利、哥倫比亞、厄瓜多爾、巴拉圭、秘魯、烏拉圭、委內瑞拉。詳見DPAD, World Economic Situation and Prospects 2016, http://www.un.org/en/development/desa/policy/wesp/wesp_archive/2016wesp_full_en. pdf。

〔58〕參見李慶靈：《中國IIA中國際投資仲裁庭的權力約束機制研究》，載《西部法學評論》2016年第1期，第121-122頁。

〔59〕這些案件為：Sanum Investments Limited v. lao People's Democratic

Republic(ICSID Case No. ADHOC/17/1); Standard Chartered Bank (Hong Kong) Limited v. United Republic of Tanzania (ICSID Case No. ARB/15/41); Beijing Urban Construction Group Co. Ltd. v. Republic of Yemen (ICSID Case No. ARB/14/30); Ping An life Insurance Company of China, Limited and Ping An Insurance (Group) Company of China, Limited v. Kingdom of Belgium (ICSID Case No. ARB/12/29); Standard Chartered Bank (HongKong) Limited v. Tanzania Electric Supply Company Limite (ICSID Case No. ARB/10/20); Tza Yap Shum v. Republic of Peru (ICSID Case No. ARB/07/6). see https://icsid.worldbank.org/en/Pages/cases/searchcases.aspx.

〔60〕 這三個案件為：Hela Schwarz GmbH v. People's Republic of Clina (ICSID Case No. ARB/17/19); nsung Housing Co., Ltd. v. People's Republic of China (ICSID Case No. ARB/14/25); Ekran Berhad v. People's Republic of China (ICSID Case No. ARB/11/15). 資料來源：https : Z/icsid. worldbank. org/en/Pages/cases/searchcases.aspx。

〔61〕 所謂試錯是指在對問題的根源在沒有弄清楚的情況下，通過嘗試性或有選擇的試探來驗證決策是否正確。在國際投資領域，它主要指的是國際投資法律制度的現有演進狀態，即由於國際投資法體系仍然處於發展的初期，國際社會仍在探索其應有功能的定位，因此也無法提供一個有效完備的規則，此時，強行要求構建一個面面俱到、一體化的多邊投資體制是不明智的，甚至還可能因此使國際投資法律體制崩盤從而退回主權國家各自為營的狀態。是以，現有的這些尚在探索期的投資規則只能作為一個可能的法律方案在局部領域、小範圍內的雙邊層面去適用，通過各國的締約和仲裁實踐來檢驗這些法律規則是否符合各國的預期。如果經過實踐驗證後，現有規則並非正確方案，允許國家通過對國際投資條約進行修改或退出的方式選擇另一個可能的法律方案接著嘗試下去。

〔62〕 參見陳安：《區分兩類國家，實行差別互惠：再論ICSID體制賦予中國的四大「安全閥」不宜貿然全面拆除》，載陳安主編：《國際經濟法學刊》2007年第14卷第3期，第57-98頁；陳安、谷婀娜：《「南北矛盾視角」應當「摒棄」嗎？——聚焦「中—加2012 BIT」》載《現代法學》2013年第2期，第135-139頁。

〔63〕 參見《商務法治建設日臻完善》，http://www. mofcom. gov. cn/

article/zt_dlfj19/fbdt/201710/20171002657439. shtml。事實上，中美雙邊投資條約的談判從20世紀80年代已經開始醞釀，2006年在布什政府的推動下，於2008年6月第4次中美戰略經濟對話過程中正式啟動。早在1980年10月，中國與美國政府簽訂了《中華人民共和國政府和美利堅合眾國政府關於投資保險和投資保證的鼓勵投資的協議》，這份雙邊條約總共只有8條，內容僅是確認美國海外私人投資公司的投資保險和保證制度適用於在華美國企業投資。無疑，這完全無法滿足規範和保護中美兩國相互投資的需求。因此，1982年5月間，美國政府向中國政府提交了一份關於「保護投資」的雙邊條約草案，以提升在華美資的法律保護規格。參見陳安：《國際經濟法學芻言》，北京大學出版社2005年版，第454頁。

〔64〕 See Francisco Orrego Vicuna, Foreign Investment Law: How Customary is Custom? *American Society of Internationa Law Proceedings,* Vol.99, 2005, pp.100-101。

〔65〕 參見徐崇利：《新興國家崛起與構建國際經濟新秩序》，載《中國社會科學》2012年第10期，第203頁。

〔66〕 See UNCTAD, Taking of Property, http://unctad.org/en/Docs/psiteiitd. en.pdf.

〔67〕 See UNCTAD, India Model BIT 2015, http://investmentpolicyhub. unctad. org/IIA/CountryLris/96#iialnnerMenu.

〔68〕 See Karen Halverson Cross, Converging Trends in Investment Treaty Practice, *North Carolina Jornal of International Law and Commercial Regulation*, Vol.38, 2012, p.152.

〔69〕 參見《列寧全集》第39卷，人民出版社1986年版；《毛澤東選集》第1卷，人民出版社1969年版，第287、311頁。

〔70〕 《論語 先進篇》。「因材施教」是孔子在兩千多年前最先提出並踐行的一個經典教育原則。

〔71〕 依據UNCTAD公布的數據，巴西迄今為止對外締結了20個BIT，但沒有任何一個BIT是生效的。See UNCTAD, International Investment Agreements Navigator, Brazil, http://investmentpolicyhub.unctad. org/ IIA/ CountryBits/274#iialnnerMenu.

〔72〕 繼2008年終止8個國家（包括分別與古巴、多米尼加、薩爾瓦多、危地馬拉、洪都拉斯、尼加拉瓜、巴拉圭、羅馬尼亞和烏拉圭）締結

的BIT和2010年終止1個國家（芬蘭）締結的BIT之後，厄瓜多爾在2017年5月16日又終止了剩餘的16個BIT。這些BIT的締約相對方包括：阿根廷、玻利維亞、加拿大、智利、中國、法國、德國、義大利、荷蘭、秘魯、西班牙、瑞典、瑞士、英國、美國和委內瑞拉。See Ecuador Denounces Its Remaining 16 BITs and Publishes CAITISA Audit Report, http://www.iisd.org/itn/2017/06/12/ecuador-denounces-its-remiaining-16-bits-and-publi shes-caitisa-audit-report/.

〔73〕2011年之前，澳大利亞對外締結的BITs均普遍接受國際投資仲裁機制，在Philip Morris Asia v. Australia案中被訴諸國際仲裁之後，澳大利亞對國際投資仲裁機制的態度變得謹慎起來。2011年4月，澳大利亞發布《貿易政策聲明》，宣布未來簽訂IIA時，將排除投資者—東道國爭端解決條款。其後，澳大利亞在2011年與新西蘭和2014年與日本締結的FTA都放棄了這一機制。但值得注意的是，澳大利亞在之後的實踐中又出現反覆，其在2014年與韓國、2015年與中國締結的FTA中，卻又納入了國際仲裁機制。See Australian Govrnment, Department of Foreign Affairs and Trade, Australia's Bilateral Investment Treaties, http://dfat. gov. au/trade/topics/investment/Pages/australias-bilateral-investment-treaties. aspx; Australian Govrnment, Department of Foreign Affairs and Trade, Status of FTA negotiations, http://dfat.gov.au/trade/agreements/Pages/status-of-fta-negotiations.aspx.

〔74〕參見陳安：《區分兩類國家，實行差別互惠：再論ICSID體制賦予中國的四大「安全閥」不宜貿然全面拆除》，載陳安主編：《國際經濟法學刊》2007年第14卷第3期，第57-98頁。

〔75〕參見李慶靈：《中國一澳大利亞FTA中投資仲裁庭的權力約束機制述評》，載《國際經貿探索》2016年第5期，第61-62頁。

〔76〕參見陳安：《對美談判學術研討會的兩種對立觀點》（2007年9月12日記錄）。

〔77〕早在1982年5月間，美國政府就向中國政府提交了一份關於「保護投資」的雙邊條約草案，以提升在華美資的法律保護規格。參見陳安：《國際經濟法學芻言》，北京大學出版社2005年版，第454頁。

〔78〕參見《社評：美方出爾反爾，中國不會隨之起舞》http://opinion. huanqiu.com/editorial/2018-05/12117760.html。

〔79〕針對美國現任總統特朗普對華實行威脅、恐嚇、訛詐的種種行徑，中國外交部發言人陸慷、耿爽等人最近不斷給予揭露和批判。參見《外交部發言人陸慷就美方公布對華貿易措施答記者問》，http://www.mfa.gov.cn/web/fyrbt_673021/dhdw_673027/t1569330.shtml；《2018年8月1日外交部發言人耿爽主持例行記者會》，http://www.fmprc.gov.cn/web/fyrbt_673021/jzhsl_673025/t1582200.shtml。

〔80〕國務院新聞辦公室會同中央文獻研究室、中國外文局：習近平談治國理政》，中國外文出版社2014年版，第101頁。

〔81〕參見習近平：《習近平關於全面深化改革論述摘編》，中央文獻出版社2014年版，第30頁。

〔82〕十八屆中央委員會第三次全體會議便是把生態文明體制改革作為全面深化改革的若干重大問題。參見《中共中央關於全面深化改革若干重大問題的決定》，http://www.gov.cn/jrzg/2013-11/15/content_2528179. htm。

〔83〕十八屆中央委員會第三次全體會議強調要深化行政執法體制改革，其中便提到要加強勞動保障等重點領域基層執法力量。參見《中共中央關於全面深化改革若干重大問題的決定》，http://www.gov.cn/jrzg/ 2013-11/15/ content_2528179. htm。

〔84〕參見習近平：《共同維護和發展開放型世界經濟——在二十國集團領導人峰會第一階段會議上關於世界經濟形勢的發言》，載《光明日報》2013年09月06日第2版。

〔85〕參見《習近平：深化金融改革　促進經濟和金融良性循環健康發展》，http://cpc.people.com. cn/n1/2017/ 0716 / c 64094- 29407694. html, http://www.gov.cn/jrzg/ 2013-11/15/ content_2528179. htm。

〔86〕阿根廷的BIT實踐，參見陳安：《中外雙邊投資協定中的四大「安全閥」不宜貿然拆除—美、加型談判範本關鍵性「爭端解決」條款剖析」，載陳安主編：《國際經濟法學刊》2006年第13卷第1期。

〔87〕其中有54個案件是在ICSID框架下進行，6個案件則是在UNCITRAL體制下進行的。See UNCTAD, Investment Dispute Settlement Navigator, Argentina—As Respondent State, http://investmentpolicyhub. unctad.org/ISDS/Country Cases/8? partyRole=2.

〔88〕排名第一和第二的兩個國家均為拉美國家，排名第二的是委內瑞拉，其涉案數量也高達42個。See UNCTAD, Special Update on Investor-

State Dispute Settlement: Facts and Figures, http://uncad.org/en/PublicationsLibrary/diaepcb2017d7_en.pdf.

〔89〕See UNCTAD, Investment Dispute Settlement Navigator, Argentina—As Respondent State, http://investmentpolicyhub.unctad.org/ISDS/CountryCases/8? partyRole=2.

〔90〕這3個案件分別是：Mobil v. Argentina案、Suez and Interagua v. Argentina案和Houston Industries v. Argentina案。See UNCTAD, Investment Dispute Settlement Navigator, Argentina—As Respondent State, http://investmentpolicyhub.unctad.org/ISDS/CountryCases/8? partyRole=2.

〔91〕這些案件分別為：Ambiente Ufficio and others v. Argentina案、Alemanni and others v. Argentina案、Asset Recovery v. Argentina案、Azurix v. Argentina(II)案、Clilectra and others v. Argentina案、Electricidad Argentina and EDF International v. Argentina案、Empresa Nacional de Electricidad v. Argentina案、Mobil Argentina v. Argentina案、Lanco v. Argentina案。See UNCTAD, Investment Dispute Settlement Navigator, Argentina—As Respondent State, http://investmentpolicyhub.unctad.org/ISDS/CountryCases/8? partyRole=2.

〔92〕這些案件分別是：Repsol v. Argentina案、Impregilo v. Argentina (II)案、Abaclat and others v. Argentina案、CGE v. Argentina案、Scotiabank v. Argentina案、BP v. Argentina案、CIT Group v. Argentina案、France Telecom v. Argentina案、RGA v. Argentina案、Aguas Cordobesas v. Argentina案、Camuzzi v. Argentina (II)案、Pan American v. Argentina案、Pioneer v. Argentina案、Telefonica v. Argentina案。See UNCTAD, Investment Dispute Settlement Navigator, Argentina—As Respondent State, http://investmentpolicyhub.unctad.org/ISDS/ CountryCases/8? partyRole=2.

〔93〕See UNCTAD, Investment Dispute Settlement Navigator, Argentina—As Respondent State, http://investmentpolicyhub.unctad.org/ISDS/CountryCases/8? partyRole=2.

〔94〕這一案件便是Urbaser and CABB v. Argentina案。See UNCTAD, Investment Dispute Settlement Navigator, Argentina—As Respondent State, http://investmentpolicyhub.unctad.org/ISDS/CountryCases/8? partyRole=2.

〔95〕這5個案件包括：ICS v. Argentina (I)案、Daimler v. Argentina案、TSA

Spectrum v. Argentina案、Wintershall v. Argentina案、Metalpar v. Argentina案。See UNCTAD, Investment Dispute Settlement Navigator, Argentina—As Respondent State, http://investmentpolicyhub.unctad. org/ISDS/CountryCases/8? partyRole=2.

〔96〕這19個案件為Teinver v. Argentina案、HOCHTIEF v. Argentina案、Impregilo v. Argentina (I)案、SAUR v. Argentina案、Total v. Argentina案、AWG v. Argentina案、BG v. Argentina案、Continental Casualty v. Argentina 案、EDF and others v. Argentina案、El Paso v. Argentina案、National Grid v. Argentina案、Vivendi v. Argentina (II)案、LG&E v. Argentina案、Sempra v. Argentina案、Siemens v. Argentina案、Azurix v. Argentina(I) 案、CMS v. Argentina案、Enron v. Argentina案、Vivendi v. Argentina (I)案。See UNCTAD, Investment Dispute Settlement Navigator, Argentina— As Respondent State, http://investmentpolicyhub.unctad.org/ISDS/ CountryCases/8? partyRole=2.

〔97〕這一部分案件為仲裁庭作出裁決有利於外國投資者的19個案件。See UNCTAD, Investment Dispute Settlement Navigator, Argentina—As Respondent State, http://investmentpolicyhub. unctad. org/ISDS/ CountryCases/8? partyRole=2.

〔98〕在這三個案件當中，阿根廷的全部主張獲得支持的只有一個案件，即 Sempra v. Argentina案，而在CMS v. Argentina案和Enron v. Argentina 案中，阿根廷的主張只有部分獲得支持。See UNCTAD, Investment Dispute Settlement Navigator, Argentina——as respondent State, http://investmentpolicyhub. unctad. org/ISDS/CountryCases/8? partyRole=2.

〔99〕啟動國內法院審查程序的案件共有3個，包括AWG v. Argentina案、 BG v. Argentina案和National Grid v. Argentina案。

〔100〕玻利維亞於2007年5月2日正式書面通知退出《華盛頓公約》，該通 知於同年9月3日正式生效；厄瓜多爾於2009年7月6日正式書面通 知退出《華盛頓公約》，該通知於2010年1月7日正式生效：委內瑞 拉於2012年1月24日正式書面通知退出《華盛頓公約》，該通知於 同年7月25日起生效。

〔101〕See MERCOPRESS, Argentina in the Process of Quitting From World Bank Investment Disputes Centre, http://en. mercopress, com/ 2013/ 01/ 31/

argentina-in-the-process-of-quitting-from-world-bank-investment-disputes-centre.

〔102〕這一建議是由2009年6月由厄瓜多爾提出的，2010年年底南美洲國家聯盟（Union of South American Naim, UNASUR）成員組成一個由厄瓜多爾主持的工作組，負責該區域爭端解決機制協定的文本起草以及相關的談判工作。2014年協定草案已經完成，交由各成員國討論及批准。See IISD, UNASUR Centre for the Settlement of Investment Disputes: Comments on the Draft Constitutive Agreement, https://www. iisd. org/itn/2016/ 08/10 / unasur-centre-for-the-settlement-of-investment-disputes-comments-on-the-draft-constitutive-agreement-katia-fach-gomez-catharine-titi/.

〔103〕See IISD,UNASUR Arbitration Centre One Step Closer to Being Established, https://www.iisd.org/itn/2016/02/29/unasur-arbitration-centre-One-step-closer-to-being-established/

〔104〕參見《荀子・成相》:「前車已覆，後未知更何覺時！」（漢）劉向：《説苑・善説》:「前車覆，後車戒。」

第9章
全球治理背景下有關「國際投資法庭」提議臧否之中國觀*

↘ 內容提要

當代IIAs[1]的投資爭端仲裁模式取得了巨大成績,但也面臨著「正當性危機」這一嚴重缺陷,其根源在於「公權私裁」的架構。歐盟設計的「投資法庭體制(ICS)」[2],其是否臧否,眾議不一。本文認為,結合中國國情,適當借鑑和引進歐盟的設計,將有助於中國政府在全球治理背景下建立一個真正「公平、開放、透明的爭端解決程序」。例如,歐盟設計的具有常設性質的「上訴法庭」,有助於解決由於「國際投資仲裁庭的臨時性」且「一裁終局」而引發的弊端,包括「在相似案情下的相似條款面臨不同解釋結論」等等。歐盟設計的ICS中仲裁員的特殊形成機制,[3]將有助於解決當前國際投資爭端仲裁模式中的諸多「不公平」問題。ICS中較高的「透明度」「第三方參與」等制度有助於解決當前國際投資爭端仲裁模式中的「不開放」「不透明」問題。目前,國際社會對ICS的一些疑慮,其實並不會真正構成對ICS的阻礙。

↘ 目次

一、全球治理背景下國際投資法庭模式的浮現

全球治理體制變革正處在歷史轉折點上。習近平認為，應當

推動變革全球治理體制中不公正不合理的安排，推動各國在國際經濟合作中權利平等、機會平等、規則平等，推進全球治理規則民主化、法治化，努力使全球治理體制更加平衡地反映大多數國家意願和利益。[4] 具體到國際投資法領域，就涉及對當前保護外資而言最為重要又頗具分歧的爭端解決機制——國際投資爭端仲裁模式，究竟應當如何變革？

通常，締約方預先在各種國際投資協定（International Investment Agreements, IIAs）中同意國際仲裁庭的管轄權。在發生爭端之後，由投資者依據各類IIAs，包括「雙邊投資保護協定」（Bilateral Investment Treaty, BIT）或「自由貿易協定」（Free Trade Agreement）中的投資章節，申請設立臨時國際投資仲裁庭以便解決其與東道國之間的投資爭端。至二〇一七年底，國際社會已締結各種IIAs大約三千項。[5] 依據此類IIAs設立的投資者—國家爭端解決模式（Investor-State Dispute Settlement, ISDS）被大量運用。至二〇一七年底，基於IIAs的國際投資爭端仲裁案件已達八一七件。[6]

在某種程度上可以說，當前的投資爭端仲裁模式取得了巨大成績。然而，近年來國際社會發現此種投資爭端仲裁模式存在著嚴重缺陷，給爭端當事方尤其是屬於發展中國家的東道國帶來了嚴重不公的結果。值此全球治理體制變革的重要轉折點上，我們應該對投資爭端仲裁模式的嚴重缺陷予以糾正並不斷完善相關規則。

（一）當前投資爭端仲裁模式的嚴重缺陷：正當性危機

晚近，國際投資仲裁的最大缺陷是其面臨的「正當性危機」

（legitimacy crisis）。[7]關於「正當性危機」，是指接受「一套規則或者創制規則的機制，而這套規則或機制本身能夠推動那些受規則約束的對象，更好地遵守規則。因為那些受約束對象相信，這些規則或機制是按照普遍接受的正當程序原則來制定或運作的。」[8]具體到國際投資爭端仲裁中的正當性危機，有學者認為：「所謂國際投資爭端仲裁正當性危機，基本含義是指國際投資仲裁由於在解決國際投資爭端方面不勝任而引發的信任危機」[9]。

總體上，國際投資爭端仲裁模式的正當性危機之根源在於其「公權私裁」的架構。

一方面，國際投資爭端仲裁庭審查的措施通常是東道國的公權力。仲裁庭在仲裁程序中的主要任務在於：確定東道國某項影響外國投資者的措施是否以及在多大程度上違反了其在雙邊或多邊投資協定下的義務。東道國的相關措施，多數著眼於對國內宏觀經濟、環境保護、勞工，甚至是經濟危機的規制與應對，涉及國家公權力的行使。國際投資爭端仲裁庭對東道國相關措施的審查，必將影響到東道國規制國民經濟的意願與效果，事實上使得國際投資爭端仲裁庭本身成為東道國的「政策審查機構」。

另一方面，國際投資爭端仲裁庭對東道國公權力的審查，是通過「私裁」方式來實施的。晚近的國際投資爭端仲裁模式最早來源於商事仲裁，帶有大量的「私裁」特點，例如爭端當事雙方對仲裁員的共同指定、仲裁庭的臨時性、仲裁程序運行中的秘密性等等。國際投資爭端仲裁模式的這些「私裁」特點，引發了東道國的不信任與懷疑。例如，由於仲裁庭的臨時性，加之各案仲裁員不同的教育背景與生活經驗，實踐中大量存在著各案仲裁庭

對相似案情下的相似條款解釋不一甚至完全相反的情況。這將嚴重破壞法律的可預見性，並讓東道國在將來運用公權力規制國民經濟時感到無所適從。讓爭端當事雙方指定仲裁員，邏輯上就會讓當事方在選擇仲裁員時，把「仲裁員意見是否有利於自己」作為首要的考慮因素，而不是仲裁員的專業能力。尤其是不少仲裁員同時從事律師業務，其背後的利益衝突可能引發當事方對其公正性的懷疑。又由於國際投資仲裁中缺乏有效的監督機制，使得一些不公行為無法得到進一步的有效救濟。再加之國際投資仲裁中缺乏透明度這一「私裁」特點，難以消除東道國的懷疑與不信任，以致於許多國家正採取措施擺脫國際投資爭端仲裁的約束。

例如，玻利維亞與厄瓜多爾分別於二〇〇七年與二〇〇九年發出通知退出《華盛頓公約》[10]，委內瑞拉於二〇一二年宣布退出《華盛頓公約》。[11]繼二〇一四年在Churchill Mining plc v. Indonesia案的管轄權問題上失利後，印尼官方表示將終止其締結的所有六十七項BIT。[12]二〇一五年，印尼對八項BIT的終止正式生效。[13]二〇一四年十二月，義大利發出通知退出《能源憲章條約》，該退出自二〇一六年一月生效。[14]綜上，移植於國際商事仲裁的國際投資爭端仲裁模式，其「私裁」特點使得其無法應對審查對象——東道國「公權」行為實行審查的正當需要，引發了東道國的不信任與反感，最終形成了所謂的「正當性危機」。

（二）國際投資法庭的浮現

國際社會提出了諸多建議來應對國際投資仲裁的「正當性危機」。有觀點提出其他可替代方案。例如，所謂的「Osgoode計

劃」（Osgoode Plan），主張回到ISDS之前的爭端解決模式當中，用東道國國內法庭代替當前的投資者—國家仲裁模式。這是由加拿大格斯・范・哈滕（Gus Van Haten）主導的五十多位教授與研究人員團隊提出的主張。他們認為，當前的國際投資爭端仲裁模式「妨礙了政府為了其人民，為了應對人類與環境可持續發展之關注而採取行動的能力」[15]。但有反對者認為，該計劃提供的解決方案與全球化及國際投資的目標是相衝突的。任何全球經濟一體化的支持者都是不會認同的。因此，該計劃只會在沒有其他體制被證明屬於合適以及／或者在政治上更具靈活性之前，才會作為歐盟向美國提交的《跨大西洋貿易與投資夥伴協議》（Transatlantic Trade and Investment Partnership, TTIP）建議稿中ISDS的可能替代品而被加以考慮。[16]

阿聯酋資深律師約翰・加夫尼（John Caffney）建議運用「法治評分體系」（A Rule-of-Law Ratings Mechanism）來解決ISDS中的困難。現代主權評分體系主張由第三方機構根據一個國家的「完全並及時支付商業債務的能力與意願」，來評估該國的信譽度。與此類似，「法治評分體系」將表明，如果東道國法院涉及一項投資爭端，是否「存在著東道國國內法院不會支持法治的實質風險」。該觀點建議各國把這一評分體系納入到將來的IIAs中並要求投資者把將來爭端提交給其可獲得的、排名最佳的法庭。相對於ISDS，東道國國內法院的法治質量是變動的，投資者據此確定是否把投資者—國家爭端提交給東道國國內法院或ISDS來解決。[17]但批評者認為，這種「法治評分體系」只是部分地解決了ISDS的困難。把這種方法納入TTIP勢必將讓投資者在評分

較差的國家繼續運用ISDS去挑戰公共健康、環境保護等規則。[18]

美國曾在二〇〇四年BIT範本以及二〇一二年BIT範本中提出設立上訴機制,[19]ICSID祕書處也曾於二〇〇四年提出過設立上訴機構的構想,[20]但都沒有實質進展。更多的研究人員則是採取修正與漸進改革的態度,針對各項IIAs中的具體條款包括合併仲裁、透明度、第三方參與、例外條款以及上訴機構等方面提出完善建議,以期解決國際投資爭端仲裁機制中的正當性危機問題。[21]

不過,本文認為,由於歐盟提出的ICS直接從投資法庭的常設性人手,屬於迄今為止最有希望較為全面地解決前述問題的國際投資爭端解決模式。歐盟於二〇〇九年《里斯本條約》生效後獲得對外締結投資條約的專屬權利,積極與多國進行投資條約的談判。二〇一四年,歐盟與加拿大締結了《全面經濟與貿易協定》(Comprehensive Economic and Trade Agreement, CETA)。但由於歐盟內部對其中的爭端解決機制爭論非常大,尤其是德國作為國際投資仲裁機制的創始者持強烈反對意見,故決定把其中的投資章節留待後續談判。CETA於二〇一七年九月臨時適用,但其中投資保護與投資法庭系統的內容暫時不適用。[22]CETA第8章第F節規定了投資法庭的內容。[23]

二〇一五年,歐盟向美國提交TTIP投資章節建議稿並公布,其中採用了投資法庭的爭端解決模式。[24]二〇一六年,歐盟與越南完成FTA的談判並予以公布,其中同樣採納了投資法庭的爭端解決模式。[25]二〇一七年,歐盟持續討論設立多邊投資法庭的可行性。[26]

可見，晚近，歐盟一直在大力推動國際社會對國際投資法庭的接受，致力於率先在IIAs中納入國際投資法庭規則。雖然迄今還沒有一項IIAs中的國際投資法庭體制在實踐中已經發生法律約束力，但其持續多年的努力已吸引了國際社會的關注與討論。

二、歐盟版國際投資法庭體制的關鍵內容

如前所述，國際投資爭端仲裁模式的「正當性危機」之根源在於其「公權私裁」這一特點。故為克服「正當性危機」，歐盟在設計國際投資法庭各項規則之時，其指導精神無不著重於如何把「私裁」轉化為「公裁」。本文擬以歐盟與加拿大之間的CETA為例，闡述歐盟提出的ICS的關鍵內容。[27]

（一）CETA 的框架及其協商程序

CETA中規定投資的內容位於第8章。該章包括A-F共六節，分別介紹「定義與範圍」「投資的設立」「非歧視待遇」「投資保護」「保留與例外」「投資者與東道國間投資爭端的解決」六個方面的內容。第F節「投資者與東道國間投資爭端的解決」從第8.18條到第8.45條，共28條。

第8.18條規定投資者可把哪些爭端提交給法庭來加以解決。第8.23條規定了爭端雙方的協商程序。關於協商的要求必須在投資者一方首次獲知相關權利被侵犯以及遭受損失之日起三年內提出，或者是投資者一方在東道國境內法庭停止進行指控程序或此種程序已經終止之後的兩年內提出，但不得晚於投資者一方首次

獲知相關權利被侵犯以及遭受損失之後十年。如果投資者一方在提交協商要求之後的十八個月期間，並沒有根據第8.23條提交指控，則被視為撤回協商要求。

第8.20條規定爭端各方任何時候都可以同意訴之於調解程序。第8.21條規定如何確定爭端的被申請方，其實主要是規定當被申請方屬於歐盟或歐盟成員方時的情況。

（二）締約雙方共同指定初審法庭成員

CETA第8.27條規定了初審法庭的組成。在該協議生效後，CETA聯合委員會應該指定十五名法庭成員，其中五名成員是歐盟成員國國民，五名成員是加拿大國民，五名成員是第三國國民。委員會可按此規則以三的倍數增加或減少法庭成員。每一成員任期五年，可續期一次。

在審查具體案件時，由分庭（divisions）負責。在投資者根據第8.23條提起指控後的九十天內，初審法庭主席應從法庭成員中指定三名成員組成分庭並聽取案件，即一名成員是歐盟成員國國民，一名成員是加拿大國民，一名成員是第三國國民並主持（chaired）分庭工作。該指定方式的依據是輪換，確保分庭的組成隨機並不可預測，給法庭所有成員提供同等服務機會。初審法庭主席與副主席應從法庭內的第三國成員之中抽籤產生。

CETA第8.27條規定，為確保法庭成員履行職責，應按月向法庭成員支付由CETA聯合委員會確定的聘用費（retainer fee）。此項費用由締約雙方平均分攤，支付給由ICSID祕書處管理的帳戶內。法庭成員在擔任分庭成員具體審查案件時，則在聘用費之

外，還應按照ICSID各項規則獲得相關費用與開支的補償。CETA聯合委員會可決定把聘用費與上述各項其他費用，轉換成固定薪俸（regular salary）並決定相應的條件。

（三）締約雙方共同指定上訴法庭成員

根據CETA第8.28條的規定，上訴法庭中審查具體上訴案件的分庭應由上訴法庭成員中隨機指定的三名成員組成。上訴法庭有權依據以下理由支持、修改或撤銷（uphold, modify or reverse）法庭的裁決：（1）在可適用法律的適用或解釋方面發生錯誤；（2）在事實（包括相關國內法）認定方面發生明顯錯誤；（3）具備了《華盛頓公約》第52條第1至第5項中規定的裁決撤銷理由。

由於歐盟內部對上訴機構仍存在相當大的爭論，故CETA本身沒有就上訴機構的設立規定更為完善的規則。為完善該上訴機制，CETA授權聯合委員會儘快規定上訴法庭的各項行政與組織事項，例如上訴法庭成員的數量、上訴成本問題、成員的空缺與填補等等。在委員會通過此類決定之後，爭端方可在初審法庭作出裁決書的九十天內提出上訴，爭端方不得另外尋求審查、撤銷、修改或發起任何其他類似程序。

（四）裁決程序中的透明度及其非爭端締約方的參與規則

CETA第8.36條規定了程度較高的透明度規則，明確規定《UNCITRAL[28]透明度規則》（The UNCITRAL Transparency Rules）應該按照本章的修改，在裁決程序中予以適用。首先，下列材料都應依據《UNCITRAL透明度規則》第3（1）條納入到向

公眾公開的材料清單中：協商申請書、要求確定被申請方的通知、關於調解的同意書、質疑某位法庭成員的意向通知、關於質疑法庭成員的決定書以及合併裁決的申請書。其次，證據（exhibits）應包括在依據《UNCITRAL透明度規則》第3（2）條納入到向公眾公開的材料清單中。再次，聽證會應向公眾公開。法庭應與當事方協商相關機密信息的保護並作出妥當安排。另外，在法庭設立之前，加拿大與歐盟應根據《UNCITRAL透明度規則》第2條在作好受保護信息或機密信息的保護之後，定期公開相關文件。

CETA第8.38條規定了非爭端締約方的參與規則。被申請方應在收到相關信息的三十天內，把相關材料提交給非爭端締約方。非爭端締約方有權參加法庭主持的聽證會。如果非爭端締約方向法庭發表或提交關於CETA解釋的口頭或書面意見，法庭應予以接受。法庭還可以在與爭端締約方進行協商之後主動邀請非爭端締約方向法庭發表或提交關於CETA解釋的口頭或書面意見。當然，在非爭端締約方發表意見之後，法庭應確保爭端當事締約方獲得機會就非爭端締約方的意見提出評論。

（五）在《華盛頓公約》框架下予以承認與執行

在把爭端提交ICS予以解決之初，CETA就明確規定相關爭端應根據包括《華盛頓公約》在內的仲裁規則提交ICS。這就給後續的承認與執行定下了基調。根據CETA第8.23條第2款的規定，如果一項爭端無法經由協商程序解決，則投資者一方可根據以下規則把爭端提交法庭解決：（1）《華盛頓公約》及其仲裁程序規則；（2）如果前項中程序不適用，則按照《ICSID附加便利

規則》；（3）《UNCITRAL仲裁規則》；（4）爭端各方同意的任何其他仲裁規則。可見，CETA意圖讓爭端解決程序符合已有仲裁模式。尤其是第4款明確規定，為確定起見，根據第1款b項提交的指控應該滿足《華盛頓公約》第25條第1款的要求。[29]

　　CETA第8.25條進一步規定，被申請方同意由法庭解決爭端，該同意以及把指控提交法庭應該滿足以下要求：（1）《華盛頓公約》第25條以及《ICSID附加便利規則》附件C第二章中關於爭端當事方書面同意；（2）《紐約公約》第2條中的書面協議。

　　CETA第8.41條規定了裁決的執行。法庭作出的裁決對爭端各方有約束力。裁決書的執行應受執行所在地法律所規制。法庭作出的最終裁決屬於一項仲裁裁決，該項裁決被視為符合《紐約公約》第1條下的源於商事關係或商事交易的指控。為確定起見，如果一項指控根據第8.23.2（a）條提交，則法庭作出的最終裁決應符合《華盛頓公約》第4章第6節下裁決的條件。

三、中國關於國際投資法庭模式的應對

（一）全球治理背景下中國的 ISDS 目標：建立公平、開放、透明的爭端解決程序

　　為了營造開放、透明和有益的全球投資政策環境，二十國集團成員於二〇一六年九月五日在《二十國集團領導人杭州峰會公報》中提出了九項非約束性原則，為投資政策的制定提供總體指導。[30] 其中第三項是關於爭端解決機制的要求：「投資政策應為投資者和投資提供有形、無形的法律確定性和強有力的保護，包

括可使用有效的預防機制、爭端解決機制和實施程序。爭端解決程序應公平、開放、透明，有適當的保障措施防止濫用權力。」可見，全球治理背景下，中國政府關於國際投資爭端解決機制的目標是，建立一個真正「公平、開放、透明的爭端解決程序」。

建立一個真正「公平、開放、透明的爭端解決程序」，符合中國當前兼具資本輸出國與資本輸入國雙重投資身分的具體國情與政策選擇。近年來，中國的海外投資情況發生了巨大變化。根據中國商務部統計，二〇一六年，中國境內投資者共對全球164個國家／地區的7961家境外企業進行了非金融類直接投資，累計實現對外投資11299.2億元人民幣（折合1701.1億美元），同比增長53.7%。[31] 二〇一六年，全國實際使用外資金額8132.2億元人民幣（折合1260億美元），同比增長4.1%。[32] 可見，中國海外投資流量已超過同期吸收外資規模，實現資本淨輸出。在這種背景下，中國既有強烈的利用投資協定中爭端解決機制保護海外投資的需求，也同樣有著應對境內外資利用投資協定中爭端解決機制指控中國政府的現實壓力。在兩者都應予以兼顧的前提下，建立一個真正「公平、開放、透明的爭端解決程序」，就成了中國政府的應然目標與政策選擇。

建立一個真正「公平、開放、透明的爭端解決程序」，符合中國兼具投資爭端仲裁案件被申請方、申請方母國雙重身分情況下的政策應對。至二〇一七年底，中國中央政府已成為三項案件的被申請方。[33] 同期中國內地的海外投資者發起的投資仲裁案件也有三件，[34] 香港與澳門的海外投資者發起的投資仲裁案件為二件。[35] 可見，從案例實踐來看，無論是大陸海外投資者發

起投資仲裁的概率，還是境內外資針對中國政府發起投資仲裁的概率，都大體相近。因此，為在這兩者之間取得平衡，最佳政策選擇是建立真正「公平、開放、透明的爭端解決程序」。

（二）國際投資法庭符合中國建立「公平、開放、透明的爭端解決程序」之政策目標

　　從締結BIT的數量來看，中國已成為僅次於德國的BIT積極實踐者。商務部網站信息顯示，中國到二〇一七年六月止已締結一〇四項BITs（這一統計數據包括與同一國家先後締結的新舊投資保護協定在內）。根據UNCTAD網頁的統計數據，中國到二〇一七年六月止已締結一四五項BITs（這一統計數據包括已締結但未生效或已終止的投資協定）。可見，中國促進與保護國際投資的決心相當大。

　　然而，從本文第一部分關於現有投資仲裁模式的「正當性危機」問題之討論過程可以看出，中國BIT大量採納的投資爭端仲裁模式同樣存在嚴重缺陷。國際投資爭端仲裁模式的「正當性危機」之根源在於其「公權私裁」的架構。例如不透明、仲裁庭的臨時性、仲裁員明顯的偏向性、缺乏真正有效的監督機制等等。有學者認為，近年來有些仲裁庭片面強調並強化了投資者權益的保護，甚至將投資者的保護推至極端，其裁決純粹以維護投資者權益為使命和目的，從而導致東道國權益與投資者保護二者間的嚴重失衡，甚至引發了有關國家對國際仲裁的信任危機。[36] 從一定程度上，甚至可以說當前國際投資爭端仲裁模式體現出「不公平、不開放、不透明」的特點，這明顯不符合全球治理背景下

中國設立真正「公平、開放、透明的爭端解決程序」的政策目標。

從上述歐盟版國際投資法庭的設計來看，在很大程度上能夠解決當前國際投資爭端仲裁模式由於「公權私裁」而引發的「正當性危機」問題，有助於中國建立「公平、開放、透明的爭端解決程序」的政策目標。理由有：

首先，具有常設性質的上訴法庭，有助於解決由於目前「國際投資仲裁庭的臨時性」且「一裁終局」而引發的「相似案情下的相似條款面臨不同解釋結論」這一「不公平」且嚴重破壞法律可預見性的問題。歐盟在向美國提出的TTIP投資章節建議稿中，在解釋何謂上訴法庭時的用語是「常設上訴法庭（A Permanent Appeal Tribunal）」。[37] 雖然在歐盟與加拿大的CETA中沒有明確提及上訴法庭是否屬於「常設」機構，但CETA明確規定聯合委員會將不斷對上訴法庭規則進行完善。從歐盟在TTIP中的態度來看，CETA聯合委員會在將來明確把上訴法庭界定為常設機構，是大概率事件。顯而易見，一個常設的上訴法庭將在很大程度上解決當前國際投資爭端仲裁模式中「相似案情下的相似條款面臨不同解釋結論」這一致命缺陷。有論者經過分析歐盟TTIP建議稿中初審法庭與上訴法庭的組成，認為：「鑒於初審法院和上訴法院在組成和運行模式方面極為相似，如果將上訴法院稱為『常設』，則初審法院雖無其名，也實為常設。易言之，整個投資法院制度具有常設性質。」[38] 如果初審法庭與上訴法庭均具常設性質，則更有助於上述問題的解決。

其次，國際投資法庭中仲裁員的特殊形成機制有助於解決當

前國際投資爭端仲裁模式中的諸多「不公平」問題。當前國際投資爭端仲裁模式中，仲裁員是爭端雙方共同指定。這就有可能由於仲裁員的特殊身分而引發仲裁程序中的利益衝突問題。例如，在SSA & Vivendi v. Argentina案中，瑞士籍仲裁員科勒（Kohler）是申請方指定的仲裁員。但科勒同時又是申請方Vivendi的最大單一股東UBS公司的董事。科勒在仲裁程序中從來沒有披露過此事，理由是其本人對UBS屬於申請方最大單一股東之事並不知情。撤銷委員會接受了科勒的這一理由，沒有撤銷裁決。[39] 類似於此種疑似「不公平」的仲裁員利益衝突案件，還有很多。[40] 如前所述，歐盟版國際投資法庭規則採取締約雙方預先指定仲裁員，並以「輪換」「確保分庭的組成隨機並不可預測」「給法庭所有成員提供同等服務機會」等這些條件來確定具體審查案件的仲裁員。而且，還擬規定法庭仲裁員不得同時從事律師業務之類的限制條件。這些規則有助於建立更為「公平」的爭端解決規則。

最後，國際投資法庭機制中較高的「透明度」「第三方參與」等制度有助於解決當前國際投資爭端仲裁模式中的「不開放」「不透明」問題。如前所述，當前國際投資爭端仲裁模式通過「祕密」的仲裁程序來裁決涉及東道國公眾利益的案件，並可能讓東道國公眾承擔數億美元的賠償金，這極易引發東道國的反感與懷疑。CETA明確規定，國際投資法庭的裁決程序中應適用《UNCITRAL透明度規則》，證據、聽證會都應向公眾公開。尤其是，CETA規定非爭端締約方有權向法庭發表或提交關於CETA解釋的口頭或書面意見，法庭應予以接受。這些規則有助於建立「開放」「透明」的爭端解決機制。

（三）關於 ICS 的疑慮之一：仲裁員的指定方式、適格條件問題

有論者認為，歐盟版國際投資法庭並不是個理想的解決方案。其主要理由是，ICS建議條款理所當然地把指定仲裁員的權力單方面賦予國家一方，而在當前的ISDS系統下，該權力由投資者與東道國共同享有。[41]

還有論者進一步認為，ICS體制把今天的「管理者」變成了明天的「被管理者」，剝奪投資者對仲裁員的指定權力將影響仲裁員的獨立性。[42] 該架構完全排除了投資者指定仲裁員的權力。當然，國家會以一種在大多數國內法律體系中指定國內法官的同樣方式來指定仲裁員。由於投資法庭面臨的爭端將涉及針對東道國政府的重大指控，歐盟、美國與加拿大在指定仲裁員行使控制權時會更為謹慎，並且不出所料地選擇那些「具有被國家所了解並信任的品質與資格」的仲裁員。剝奪投資者指定仲裁員的權力將導致對傾向於東道國的仲裁員獨立性的懷疑。另外，國家（甚至可以在爭端進行中）對協定規則施加有約束力的解釋，[43]增加了這種風險：仲裁員將偏好那些東道國政府更熟悉或對東道國政府更為有利的法律原則。這一權力給仲裁員施加的壓力將極大地影響其公正性。[44]

本文認為，上述關於「剝奪投資者對仲裁員的指定權力將影響仲裁員的獨立性」這一觀點過於武斷，難以成立。理由如下：

首先，歐盟、美國加上將來可能接受ICS的中國，都是兼具資本輸出與資本輸入的雙重身分國家。這些國家在相互締結IIAs並納入ICS之時，必然會全面考慮對本國海外投資者的保護以及

本國政府面對境內外資指控壓力這兩種情況。即便如同該觀點「選擇那些具有被國家所了解並信任的品質與資格的仲裁員」，也是選擇那些具有被國家所了解並信任的「能在保護海外投資者與維護東道國利益之間取得平衡」的仲裁員。如果這些國家只從有利於維護東道國利益角度來選擇仲裁員，則其海外投資者的受保護標準無法讓其滿意，因為它們還同時具有資本輸出國的身分。

其次，國家（甚至可以在爭端進行中）在對協定規則進行有約束力的解釋之時，由於其兼具資本輸出國與資本輸入國的雙重身分，故同樣需要考慮如何解釋相關規則才「能在保護海外投資者與維護東道國利益之間取得平衡」。在此背景下，合乎邏輯的推論應該是：仲裁員將偏好那些「能在保護海外投資者與維護東道國利益之間取得平衡」的法律原則，而不是偏好那些「單方面對東道國政府更為有利或者對投資者更為有利」的法律原則。

最後，即便在某些情況下，例如某締約一方在與締約另一方相較而言屬於淨資本輸入國，由該締約一方指定仲裁員可能確實會存在以上批評意見所說的「將導致對仲裁員獨立性的懷疑」。不過，此時締約另一方由於相較而言屬於淨資本輸出國身分，其指定的仲裁員又可能會傾向於外國投資者。故兩類國家指定的仲裁員在總體上又會構成平衡。而且，如上所述，由爭端當事雙方共同確定仲裁員的當前投資仲裁模式當中，照樣引發了大量對仲裁員獨立性的質疑意見。ICS當中由締約雙方指定仲裁員，並不一定會讓情況更壞。尤其是，ICS中關於國際投資法庭具常設性質的規則，會讓仲裁員基於自身的榮譽更為「愛惜羽毛」從而保

持「公正」形象。ICS中規定仲裁員不得同時從事律師服務的限制，也會有助於消除大量利益衝突的情況。

另外，將來ICS體制的多邊化有助於在很大程度上解決這一擔憂。例如，有論者雖然認為，如果法官選擇程序被國家利益所掌控的話，建立在雙邊基礎上的上訴機制會非常危險。不過，該觀點同時認為，設立一個類似於《國際刑事法院羅馬規約》（the Rome Statute of the International Criminal Court）這樣的多邊投資上訴法院，就能解決這一問題。通過把投資法院建立在多邊協議基礎上並擴大其成員方，將使得法官選擇程序更加民主化。雖然法官仍然由國家指定，但法官選擇程序中涉及的國家數量眾多將弱化法官的傾向，並有助於鼓勵投資者在東道國指定法官時進行遊說。這樣的投資上訴法院將促進裁決的一致性與可預見性。[45]

因此，歐盟版ICS關於仲裁員的指定方式以及適格條件，都有助於設立真正的「公平、開放、透明的爭端解決程序」，而不是相反。

（四）關於 ICS 的疑慮之二：承認與執行問題

如前所述，歐盟的ICS建議把法庭裁決放置於《華盛頓公約》框架下予以承認與執行。對此，有論者提出，由於《華盛頓公約》第37條第二款第二項規定，爭端雙方都有指定仲裁員的權利，故歐盟的投資法庭剝奪投資者一方指定仲裁員的權利，很可能構成對仲裁基本程序規則的背離。[46]

這一疑慮似乎頗有道理，不過仍然不會構成對ICS裁決在承認與執行方面的阻礙。主要理由如下：

首先，《華盛頓公約》下的投資仲裁已在傳統商事仲裁的基礎上有較大改進。例如，傳統商事仲裁都是「一裁終局」，而《華盛頓公約》下的投資仲裁設計有一個撤銷機制。如前所述，美國曾在二〇〇四年、二〇一二年BIT範本中明確規定擬繼續協商投資仲裁的上訴機制問題。因此，不能完全用傳統商事仲裁中的理論來否定改進後的投資仲裁規則。

其次，ICS規則是在投資仲裁基礎上的再次改進。其中明確設立常設上訴法庭，這是傳統商事仲裁中並不存在的事物。同樣，關於仲裁員全部由締約雙方預先指定，也是ICS的主要創新之一。這一創新規則已在協定中規定得明明白白，完全不同於傳統商事仲裁背景下，「爭端當事雙方在程序規則中明確享有仲裁員指定權但在個案中卻沒有機會指定仲裁員」的情況。投資者在依據ICS規則把相關爭端提交ICS解決之時，就對此種情事心知肚明並仍然把爭端據此提交法庭解決，當然不得此後再以此為由主張拒絕對裁決的承認與執行。

再次，《華盛頓公約》框架下的撤銷程序中，撤銷委員會的成員均不是由爭端當事方指定的。根據《華盛頓公約》第52條第三款的規定，ICSID的「主席在接到要求時，應立即從仲裁人小組中任命一個由三人組成的專門委員會。」由主席任命的撤銷委員會有權撤銷由爭端雙方指定的仲裁員（仲裁庭）之裁決書。換言之，依預先制定的規則「剝奪」爭端當事方指定仲裁員權力的情況早已有之，並在實踐中運作了多年。

最後，為了讓ICS裁決順利得到承認與執行，CETA第8.41條明確規定「法庭作出的最終裁決屬於一項仲裁裁決，該項裁決被

視為符合《紐約公約》第1條下的源於商事關係或商事交易的指控」，而且「法庭作出的最終裁決應符合《華盛頓公約》第四章第六節下裁決的條件」。《華盛頓公約》第四章第六節規定：「裁決對雙方有約束力。不得進行任何上訴或採取任何其他除本公約規定外的補救辦法。」「每一締約國應承認本公約作出的裁決具有約束力，並在其領土內履行該裁決所加的財政義務，正如該裁決是該國法院的最後判決一樣。」加之考慮到CETA已經明確規定只能由締約雙方預先指定仲裁員，被要求承認與執行裁決的國家法院在實踐中並不太可能基於「投資者沒得到機會指定仲裁員」這一理由而拒絕承認與執行ICS裁決。

（五）關於 ICS 的疑慮之三：ICS 的多邊化難題

歐盟版國際投資法庭明顯試圖由雙邊向多邊化過渡。CETA第8.29條規定了多邊投資法庭與上訴機制的設立問題。該條規定，締約方應與其他貿易夥伴協商設立多邊投資法庭與上訴機制來解決投資爭端。在此類程序設立之後，CETA聯合委員會應決定把相關投資爭端提交多邊機制解決並作出妥當的過渡安排。

有論者懷疑按照歐盟建議在「輪換」「確保分庭的組成隨機並不可預測」之基礎上推動ICS制度多邊化的可行性。該觀點認為：假設每個締約方只提名若干本國國民，被提名者也將有數百位。即使把一百多個締約方中每一締約方任命的法官限制為一名或數名，法官人數仍然過多。由他們組成的常設初審法院將會是一個龐然大物。需要巨額經費來支撐，實際上是不可行的。尤其是，審判分庭組成方面的輪轉設計無法實現。就每個涉案締約方

而言，只有一位法官可選，根本不存在輪轉。[47]

有論者認為，可以借鑑WTO爭端解決機制的成功經驗來設立投資法庭，讓三千多項IIAs構成的錯綜複雜的條約架構有所緩和並轉化成單一的條約。[48] 當然，如果能締結多邊化程度非常高的ICS條約，無疑極有利於國際社會在投資爭端解決方面的一致行動。但這肯定是一個非常長期的過程。在此之前，國際社會需要在三千多項IIAs框架下設立並運作ICS，其實也是可行的。例如，各國可在IIAs中採納相似的ICS規則，同時指定相同人員構成法庭的組成人員。

當然，每個締約方選擇多名仲裁員，確實會是個「龐然大物」。因此，有觀點建議把WTO爭端解決機制中的臨時專家組與常設上訴機構移植到投資爭端解決機制中，歐盟建議所面臨的困擾將不再產生。只有上訴機構是常設的，便只需向為數不多的上訴法官支付聘用費或薪酬。[49]

不過，本文認為，其實ICS中大量仲裁員的存在並不會成為難題。理由如下：

第一，致力於解決投資者國家間爭端的ICS天然就應該是一個「龐然大物」。投資者—國家間發生的投資爭端數量會是個非常龐大的數字。例如，自一九九五年到二〇一七年年底，WTO一共受理了534項案件。[50] 而自一九八七年到二〇一七年年底，各個國際投資仲裁庭一共受理了817項投資仲裁案件。如果去掉一九九五年之前的四項案件，則從一九九五年到二〇一七年年底一共有813項投資仲裁案件，遠遠超過WTO受理的案件數量。[51] 其原因主要是，投資仲裁的申請人通常是私人投資者。一個東道

國通常會面臨數量成千上萬的外國投資者發起仲裁之壓力。而WTO框架下一個成員方面臨的其他國家指控數量則相對少得多。因此，從概率上來看，ICS中的仲裁員數量天然地就應該是「龐然大物」。

第二，雖然ICS中的仲裁員數量會非常龐大，但其聘用費或薪酬最後主要由案件當事方承擔。換言之，並不會全部由締約方自己承擔。案件越多，則申請方越多，意味著承擔費用的當事方越多，故不會有承擔不起ICS仲裁員聘用費或薪酬的事情出現。

第三，締約方可以隨著案件的增多，陸續擴大對仲裁員的指定。這樣就可讓仲裁員數量隨著案件數量的增加而相應持續增加。並不是說，在設立ICS的第一年就把所有仲裁員一次性地指定完畢。

第四，讓仲裁員「輪換」與「確保分庭的組成隨機並不可預測」是ICS的重大創新。如果由於費用問題而取消這兩大創新，則屬於典型的「因噎廢食」。何況，如上所述，費用的承擔不是問題。

四、幾點結論

回顧和梳理本文所述，可概括為以下幾點結論：

第一，至二〇一七年底，國際社會已締結大約三千項IIAs，現有的投資爭端仲裁模式取得了巨大成績，但它同時存在著「正當性危機」這一嚴重缺陷。其根源在於「公權私裁」這一特點。中國締結的一百多項BITs所採納的「公權私裁」投資仲裁模式同

樣會引發「正當性危機」。例如不透明、仲裁庭的臨時性、仲裁員明顯的偏向性、缺乏真正有效的監督機制等「不公平、不開放、不透明」的缺點。

第二，國際社會提出了諸多建議來應對國際投資仲裁的「正當性危機」。歐盟在二〇一四年與加拿大締結的《全面經濟與貿易協定》（CETA）、歐盟二〇一五年向美國提交的TTIP投資章節建議稿、歐盟二〇一六年與越南完成的FTA這些法律文件中，都設計了「投資法庭體制」，是迄今為止最有希望解決「正當性危機」的國際投資爭端解決模式。該國際投資法庭的制度設計，有助於中國政府在全球治理背景下建立一個真正「公平、開放、透明的爭端解決程序」之政策目標。這一政策目標符合中國當前兼具資本輸出國與資本輸入國雙重身分的具體國情與政策選擇，符合中國在實踐中已經兼具投資仲裁案件被申請方、申請方母國雙重身分情況下的政策應對。

第三，對於國際社會對ICS的一些疑慮，本文認為這些疑慮理由並不會真正構成ICS的嚴重阻礙。歐盟版ICS關於仲裁員的指定方式以及適格條件，都有助於設立真正的「公平、開放、透明的爭端解決程序」，而不是相反。它也不會構成對ICS裁決在承認與執行方面的阻礙。按照歐盟建議在「輪換」「確保分庭的組成隨機並不可預測」之基礎上推動ICS制度多邊化，具較大可行性。在ICS中指定大量仲裁員這一情事並不會成為ICS多邊化的難題。

第四，讓仲裁員「輪換」與「確保分庭的組成隨機並不可預測」是ICS的重大創新。如果由於費用問題而取消這兩大創新，

則屬於典型的「因噎廢食」。

綜上所述，本文認為，結合中國國情，適當借鑑和引進歐盟的設計，將有助於推動中國政府在全球治理背景下提出的政策：建立一個真正「公平、開放、透明的爭端解決程序」。

注釋

* 本文由陳安與王海浪合作撰寫。王海浪是國家重點學科廈門大學國際法學科2006屆博士，現任廈門大學法學院助理教授。

〔1〕 IIAs是各種「國際投資協定」（International Investment Agreements）的簡稱。

〔2〕 該「投資法庭體制」的英文全稱是：Investment Court System，簡稱ICS。

〔3〕 歐盟對ICS體制的表述，用語並不一致。2014年歐盟與加拿大締結了《全面經濟與貿易協定》（Comprehensive Economic and Trade Agreement, CETA）；2015年歐盟向美國提交了《跨大西洋貿易與投資夥伴協議》（Transatlantic Trade and Investment Partnership, TTIP）。從這兩份文件來看，歐盟對「法庭」，用「Tribunal」或「Court」，對「裁判員」，用「Judges」或「Members of the Tribunal」。由於該ICS體制的核心問題是在現行投資爭端仲裁體制原有基礎上加以改革，且該體制尚處於形成過程當中，為便於讀者理解，本文暫把其中的「Judges」或「Members of theTribunal」統一沿用原有名稱稱為「仲裁員」。

〔4〕 參見習近平：《推動全球治理體制更加公正更加合理》，http://news. xinhuanet.com/politics/2015-10/13/ c_1116812159.htm.

〔5〕 相關統計參見UNCTAD網站，http://investmentpolicyhub. unctad. org/ IIA。

〔6〕 相關統計參見UNCTAD網站，http://investmentpolicyhub. unctad. org/ ISDS。

〔7〕 See Susan D. Franck, The legitimacy Crisis in Investment Treaty Arbitration: Privatizing Public International law through Inconsistent

Decisions, 73 *Fordham L. Rev.* 1521-1625 (2005).

〔8〕 See Thomas M. Franck, *The Power of Legitimacy among Nations,* Oxford University Press, 1990, p.24.

〔9〕 陳安主編：《國際投資法的新發展與中國雙邊投資條約的新實踐》，復旦大學出版社2007年版，第165頁。

〔10〕 即簽訂於1965年的《關於解決國家和他國國民之間投資爭端公約》（Convention on the Settlement of Investment Disputes Between States and Nationals of Other States of 1965），簡稱《華盛頓公約》。

〔11〕 See Venezuela's Withdrawal From ICSID: What it Does and Does Not Achieve, http://www.iisd.org/ itn/2012/04/13/venezuelas-withdrawal-fromi-icsid-what-it-does-and-does-not-achieve/#_ftn1.

〔12〕 See Indonesia Signals Intention to Terminate More Than 60 Bilateral Investment Treaties, http://www. nortonrosefulbright.com/knowledge/publications/116101/indonesia-signals-intention-to-terminate-more-than-60-bilateral-investment-treaties.

〔13〕 See BITs with Bulgaria, China, France, Italy, the lao People's Democratic Republic, Malaysia, the Netherlands and Slovakia. UNCTAD, World Investment Report 2016 Investor Nationality: Policy Challenges, Geneva, *United Nations Publication*, 2016, p.102.

〔14〕 關於義大利退出《能源憲章條約》的信息，請參見《能源憲章條約》官方網站的公告：http://www.energycharter.org/who-we-are/members-observers/countries/italy/。

〔15〕 Public Statement on the International Investment Regime, Osgoode Hall L. Sch. (Aug.31, 2010), http://www. osgoode. yorku. ca/public-statement-international-investment-regime-31-august-2010.

〔16〕 See Robert W. Schwieder, TTIP and the Investment Court System: A New (And Improved?) Paradigm For Investor-State Adjudication, *Columbia Journal of Transnational Law*, Vol.55, 2016, p.213.

〔17〕 See John P.Gaffney, When Is Investor-State Dispute Settlement Appropriate to Resolve Investment Disputes? An Idea for a Rule-of-Law Ratings Mechanism, Columbia FDI Perspectives, http://ccsi. columbia. edu/ files/2013/10/No-14-Gaffney-FINAL. pdf.

〔18〕 See Robert W. Schwieder, TTIP and the Investment Court System：A

New (And Improved?) Paradigm For Investor-State Adjudication, *Columbia Journal of Transnational Law*, Vol.55, 2016, p.216.

〔19〕美國的這兩項範本都在第28條第10款規定了關於上訴機制的內容，2004年BIT範本全文下載網址：https://www. state. gov/documents/organization/117601. pdf，2012年BIT範本全文下載網址：https://www. state. gov/documents/organization/188371. pdf。

〔20〕See ICSID Secretariat Discussion Paper, Possible Improvements of the Framework for ICSID Arbitration, October22, 2004, http://pge.gob.ec/images/documentos/2016/Biblioteca/NOTA%20175/NOTA%20175%20INGLES. pdf.

〔21〕關於正當性危機的討論，請參見陳安主編：《國際投資法的新發展與中國雙邊投資條約的新實踐》，復旦大學出版社2007年版，第165-182頁。

〔22〕關於暫時不適用的條款列表請參見歐盟官方網站的介紹：http://ec. europa. eu/trade/policy/in-focus/ ceta / ceta-explained /。

〔23〕關於CETA的全部內容。請參見http://ec.europa.eu/trade/policy/in-focus/ceta/ceta-chapter-by-chapter/。

〔24〕關於TTIP建議的文件介紹，請參見http://ec. europa. eu/trade/policy/in-focus/ttip/。

〔25〕關於歐盟與越南FTA內容的介紹。請參見http://ec.europa.eu/trade/policy/countries-and-regions/ countries/vietnam/。

〔26〕關於歐盟討論設立多邊投資法庭的詳細內容，請參見http://trade.ec. europa. eu/doclib/events/index.cfm? id=1746。

〔27〕CETA全文下載網址：http://ec.europa.eu/trade/policy/in-focus/ceta/ceta-chapter-by-chapter/。

〔28〕UNCITRAL的英文全稱為：United Nations Commission on International Trade Law，中文名稱為：聯合國國際貿易法委員會。

〔29〕《華盛頓公約》第25條第1款規定：「中心的管轄適用於締約國（或締約國指派到中心的該國的任何組成部分或機構）和另一締約國國民之間直接因投資而產生的任何法律爭端，而該項爭端經雙方書面同意提交給中心。當雙方表示同意後，任何一方不得單方面撤銷其同意。」

〔30〕這9項非約束性原則是：（1）認識到全球投資作為經濟增長引擎的

關鍵作用，東道國政府應避免與跨境投資有關的保護主義。（2）投資政策應設置開放、非歧視、透明和可預見的投資條件。（3）投資政策應為投資者和投資提供有形、無形的法律確定性和強有力的保護，包括可使用有效的預防機制、爭端解決機制和實施程序。爭端解決程序應公平、開放、透明，有適當的保障措施防止濫用權力。（4）投資相關規定的制定應保證透明及所有利益相關方有機會參與，並將其納入以法律為基礎的機制性框架。（5）投資及對投資產生影響的政策應在國際、國內層面保持協調，以促進投資為宗旨，與可持續發展和包容性增長的目標相一致。（6）東道國政府應有權為合法公共政策目的而管制投資。（7）投資促進政策應使經濟效益最大化，具備效用和效率，以吸引、維持投資為目標，同時與促進透明的便利化舉措相配合，有助於投資者開創、經營並擴大業務。（8）投資政策應促進和便利投資者遵循負責任企業行為和公司治理方面的國際最佳範例。（9）國際社會應繼續合作，開展對話，以維護開放、有益的投資政策環境，解決共同面臨的投資政策挑戰。

〔31〕參見《2016年我國對外非金融類直接投資簡明統計》，http://hzs. mofcom. gov. cn/article/date/201701/20170102504421.shtml。

〔32〕參見《2016年1-12月全國吸收外商直接投資情況》，http://www. mofcom. gov. cn/article/tongjziliao/v/ 201702/20170202509836.shtml。

〔33〕這三項案件是：2011年的Ekran v. China (ICSID Case No. ARB/11/15)、2014年的Ansung Housing Co., ltd. v. People's Republic of Clina (ICSID Case No. ARB/14/25) 以及2017年的Hela Schwarz GmbH v. People's Republic of China (ICSID Case No. ARB/17/19)。

〔34〕這三項案件是：2010年的Beijing Shougang Mining Investment Company ltd., China Heilongjiang International Economic & Technical Cooperative Corp., and Qinhuangdaoshi Qinlong International Industrial Co. ltd. v. Mongolia (PCA Case No. 2010-20)，2012年的Ping An life Insurance Company of China, Limited and Ping An Insurance (Group) Company of China, limited v. Kingdom of Belgium (ICSID Case No. ARB/12/29)，以及2014年的Beijing Urban Construction Group Co. ltd. v. Republic of Yemen (ICSID Case No. ARB/14/30)。

〔35〕這兩項案件是：2007年的Tza Yap Shum v. Republic of Peru (ICSID Case No. ARB/07/6)與2017年的Sanum Investments limited v. Lao People's

Democratic Republic (II) (ICSID Case No. ADHOC/17/1)。

〔36〕參見魏豔茹：《論國際投資仲裁的合法性危機及中國的對策》，載《河南社會科學》2008年第4期，第140-141頁；劉筍：《國際投資仲裁裁決的不一致性問題及其解決》，載《法商研究》2008年第6期，第143頁；徐崇利：《晚近國際投資爭端解決實踐之評判：「全球治理」理論的引入》，載《法學家》2010年第3期，第143-144頁；余勁松：《國際投資條約仲裁中投資者與東道國權益保護平衡問題研究》，載《中國法學》2011年第2期，第132-133頁。

〔37〕參見 第10條（Article 10 Appeal Tribunal），http://trade. eu. europa. eu/doclib/docs/2015/september/ tradoc_153807. pdf。

〔38〕肖軍：《歐盟TTIP建議中的常設投資法院制度評析》，載《武大國際法評論》第19卷第2期，第457頁。

〔39〕See Suez, Sociedad General de Aguas de Barcelona, S. A. and Vivendi Universal, S. A. (formerly Aguas Argentinas, S. A., Suez, Sociedad General de Aguas de Barcelona, S. A. and Vivendi Universal, S. A.) v. Argentine Republic (II) (ICSID Case No. ARB/03/19).

〔40〕更多關於仲裁員利益衝突方面的研究，請參見于湛旻：《論國際投資仲裁中仲裁員的身分衝突及克服》，載《河北法學》2014年第32卷第7期：劉京蓮：《國際投資仲裁正當性危機之仲裁員獨立性研究》，載《河北法學》2011年第29卷第9期。

〔41〕See Robert W. Schwieder,TTIP and the Investment Court System: A New (And Improved?) Paradigm for Investor-State Adjudication, Columbia Journal of Transnational Law Vol. 55, 2016, p.208.

〔42〕由於TTIP與CETA中的國際投資法庭規則相近，故該批評意見同樣適用於TTIP與CETA。

〔43〕See CETA, art. 8.31(3) ("An interpretation adopted by the CETA Joint Committee shall be binding on the Tribunal established under this Section.") See also TTIP Working Draft，§ 3(5) art. 13(5) (stating the Committee may adopt decisions interpreting the related provisions of the Agreement, and such interpretation is binding on the Tribunal and Appeal Tribunal).

〔44〕See James Crawford, The Ideal Arbitrator: Does One Size Fit All? *American University International Law Review,* Vol.32, 2017, pp.1019-1011.

〔45〕See Robert W. Schwieder, TTIP and the Investment Court System: A New (And Improved?) Paradigm For Investor-State Adjudication, Columbia Journal of Transnational Law, Vol. 55, 2016, pp.218-224.

〔46〕參見肖軍：《歐盟TTIP建議中的常設投資法院制度評析》，載《武大國際法評論》第19卷第2期，第458頁。

〔47〕參見肖軍：《歐盟TTIP建議中的常設投資法院制度評析》，載《武大國際法評論》第19卷第2期，第461頁。

〔48〕See Rebecca lee Katz, Modeling an International Investment Court After the World Trade Organization Dispute Settlement Body, *Harvard Negotiation Law Review*, Vol. 22, Fall, 2016, pp.181-182.

〔49〕參見肖軍：《歐盟TTIP建議中的常設投資法院制度評析》，載《武大國際法評論》第19卷第2期，第459-461頁。

〔50〕關於WTO受理案件的列表，請參見WTO官方網站：https://www.wto.org/english/tratop_e/dispu_e/ dispu_status_e.htm。

〔51〕關於過去二十多年間的投資仲裁案件列表，請參見UNCTAD的統計：http://investmentpolicyhub. unctad.org/ISDS/FilterByYear。

第 10 章

中國—秘魯一九九四年雙邊投資協定可否適用於「一國兩制」下的中國香港特別行政區？

——香港居民謝業深v.秘魯政府徵收投資案件的法理剖析

↘ 內容提要

　　媒體報導：香港的一位投資人謝業深先生（Mr. Tza YaP Shum）以秘魯共和國政府為「被申請人」，向「解決投資爭端國際中心」（ICSID）投訴，申請仲裁，聲稱：秘魯政府對他在秘魯境內設立的一家魚粉公司採取了徵收措施。ICSID祕書處已於二〇〇七年二月十二日正式立案受理。當前雙方爭議聚焦於ICSID仲裁庭是否對本案具有管轄權。這個問題的答案，主要取決於中國一秘魯於一九九四年簽訂的雙邊投資協定（以下簡稱「中—秘BIT 1994」）可否直接適用於中國香港特別行政區。本文從法理學角度，探討在香港特別行政區享有居留權的中國國民可否援引中—秘BIT1994，不經投資所在東道國秘魯政府同意，逕自單方向ICSID投訴，要求ICSID針對本案有關爭端實行國際仲裁。筆者認為：依據中國法律、香港基本法以及相關的國際

法，針對上述問題的初步答案是否定的。

↘ 目次

一、本案案情梗概

　　據解決投資爭端國際中心（ICSID）官方網站公布的信息[1]以及國際媒體的相關報導[2]，香港居民謝業深先生以其個人名義向總部設在美國首都華盛頓特區的ICSID提交了一份仲裁申請書，聲稱：吸收外資的東道國秘魯共和國當局徵收了他在秘魯境內開設的一家魚粉公司TSG（秘魯）有限公司（以下簡稱「TSG

公司」。為此，謝先生向秘魯政府索賠二千萬美元。

謝先生向ICSID提出申請國際仲裁的法律根據是一九九四年中國和秘魯簽訂的雙邊投資保護協定[3]。

秘魯是全球首屈一指的魚粉生產國。魚粉含有高比率蛋白和易吸收脂肪，是動物的良好飼料。據申請人聘請的律師稱：TSG公司專門從事魚粉的製造和有關進出口業務，向亞洲市場批發銷售。謝業深先生擁有該魚粉公司股權的90%。二〇〇三到二〇〇四年，TSG公司是秘魯六家最大魚粉出口商之一。二〇〇五年其魚粉產量占全秘魯總產量的70%。投資人與秘魯政府之間的爭端肇始於二〇〇四年十二月。當時，秘魯的國家稅收管理總局（National Tax Administration Office）指責TSG公司欠稅高達一千兩百萬元秘魯新幣（約相當於現今的四百萬美元）。發出欠稅通知之後僅僅一個月，正當TSG公司正在法定期限內提出異議之際，秘魯當局就取消了（confiscate）TSG公司的銀行帳戶，致使TSG公司陷於癱瘓，謝先生認為秘魯政府採取的這種措施構成了徵收行為，而又迄未對TSG公司給予賠償。ICSID祕書處對於謝先生提出的仲裁申請，經反覆審議，已於二〇〇七年二月十二日正式立案受理，案號為「ICSID Case No. ARB 07/6」，並於同年十月一日組成了以凱斯勒（J. L. Kessler）為首的三人仲裁庭。

據秘魯駐美大使館的一名官員告訴《投資條約新聞》雜誌（*Investment Treaty News, ITN*）：秘魯政府已經收到有關的仲裁通知書，正在審閱有關的索賠申請，並將在近期內作出答辯。

眾所周知，中國實行改革開放基本國策二十多年以來，先後曾與一百二十多個國家分別簽訂了雙邊投資條約，有條件地接受

了ICSID仲裁體制。但是，直到二○○七年二月以前，無論是中國政府，或者是中國的企業和個人，都未曾在ICSID國際仲裁庭正式涉案，成為仲裁案件的申請人或被申請人。如今，本案爭端涉及中國投資人（Chinese investor）直接向ICSID仲裁庭投訴，申請國際仲裁，要求其投資所在的東道國給予徵收賠償。據媒體報導：此舉尚屬首例，因而引起國際社會，特別是國際投資界和仲裁界的廣泛關注和矚目。

從表面上看，此案案情並不複雜，實則並不簡單。它的核心和關鍵問題是：在「一國兩制」的條件下，中國香港特別行政區具有居留權的中國國民，是否有權援引中—秘BIT 1994這一國際協定，以其投資所在的東道國作為被申請人，不經東道國政府同意，單方逕自向ICSID申請國際仲裁，索取徵用賠償。這個核心和關鍵，在當今中國「一國兩制」的特定條件下，涉及和派生出一系列相當複雜的法理問題，有待澄清和解決。對此，國內外學人迄今是仁者見仁，智者見智，歧議頗多。筆者及青年同仁一直從事國際投資法、ICSID體制和雙邊投資協定的研究。面對與本案有關的新鮮問題和前沿學術爭議，認為很有必要進行深入探討，以明究竟。謹此提出管見，就教於國內外同行，歡迎惠予批評指正。

二、主要爭議和初步看法

（一）主要爭議

本案現階段的主要爭議在於以下幾個方面：

第一，本案申請人具有中國香港特別行政區居留權，持有香港特別行政區簽發的護照，其中載明他具有中國國籍，因此他應當是一般意義上的中國國民。但是，他是否是中—秘BIT 1994這一特定國際協定中規定的中國國民？

第二，本案申請人作為中國香港特別行政區居民，是否有權援引中—秘BIT 1994這一特定的國際協定，以其投資所在的東道國——秘魯作為被申請人，不經東道國政府同意，單方逕自向ICSID申請對有關的投資爭端加以國際仲裁？

第三，中—秘BIT 1994中的爭端解決條款，是否允許雙方締約國境內的外國投資人把任何投資爭端都提交ICSID，申請實行國際仲裁？

第四，中—秘BIT 1994中的最惠國條款，是否允許雙方締約國境內的外國投資人有權援引東道國與第三國締結的BITs中的爭端解決條款規定，藉以擴大和創設ICSID的管轄權？

針對上述四個方面的主要爭議問題，筆者作了認真的探討研究，形成了以下幾點看法。

（二）初步看法

第一，本案申請人是中國香港特別行政區的居民，持有該地區政府簽發的護照，其中載明持證人具有中國國籍，因此，如果護照真實無偽，他應當是一般意義上的中國國民。但是，他卻不是中—秘BIT 1994這一特定國際協定中規定的中國國民。

第二，本案申請人作為中國香港特別行政區居民，依法無權援引中—秘BIT 1994這一特定的國際協定，以其投資所在的東道

國——秘魯作為被申請人，不經東道國政府同意，單方逕自向ICSID申請對有關的投資爭端加以國際仲裁。

第三，中—秘BIT 1994中的爭端解決條款，只允許雙方締約國境內的外國投資人在一定條件下把有關**徵收補償款額**的爭端，單方逕自提交ICSID仲裁。不允許雙方締約國境內的外國投資人，未經東道國同意，單方逕自把有關徵收補償款額以外的任何投資爭端都提交ICSID，申請實行國際仲裁。

第四，中—秘BIT 1994中的最惠國條款，不允許雙方締約國境內的外國投資人援引東道國與第三國締結的BITs中的爭端解決條款規定，藉以擴大和創設ICSID的管轄權。

以上四個方面的初步看法和基本見解，是根據中國法律、香港地區基本法以及相關的國際法的具體規定，根據其中蘊含的基本法理原則，作出的綜合判斷。茲逐一分別闡述如下。

三、關於申請人之中國國籍問題

本部分解釋中國法律中關於中國國籍的獲得、喪失、證明的基本原則以及本案申請方的國籍問題。

眾所周知，香港是著名的國際性大城市之一，在港居民的國籍構成相當複雜多樣。

在英國管治的百餘年中，港英當局出於種種政治經濟目的，採取了比較繁雜的國籍認定措施。香港居民所持護照就有「英國屬土公民護照」「英國國民（海外）護照」之分，在香港的中國公民可以依英國政府實施的「居英權計劃」而獲得英國公民的身

分。此外，還有不少香港居民在英國以外的其他外國享有居民權。香港正式回歸祖國後，以上這些人的國籍如何分別正確認定所持各類「護照」，在法律上有什麼效力，就必須逐一作出明確規定，才能有章可循，有條不紊。

（一）中國國籍的獲得

對中國國籍加以調整的法律是《中華人民共和國國籍法》，該法由中華人民共和國第五屆全國人民代表大會在第三次會議上通過，由全國人民代表大會常務委員會委員長令（五屆第8號）於一九八〇年九月十日公布，並於公布之日生效。根據該法第1條的規定，中華人民共和國國籍的取得、喪失和恢復，都適用本法。

根據《國籍法》第4條，父母雙方或一方為中國公民，本人出生在中國，具有中國國籍。根據這一規則，要成為中國公民，某個人必須：（1）出生於中國；（2）父母雙方或一方為中國公民。

《國籍法》第5條規定：「父母雙方或一方為中國公民，本人出生在外國，具有中國國籍」。不過，該條接著規定：「但父母雙方或一方為中國公民並定居在外國，本人出生時即具有外國國籍的，不具有中國國籍。」根據這一規則，如果本人出生於外國，而且父母雙方或一方為中國公民，這時本人具有中國國籍，只要沒有由於父母雙方或一方定居在外國而使得本人出生時即具有外國國籍。

雖然《國籍法》採用血統主義與出生地主義相結合的方式來

確定是否可以獲得中國國籍，但它總是要求父母雙方或至少一方為中國公民。

除了以上規則之外，本人可以通過歸化的方式獲得中國國籍。《國籍法》第8條規定：「申請加入中國國籍獲得批准的，即取得中國國籍」。

（二）中國國籍的喪失

《國籍法》第3條規定：「中華人民共和國不承認中國公民具有雙重國籍。」

與這一原則相對應，《國籍法》第9條規定：「定居外國的中國公民，自願加入或取得外國國籍的，即自動喪失中國國籍。」根據這一規則，中國公民如果符合以下條件則自動喪失中國國籍：（1）已經定居外國；（2）自願加入或取得外國國籍；（3）已經自願獲得外國國籍。

同理，外國人或無國籍人被批准加入中國國籍的，不得再保留外國國籍。在這方面，《國籍法》第8條規定：「被批准加入中國國籍的，不得再保留外國國籍。」

另外，《國籍法》第10條規定：「中國公民具有下列條件之一的，可以經申請批准退出中國國籍：一、外國人的近親屬；二、定居在外國的；三、有其他正當理由。」與第9條不同，這一規則規定中國國籍的喪失，要求該中國公民申請退出中國國籍且此一申請被中國相關機構批准。

（三）《國籍法》對香港特別行政區的適用

《國籍法》從一九九七年七月一日開始就已在香港地區適用。[4]一九九六年五月十五日，第八屆全國人民代表大會常務委員會第十九次會議通過《關於〈中華人民共和國國籍法〉在香港特別行政區實施的幾個問題的解釋》（以下簡稱《解釋》）。

《解釋》第1條規定：「凡具有中國血統的香港居民，本人出生在中國領土（含香港）者，以及其他符合《中華人民共和國國籍法》規定的具有中國國籍的條件者，都是中國公民。」為了獲得中國國籍，香港居民必須：（1）具有中國血統；[5]（2）出生在中國領土（含香港）；或者（3）符合《國籍法》規定的具有中國國籍的條件。

同樣，《解釋》第5條規定：「香港特別行政區的中國公民的國籍發生變更，可憑有效證件向香港特別行政區受理國籍申請的機關申報。」這一權力已被授予香港特別行政區入境事務處。

（四）中國國籍的證明

根據以上原則，為了證明具有中國法下的中國國籍，本人可被要求表明：（1）父母雙方或一方為中國公民，本人出生在中國，或者如果本人是香港居民，則證明他出生在中國且是中國人的後代；[6]（2）父母雙方或一方為中國公民但沒有定居在外國，本人出生在外國但沒有由於出生而獲得外國國籍；或者（3）本人通過申請而獲得中國國籍。這些事實通過經公證的個人出生證或者經公證的批准個人申請歸化之證書來證明。

另外，本人必須宣稱他沒有：（1）定居外國且自願獲得外

國國籍；（2）有效退出中國國籍；（3）向香港特別行政區入境事務處聲明其屬於外國公民或者申請對國籍作出更改。

（五）香港特別行政區護照對中國國籍的證明

本文作者曾獲得謝業深先生的護照複印件。該護照是由中華人民共和國香港特別行政區人境事務處於二〇〇三年七月二十三日頒發。這一文件表明，謝業深先生於一九四八年九月十日出生於福建省。該護照表明謝業深先生具有中國國籍。

本文作者被要求考慮：以上所述護照是否構成謝業深先生根據中國法律擁有中國國籍的最終證明。嚴格來說，謝業深先生的香港護照似乎構成表面證據但不構成中國法律下擁有中國國籍的最終證據。

根據《中英聯合聲明》第XIV章，香港特別行政區政府有權對持有香港特別行政區永久居民身分證的中國公民頒發護照。[7]

如上所述，為了提供中國國籍的最終證明，謝業深先生可被要求證明以下之一：（1）父母雙方或至少一方為中國公民，他出生在中國，或者如果他是香港居民，則他具有中國血統，這一點可通過提交經公證的出生證明來加以證明；或者（2）他通過申請而獲得中國國籍，這一點可以通過提交經公證的對個人申請歸化的批准證書來加以證明。另外，謝業深先生可被要求來聲明並沒有：（1）定居外國且自願獲得外國國籍；（2）有效退出中國國籍；（3）向香港特別行政區人境事務處聲明其屬於外國公民或者申請對國籍作出更改。

即使謝業深先生能夠證明他根據中國法擁有中國國籍，但

是，如同本文作者在下文所述，由於對擁有香港居留權的中國公民所賦予的特別待遇與優惠，他也不能引用中—秘BIT 1994下的保護。

四、關於中—秘 BIT 1994 適用於在香港享有居留權的中國公民問題

本部分討論以下問題：（1）香港回歸中國前後的歷史回顧；（2）《中英聯合聲明》確立的原則與規則；（3）聯合聯絡小組的工作；（4）《香港特別行政區基本法》以及中國法、中外協定（條約）對香港的適用；[8]（5）中—秘BIT 1994對擁有香港居留權的中國公民的適用。

（一）香港回歸中國前後的歷史回顧

香港自古以來就是中國領土不可分割的一部分。一八四〇年，由於清政府禁止鴉片貿易，英國發動了侵華戰爭，即臭名昭著的「鴉片戰爭」。清政府戰敗後，被迫於一八四二年與英國簽訂了喪權辱國的不平等條約——《南京條約》，把香港割讓給英國；隨後又被迫陸續簽訂了一系列不平等條約，[9]把香港周邊的中國領土（九龍等地）長期「租借」給英國，形成了長期被英國占領的香港地區。

在英國占領期間，香港島、九龍和新界地區（統稱「香港」）排他性地由英國國內法管轄。另外，英國與第三國簽訂的大量國際條約也被適用於香港。大衛・愛德華（David Edwards）解釋

道：「英國還把其在以下眾多領域簽訂的雙邊國際協定擴展適用於香港：空運服務，引渡，投資促進與保護，民商事裁決的互惠執行，互免簽證。」[10]同樣，英國還把二百多項多邊國際協定適用於香港。[11]

由於在英國占領期間，香港並不為中國主權管轄，中國法律並不適用於香港。同樣，中國與第三國簽訂的國際協定與條約對香港也沒有效力。

（二）《中英聯合聲明》

直到一九七二年，中國與英國才確立正式的外交關係。兩國對香港回歸中國這一問題進行了冗長且艱難的談判。最終於一九八四年十二月達成了協議，並且簽訂了《中華人民共和國政府和大不列顛及北愛爾蘭聯合王國政府關於香港問題的聯合聲明》（即《中英聯合聲明》）。

在《中英聯合聲明》中，中國政府聲明，中華人民共和國政府決定於一九九七年七月一日對香港（包括香港島、九龍和新界地區）恢復行使主權。同時，英國政府聲明，於同一天將香港交還給中華人民共和國。

在《中英聯合聲明》中，中國進一步聲明對香港的基本方針政策如下：

（1）為了維護國家的統一和領土完整，並考慮到香港的歷史和現實情況，中華人民共和國決定在對香港恢復行使主權時，根據《中華人民共和國憲法》第31條的規定，設立香港特別行政區。[12]

（2）香港特別行政區直轄於中華人民共和國中央人民政府。除外交和國防事務屬中央人民政府管理外，香港特別行政區享有高度的自治權。

（3）香港特別行政區享有行政管理權、立法權、獨立的司法權和終審權。現行的法律基本不變。

（4）香港特別行政區政府由當地人組成。行政長官在當地通過選舉或協商產生，由中央人民政府任命。主要官員由香港特別行政區行政長官提名，報中央人民政府任命。原在香港各政府部門任職的中外籍公務、警務人員可以留用。香港特別行政區各政府部門可以聘請英籍人士或其他外籍人士擔任顧問或某些公職。

（5）香港的現行社會、經濟制度不變；生活方式不變。香港特別行政區依法保障人身、言論、出版、集會、結社、旅行、遷徙、通信、罷工、選擇職業和學術研究以及宗教信仰等各項權利和自由。私人財產、企業所有權、合法繼承權以及外來投資均受法律保護。

（6）香港特別行政區將保持自由港和獨立關稅地區的地位。

（7）香港特別行政區將保持國際金融中心的地位，繼續開放外匯、黃金、證券、期貨等市場，資金進出自由。港幣繼續流通，自由兌換。

（8）香港特別行政區將保持財政獨立。中央人民政府不向香港特別行政區徵稅。

（9）香港特別行政區可同聯合王國和其他國家建立互利的經濟關係。聯合王國和其他國家在香港的經濟利益將得到照顧。

（10）香港特別行政區可以「中國香港」的名義單獨地同各國、各地區及有關國際組織保持和發展經濟、文化關係，並簽訂有關協定。

香港特別行政區擁有高度自治權以及有權以自己名義締結國際協議，這一原則在《中英聯合聲明》附件1當中得到了更加詳細的發揮。

《中英聯合聲明》附件1第XI章規定香港有權與其他國家、地區以及國際組織協商與締結國際協議。

《中英聯合聲明》特別指出，香港在回歸中國之前所締結的國際協議仍然繼續有效。

對於中國締結的國際協議，《中英聯合聲明》第XI章規定其對香港的適用是：「中央人民政府可根據香港特別行政區的情況和需要，在徵詢香港特別行政區政府的意見後，決定是否適用於香港特別行政區。」換言之，《中英聯合聲明》規定中國與第三國簽訂的國際協定在一九九七年後並不會自動適用於香港。相反，這些協定只有在中國政府徵詢香港特別行政區政府的意見並決定適用於香港特別行政區後，才能適用於香港特別行政區。

（三）聯合聯絡小組

在預計香港於一九九七年回歸中國之時，為了使《中英聯合聲明》得以有效執行並保證一九九七年政權的順利交接，中國與英國設立了聯合聯絡小組「Joint Liaison Group」（JLG）[13]

自聯合聯絡小組成立到一九九七年七月一日的前半段時期中，該小組審議的事項包括：

（1）兩國政府為使香港特別行政區作為獨立關稅地區保持其經濟關係，特別是為確保香港特別行政區繼續參加關稅及貿易總協定、多種纖維協定及其他國際性安排所需採取的行動；

（2）兩國政府為確保同香港有關的國際權利與義務繼續適用所需採取的行動。

兩國政府同意，自聯合聯絡小組成立到一九九七年七月一日的後半段時期中，有必要進行更密切的合作，因此屆時將加強合作。在此第二階段時期中審議的事項包括：

（1）為一九九七年順利過渡所要採取的措施；

（2）為協助香港特別行政區同各國、各地區及有關國際組織保持和發展經濟、文化關係並就此類事項簽訂協議所需採取的行動。[14]

英國簽訂的國際協議（雙邊或多邊）從一九九七年七月一日開始停止在香港適用。由於此類協議在香港與國際社會的法律與經濟關係中扮演了非常重要的角色，聯合聯絡小組強調香港在非常重要的領域（例如投資保護等）簽訂國際協議。其結果是，在二十世紀九〇年代，在回歸中國之前，經英國授權，香港與以下國家簽訂了BITs：澳大利亞、奧地利、盧森堡經濟聯盟、丹麥、法國、德國、義大利、日本、韓國、荷蘭、新西蘭、瑞典與瑞士。[15]

JLG還同意，香港在回歸中國之前與其他國家簽訂的雙邊投資協議將在一九九七年六月三十日之後繼續適用。[16]

（四）《香港特別行政區基本法》

中華人民共和國第七屆全國人民代表大會第三次會議於一九九〇年四月四日通過了《中華人民共和國香港特別行政區基本法》（以下簡稱《基本法》）。該基本法構成管理香港特別行政區的憲法性文件，包含了中華人民共和國對香港的基本政策。[17]

《基本法》自一九九七年七月一日中華人民共和國對香港恢復主權之日起實施。雖然國家領土是統一的，但是全國人民代表大會確立了「一個國家，兩種制度」這一原則。為了保持香港的繁榮和穩定，中央政府決定，中華人民共和國實施的社會主義制度和政策不在香港實行。相反，香港將繼續保持原有的資本主義制度和生活方式，從一九九七年起五十年不變。

「一國」原則強調中國的國家統一以及領土完整。香港屬於中國領土的一部分，中國中央政府負責防衛與外交事務。「兩制」原則強調香港的高度自治權，允許其繼續實施資本主義制度並維持其法律、經濟、社會與文化體制。[18]

1. 香港的法律地位

如下所述，《基本法》反映了《中英聯合聲明》中勾勒出來的原則。[19]

回歸中國之後，香港享有高度的自治權力。《基本法》第2條規定：「全國人民代表大會授權香港特別行政區依照本法的規定實行高度自治，享有行政管理權、立法權、獨立的司法權和終審權。」[20]

對於其內部立法，香港回歸之前有效的法律，例如普通法、衡平法、條例、附屬立法和習慣法，在一九九七年之後繼續有效

（《基本法》第8條）。[21] Yash Ghai解釋道，這樣規定的原因是：「原先法律體制下的普通法與大部分其他規定受到《基本法》的保護。保留香港已有的法律與司法體系可以提供一個發展良好的、私有化市場導向的法律體系，這一法律體系與安全交易、風險最小、可預測性緊密相關。（《例如，第8條、第18條）」[22]

從國際視角來看，香港可加入相關的國際組織與國際貿易協定（《基本法》第116條）。在這方面，姚壯教授解釋道：

> 不同的社會制度必然會使香港與內地在經濟、貿易、金融、勞工、醫療衛生等方面的制度和政策有所差異，而且兩者參加國際組織的情況也因各自的社會背景而有所不同。……這種不同的情況就要求給予香港在國際組織中單獨表示自己的要求的機會，所以，不能把將來香港參與國際組織的活動統統安排在我國代表團之內，必要時應讓它以單獨的身分參加活動，以便更好地保持它原有的權益。[23]

香港在國際組織與國際貿易協議方面擁有自治權的最佳例子是其屬於WTO的單獨成員方。曾華群教授解釋道，中國政府與英國政府決定香港可成為GATT的單獨締約方，這一決定通過一九八六年英國的聲明而得以實現。在WTO生效之後，香港由於其作為GATT成員方的權利而成為WTO的創始成員方。在分析WTO的主張與責任體系時，曾教授解釋說，作為WTO的成員方，香港能夠提出單獨的訴求並且承擔責任：「如果中國香港……認為其權利與利益遭到第三方的損害，它將訴之於WTO

的爭端解決機制……而不用通過中華人民共和國。」同樣,「在法律意義上……中華人民共和國作為申請方或者被申請方的WTO案件完全與中國香港無關。」[24]

另外,根據《基本法》第151條,「香港特別行政區可在經濟、貿易、金融、航運、通訊、旅遊、文化、體育等領域以『中國香港』的名義,單獨地同世界各國、各地區及有關國際組織保持和發展關係,簽訂和履行有關協議。」

在討論香港對外的自治權時,Mushkat教授認為:「香港特別行政區是與六十多個國家之間一三〇多項雙邊協定的締約方,這些協定涉及經濟活動、航空服務、防止雙重徵稅以及投資促進與保護這些戰略領域。」[25]確實,在投資促進與保護領域,香港在回歸前後都與第三國簽訂了雙邊投資協定。

在一九九七年七月之前,香港簽訂了十多個雙邊投資協定,這些協定在一九九七年七月之後繼續生效。[26]在回歸之後,香港於一九九八年七月與英國、二〇〇五年十一月與泰國簽訂了雙邊投資條約。在這方面,《基本法》第118條特別規定:「香港特別行政區政府提供經濟和法律環境,鼓勵各項投資、技術進步並開發新興產業。」

2. 中國法、中外協定(條約)對香港的適用

(1)中國法。根據《基本法》,中華人民共和國的法律或者「全國性法律」除列於《基本法》附件3者外,不在香港特別行政區實施。凡列於《基本法》附件3之法律,由香港特別行政區在當地公布或立法實施(《基本法》第18條第2款)。根據這一規則,中華人民共和國法律不適用於香港特別行政區,除非包括在

《基本法》附件3當中，或者在此後徵詢香港意見後添加到附件3當中。[27] 另外，為了在香港地區生效，這些法律必須通過公布或立法的方式納入香港法律當中。[28] 對此，Yash Ghai認為：「大部分中國法律被排除適用於香港，在中國法律適用於香港之前，必須滿足嚴格的要求。《它們必須限於有關國防、外交和其他按本法規定不屬於香港特別行政區自治範圍的法律；並且徵詢香港特別行政區基本法委員會。》」[29]

根據蕭蔚雲教授《《基本法》起草委員會成員）的觀點，香港長期實行普通法，普通法適應於香港社會經濟的發展。在他看來，不能將內地實行的社會主義法律推行於香港，否則將不利於香港的穩定與繁榮。蕭教授解釋說，只有極少數全國性法律適用於香港特別行政區，這一事實反映了中國與香港法律體系之間的明顯區別：內地適用社會主義法系的法律，香港適用英美法系即普通法系的法律。[30]

在《基本法》中可以發現中國法律不適用於香港的例外之處，其第18條規定：「全國人民代表大會常務委員會決定宣布戰爭狀態或因香港特別行政區內發生香港特別行政區政府不能控制的危及國家統一或安全的動亂而決定香港特別行政區進入緊急狀態，中央人民政府可發布命令將有關全國性法律在香港特別行政區實施。」

（2）中外協定與條約。《基本法》第153條第一款規定：「中華人民共和國締結的國際協議，中央人民政府可根據香港特別行政區的情況和需要，在徵詢香港特別行政區政府的意見後，決定是否適用於香港特別行政區。」換言之，中華人民共和國與其他

國家締結的國際協議與條約並不適用於香港特別行政區，除非中國政府認為條約應該擴展適用於香港，才可在徵詢香港特別行政區政府的意見後，決定適用於香港特別行政區。

如果某項中外協定或者條約要適用於香港特別行政區，必須滿足以下要求：

（1）中華人民共和國中央人民政府可根據香港特別行政區的情況和需要，決定相關協定或者條約適用於香港特別行政區。

（2）中央人民政府必須就此類協定或者條約對香港的可能適用徵詢香港特別行政區政府的意見。

（3）如果中國政府與香港同意此類協定或者條約擴展適用於香港，中國必須與締約另一方換文或者以議定書形式修改協定或者條約，以便協定或者條約適用於香港，並且把此種修改通知協定或者條約的保存機構。由於投資促進與保護條約不需要通過當地立法的形式就可以在香港實施，其通常做法是在生效時在政府公報上加以公布。[31]

在準備本文之時，中國在一九九七年之前簽訂的雙邊投資條約都沒有適用於香港特別行政區。因此，中—秘BIT簽訂於一九九四年，生效於一九九五年，並不適用於香港。從一九九七年起，這種情況沒有任何改變。

同樣，中國在一九九七年之後簽訂的雙邊投資條約也都沒有適用於香港特別行政區。

這並不奇怪，中國內地與香港特別行政區是兩個獨立的法律、經濟與社會體系，它們關於外國投資的政策也明顯不同。Yash Ghai認為：

　　除非香港有其自己的條約體系，否則，香港特別行政區的自治性得不到充分的行使。如上所述，香港的經濟體系並不僅僅獨立於中國其他部分，它還要求一系列的國際協議來加以維持。[32]

　　為了表明中國與香港BIT之間的區別，以下列舉分別由中國、香港與同一第三方簽訂的兩組BIT：

表3-10-1　中國—韓國BIT 1992 v.香港—韓國BIT 1997

	中國—韓國BIT 1992	香港—韓國BIT 1997
投資者&公民	「投資者」一詞，係指在另一國領土內投資的一國的國民或公司； 「國民」一詞，在締約一方係指具有該國國籍的自然人[33]	「投資者」：（甲）在香港方面；（i）係指在其地區內有居留權的自然人；……（乙）在大韓民國方面（i）係指是其國民的自然人[34]
爭端解決	任何一國政府與另一國投資者之間關於徵收補償額的爭端，如果自當事任何一方要求友好解決之日起6個月未能解決，則根據該投資者的要求，可提交參考1965年3月18日在華盛頓簽訂的《關於解決國家和他國國民之間投資爭端公約》而組成的調解委員會或仲裁委員會。一國政府和另一國投資者之間關於其他事項的爭端，可根據雙方的同意，提交如上所述的仲裁委員會[35]	締約一方與締約另一方的投資者之間有關後者在前者地區內投資的爭端，在締約任何一方以書面提出之日後的6個月內仍未解決，則應按照爭議雙方同意的程序解決。如在該6個月期間內沒有就此種程序達成協議，爭議雙方有義務依照當時有效的聯合國國際貿易法委員會仲裁規則將爭端提交仲裁[36]

表3-10-2　中國—日本BIT 1998 v.香港—日本BIT 1997

	中國—日本BIT 1988	香港—日本BIT 1997
投資者&公民	「國民」，對締約一方係指具有該締約一方國籍的自然人[37]	「投資者」一詞係指：（a）在日本國方面，（i）擁有日本國國籍的自然人；……（b）在香港方面，（i）在其地區內有居留權的自然人[38]

	中國—日本BIT 1988	香港—日本BIT 1997
爭端解決	任何一國政府與另一國投資者之間關於徵收補償額的爭端，如果當事任何一方提出為解決爭端進行協商的6個月內未能解決，則根據該國民或公司的要求，可提交參考1965年3月18日在華盛頓簽訂的《關於解決國家和他國國民之間投資爭端公約》而組成的調解委員會或仲裁委員會；締約任何一方和締約另一方國民或公司關於其他事項的爭端，可根據當事雙方的同意，提交如上所述的調解委員會或仲裁委員會〔39〕	締約一方的投資者與締約另一方之間有關前者在後者地區內投資的任何爭端，如未能友好解決，可在提出要求的書面通知6個月後，按照爭議雙方同意的程序解決。如在該6個月期間內沒有就此種程序達成協議，便須應有關投資者的要求，依照當時有效的聯合國際貿易法委員會仲裁規則，將爭端提交仲裁〔40〕

因此，雖然《基本法》賦予了中國簽訂的雙邊投資協定擴展適用於香港的可能性，但此種可能性並不太可能成為現實。意識到這種區別，中國學者徐崇利與趙德銘認為：「一九九七年之後，中國與其他國家間的雙邊投資保護協定不應該適用於香港特別行政區。」〔41〕他們還認為：「在中國與其他國家間有效的、不同的雙邊投資保護協定並不適合香港當前的情況，並不能完全反映香港自身的利益。因此，讓中國與其他國家簽訂的雙邊投資保護協定適用於香港實在是不明智。」〔42〕

中國與其他國家簽訂的雙邊投資保護協定不適用於香港這一事實意味著，雖然有香港居留權的中國公民擁有中國國籍，但是對於在此類條約之締約相對方境內所作投資，並不能引用此類條約下的保護。同樣，外國投資者對於其在香港特別行政區的投資，不能引用中國條約下的保護。

《中英聯合聲明》解釋了什麼樣的人應該「在香港特別行政

區擁有居留權」（《中英聯合聲明》附件1第XIV條），即：

（1）在香港特別行政區成立以前或以後在當地出生或通常居住連續七年以上的中國公民及其在香港以外所生的中國籍子女；

（2）在香港特別行政區成立以前或以後在當地通常居住連續七年以上並以香港為永久居住地的其他人及其在香港特別行政區成立以前或以後在當地出生的未滿二十一歲的子女；

（3）香港特別行政區成立前只在香港有居留權的其他人。

在香港特別行政區有居留權的人有權在香港簽訂的雙邊投資協定或者條約下獲得保護。確實，香港簽訂的雙邊投資協定或者條約（1997年之前以及之後），針對在香港有「居留權的自然人」。[43]

在這一方面，必須在持有中華人民共和國護照的中國公民以及持有香港特別行政區護照的中國公民之間加以區別。前者可尋求中國簽訂的BIT項下的保護，而後者尋求香港簽訂的BIT項下的保護。因此，像澳大利亞、奧地利、盧森堡經濟聯盟、丹麥、法國、德國、義大利、日本、韓國、荷蘭、新西蘭、瑞典與瑞士這些國家同時與中國中央政府以及香港政府簽訂了雙邊投資條約。

在中國恢復對香港特別行政區行使主權之後，此種區別並沒有消失。此一事實的最新證據是，一九九七年後，香港與英國（1998年）、泰國（2005年）簽訂了BIT，雖然中國已經與這些國家簽訂了BIT。

這一同樣的區別可適用於法律實體。確實，根據中華人民共

和國法律組建的法律實體只能引用中國簽訂的BIT項下的保護，而不能引用香港簽訂的BIT項下的保護。同樣，根據香港特別行政區法律組建的法律實體只能引用香港特別行政區簽訂的BIT下的保護，而不能引用中華人民共和國簽訂的BIT項下的保護。[44]

進一步而言，此種區別並不僅僅反映在BIT中。它還適用於其他國際協議，例如避免雙重徵稅協議。中國與香港已簽訂了此類協議。對此，Yash Ghai認為：

大陸與香港被作為不同經濟加以看待的顯著例子是，1998年2月，大陸與香港之間簽訂了避免雙重徵稅協議。這一協議由香港特別行政區財政局與中華人民共和國國務院簽訂。[45]

中華人民共和國與香港特別行政區之間區別的另一例子是「CEPA」，即中華人民共和國與香港特別行政區於二〇〇三年簽訂的自由貿易協議。

（五）中一秘 BIT 1994 對擁有香港居留權的中國公民的適用

中一秘BIT簽訂於一九九四年，生效於一九九五年。

中一秘BIT簽訂於一九九四年，處於香港回歸中國之前。一九九七年後，中一秘BIT 1994繼續只適用於中國大陸，而不適用於香港居民。

對於中一秘BIT 1994而言，《中英聯合聲明》以及《基本法》當中關於中外協定或者條約適用於香港的要求都沒有得到滿足。其結果就是，中一秘BIT 1994並不適用於香港，香港居民不能引

用該BIT下的保護。

這就意味著，在香港有居留權的個人對於其在秘魯的投資，不能引用中—秘BIT 1994的保護。同樣，秘魯公民對於其在香港特別行政區的投資也不能引用中—秘BIT1994下的保護。

在準備本文之時，作者徵詢了香港特別行政區對這一問題的意見。本文作者的研究助理王海浪博士，於二〇〇八年一月二日給香港特別行政區律政司國際法律科行政書記梁肖鈴發了電子郵件，請教中—秘BIT 1994是否可適用於香港。以下是梁女士給王博士的回復：

中央政府和秘魯共和國政府於1994年6月9日簽訂的鼓勵和相互保護投資協議，並不適用於香港特區。香港的促進和保護投資協議，由香港特區政府經中央政府授權後與外國政府直接簽訂。

本文作者被諮詢這一問題：射業深先生是否能引用中—秘BIT 1994下的保護？謝業深先生持有香港特別行政區的護照，這意味著他在香港特別行政區擁有居留權。即使他滿足本文第三部分所提及的要求，提出了其擁有中國國籍的決定性證據，但是，由於他擁有香港居留權這一身分，他仍然無權享有中—秘BIT 1994項下的保護。

五、關於中—秘 BIT 1994 中仲裁條款的適用範圍問題

本部分擬討論以下事項：（1）中國加人《華盛頓公約》的

歷史回顧；（2）中國關於投資條約爭端解決的政策；（3）中—秘BIT 1994中仲裁條款的範圍與性質。

（一）中國加入《華盛頓公約》的歷史回顧

中國加入《華盛頓公約》背後的歷史是理解中國簽訂的BIT爭端解決條款之範圍與性質的關鍵。[46]中國簽訂《華盛頓公約》的過程充滿了爭論並且花了幾乎三十年的時間。

1. 在「開放」政策之前

在一八四〇年「鴉片戰爭」中戰敗後，中國變成了半殖民地國家，漸漸失去了其政治、司法與經濟主權。中國被迫簽訂一系列的規定所謂「領事裁判權」制度的不平等條約。在這一強加的以及單邊的體系下，中國失去了發生於中國但涉及海外因素的爭端的管轄權。[47]

毛澤東這樣描述這些不平等條約以及「領事裁判權」制度：

帝國主義列強強迫中國訂立了許多不平等條約，根據這些不平等條約，取得了在中國駐紮海軍和陸軍的權利，取得了領事裁判權，並把全中國劃分為幾個帝國主義國家的勢力範圍。[48]

領事裁判權，是帝國主義國家強迫舊中國政府締結的不平等條約中所規定的特權之一，開始於1843年的中英《虎門條約》和1844年的中美《望廈條約》。凡是享有這種特權的國家在中國的僑民，如果成為民刑訴訟的被告時，中國法庭無權裁判，只能由各該國的領事或者法庭裁判。[49]

由此，在一個多世紀的時期裡，中國被剝奪了在其自己境內行使司法管轄權的權力。一九四九年中華人民共和國成立之後，這些不平等條約以及領事裁判權都被取消了。不過，一百多年的殖民壓迫以及外國干涉所帶來的痛苦教訓讓中國人民非常警惕。就如同中國諺語所云：「驚弓之鳥，望月而飛」。因此，中國進入了一個自我孤立於外部世界並對外國投資採用敵視態度的階段。[50] 中國害怕歷史會重演，關注簽訂國際條約會侵蝕其來之不易的獨立。

這一自我孤立期間一直持續到一九七八年底，中國決定向外部世界開放。在這三十年中，沒有外國直接投資進入中國，沒有正式考慮加入任何涉及國際仲裁（無論是商業或者投資）的國際條約的可能性。

2. 開放政策與《華盛頓公約》的簽訂

從一九七九年開始，中國採取開放政策，開始吸引外國投資。為了從自我孤立轉向融入世界經濟，中國不得不改變其對外國投資的態度。然而，它的改變仍然非常謹慎和小心。[51] 中國政府希望避免領事裁判權的再現，因此，它在同意加入把可能涉及中國國家自身的爭端提交國際仲裁的國際條約時，顯得猶豫不決。

當時，中國還沒有參加兩個涉及國際仲裁的最重要的國際公約中的任何一個——一九五八年《紐約公約》與一九六五年《華盛頓公約》。

直到一九八七年一月二十二日，中國才簽訂了《紐約公約》。雖然《紐約公約》涉及與中國司法管轄權與主權有關的歷

史敏感問題，但它只直接影響私人當事方。基於這一考慮，中國政府官員與法律專家認為，中國可以加入該公約。

至於中國是否可以加入《華盛頓公約》，問題並不相同。加入《華盛頓公約》之後，中國將會同意成為仲裁程序當事方並且受制於由外國仲裁員所作有約束力裁決的可能性。在當時的中國人眼中，此種妥協不但會限制中國的司法管轄權，而且會潛在地損害中國的政治主權。[52]

由此帶來的結果就是，從一九八〇年中期到一九九〇年初，中國官方與學者對中國是否應該加入《華盛頓公約》這一問題展開了熱烈的討論。[53] 一九九二年二月，在聽取了各界意見並且權衡利弊之後，中國決定加入《華盛頓公約》。一九九二年七月一日，全國人民代表大會批准了該公約。《華盛頓公約》正式於一九九三年二月六日在中國生效。

（二）中國對待投資條約爭端解決的政策

中國在加入《華盛頓公約》之後，對主權的關注仍然是中國對於外國投資以及投資爭端解決政策的焦點。這一政策在以下方面得到反映：中國根據《華盛頓公約》第25（4）條作出的通知；中國BIT範本；中國簽訂的BIT中的爭端解決條款。

1. 中國根據《華盛頓公約》第25（4）條作出的通知

加入《華盛頓公約》之後，中國把擬考慮提交給ICSID管轄的爭端種類通知了ICSID。[54] 根據《華盛頓公約》第25（4）條，任何締約國可以在批准、接受或認可本公約時，或在此後任何時候，把它將考慮或不考慮提交給ICSID管轄的一類或幾類爭端通

知ICSID。

一九九三年一月七日，中國在把對《華盛頓公約》的批准文書交給世界銀行時，還根據第25（4）條作出以下通知：根據第25（4）條，中國政府僅僅考慮把由於徵收與國有化導致的補償爭端提交ICSID。

通過這份通知，中國清楚地表明，它只同意把由於徵收與國有化導致的補償額爭端提交ICSID。任何其他爭端必須提交接受投資的國家的主管法院。

如下所述，這一政策在中國與其他國家擬定爭端解決條款的用語中得到了反映。

2. 中外BIT爭端解決條款的範圍

與開放政策相對應，一九八二年，中國開始同幾個國家談判與簽訂雙邊投資條約。從爭端解決的角度，中國BIT的歷史可以分為以下三個階段：

第一階段：從一九八二年三月到一九九三年一月。一九八二年，中國第一次簽訂BIT的相對方是瑞典。該第一項BIT——與中國在此期間簽訂的其他BIT[55]一樣——沒有規定投資者—國家爭端解決條款。這些條約只規定了締約方之間關於條約本身解釋方面的爭端解決條款。

中國在一九八二年到一九九三年之間簽訂的其他條約規定了投資者—國家爭端解決條款。[56]締約方在這些條約中首次直接就投資者—國家爭端問題展開協商。[57]如果投資者與東道國無法達成協議，該爭端就必須提交給吸收投資的國家的主管法院。[58]如果當地法庭判定存在徵收或者國有化，投資者——在某些

情況下可以是東道國，可求助於臨時仲裁程序以挑戰該當地法庭
裁決的徵收或者國有化補償額。[59] 有的條約規定，如果投資者
已經就涉及徵收或者國有化補償額的爭端訴諸當地法庭，他不得
就同一爭端尋求仲裁。[60]

　　投資者與東道國可以就徵收補償額之外的其他爭端提交仲裁
的唯一情況是：一致同意。

　　在協商這些條約時，中國極力主張範圍狹窄的投資者—國家
爭端解決條款。這些協商的結果是，締約方簽訂的仲裁條款被限
制於涉及「徵收補償額」的爭端。[61] 這就意味著，所有其他的
爭端——包括涉及東道國是否徵收或者國有化相關投資的爭端，
必須提交東道國國內法庭。

　　仲裁條款的用語經過仔細推敲，以便反映這一政策。例如，
中國—芬蘭BIT 1984第2條規定：

　　（1）如投資者認為本協定第5條的徵收措施不符合採取措施
的締約一方的法律，應投資者的請求，該締約一方有管轄權的法
院應審查上述措施。

　　（2）如投資者對其被徵收的投資財產的補償款額有異議，
投資者和採取徵收措施的締約一方應為在6個月內達成補償款額
協議進行協商。

　　（3）如在上款規定的期限內，協商的雙方未獲一致，應投
資者的請求，由采取徵收措施的締約一方有管轄權的法院或國際
仲裁庭對補償款額予以審查。

這一規定的唯一例外就是，如果當事雙方明確同意可以把其他種類的爭端提交仲裁。中國—芬蘭BIT 1984第3條規定：

除非另有協議，投資者和接受投資的締約一方之間的其他投資爭議，應依照接受投資的締約一方的法律和法規通過當地救濟手段解決。

對此，孔慶江認為：

中國早期BIT把源於徵收的爭端與其他爭端加以區別。例如中國—芬蘭BIT 1984。它要求所有的國家—投資者爭端（源於徵收的爭端除外），除非另有協議，得通過當地救濟根據東道國法律規則加以解決。對於源於徵收的爭端，它進一步區分合法性問題與補償問題。如果爭端涉及徵收的合法性問題，BIT規定地方主管法庭是唯一負責解決爭端的機構。如果爭端涉及補償，則當地法庭或者臨時仲裁庭都可以解決爭端。[62]

中國在此期間所簽訂的其他條約爭端解決條款中的措辭極為相似。

第二階段：從一九九三年二月到一九九八年六月。一九九三年二月，《華盛頓公約》對中國生效。《華盛頓公約》對中國生效之後不久，中國擬定了「中國BIT範本」，以便與其他國家開展BIT談判。[63]與一九九三年前期的BIT相似，該中國BIT範本把可以提交仲裁的爭端種類限制為涉及「徵收補償額」的爭端。

任何其他爭端都必須提交東道國主管法庭。中國BIT範本第9條規定：

（1）締約一方投資者與締約另一方之間涉及在後者境內之投資的任何爭端，應該儘可能由爭端當事方協商友好解決。

（2）如果在6個月內爭端不能協商解決，任一當事方有權把爭端提交接受投資之締約方主管法庭。

（3）如果關於徵收補償額的爭端在根據本條第1款加以協商後的6個月內沒有解決，則經任一當事方要求，可提交臨時仲裁庭。如果投資者已訴之於本條第2款規定的程序，則本款規定不適用。

與之前的BIT一樣——這些BIT依據中國BIT範本擬定——中國在一九九三年二月和一九九八年六月間簽訂的BIT只規定把源於徵收補償額的爭端提交仲裁。[64]

例如，中國—智利BIT 1994第9條規定：

（1）締約一方的投資者與締約另一方之間就在締約另一方領土內的投資產生的任何爭議應盡量由當事方友好協商解決。

（2）如爭議在6個月內未能協商解決，當事任何一方有權將爭議提交接受投資的締約一方有管轄權的法院。

（3）如涉及徵收補償款額的爭議，在訴諸本條第1款的程序後6個月內仍未能解決，可應任何一方的要求，將爭議提交根據1956年3月18日在華盛頓簽署的《關於解決國家與他國國民間投

資爭端公約》設立的「解決投資爭端國際中心」進行仲裁。締約一方的投資者和締約另一方之間有關其他事項的爭議，經雙方同意，可提交該中心。如有關投資者訴諸了本條第2款所規定的程序，本款規定不應適用。

該條款與中國在一九九三年之前簽訂的BIT是一致的。它要求投資者與東道國在一定期間內協商。如果不成功，它要求雙方通過東道國國內法院來解決爭端。如果當地法院認為東道國政府徵收了投資者的投資，就產生了由於徵收產生的補償額爭端，任一當事方有權發起仲裁程序。

一九九三年二月至一九九八年六月期間簽訂的BIT都同樣規定，如果任一當事方就徵收補償額爭端向當地法院尋求救濟，則不得再就此類爭端發起仲裁。[65]

一九九三年二月之後，中國接受的爭端解決機制中的新因素在於加入了由ICSID仲裁庭來解決徵收補償額爭端。[66]與中國締結BIT的某些國家並不是《華盛頓公約》成員方，[67]有的國家還沒有批准《華盛頓公約》。[68]另外，在某些情況下，中國與締約相對方都是《華盛頓公約》成員方，雙方在BIT中就徵收補償額爭端提供了臨時仲裁。[69]就此，孔慶江認為：「早期某些BIT沒有接受ICSID規則，反映了中國關注保護主權的一貫立場。」[70]

第三階段：從一九九八年七月到現在。一九九八年七月，中國與巴巴多斯締結了BIT。在該條約中，中國首次同意把源於條約的所有爭端提交仲裁。

中國—巴巴多斯BIT中的投資者—東道國仲裁條款規定如

下：

一、締約一方的投資者與締約另一方之間任何投資爭議，應儘可能由投資者與締約另一方友好協商解決。

二、如本條第1款的爭議在爭議一方自另一方收到有關爭議的書面通知之日後6個月內不能協商解決，投資者有權選擇將爭議提交下述兩個仲裁庭中的任意一個，通過國際仲裁的方式解決：

（一）依據1965年3月18日在華盛頓簽署的《關於解決國家與他國國民間投資爭端公約》設立的「解決投資爭端國際中心」；

（二）根據《聯合國國際貿易法委員會仲裁規則》設立的仲裁庭。該規則中負責指定仲裁員的機構將為「解決投資爭端國際中心」祕書長。

三、儘管有第2款的規定，締約一方仍可要求投資者在將爭議提交國際仲裁前，用盡其國內行政複議程序。但是，如投資者已訴諸本條第10款規定的程序，則本款規定不應適用。

與巴巴多斯締結BIT之後，中國在其他BIT中也採用了同樣範圍廣泛的仲裁條款。[71]不過，這並不構成中國從一九九八年七月以來的統一實踐。例如，中國一九九九年與巴林締結的BIT只規定就徵收補償額爭端提供仲裁（中國－巴林BIT第9條）。同樣，一九九九年與卡塔爾的BIT第9條規定：

一、締約一方的投資者與締約另一方之間任何投資爭議，應儘可能由投資者與締約另一方友好協商解決。

二、如果爭端在發生之日起的6個月內不能協商解決，經任一當事方請求，該爭端應該提交接受投資之締約方主管法庭。

三、如果爭端涉及徵收補償額爭端且在發生之日起的6個月內不能協商解決，當事方沒有選擇第2款規定的主管法庭來解決爭端，則任一當事方有權把爭端提交仲裁⋯⋯

雖然中國在一九九八年之後並沒有統一的BIT實踐，中國一九九八年後締結的BIT必須根據單個BIT中的具體措辭逐案加以解釋與適用。

自從一九八二年與瑞典締結第一項BIT以來，中國已經與一百多個國家締結了BIT，這意味著中國有著第二大的BIT網絡，僅次於德國。在這些BIT中，超過八十餘項BIT規定了範圍狹窄的仲裁條款，締約方在這些條款中把提交仲裁的爭端限制為徵收補償額爭端。這反映了中國反對把投資爭端提交國際仲裁的長期立場。

如同本文第五部分所述，中國締結的某些BIT在近幾年被加以修訂，包括了範圍廣泛的仲裁條款。例如，與芬蘭、德國、荷蘭、葡萄牙締結的BIT。不過，這不算什麼，因為有八十餘項BIT規定了範圍狹窄的仲裁條款，只有十五項BIT投資者—東道國仲裁條款同意把源於條約的所有爭端提交仲裁。因此，中國締結的BIT中的投資者—東道國仲裁條款必須在逐案的基礎上加以考察。

（三）中—秘 BIT 1994 中仲裁條款的範圍與性質

中國簽訂的中—秘BIT 1994的時間點位於中國批准《華盛頓公約》一年後，位於中國簽訂中國—巴巴多斯BIT的四年之前。很明顯，中—秘BIT 1994是以中國BIT範本為原型的。

對於投資者—東道國爭端，中—秘BIT 1994第8條規定：

1. 締約一方的投資者與締約另一方之間就在締約另一方領土內的投資產生的任何爭議應盡量由當事方友好協商解決。

2. 如爭議在六個月內未能協商解決，當事任何一方有權將爭議提交接受投資的締約一方有管轄權的法院。

3. 如涉及徵收補償款額的爭議，在訴諸本條第1款的程序後6個月內仍未能解決，可應任何一方的要求，將爭議提交根據1965年3月18日在華盛頓簽署的《關於解決國家與他國國民間投資爭端公約》設立的「解決投資爭端國際中心」進行仲裁。締約一方的投資者和締約另一方之間有關其他事項的爭議，經雙方同意，可提交該中心。如有關投資者訴諸了本條第2款所規定的程序，本款規定不應適用。

與中國於一九九三年至一九九八年六月簽訂的典型條約相似，中—秘BIT 1994要求投資者與東道國至少協商六個月，以便解決涉及在締約方境內投資的任何爭端。如果不能友好解決，投資者或者東道國都可以把該爭端提交接受投資國的主管法院。在相關法院判定對某項投資存在徵收之後，如果對因投資被徵收之價值而補償給投資者的額度方面，在投資者與東道國間存在爭

端，任一當事方可把此種爭端提交給ICSID仲裁。不過，條約規定，如果當事方已經把涉及徵收補償額的爭端提交當地法院，則不得尋求國際仲裁。

根據中—秘BIT 1994第八條，任何涉及條約下東道國義務的爭端，例如：（1）公正與公平的待遇（第3條）；（2）東道國境內的保護（第3條）；（3）資金的匯回（第6條）；（4）徵收或者國有化，必須提交接受投資國的主管法院。在條約下，把涉及這些義務的任何爭端提交國際仲裁都是不允許的。可把涉及締約方在條約下的這些義務的爭端提交ICSID仲裁的唯一例外是：爭端當事雙方是否明確同意如此行事（中—秘BIT 1994第8（3）條）。

因此，在中—秘BIT 1994下，締約方同意提交仲裁的爭端只有徵收補償額爭端。在這方面，它明白無誤地規定並明確強調關於東道國是否構成徵收或者國有化投資者之投資的問題屬於接受投資國法院的排他管轄範圍，並因此不能提交給ICSID仲裁。這是毫無爭議的。

單文華教授把以下問題區別開來：（1）國家—國家爭端；（2）普通的投資者—東道國爭端；（3）投資者—東道國間關於徵收補償額的爭端。根據單教授的觀點，「投資者—東道國間的普通爭端應該由東道國的管轄權加以解決，例如根據東道國法律，通過調解或者主管行政機構或法庭」。對於「投資者—東道國間關於徵收補償額的爭端」，他認為，「作為國內管轄解決方法的變通，徵收補償額爭端可提交給國際仲裁庭。」[72]

徐崇利與趙德銘認為，中國「沒有把徵收與國有化的定義與合法性問題納入ICSID仲裁的管轄範圍之內。」[73] Pat K. Chew認

為，這正是中國—美國BIT談判失敗的原因之一：「爭端解決機制也被證實存在問題。中國傾向於讓國際仲裁只解決徵收補償額爭端，把其他問題留給中國法庭解決。」[74] 在關於中國—日本BIT談判的文章中，他認為，「條約的措辭符合中國反對把徵收問題——徵收補償額爭端除外——在沒有得到中國同意的情況下提交國際仲裁的立場。」[75]

作者被諮詢這一問題：射業深先生對秘魯提起的指控是否可根據中—秘BIT 1994提交ICSID仲裁？根據本文開頭提及的《投資條約新聞》雜誌的報導，對這一問題的回答是：申請方不得提交ICSID仲裁，除非秘魯政府現在就此作出同意。

六、關於中—秘 BIT 1994 中最惠國條款的適用範圍問題

本部分討論以下問題：（1）中國在MFN待遇方面的歷史教訓；（2）中—秘BIT 1994當中的MFN條款；（3）運用中—秘BIT 1994中的MFN條款從第三方條約中引入仲裁條款並且創設出新的ICSID管轄權的可能性。

（一）中國在 MFN 待遇方面的歷史教訓

一九三九年，中國時任領導人毛澤東在其名著《中國革命與中國共產黨》中，描述了中國在十九、二〇世紀遭受的外國侵略以及此種侵略對中國主權的衝擊：

向中國舉行多次的侵略戰爭，例如一八四〇年的英國鴉片戰爭，一八五七年的英法聯軍戰爭，一八八四年的中法戰爭，一八九四年的中日戰爭，一九〇〇年的八國聯軍戰爭。用戰爭打敗了中國之後，帝國主義列強不但占領了中國周圍的許多原由中國保護的國家，而且搶去了或「租借」去了中國的一部分領土。例如日本占領了臺灣和澎湖列島，「租借」了旅順，英國占領了香港，法國「租借」了廣州灣。割地之外，又索去了巨大的賠款。這樣，就大大地打擊了中國這個龐大的封建帝國。……上述這些情形，就是帝國主義侵入中國以後的新的變化的又一個方面，就是把一個封建的中國變為一個半封建、半殖民地和殖民地的中國的血跡斑斑的圖畫。[76]

控制中國領土的帝國主義勢力強迫中國簽訂一系列的不平等條約。除了「領事裁判權」之外，這些條約最突出的特徵之一就是賦予外國強權的MFN待遇。中國最權威的國際法學者王鐵崖教授，闡述了在這期間賦予外國的MFN待遇的本質：

在19世紀到20世紀的一百餘年，帝國主義列強在與舊中國和其他一些東方國家所訂的不平等條約中規定了普遍性的、無條件的、單方面的最惠國待遇，使最惠國待遇成了帝國主義在舊中國和其他東方國家享受的一種特權。這種片面的、不平等的條款是**在根本上違反國際法的平等互惠原則的**。[77]

不平等條約制度的主要特色是武力和不平等。條約是武力所迫訂的或是在武力威脅下所訂立的，目的在於為外國人及其國家

勒索權利和特權，公然侵犯中國的主權和獨立，而完全否定了國際法中的平等概念。[78]

　　至少有兩個要素構成不平等條約這個概念的主要特徵：一個是不平等條約含有不平等和非互惠性質的內容；另一個是不平等條約是使用武力或武力威脅所強加的。[79]

　　片面的、無條件的、範圍廣泛的最惠國條款，把所有特殊權利和特權擴展到與中國有條約關係的國家。[80]

　　前述理論分析完全符合發生在中國的歷史事實。

　　例如，中國與英國於一八四三年十月簽訂了《虎門條約》，作為對《南京條約》的增補，該條約賦予英國治外法權與MFN地位，這就意味著英國可以享有中國賦予其他強權的任何優惠。《虎門條約》第8條規定：「**設將來大皇帝有新恩施及各國，亦應准英人一體均霑，用示平允**」。

　　與《虎門條約》相似，中國—法國一八五八年《天津條約》第40條也規定：「……至別國所定章程，不在大法國此次所定條款內者，大法國領事等官與民人不能限以遵守；惟中國將來如有特恩、曠典、優免、保佑，別國得之，大法國亦與焉。」中國—美國一八五八年《天津條約》第30條同樣規定：「現經兩國議定，嗣後大清朝有何惠政、恩典、利益施及他國或其商民，無論關涉船隻海面、通商貿易、政事交往等事情，為該國並其商民從來未霑，抑為此條約所無者，亦當立准大合眾國官民一體均霑。」[81]

　　數量繁多的此類歷史事實被客觀地記錄下來並且教授給中國學生。因此，這已成為十多億中國人民廣泛熟知的常識。

一個多世紀的強迫「領事裁決權」以及MFN待遇已在中國人民心中激起了怨恨。在中華人民共和國成立之後，中國站起來了並且逐步確立獨立自主的地位。但是中國遭受的痛苦教訓並不會輕易忘記。強加於中國的不平等條約以及強加的有利於外國的MFN待遇，仍然停留在中國人民的記憶當中。因此，中國在相當長的時間之後，才同意賦予外國人以MFN待遇。[82]

（二）中—秘 BIT 1994 當中的 MFN 條款

中—秘BIT 1994中的MFN條款與中國BIT範本中的MFN條款相同。中國BIT範本與中—秘BIT 1994第3條規定如下：

1. 締約任何一方的投資者在締約另一方領土內的投資和與投資有關的活動應受到公正與公平的待遇和保護。

2. 本條第1款所述的待遇和保護，應不低於給予任何第三國投資者的投資和與投資有關的活動的待遇和保護。

3. 本條第1款和第2款所述的待遇和保護，不應包括締約另一方依照關稅同盟、自由貿易區、經濟聯盟、避免雙重徵稅協定和為了方便邊境貿易而給予第三國投資者的投資的任何優惠待遇。

中—秘BIT 1994賦予的MFN待遇限於第3（1）條中的「待遇與保護」，規定：「締約任何一方的投資者在締約另一方領土內的投資和與投資有關的活動應受到公正與公平的待遇和保護。」因此，中國與秘魯承諾賦予外國投資者以不低於賦予其他外國投資者的待遇和保護：「公正與公平的待遇」以及「締約另

一方領土內的保護」。

中國在九〇年代簽訂的絕大多數條約中都採用了此種MFN措辭。中國與阿爾巴尼亞、阿塞拜疆、巴林、玻利維亞、保加利亞、柬埔寨、智利、克羅地亞、古巴、厄瓜多爾、埃及、愛沙尼亞、埃塞俄比亞、格魯吉亞、匈牙利、牙買加、老撾、黎巴嫩、立陶宛、蒙古、菲律賓、羅馬尼亞、斯洛文尼亞、烏拉圭、越南等國家簽訂的BIT都對「公正與公平的待遇」以及「締約另一方領土內的保護」規定了MFN待遇。[83]

（三）關於運用 MFN 條款創設出新的 ICSID 管轄權

本文作者被詢及投資者是否可通過中—秘BIT 1994中的MFN條款從第三方條約中「引入」爭端解決規定，以便把涉及徵收補償額之外的其他爭端提交ICSID仲裁。對這一問題的回答是：不能為此一目的而引用中—秘BIT1994中的MFN條款。

這一回答基於以下理由：（1）中國對投資爭端國際仲裁的政策，這反映於中國根據《華盛頓公約》第25（4）條對ICSID的通知以及中國在一九九八年六月以前與其他國家簽訂的BIT中規定的狹窄的仲裁條款；（2）中國對外國投資者與投資的實體以及程序性保護的態度；（3）中國對投資爭端國際仲裁的最近實踐。

1. 中國對投資爭端國際仲裁的政策

由於前述歷史原因，中國在賦予外國投資者以MFN待遇時非常謹慎。就如同中國BIT範本以及中國在簽訂中—秘BIT 1994期間所簽訂的非常多的BIT所反映的，此種待遇限於「公正與公

平的待遇」以及「締約另一方領土內的保護」的實體標準。

在簽訂中一秘BIT 1994之時，中國對待投資爭端國際仲裁的政策是清楚且一致的。中國只同意把「徵收補償額爭端」提交國際仲裁庭管轄。所有其他爭端都屬於接受投資國國內法院的排他管轄。對這一規則的唯一例外就是爭端當事雙方的明確同意。

這一政策在中國根據《華盛頓公約》第25（4）條向ICSID發出的通知中得到了反映，通知表明中國政府只考慮把源於徵收或者國有化的補償額爭端提交ICSID管轄，到目前為止，這一通知仍然沒有得到改變。中國的這一政策進一步在中國與其他國家簽訂的八十多項BIT爭端解決條款中得到了反映。

在與其他國家展開BIT協商時，中國強烈主張反對投資爭端的國際仲裁。其結果是，超過八十項BIT的締約方只同意把涉及徵收補償額的爭端提交國際仲裁。在這些條約下，仲裁庭的管轄權僅僅限於在國內法院判定投資被東道國徵收後應該支付給投資者補償額度的爭端解決事項。

這些條約的締約方傾向於限制性地把徵收補償額爭端提交仲裁。同時，它們不太可能有意讓投資者有權通過MFN條款以規避此種限制並且從一個不同的條約中引入範圍更寬泛的仲裁條款。否則，此種爭論不符合任何邏輯。

如果投資者能夠運用中國BIT中的MFN條款來從第三方條約中引入爭端解決條款，締約方在基礎條約中對仲裁的限制性協議將會變得毫無意義。

2. 中國對外國投資的實體以及程序性保護的態度

在解釋中國簽訂的BIT中的MFN條款時，必須考慮中國對外

國投資者及其投資所採取的實體與程序性保護的態度。根據中國法律，實體與程序性保護被分開處理並且加以明顯的區分。

　　規定在中國境內對外國投資者及其投資加以實體性保護的中國法中，憲法具有最高的法律地位。中國二〇〇四年《憲法》第18條第2款規定：「在中國境內的外國企業和其他外國經濟組織以及中外合資經營的企業，都必須遵守中華人民共和國的法律。它們的合法的權利和利益受中華人民共和國法律的保護。」

　　與《憲法》確立的原則相一致，中國《外資企業法》第1條規定：為了擴大對外經濟合作和技術交流，促進中國國民經濟的發展，中華人民共和國允許外國的企業和其他經濟組織或者個人（以下簡稱外國投資者）在中國境內舉辦外資企業，保護外資企業的合法權益。」[84]

　　中國《外資企業法》第4條進一步規定：「外國投資者在中國境內的投資、獲得的利潤和其他合法權益，受中國法律保護。」

　　中國現行的《中外合資經營企業法》《中外合作經營企業法》對於在華外國投資者享有的實體性權利保護，也作出了類似的規定。

　　上述給予外國投資者的實體性保護必須與中國法律賦予候車投資者的程序性保護區別開來。

　　中國給予在華外國投資者的程序性權利，也有關於給予公平待遇和保護的明文規定。但是，如前所述，這些程序性權利，另在各種程序法——訴訟法中作出明文規定，不與實體法的規定相混。在法條的措辭用語上，也十分明確易懂，毫不含糊模棱，使公眾一看便能辨識它是屬於程序性權利。試以中國現行的《民事

訴訟法》為例：[85]

第4條　凡在中華人民共和國領域內進行**民事訴訟**，必須遵守本法。

第5條　**外國人、無國籍人、外國企業和組織在人民法院起訴、應訴，同中華人民共和國公民、法人和其他組織有同等的訴訟權利義務。**

外國法院對中華人民共和國公民、法人和其他組織的民事訴訟權利加以限制的，中華人民共和國人民法院對該國公民、企業和組織的民事訴訟權利，實行對等原則。

第8條　民事訴訟當事人有**平等的訴訟權利**。人民法院審理民事案件，應當保障和便利當事人行使訴訟權利，對當事人在適用法律上一律平等。

第237條　在中華人民共和國領域內進行**涉外民事訴訟**，適用本編規定。本編沒有規定的，適用本法其他有關規定。

第238條　中華人民共和國締結或者參加的國際條約同本法有不同規定的，適用該**國際條約**的規定，**但中華人民共和國聲明保留的條款除外。**

第244條　涉外合同或者涉外財產權益糾紛的當事人，可以用書面協議選擇與爭議有實際連繫的地點的法院管轄。選擇中華人民共和國人民法院管轄的，不得違反本法關於級別管轄和專屬管轄的規定。

第246條　**因在中華人民共和國履行中外合資經營企業合同、中外合作經營企業合同、中外合作勘探開發自然資源合同發**

生糾紛提起的訴訟，由中華人民共和國人民法院管轄。

從以上的舉例中可以明顯地看到：

第一，在中國的現行國內立法中，實體法與程序法，實體權利與程序權利的區分，是相當嚴格、界限分明、一目了然的。因此，可以推斷：

第二，中國在對外締結BITs之際，不可能故意地或過失地混淆實體權利與程序權利，在事關國家主權權益的關鍵問題上掉以輕心，馬馬虎虎地以含混不清的文字，把足以損害本國司法主權的國際義務載入國際條約。

第三，前文一再提到，中國在歷史上長期飽嘗帝國主義列強強加MFN條款的苦痛，如今雖已完全獨立自主，但仍如驚弓之鳥，心有餘悸，不可能不在對外締約之際，特別在MFN條款的適用範圍上，如臨深淵，兢兢業業，慎之又慎，嚴密設防，杜絕歷史慘痛教訓的重演。

第四，在一九九八年六月以前簽訂的大量（八十多個）中—外BITs之中，中國把允許境內外商提交ICSID仲裁管轄的投資爭端，嚴格限制為有關「徵收補償額」的爭端；在同一時期締結的秘魯—中國BIT 1995之中，不可能一方面通過其第8（3）條的明文規定，把允許提交ICSID仲裁管轄的爭端**嚴格限制**在「徵收補償額」的範圍，另一方面，卻通過其第3（2）條的含糊規定，同意通過MFN條款的錯誤解釋，**無限擴大**ICSID國際仲裁管轄的範圍，**完全放棄**對ICSID國際仲裁管轄權的**嚴格限制**，從而陷入自相矛盾、邏輯混亂、荒謬可笑的境地。

　　總之，根據中國法律，程序性權利很明顯地不同於實體性權利。在締結BIT時，中國並沒有忽視這種區別。因此，在就對「公正與公平待遇」以及「締約另一方領土內的保護」的實體標準提供MFN待遇的MFN條款加以協商時，中國並不欲使得這種待遇擴展到投資者的程序性權利上。

　　3.　中國BIT中MFN條款總述

　　中國曾經於一九九四年把中國擬定的BIT範本提交給UNCTAD，該範本MFN條款規定如下：

　　1.　締約任何一方的投資者在締約另一方領土內的投資和與投資有關的活動應受到公正與公平的待遇和保護。

　　2.　本條第1款所述的待遇和保護，應不低於給予任何第三國投資者的投資和與投資有關的活動的待遇和保護。

　　3.　本條第1款和第2款所述的待遇和保護，不應包括締約另一方依照關稅同盟、自由貿易區、經濟聯盟、避免雙重徵稅協定和為了方便邊境貿易而給予第三國投資者的投資的任何優惠待遇。[86]

　　一般而言，中國在一九九四年前後簽訂的大部分BIT中的MFN條款幾乎都是從該範本中複製下來的。對於中—秘BIT 1994來說，它是直接從該範本中逐字逐句地複製下來的。

　　4.　中國對投資爭端國際仲裁的最新實踐

　　觀察中國最近BIT的實踐，是尋找締約方表明於中—秘BIT 1994中MFN條款範圍的意圖的最佳方式。例如，第一部中國—

荷蘭BIT簽訂於一九八五年，規定了範圍狹窄的仲裁條款，只規定把「源於徵收、國有化或其他類似措施之後的補償額」爭端提交仲裁。第9條規定：

1. 締約一方與締約另一方投資者間涉及投資者在前者境內投資的爭端，應該儘可能友好解決。

2. 如果根據本條前款，爭議自其被爭議一方提出之日6個月內，未能解決，並且當事雙方沒有就任何其他爭端解決程序達成一致意見，則投資者可選擇以下一種或兩種解決方法：向接受投資的締約方主管行政機構提出指控並且尋求救濟；向接受投資的締約方主管法院提出起訴。

3. 如果爭端涉及源於徵收、國有化或其他類似措施之後的補償額事項，且不能根據本條第1款在被爭議一方提出友好解決之日起的6個月內解決，如果投資者同意，應該根據接受投資締約方法律提交該國主管法院，或者提交國際仲裁。[87]

中國—荷蘭BIT 1985中的MFN條款規定：

1. 締約任何一方的投資者在締約另一方領土內的投資和與投資有關的活動應受到公正與公平的待遇和保護。

2. 本條第1款所述的待遇，應不低於給予任何第三國投資者的待遇。

二〇〇一年，中國與荷蘭簽訂了一項新的BIT，該BIT於二

○○四年生效。[88] 與一九八五年BIT不同，該新BIT規定了範圍更加廣泛的仲裁條款。中國—荷蘭BIT 2001第10條（第一款到第三款）規定如下：

1. 締約一方與締約另一方投資者之間就該投資者在前一締約方境內之投資可能產生的任何爭議，應儘可能由爭議雙方當事人友好解決。

2. 經投資者選擇，該爭議可提交當地有管轄權的法院。如果涉及中華人民共和國境內投資的某法律爭端已被提交給當地主管法院，該項爭端可提交國際爭端解決程序，條件是該投資者已經從國內法院撤回案件。如果爭端涉及荷蘭境內的投資，則投資者可在任何時間選擇提交國際爭端解決程序。

3. 如爭議自任一爭端當事方要求友好解決之日起的6個月內未能解決，經投資者申請，締約雙方無條件同意把爭端提交：

（1）依據1965年3月18日在華盛頓簽署的《解決國家與他國國民間投資爭端公約》設立的「解決投資爭端國際中心」仲裁；或

（2）根據聯合國國際貿易法委員會仲裁規則設立的專設仲裁庭，除非爭議當事雙方另有其他一致同意。

很明顯，中國與荷蘭都明白，中國—荷蘭BIT 1985當中的MFN條款不得用來從第三方條約中引入範圍更加寬泛的仲裁條款，並由此忽視締約方對仲裁的限制性協議。因此，如果中國與荷蘭認為中國—荷蘭BIT 1985第3條中的MFN條款能夠被投資者用來把「徵收補償額」之外的其他爭端提交國際仲裁，那麼，它

們就沒有必要在二〇〇一年簽訂範圍更加寬泛的新BIT。該爭端解決條款被特意加以修改，以便對涉及締約另一方境內投資者的投資的任何爭端提供仲裁。

另一個例子是中國—德國BIT 1983，與中國—荷蘭BIT 1985相似，該BIT規定了只把徵收補償額爭端提交仲裁的條款（議定書第4（c）條）：「如開始協商後6個月內意見未獲一致，應投資者的請求，由採取徵收措施一方有管轄權的法院或國際仲裁庭，對補償金額予以審查。」[89]

另外，締約方在條約議定書中明確約定（議定書第4（b）條）：「本協定第4條第1款所指的『徵收』，如果投資者認為不符合採取徵收措施的締約一方的法律，應投資者的請求，由採取徵收措施的締約一方有管轄權的法院審查該項徵收的合法性。」

在該條約中，中國與德國不只是約定把徵收補償額爭端提交仲裁，還明確約定接受投資國法院有排他的管轄權來判定徵收的合法性。

對於MFN待遇，中國德國BIT 1983第3條規定：「1. 締約一方投資者在締約另一方境內的投資所享受的待遇，不應低於同締約另一方訂有同類協定的第三國投資者的投資所享受的待遇。2. 締約一方投資者在締約另一方境內與投資有關的活動所享受的待遇，不應低於同締約另一方訂有同類協定的第三國投資者與投資有關的活動所享受的待遇。」

二〇〇三年十二月，中國與德國簽訂了一項新的BIT，該BIT於二〇〇五年十一月生效。[90] 該中國—德國BIT規定了範圍寬泛的投資者—東道國爭端解決條款，其第9條規定：「一、締

約一方與締約另一方投資者之間就投資產生的任何爭議，應儘可能由爭議雙方當事人友好解決。二、如爭議自其被爭議一方提出之日6個月內未能解決，應締約另一方的投資者的請求，可以將爭議提交仲裁。三、爭議應依據1965年3月18日《解決國家與他國國民間投資爭端公約》提交仲裁，除非爭議雙方同意依據《聯合國國際貿易法委員會仲裁規則》或其他仲裁規則設立專設仲裁庭。」

如果中國與德國都同意投資者可以利用一九八三年BIT中的MFN條款把條約規定之外的爭端——包括涉及徵收合法性的爭端——提交國際仲裁，它們將不會協商並最終締結一項新的可把此類爭端提交仲裁的BIT。

其他例子還有中國—葡萄牙BIT 1992和中國—芬蘭BIT 1984，這兩項都相應被中國—葡萄牙BIT 2005和中國芬蘭BIT 2004修訂。前兩項BIT中的投資者—東道國爭端解決條款都被規定了範圍更加寬泛的仲裁條款的BIT所修訂。[91]

在寫作本文時，中—秘BIT 1994並沒有得到修改。中國與秘魯約定可仲裁的爭端是僅僅涉及徵收補償額的爭端。謝業深先生不能引用MFN條款以規避此一約定。如同徐崇利教授認為：「在東道國對外締結國際投資條約越來越多的情況下，倘若將其中的最惠國待遇適用於爭端解決程序，允許外國投資者從眾多的第三方條約中選擇對自己最有利的條款加以適用，將會置東道國於更為不對稱的境地。對最惠國待遇條款作這樣的解釋不符合東道國接受此類條款的真實意圖，也有失公平。」[92]

（四）對 MFN 條款在當代國際法社會中性質的認同：MFN 待遇只是國家主權派生物

MFN待遇沒有也不會成為強行法規則，也不會成為國際習慣法規則，這已成為國際法學界的主流共識。國家主權仍然是國際法規範體系以及理論體系中的主要規則並且占據最高的位階。事實上，MFN待遇通常建立在主權國家基於互惠並單個締結的條約之上。在考慮國內國外因素以及權衡利弊之後，所有的國家都有完全的自由裁量權決定是否以及在何種條件下賦予他國以MFN待遇；或者是否撤回其賦予其他國家的同樣待遇。另外，所有的主權國家有權決定MFN待遇的詳細種類、範圍或者限制。當然，這些關於MFN待遇的規定都應該在相應條約中加以清楚與適當的規定。

例如，國際法委員會在其一九七八年《最惠國條款草案》中認為，過去三十年來在國際條約的實踐中已經確立了這一法律確信：MFN待遇的給予及其範圍依賴於締約方的合意。中國的一流國際法教授如王鐵崖、趙維田也提出，MFN待遇並沒有成為習慣國際法規則，而是依賴於平等國家間基於互利互惠的合意。[93]

因此，可以認為，MFN待遇只是國家主權的派生物，只是次要的原則，應該從屬於並且服務於國家主權這一首要原則。這樣就可以非常自然而然地推導出，通過締約方的自由意志的行使並且友好平等協商，MFN待遇應該從屬於由實際的時間、場所或者條件所要求的必要限制或者撤回。

（五）在《維也納條約法公約》下對中—秘 BIT 1994 中 MFN 條款的解釋

1. 《維也納條約法公約》關於條約解釋的規定

為了科學解釋相關規定之目的，需要引用《維也納條約法公約》第31、32條規定的規定。

《維也納條約法公約》第31條　解釋之通則：

一、條約應依其用語按其上下文並參照條約之目的及宗旨所具有之通常意義，善意解釋之。

二、就解釋條約而言上下文除指連同前言及附件在內之約文等外，並應包括：

（甲）全體當事國間因締結條約所訂與條約有關之任何協定；

（乙）一個以上當事國因締結條約所訂並經其他當事國接受為條約有關文書之任何文書。

三、應與上下文一併考慮者尚有：

（甲）當事國嗣後所訂關於條約之解釋或其規定之適用之任何協定；

（乙）嗣後在條約適用方面確定各當事國對條約解釋之協定之任何慣例；

（丙）適用於當事國間關係之任何有關國際法規則。

四、倘經確定當事國有此原意，條約用語應使其具有特殊意義。

第32條　解釋之補充資料：

為證實由適用第31條所得之意義起見，或遇依第31條作解釋而：

（甲）意義仍屬不明或難解；或

（乙）所獲結果顯屬荒謬或不合理時，為確定其意義起見，得使用解釋之補充資料，包括條約之準備工作及締約之情況在內。

2. 根據《維也納條約法公約》對中─秘BIT 1994中MFN條款的解釋

根據前述《維也納條約法公約》中關於條約解釋的規定，中─秘BIT 1994中MFN條款應該解釋如下：

（1）中─秘BIT 1994中的措辭按其上下文並參照條約之目的及宗旨所具有之通常意義。對此，必須對中─秘BIT 1994規定的對ICSID管轄權的明確保留與嚴格限制予以注意。如上所述，秘魯與中國只同意，經任一爭端當事方申請，外國投資者與東道國間的徵收補償額爭端可提交ICSID仲裁。任何其他爭端不得提交ICSID仲裁，除非當事方就此達成新的仲裁協議。結合這一上下文以及條約之目的及宗旨加以考慮，中─秘BIT 1994中MFN條款的通常含義不得孤立地解釋與推斷為具有非常寬泛的含義，以至包括了把外國投資者與東道國間的「涉及其他事項的任何爭端」提交給ICSID仲裁而不用當事雙方達成新的仲裁協議。這樣理解，是符合邏輯的，是不言而喻的。

（2）與中─秘BIT 1994有關的主要公約——《華盛頓公約》。中國與秘魯都已加人該公約，而且該公約與中─秘BIT 1994的簽訂是不可分割的。

（3）最重要的文件：中國在一九九三年一月批准《華盛頓公約》時發出過一份通知，這份通知對ICSID管轄權作出了明確的保留與嚴格的限制，而且被秘魯接受為與《華盛頓公約》、中一秘BIT 1994相關的文件。因此，讓我們重申，中國嚴格限制並且只接受ICSID仲裁庭對源於徵收與國有化而產生的補償額爭端擁有管轄權。

（4）一系列的其他重要文件：中國提交給UNCTAD的BIT範本，以及中國從一九八二年三月到一九九八年六月期間連續分別簽訂的八十餘項BIT，該範本與八十餘項BIT都對國際仲裁機制與ICSID管轄權作出了相似的明確保留與限制。所有這些BIT都可以合理地認為是中一秘BIT 1994的「姊妹BIT」，都已被秘魯「接受」為與中一秘BIT 1994相關的文件。今天，所有這些「姊妹BIT」對ICSID管轄權的明確保留與限制仍然是有效的。因此，與這些文件「姊妹BIT」相結合，中一秘BIT 1994中MFN條款的措辭不得孤立地解釋與推斷為具有非常寬泛的含義，以至包括了把外國投資者與東道國間的「涉及其他事項的任何爭端」提交給ICSID仲裁而不用當事雙方達成新的仲裁協議。這樣理解，是符合邏輯的，是不言而喻的。

（5）隨著時間的流逝，聯合國國際法委員會準備的一九七八年《最惠國條款草案》，以及可適用於中國與秘魯關係的相關國際法規則這些背景，應該納入考慮範圍。如上所述，MFN待遇從來都沒有形成為強行法或者習慣國際法規則。因此，所有主權國家，也只有主權國家，有權在相關BIT中自由決定MFN待遇的具體種類、範圍與限制。如果在類似於中一秘BIT 1994的BIT

中沒有對MFN條款作出具體、清楚、準確的定義，很明顯，只有相關締約方自己才有權進一步討論和確定MFN條款的定義。換言之，任何締約方自己之外的第三方，沒有法律權利給某項不明確的或者含糊的MFN條款施加任何武斷的、不正確的含義，並因此違背締約方的本來意圖。

（6）為了進一步確認BIT中含糊不清MFN條款的準確含義，有必要考察其簽訂時的背景資料。[94] 就中—秘BIT 1994 MFN條款而言，它必須結合簽訂該BIT時的歷史背景與特定環境來加以解釋。事實上，需要注意中國以下歷史背景與特定環境：

1）中國在一八四〇至一九四九年遭受的由不平等條約強加領事裁判權的痛苦教訓。[95]

2）中國在一八四〇至一九四九年遭受的由不平等條約強加MFN條款的痛苦教訓。[96]

3）在一九四九至一九九三年對強加的領事裁判權以及MFN條款以某種不確定的形式再次復現的長期擔憂，其結果就是在加入《華盛頓公約》時的長期猶豫：中國人民的感覺和情感是：「一朝被蛇咬，十年怕井繩」。[97]

4）一九九三年關於對ICSID管轄權加以保留和限制的「通知」，以及於一九八二年三月到一九九八年六月期間簽訂的、對ICSID管轄權作出類似明確保留與嚴格限制的八十餘項BIT。[98]

5）中—秘BIT 1994屬於八十餘項「姊妹BIT」中的一項，有著類似的DNA與相似的面孔。另外，中—秘BIT 1994剛好簽訂於一九九四年，即中國向世界銀行（ICSID總部）發出對ICSID管轄權加以保留的「通知」的第二年。[99] 因此，秘魯在簽訂中—

秘BIT 1994時必定理解、認可與接受了中國方面關於嚴格限制ICSID管轄權的主張。

（7）結合前述簽訂中—秘BIT 1994時的歷史背景與特定環境，中—秘BIT 1994中MFN條款的範圍不得被武斷地和孤立地解釋或推斷為允許把外國投資者與東道國間的「涉及其他事項的任何爭端」提交給ICSID仲裁而不用當事雙方達成新的仲裁協議。這樣理解，是符合邏輯與不言而喻的。

（六）進一步運用《華盛頓公約》、中—秘 BIT 1994 來科學解釋中—秘 BIT 1994 中的 MFN 條款

1. 運用《華盛頓公約》

《華盛頓公約》第42（1）條規定：「仲裁庭應依照雙方可能同意的法律規則對爭端作出裁決。如無此種協議，仲裁庭應適用作為爭端一方的締約國的法律（包括其衝突法規則）以及可能適用的國際法規則。」

2. 運用中—秘BIT 1994

中—秘BIT 1994第8（4）條規定，ICSID應該根據接受投資國成員方法律（包括其衝突法）、本條約的規定、締約雙方接受並且普遍認可的國際法原則作出裁決。這種規定反映了締約國成員方國內法得到尊重並且優先適用。因此，在解釋中—秘BIT1994條款時，締約成員方（即中國與秘魯）國內法，應該到尊重並且優先適用。

中國與秘魯都是《華盛頓公約》的成員方。由於它們對中—秘BIT 1994第3條第一、二款的準確含義並沒有形成明確的協

議，所以，根據《華盛頓公約》第42（1）條，為解釋之目的，還應該參考它們各自的國內法。由於秘魯國內法不屬於本文討論範圍之內，下文只討論中國相關法律。

根據中國法體系，程序法與實體法相互配合但總是各自獨立。例如，《民法》與《民事訴訟法》，《刑法》與《刑事訴訟法》，《行政法》與《行政訴訟法》都符合這一規則。

另外，中國法文化總是提倡運用明白與準確的措辭，以便反映真實的立法意圖，反對採用含糊不清的措辭，強調保持立法的聯貫並避免詞語的衝突，強調全面理解並反對片面解釋。

因此，從中國法律傳統出發，為了全面地、科學地理解與判斷中—秘BIT 1994第3條第一、二款的準確含義，必須考慮以下因素：中國立法的普遍規則與法律措辭；中—秘BIT 1994第3條第一、二款的實際用語；這些條款在中—秘BIT 1994中的位置、前後文以及邏輯關係；中國在簽訂該BIT時的立法背景與公共政策。事實上，中國法文化的解釋規則在本質上與《維也納條約法公約》的規則相同，後文會對此繼續討論。

第一，從中—秘BIT 1994第3條第一、二款的實際用語來看，它們本身並沒有明確規定「protection」以及「fair and equitable treatment」包含了或可以推廣適用於該BIT中規定的爭端解決程序。

第二，把中—秘BIT 1994第3條的前後文作為整體來看，由於第2條與第4、5、6條都排他性地只涉及實體待遇，所以，第3條應該也只提及實體待遇。換言之，締約方把第3條，特別是第3（2）條下的MFN條款，視為實體待遇。另外，第3（2）條只不

過是對第3（1）條的補充，而第8條則是一項專門處理爭端解決的獨立的特別條款。而且第3（2）條與第8條針對爭端解決的程序性規定，相隔甚遠，語意「中斷」，毫無邏輯連繫。顯而易見，該第3條第一款規定的「protection」以及「fair and equitable treatment」當然只是專指實體性待遇，而不是程序性待遇。

第三，從中—秘BIT 1994第8條的前後文、措辭以及邏輯安排來看，可以很容易地發現：（1）根據第8（3）條第一句，經任一當事方申請，只有涉及徵收補償額爭端可以提交給ICSID的國際仲裁庭。（2）根據第8（3）條第二句，締約一方的投資者和締約另一方之間有關其他事項的爭議，不得單方面提交ICSID的國際仲裁庭。（3）根據第8（2）條，當事任何一方有權將後一種爭議提交接受投資的締約一方有管轄權的法院。

第四，把中—秘BIT 1994第8條與第3條結合起來看，可以很容易地進一步發現：BIT第3（2）條（MFN條款）並沒有包括任何規定把其適用範圍擴展到爭端解決事項。它並沒有採用「協議下的所有權利或者所有事項」這類措辭。相反，如同中—秘BIT 1994第8（3）條所表明的，締約雙方的意圖在於明明白白地排除ICSID對「締約一方的投資者和締約另一方之間有關其他事項的爭議」的管轄，這類爭端不得單方面提交ICSID國際仲裁。因為，此類涉及其他事項的爭端（不涉及徵收補償額的爭端）應該根據第8（2）條規定的程序加以解決：「當事任何一方有權將爭議提交接受投資的締約一方有管轄權的法院」。

第五，從中國締約時的公共政策來看，中國採取非常保守的、盡量留權在手的政策，對於締結BIT同意接受ICSID仲裁管

轄一事，持非常謹慎的態度。在一九九八年六月以前簽訂的大量（八十多項）中—外BITs表明，中國把允許境內外商提交ICSID仲裁管轄的投資爭端，嚴格限制為有關「徵收補償額」的爭端，不可能會在一九九四至一九九五年突然單單在與秘魯締結的BIT中，同意通過MFN條款擴大ICSID仲裁管轄的範圍，從而完全放棄對ICSID仲裁管轄權的嚴格限制。更不可能在同一個正式生效的秘魯—中國BIT 1995之中，一方面通過其第8（3）條的明文規定，把允許提交ICSID仲裁管轄的爭端**嚴格限制**為「徵收補償額」，另一方面，卻通過其第3（2）條的含糊規定，同意通過MFN條款的錯誤解釋，**無限擴大**ICSID國際仲裁管轄的範圍，**完全放棄**對ICSID國際仲裁管轄權的**嚴格限制**，從而陷入前後自相矛盾、邏輯嚴重混亂、十分荒謬可笑的境地。

第六，中—秘BIT 1994賦予外國投資者以「保護」與「公平與公正待遇」然而，締約方並沒有對這些待遇加以任何解釋。應該指出，就中國而言，中國實體法中存在許多類似的用語，這些用語與中外BIT中規定的實體性權利是一致的。

（七）聯合國官方文件的反覆警示以及當今世界對 MFN 條款的嚴格解釋

以上各段是從雙邊的角度來剖析中—秘BIT 1994中的MFN條款。為了對這個問題有更深入的理解，似乎還需要擴大視野，從全球的角度來觀察當代MFN問題的發展趨向。

在當代的國際締約實踐中，在經濟實力懸殊的國家之間實行絕對的MFN待遇原則，勢必造成嚴重的事實上的不公平和不平

等，由此引發了眾多發展中國家的強烈反對和聯合抗爭。在數十年來南北矛盾衝突和南北合作共事的歷史進程中，可以看到，數量眾多的發展中國家有著強烈的不滿與聯合鬥爭。其結果是，在這期間，MFN條款的「絕對性」一直都被通過設立一系列的「例外」來加以「修改」與「修訂」，這反過來又極大地弱化了這一條款的效果，並且演化成一種「非絕對性」的條款。

最明顯的例證是在GATT/WTO體系中，MFN待遇規則數十年來不斷地「與時俱進」，修訂頻頻。具體說，GATT 1947第1條規定的普遍MFN待遇原則，在其後修訂和增補的第18條中，就開了「先河」，允許眾多積貧積弱的發展中國家有權在一定條件下「暫時偏離」本協定其他條款（含MFN條款）的規定。第21條關於「安全例外」的規定，第24條關於「關稅同盟和自由貿易區」的規定，第24條和第25條關於「豁免義務」的規定，以及其後增補的整個第四部分（貿易與發展，即第36-48條），也都從各種不同的領域、在不同的程度上允許發展中成員「偏離」MFN條款的規定。

在GATT發展成為WTO之後，經過眾多發展中成員的據理力爭，與普遍MFN待遇原則相左的各種「特殊與差別待遇」條款（S&D），在更多的領域、更大的範圍，以更高的頻率，出現在WTO的各種「遊戲規則」之中。尤其是，由於其中還存在許多「口惠而實不至」之處，二〇〇一年十一月發表的WTO《多哈宣言》，更進一步把落實各類S&D條款作為新一輪多邊談判的主題之一。[100]

簡言之，上述「與時俱進」的發展，已導致普遍MFN待遇

原則中原有的「普遍性」，逐漸地、不斷地被惠及發展中國家的「特殊性」和「差別性」所補充和取代。[101]

由此可見，中國今後在對外締結和修訂BITs的實踐中，依據雙方經濟發展水平、經濟實力對比、吸收外資與對外投資規模對比、外資法律保護環境對比以及確保國家安全需要等具體情況，在境內涉外投資爭端管轄權問題上，採取**「區分兩類國家，釐定差別標準，實行區別對待」**的做法，從而在真正公平互惠的基礎上，做到「放權適度，寬嚴有別」，這是完全符合於當代MFN待遇原則的發展進程的。

在二〇〇三至二〇〇六年發布的一系列研究報告中，[102]世界銀行與聯合國貿發會（UNCTAD）反覆提醒弱國充分注意BIT的雙刃劍效果。一方面，發展中國家需要引入FDI以服務於它們的國家發展，另一方面，它們必須在主權的行使方面保留必要的靈活性與自由裁量權，以便保護國家利益與重大安全。總之，需要在兩者之間作出平衡。

特別是題為**《在國際投資條約中留權在手：善用保留權》**的研究報告，尤其值得注意。它專門探討和指導處在弱勢地位的眾多發展中國家，在對外締結投資條約中，如何善用《維也納條約法公約》第2條賦予的「保留」權，設定必要的例外，儘可能地把自主權、管轄權、靈活處理權保留在自己手中。現任UNCTAD祕書長素帕差在該報告的前言指出：包括本項文獻在內的系列研究報告旨在為各國決策者、政府官員、國際組織官員、公司主管人員和非政府組織代表人士們提供諮詢意見和合理建議。[103]

該報告反覆強調的觀點主要有以下幾點：

（1）「**各種國際協定的真實本質（very nature），都是要限制有關國家自己的政策選擇**。就國際投資條約而言，其中所設定的各種義務就限制了各國決策者在設計本國投資政策時原本可以自由選擇的範圍。……雖然國際投資條約可以改善東道國的投資環境，但這些條約不應過分地限制東道國決策者為追求本國發展或其他政策目標所享有的靈活性。」[104]

（2）處於所有發展階段的國家都明顯地尋求同樣的不一致措施，在國民待遇上加以限制以便形成有利於本國投資者的競爭環境，在MFN待遇上規定例外以便保留各種協議的優惠或互惠特點，這兩類措施是在保留列表上發現的最普遍的不一致措施。[105]

（3）無論其發展程度何如，許多國家感到需要從國際義務中保留一定的經濟活動能力。這種傾向在發展中國家中表現得更加顯著，它們需要面對更嚴重的社會與經濟問題，需要以更加少的資源與專業人員來面對新調整的挑戰。[106]

（4）所研究的投資條約樣本涵蓋的發展中國家比發達國家更多地傾向於採用保留以及維持不一致措施。[107]

（5）在國際投資協議中保留權力是在投資領域平衡國家機構的靈活性與國際義務的關鍵技術，尤其是對於發展中國家而言。[108]

這些建議，實質上乃是UNCTAD麾下專家們在充分調查發展中國家有關國際投資條約實踐的經驗教訓之後，作出的**科學總結和懇切諍言**，切合中國的現實需要，值得中國認真研究，擇善而從。

而及時採取「**區分兩類國家，實行差別互惠**」並規定相關

MFN例外的做法，包括必要性地排除或者限制把MFN適用於爭端解決程序，顯然完全符合UNCTAD關於「善用保留權」建議的基本精神。這些建議確實對任何主權國家都是有幫助的，從而在真正公平互惠的基礎上，做到「放權適度，寬嚴有別」。

（八）目前締約實踐中對 MFN 條款的限制與排除

MFN條款的通常適用範圍是實體性待遇。鑒於ICSID仲裁庭在其實踐中具有通過自由裁量擴大管轄權的傾向，任何主權國家如果極為不願意把MFN條款適用於例如FDI爭端解決程序之類的程序性事項中，都有權在將來BIT協商或修訂時明確排除或限制ICSID管轄權的範圍。

這樣做，是有先例可援的。例如，2003年《美洲自由貿易協定（草案）》針對其中的MFN條款附加了這樣的注解：

締約各方注意到ICSID仲裁庭最近針對阿根廷墨菲茲尼公司訴西班牙案作出的決定，其中確認在阿根廷與西班牙的一份協定中具有含義非常廣泛的MFN條款。相形之下，《美洲自由貿易協定（草案）》中的MFN條款明文限定僅僅適用於「有關投資的立項、併購、擴充、經營、活動、運作、出售以及其他處置事宜」。鑑此，締約各方現在達成共識，確認本協定中的MFN條款並不適用於本節第C節所包含的國際爭端解決機制〔即締約一方與締約另一方的投資者之間的爭端解決〕的有關事宜。[109]

另外，在締結BIT的範本中，也有以「不溯及既往」的規定

對MFN條款的適用加以限制的做法，可供參考。例如，如果國家情況需要，任何主權國家都不妨借鑑加拿大二〇〇四年BIT範本附錄Ⅲ（MFN例外）中的下述規定，該附錄規定：「第4條關於MFN待遇的條款不應該適用於在本協定生效日以前已經生效或者已經簽訂的所有雙邊或多邊國際協定所賦予的待遇」。

如果任何主權國家對加拿大BIT範本這一內容加以師法和移植，則今後外國投資者不太可能根據MFN條款規定，要求援例享受該國以前曾經賦予第三方的同等待遇。

（九）ICSID 實踐對 MFN 待遇的限制與排除（前案裁決）

對於FDI爭端管轄權問題，應該在BIT中採用明確的措辭限制或排除MFN條款對程序性事項的適用。即，如果某項BIT規定了MFN條款，缺少任何明確限制或排除MFN條款適用於程序性事項的用語，或者沒有採用明白的措辭指出MFN條款適用於爭端解決程序，就不得推斷出BIT締約方已經同意讓MFN條款適用於程序性事項。

因為，涉訟各方當事人之間必須具有**明確表示的、具體的**仲裁協議，乃是舉世公認的提交仲裁的必要前提和首要準則。缺乏這個必要前提，則任何單方提交仲裁的申請，都是無源之水，無根之木；不但嚴重違背仲裁體制的本旨；而且嚴重破壞「當事人意思自治」這一基本法理原則。這一意見已在近年來國際仲裁的實踐中逐漸形成**主流共識**。[110]

這一主流共識已在一些有名的ICSID前案中得到反覆而持續的運用。例如：

（1）義大利賽利尼（Salini）公司訴約旦案；

（2）塞浦路斯普拉瑪（Plama）公司訴保加利亞案；

（3）挪威Telenor公司訴匈牙利案。

這三個關於ICSID管轄權的決定書連續發布於2004年、2005年、2006年。如下所述，這些案件就MFN條款提供了類似的爭論、理由與結論。這些案件的實踐很可能逐步發展成為有關MFN問題的新的「習慣法」，很引人矚目。

1. 義大利賽利尼（Salini）公司訴約旦案當中的MFN問題

在該案中，義大利投資者賽利尼認為其有權根據義大利—約旦BIT中的MFN條款把爭端提交ICSID仲裁。不過，ICSID仲裁庭仔細審查後認為：

義大利—約旦BIT第3條沒有包括把其適用範圍擴展適用於爭端解決的任何規定。它沒有規定「本協議下的所有權利或所有事項」。另外，申請方沒有提交證據以證明：締約方的共同意圖在於把MFN條款適用於爭端解決……相反，根據該BIT第9（2）條，締約方把合同性爭端排除於ICSID管轄權範圍之外的共同意圖非常明顯。最後，申請方沒有引用約旦或義大利的任何實踐來支持其主張。[111]

基於此，仲裁庭的結論是：目前對於爭端解決條款而言，義大利—約旦BIT當中的MFN條款不適用。因此，義大利與約旦簽訂的BIT第9（1）條所規定的爭端必須根據該條規定加以解決。如果爭端存在於外國投資者與約旦國的實體之間——如同本案，

則他們之間的合同性爭端必須根據第9（2）條規定的程序加以解決。本仲裁庭對這些問題沒有管轄權。[112]

2. 塞浦路斯普拉瑪（Plama）公司訴保加利亞案當中的MFN問題

在該案中，普拉瑪公司主張有權根據保加利亞—塞浦路斯BIT中的MFN條款引用保加利亞—芬蘭BIT的規定從而把爭端提交ICSID仲裁。在管轄權決定書中，ICSID仲裁庭明確認定**某一**BIT中的MFN條款不能擴大適用於**另一**BIT中規定的爭端解決程序。[113]

在該案所涉保加利亞—塞浦路斯BIT中，爭端解決條款規定僅僅限於與**徵收補償金額**有關的爭端可提交國際特設仲裁庭仲裁。[114]訟爭過程中，當事人雙方對於可否通過其中MFN條款，依據保加利亞—芬蘭BIT等其他BITs中有關爭端解決的規定，把徵收補償金額以外的爭端也提交國際仲裁的問題，堅持相反的主張。

在仔細分析與權衡之後，ICSID仲裁庭認為，在締結條約時，保—塞雙方把特定的投資者與東道國之間的爭端適用相關國際仲裁解決程序限定於BIT規定的（與徵收補償金額有關的爭端）範圍，並且沒有通過MFN條款擴展這些規定的意圖。[115]該仲裁庭反覆強調：「把爭端解決納入到MFN條款適用範圍之內的意圖必須是明確的並且毫無疑義的表述」。[116]

現在，仲裁是普遍接受的、用來解決投資者與國家間爭端的方式。然而，這一現象並沒有消除仲裁的基本前提：當事方的仲裁協議。這是一條已經確立的原則，無論是各國國內法還是國際

法都要求仲裁協議必須清清楚楚、毫不含糊。[117]

如果仲裁協議可以通過引入其他條約加以參照的方式達成，則會引發對當事方清清楚楚、毫不含糊之意圖的懷疑。[118]這種懷疑會由於其他BIT中爭端解決規定的範圍而得到進一步的加深。許多爭端解決條款只涉及源於BIT下的爭端。把其他BIT中的具體用語引入特定BIT當中，會顯得很難解釋MFN條款。[119]

相反，某一具體條約中的爭端解決規定是針對解決該條約下爭端而加以協商擬定的。不得假定締約方已同意這些條款可通過從在完全不同環境下協商達成的其他條約中引人爭端解決條款而得到擴大。[120]

基於上述考慮，仲裁庭對MFN問題作出決定如下：

即使把保加利亞—塞浦路斯BIT中的MFN條款與保加利亞和其他國家簽訂的BITs（特別是保加利亞—芬蘭BIT）連繫起來解讀，也不能任意解釋為保加利亞已經同意把東道國與普拉瑪公司之間的爭端（徵收補償額爭端以及其他爭端）都提交ICSID管轄，或者任意解釋為普拉瑪公司有權援引其他BITs中有關爭端解決的規定，把本案爭端提交ICSID管轄。[121]

3. 挪威Telenor公司訴匈牙利案當中的MFN問題

在該案中，挪威Telenor公司主張有權根據匈牙利—挪威BIT中的MFN條款引用匈牙利與其他國家簽訂的BIT的規定從而把爭端提交ICSID仲裁。

Telenor公司認為，根據匈牙利—挪威BIT第4條中的MFN條款確立的「程序性連接」，申請方有權引用匈牙利與其他國家締結的BIT中範圍最廣泛的爭端解決條款，並使得仲裁庭對基於匈

牙利—挪威BIT第3條的指控擁有管轄權。被申請方匈牙利對此提出反對，匈牙利認為MFN條款僅限於實體性待遇，不得用來擴展仲裁庭的管轄權並且超越於匈牙利—挪威BIT第11條的範圍之外。[122]

在仔細聽取雙方意見並且權衡利弊之後，ICSID仲裁庭認為仲裁庭自身「完全認可普拉瑪案仲裁庭的分析與意見」[123]。

Telenor案仲裁庭認為，在沒有明明白白的措辭表明締約方意圖的情況下，BIT的MFN條款不得被解釋為把仲裁庭的管轄權擴展到超越於BIT本身的範圍，其理由至少有以下四點：[124]

首先，《維也納條約法公約》第31條要求解釋條約應該「依其用語按其上下文並參照條約之目的及宗旨所具有之通常意義，善意解釋之」。在沒有表示相反意思的語言和文本的情形下，「投資得到的待遇應不低於給予任何第三國投資者投資的待遇」之通常意義是指對待投資者與投資有關的實體權利不低於東道國與一個第三國間雙邊投資條約的規定，而沒有保證對上述用語的解釋也將引入程序權利。規定投資者可從最惠國投資待遇獲益是一回事，然而，使用一個雙邊投資體條約中的最惠國條款來規避該同一雙邊投資條約的某項限制，而締約雙方在為最惠國條款選定的語言中又無此意的（有些雙邊投資條約有此意），乃完全是另一回事。[125]

其次，正如普拉瑪案仲裁庭指出的那樣，對最惠國條款作寬泛解釋的效果是，將使東道國暴露在投資者的選購條約之下，就此，投資者可在無法確定數量的條約中尋得一個足夠寬泛的爭端解決條款，以管轄在基礎條約爭端解決條款之外的爭端，且甚至

將會有這樣的問題，投資者可能只選擇該更寬爭端解決機制中符合其要求的那些要素，而捨棄那些不符合其要求的要素。[126]

再次，寬泛的解釋也會同時產生不確定和不穩定——基礎雙邊投資條約中的限制有時候會起作用，而另一時候卻被東道國對外簽訂的一個新的雙邊投資條約中更寬泛的爭端解決機制所取代。[127]

最後，BIT締約國當事方在與其他國家擬定BIT爭端解決條款時的實踐具有重要的參照作用……國家在某些BIT中規定把所有爭端提交仲裁，同一國家在某些BIT中又把可提交仲裁的爭端限製為特定種類的爭端，例如徵收。很明顯，這些國家在擬定後一種類別的爭端解決條款時，傾向於把仲裁庭的管轄權限制於特定種類的爭端並且不會由於MFN條款得到擴展……在這一情況下，通過MFN條款引入爭端解決的方法就是違背了締約方在基礎條約中的意圖，締約方已經清楚表明這並不是它們希望的。[128]

因此，仲裁庭的結論是：在本案中，不得運用MFN條款把仲裁庭的管轄權擴展到徵收以外的爭端種類，因為這將違背匈牙利與挪威在簽訂BIT時的合意。[129]

4. 從上述三個ICSID案件推出的結論

簡而言之，從上述三個ICSID案中，可以歸納出以下結論：

（1）任何提交給ICSID的仲裁申請都必須建立在外國投資者與東道國間清清楚楚、毫不含糊的仲裁協議之上。

（2）當代BIT中規定的MFN待遇通常限制於實體性待遇，除非有清清楚楚、毫不含糊的用語把MFN待遇擴展到某些程序性待遇之上。

（3）BIT規定的MFN條款不得被武斷地解釋為可援引程序性待遇，並因此規避同一BIT中的限制並且擴展外國投資者單方把爭端提交ICSID管轄的權利。

（4）BIT規定的MFN條款不得被武斷地解釋為可引入締約方在不同情況下所簽訂的任何其他BIT中規定的程序性待遇。

（5）無論如何，任一BIT規定的MFN條款不得被濫用來違反締約方的司法主權，這將違背締約方的本來意圖。

（十）中—秘 BIT 1994 中的 MFN 問題

現在，讓我們一起考慮中國—秘魯BIT 1994中的MFN問題。根據前述法律文件及其案例中的科學分析，再來比較本案，可以可靠地推斷出：

（1）中—秘BIT 1994第3（2）條中的MFN條款只限於實體待遇。

（2）中—秘BIT 1994第3（1）（2）條中的「待遇與保護」並沒有涵蓋程序性待遇在內，例如投資者用來指控東道國的爭端解決機制。

（3）進一步而言，投資者不得運用中—秘BIT 1994中的MFN條款來引用秘魯締結的其他BIT中範圍更廣泛的爭端解決規定。

（4）同樣，投資者不得運用中—秘BIT 1994中的MFN條款來引用中國締結的其他BIT中範圍更廣泛的爭端解決規定。

（5）中—秘BIT 1994中的MFN條款必須符合中國對《華盛頓公約》作出的保留。

（6）對於中國「老一代」BIT，中國無意讓投資者利用MFN

條款擴展ICSID的管轄權。沒有證據表明中國具有此種意圖。

小結：中—秘BIT 1994第3（2）條中的MFN條款以及「待遇與保護」並沒有涵蓋投資者用來指控東道國的爭端解決機制在內。

七、結論

總之，基於上述分析，筆者認為：ICSID仲裁庭對本案爭端沒有管轄權，因為：

（1）中—秘BIT 1994不能適用於香港特別行政區，不能適用於香港特別行政區的公司和個人，因此，本案申請方無權引用這一BIT。

（2）即使仲裁庭認為中—秘BIT 1994可以適用於本案，但是，由於中國和秘魯雙方在上述BIT中明確規定，中國在提交《華盛頓公約》批准書時又明確通知：ICSID管轄權侷限於徵收補償款額爭端，所以，本案仲裁庭對本案沒有管轄權。

（3）中—秘BIT 1994中MFN條款只能適用於實體性待遇，在沒有秘魯政府的同意時，不得擴大解釋為可以擴展適用於程序性事項。

注釋

〔1〕 資料來源：http://icsid. worldbank. org/ICSID/FrontServlet? requestType=CasesRH&actionVal=listPending。

〔2〕 資料來源：http://www.iisd.org/investment/itn。

〔3〕 其全稱是《中華人民共和國政府和秘魯共和國政府關於鼓勵和相互保護投資協定》（Agreement Between the Government of the People's Republic of China and the Government of the Republic of Peru Concerning the Encouragement and Reciprocal Protection of Investments），1994年6月9日簽訂於中國北京。國際法學界通常把此類協定簡稱為「雙邊投資條約」（Bilateral Investment Treaty, BIT）。

〔4〕 根據《香港特別行政區基本法》，《國籍法》是適用於香港地區的少數幾部中國法律之一。

〔5〕 注意此處的「中國血統」，其範圍比父母更加寬泛。

〔6〕 在香港居民的情況下，中國「後代」的證明就已足夠。

〔7〕 參見《中英聯合聲明》附件1第XIV章和《香港特別行政區基本法》第154條。後文接著討論這兩條。

〔8〕 中外BIT被稱為「協定」或者「條約」，在意義上並沒有大的區別。

〔9〕 本文將在第五部分討論這些不平等條約。

〔10〕 David M. Edwards [Law Officer (International law) of the Hong Kong Government and legal Adviser to the United Kingdom in the Joint Liaison Group], China & Hong Kong: The Legal Arrangements After 1997, *Hong Kong Lawyer*, February 1995, p.35.

〔11〕 Ibid., p.34.

〔12〕 《中華人民共和國憲法》第31條規定：「國家在必要時得設立特別行政區。在特別行政區內實行的制度按照具體情況由全國人民代表大會以法律規定。」

〔13〕 參見《中英聯合聲明》附件2。

〔14〕 同上。

〔15〕 資料來源：http://www. legislation.gov. hk/table2ti. htm。

〔16〕 對於香港簽訂的、將在1997年6月30日之後繼續適用的其他國際協議，請參見http://www. info.gov. hk/cab/topical/right4_1_1. htm#3。

〔17〕 《基本法》第11條規定：「根據中華人民共和國憲法第三十一條，香港特別行政區的制度和政策，包括社會、經濟制度，有關保障居民的基本權利和自由的制度，行政管理、立法和司法方面的制度，以及有關政策，均以本法的規定為依據。香港特別行政區立法機關制定的任何法律，均不得同本法相牴觸。」

〔18〕 參見姬鵬飛：《關於〈中華人民共和國香港特別行政區基本法（草

案）〉及其有關文件的説明》，1990年3月28日提交第七屆全國人民代表大會第三次會議文件。姬鵬飛先生曾任《香港特別行政區基本法》起草委員會主任委員、中共中央對外聯絡部部長、國務院副總理兼祕書長。

〔19〕參見徐崇利、趙德銘：《1997年後國際投資協定對香港特別行政區的適用》，載《中國法與比較法論叢》1996年第一期第二卷，第139-154頁。

〔20〕同樣，《基本法》第12條規定：「香港特別行政區是中華人民共和國的一個享有高度自治權的地方行政區域，直轄於中央人民政府。」

〔21〕《基本法》第18條第一款規定：「在香港特別行政區實行的法律為本法以及本法第八條規定的香港原有法律和香港特別行政區立法機關制定的法律。」

〔22〕Yash Ghai, *Hong Kong's New Constitutional Order : The Resumption of Chinese Sovereignty and the Basic Law*, Hongkong University Press, 1999, p.241.

〔23〕姚壯：《香港與國際組織》，載《中國國國際法年刊》（1989年卷），法律出版社1990年版，第327頁。姚壯曾任中英談判聯合聯絡小組（Sino-British Joint Liaison Group）的中方法律專家，是中國外交學院的著名資深教授。

〔24〕Zeng Huaqun, One China, Four WTO Memberships: legal Grounds, Relations and Significance, *Journal of World Investment & Trade*, 2007, p.680.

〔25〕Roda Mushkat, Hong Kong's Exercise of External Autonomy: A Multi-Faceted Appraisal, *International & Comparative Law Quarterly*, 2006, p.947.

〔26〕《基本法》第153條第2款規定：「中華人民共和國尚未參加但已適用於香港的國際協議仍可繼續適用。中央人民政府根據需要授權或協助香港特別行政區政府作出適當安排，使其他有關國際協議適用於香港特別行政區。」

〔27〕下列全國性法律，自1997年7月1日起由香港特別行政區在當地公布或立法實施：（1）《關於中華人民共和國國都、紀年、國歌、國旗的決議》；（2）《關於中華人民共和國國慶日的決議》；（3）《中央人民政府公布中華人民共和國國徽的命令》，附：國徽圖案、説

明、使用辦法；(4)《中華人民共和國政府關於領海的聲明》(5)《中華人民共和國國籍法》；(6)《中華人民共和國外交特權與豁免條例》(《基本法》附件3)。

〔28〕資料來源：http://www. legislation. gov.hk/choice. htm#bf。

〔29〕Yash Ghai, *Hong Kong's New Constitutional Order : The Resumption of Chinese Sovereignty and the Basic Law*, Hongkong University Press, 1999, p.241。

〔30〕參見蕭蔚雲：《九七後香港與中央及內地的司法關係》，載《中外法學》1996年第二期，第56頁。蕭蔚雲：《論香港基本法對香港特別行政區法治的保障》，載《中外法學》1999年第二期，第2頁。

〔31〕資料來源：http://www. legislation. gov.hk/choice. htm#bf。

〔32〕Yash Ghai, *Hong Kong's New Constitutional Order : The Resumption of Chinese Sovereignty and the Basic Law*, Hongkong University Press, 1999, p.483.

〔33〕中國—韓國BIT 1992, Art.1(3).

〔34〕香港—韓國BIT1997, Art. 1(5).

〔35〕中國—韓國BIT 1992, Art. 9(3).

〔36〕香港—韓國BIT 1997, Art. 9(3).

〔37〕中國—日本BIT 1988, Art. 1(3).

〔38〕香港—日本BIT 1997, Art. 1(4).

〔39〕中國—日本BIT 1988, Art. 11(2).

〔40〕香港—日本BIT 1997, Art. 9(2).

〔41〕徐崇利、趙德銘：《1997年後國際投資協定對香港特別行政區的適用》，載《中國法與比較法論叢》1996年第一期第二卷，第149頁。

〔42〕同上。

〔43〕香港特別行政區簽訂的大部分雙邊投資協定或者條約把「投資者」一詞定義為「在其地區內有居留權的自然人」，即香港特別行政區。其他香港BIT把「投資者」一詞定義為「在香港地區內有居留權的自然人」。

〔44〕參見香港BIT對「投資者」或者「公司」的定義。

〔45〕Yash Ghai, *Hong Kong's New Constitutional Order : The Resumption of Chinese Sovereignty and the Basic Law*, Hongkong University Press, 1999, p.235.

〔46〕關於中國對外國投資態度的分析，請參見Kong Qingjiang, Bilateral Investment Treaties: The Chinese Approach and Practice, *Asian Yearbook of International Law*, Vol.8, 1998/1999。

〔47〕「領事裁判權」制度首先規定於1843年中英《虎門條約》中，然後規定於1844年中美《望廈條約》中。此後，「領事裁判權」制度規定於1949年前中國簽訂的眾多條約中，例如1858年中英天津條約以及1858年中法天津條約。

〔48〕毛澤東：《中國革命與中國共產黨》，載《毛澤東選集》第二卷，人民出版社1991年版，第628頁。

〔49〕同上書，第630頁。

〔50〕孔慶江認為，在這一時期，中華人民共和國根據傳統馬克思主義理論抵制私有財產，中國當時的憲法也並不明確認可私有財產的合法性。See Kong Qingjiang, Bilateral Investment Treaties：The Chinese Approach and Practice, *Asian Yearbook of International Law*, Vol.8, 1998/1999, pp.107-108.

〔51〕Ibid., p.110.

〔52〕參見徐崇利、趙德銘：《1997年後國際投資協定對香港特別行政區的適用》，載《中國法與比較法論叢》1996年第一期第二卷，第140頁。

〔53〕有關這方面的討論，參見陳安：《關於中國應否參加「華盛頓公約」、可否接受「解決投資爭端國際中心」仲裁體制的分歧意見》，載《國際投資爭端仲裁──「解決投資爭端國際中心」機制研究》，復旦大學出版社2001年版，第25-41頁。See also, An Chen, Distinguishing Two Types of Countries and Properly Granting Differential Reciprocity Treatment: Re-comments on the Four Safeguards in Sino-Foreign BITs Not to be Hastily and Completely Dismantled, *The Journal of International Economic Law* (Chinese version), Vol.14, No.3, 2007 (Part II). Its updated English version was published in *The Journal of World Investment & Trade*, Vol.8, No. 6, 2007.

〔54〕這份通知於1993年1月7日發出，到今日為止並沒有改變。

〔55〕例如，中國─泰國BIT 1985和中國─土庫曼斯坦BIT 1992。

〔56〕例如，中國─澳大利亞BIT 1988和中國─玻利維亞BIT 1992。

〔57〕這些涉及投資者─國家爭端和國家─國家爭端的解決條款反映了中

國避免訴爭的傳統，這些條款要求在給定的期間（6-12個月）展開協商。不過，也有BIT沒有強制性的協商期間要求。

〔58〕有時，條約規定投資者應該訴之於東道國的行政法庭與司法法庭。有的條約沒有明確提及東道國的主管法院。

〔59〕由於那時中國還沒有加入《華盛頓公約》，中國在1993年以前所簽訂的BIT規定了臨時仲裁。

〔60〕例如，中國與韓國、新西蘭、新加坡的BIT。

〔61〕徐崇利和趙德銘認為，中國不同意讓國際仲裁庭來決定徵收或者國有化本身的合法性。參見徐崇利、趙德銘：《1997年後國際投資協定對香港特別行政區的適用》，載《中國法與比較法論叢》1996年第一期第二卷，第149頁。

〔62〕Kong Qingjiang, Bilateral Investment Treaties : The Chinese Approach and Practice, *Asian Yearbook of International Law*, Vol.8, 1998/1999, pp.130-131.

〔63〕Agreement Between the Government of the People's Republic of China and the Government of_____Concerning the Encouragement and Reciprocal Protection of Investments, in Bilateral Investment Treaties in the Mid-1990s, United Nations Conference on Trade and Development (UNCTAD), UNCTAD/ITE/IIT/7, United Nations Publication, Printed at United Nations, Geneva, Switzerland, 1998.

〔64〕例如，中國—阿爾巴尼亞BIT 1993、中國—柬埔寨BIT 1996、中國—愛沙尼亞BIT 1993。

〔65〕與波蘭（1998）、塔吉克斯坦（1993）以及阿拉伯聯合酋長國（1993）之間的BIT沒有規定此種限制。

〔66〕例如，與喀麥隆（1997）、智利（1994）、立陶宛（1993）、摩洛哥（1995）以及秘魯（1994）簽訂的BIT都規定了可把徵收補償額爭端提交ICSID仲裁。

〔67〕這些國家包括古巴、老撾、波蘭與塔吉克斯坦。

〔68〕例如，克羅地亞、黎巴嫩、阿曼、斯洛文尼亞。

〔69〕例如，阿爾巴尼亞、阿塞拜疆、厄瓜多爾、埃及、愛沙尼亞、印尼、牙買加。

〔70〕Kong Qingjiang, Bilateral Investment Treaties : The Chinese Approach and Practice, *Asian Yearbook of International Law*, Vol. 8, 1998/1999, p.131.

〔71〕中國還與以下國家締結了規定有範圍廣泛仲裁條款的BIT：巴貝多、剛果（布）、波札那、賽普勒斯、塞拉利昂、莫三比克、肯亞、荷蘭、緬甸、波黑、千里達和多巴哥、象牙海岸、圭亞那、德國、貝南、拉脫維亞和烏干達。

〔72〕Shan Wenhua, The International Law of EU Investment in China, *Chinese Journal of Intermational Law*, 2002, p.609.

〔73〕徐崇利、趙德銘：《1997年後國際投資協定對香港特別行政區的適用》，載《中國法與比較法論叢》1996年第一期第二卷，第140頁。

〔74〕Pat K. Chew, Political Risk and U. S. Investment in China: Chimera of Protection and Predictability, 34 *Virginia Journal of International Law*, Vol.34, 1994, p.661.

〔75〕Ibid., p.668, ft. 250.

〔76〕毛澤東：《中國革命與中國共產黨》，載《毛澤東選集》第二卷，人民出版社1991年版，第628、630頁。

〔77〕王鐵崖主編：《國際法》，法律出版社1981年版，第256頁。

〔78〕王鐵崖：《中國與國際法——歷史與當代》，載鄧正來主編：《王鐵崖文選》，中國政法大學出版社1993年版，第316頁。

〔79〕同上書，第392頁。

〔80〕同上書，第319頁。

〔81〕田濤主編：《清朝條約全集》（第一卷），黑龍江人民出版社1999年版，第227頁。

〔82〕值得注意的是，中國在賦予投資者以國民待遇保護時顯得非常猶豫不決。非常少的中國BIT規定了國民待遇條款。這是因為中國政府認為需要在競爭中保護國家工業，需要維護國有企業的壟斷地位。第一個國民待遇條款規定於中國與英國於1986年簽訂的BIT中。參見劉凱湘、任頌：《論我國外資立法中國民待遇原則之確立》，載《北京社會科學》2001年第一期，第5頁。

〔83〕參見中國於1993至1998年簽訂的BIT。

〔84〕該法第2條規定：「本法所稱的外資企業是指依照中國有關法律在中國境內設立的全部資本由外國投資者投資的企業，不包括外國的企業和其他經濟組織在中國境內的分支機構。」

〔85〕該法經修訂後已於2008年4月生效。以下引用條款的順序已從第

237、238、244、246條分別調整為第235、236、242、244條。

〔86〕Agreement Between the Government of the People's Republic of China and the Government of _____ Concerning the Encouragement and Reciprocal Protection of Investments, in 'Bilateral Investment Treaties in the Mid-1990s', United Nations Conference on Trade and Development (UNCTAD), UNCTAD/ITE/IIT/7, United Nations Publication, Printed at United Nations, Geneva, Switzerland, 1998.

〔87〕中國—荷蘭BIT 1985第9條。

〔88〕資料來源：http://www.unctad.org/sections/dite/ia/docs/bits/china_netherlands.pdf。

〔89〕資料來源：http://tfs. mofcom. gov. cn/aarticle/h/au/200212/20021200 058419. html。

〔90〕資料來源：http://tfs. mofcom. gov. cn/aarticle/h/au/200405/20040500 218063. html。

〔91〕資料來源：http://tfs. mofcom. gov. cn/static/column/h/au.html/1。

〔92〕徐崇利：《從實體到程序：最惠國待遇適用範圍之爭》，載《法商研究》2007年第二期，第46頁。

〔93〕See United Nations International law Commission, Draft Articles on Most-Favoured Nation Clauses (UN Draft on MFN Clause), 1978, Arts. 1, 4, 8, 21, http://untreaty, un. org/ilc/texts/instruments/english/draft %20articles/1_3_1978. pdf. 另參見王鐵崖：《國際法資料選編》，法律出版社1982年版，第761-767頁；王鐵崖：《國際法》，法律出版社1995年版，第180-182頁；趙維田：《MFN與多邊貿易體制》，中國社會科學出版社1996年版，第36、57頁。

〔94〕See UN Draft on MFN Clause, Art. 32.

〔95〕參見前文第五部分。

〔96〕參見前文第六部分。

〔97〕參見前文第五部分。

〔98〕參見前文第五部分。

〔99〕參見前文第五部分。

〔100〕《多哈宣言》強調：「各種特殊與差別待遇條款乃是WTO各種協定不可分割的組成部分，……對所有的特殊與差別待遇條款，都應重新審議，予以加強，使它們更加明確，更加切實有效，更加便於操

作。」「給予發展中國家的特殊與差別待遇應當作為一切磋商談判中不可分割的內容，列入有待談判的各種減讓清單和承諾清單，並且納入相關的規則和規章，做到切實可行，以便發展中國家能夠切實有效地用以滿足其各種發展需要。Doha Ministerial Declaration (14 November 2001), paras. 44, 13, WT/MIN(01)/DEC/1, http://www. wto. org/english/thewto_e/ minist_e/min01_e/mindecl_e. htm.

〔101〕參見曾華群：《論「特殊與差別待遇」條款的發展及其法理基礎》，載《廈門大學學報》2003年第六期。

〔102〕See World Bank, Global Economy Prospects 2003, http://www. worldbank. org/prospects/gep2003/ summarycantonese. doc; World Bank, *World Development Report 2005—A Better Investment Climate for Everyone*, World Bank and Oxford University Press, 2004, p.177; UNCTAD, World Investment Report 2003—FDI Policies for Development: National and International Perspectives (Overview), 2003, pp.18-19; The São Paulo Consensus, paragraph 8, adopted at the UNCTAD XI Conference, http:// www. unctad. org/en/docs//td410 _ en.pdf; UNCTAD, World Investment Report 2006—FDI from Developing and Transition Economies: Implications for Development (Overview), 2006, pp.9-11, http://www.unctad.org/ wir. See also An Chen, Should the Four Great Safeguards in Sino-Foreign BITs Be Hastily Dismantled? *Journal of World Investment & Trade*, Geneva, Vol.7, No.6, December 2006, pp.917-919.

〔103〕See UNCTAD, Preserving Flexibility in IIAs: The Use of Reservations, UNCTAD Series on International Investment Policies for Development, New York and Geneva, 2006, p. iv, http://www. unctad.org/ templates/ webflyer. asp? docid=7145&intItemID=2310&lang=1&mode= downloads.

〔104〕UNCTAD, Preserving Flexibility in IIAs: The Use of Reservations, supra note 24, p.6.

〔105〕Ibid., p.2.

〔106〕Ibid., p.2.

〔107〕Ibid., p.2.

〔108〕Ibid., p.1.

〔109〕Chapter XXIII Dispute Settlement of FTAA(Draft Agreement), footnote13, http://www. ftaaalca. org/ FTAADraftO3/ChapterXXIII_ e. asp. See also OECD, International Investment law: A Changing landscape, Chapter 4, Most-Favoured-Nation Treatment in International Investment law, OECD Publishing, 2005, pp.127, 132.

〔110〕參見王海浪：《ICSID管轄權新問題與中國新對策研究》，廈門大學2006年博士學位論文，第四章「最惠國條款對『同意』範圍的擴展」。

〔111〕Salini Costrutori S. p. A. and Italstrade S. p. A. versus The Hashemite Kingdom of Jordan (ICSID Case No. ARB/02/13) Decision on Jurisdicton of November 15, 2004, paras. 118-119.

〔112〕Ibid.

〔113〕See Plama Consortium limited v. Republic of Bulgaria (ICSID Case No. ARB/03/24), Decision on Jurisdiction of February 8, 2005, paras. 216-224, http://www. worldband. org/ICSID/cases/plama-decision. pdf

〔114〕其第4條規定：「徵收的合法性應該經相關投資者的請求，通過採取徵收措施締約方的普通行政和法律程序加以審查。對於行政裁定中沒有解決的**補償金額爭端**，相關投資者和另一締約當事方的法律代表應該協商解決。如果在開始協商後的三個月內沒有達成協議，經投資者申請，補償金額應該由採取徵收措施的締約一方的法律程序或者是**國際特別仲裁庭**加以審查。」

「第4條第4.1款所述國際仲裁庭應該逐案設立。每一締約方應該指定一名仲裁員，再由這兩名仲裁員同意一個第三國國民作為主席……」Ibid., para. 26.

〔115〕Ibid., paras. 195-197.

〔116〕Ibid., para. 204.

〔117〕See Plama Consortium limited v. Republic of Bulgaria (ICSID Case No. ARB/03/24), Decision on Jurisdiction,para.198.

〔118〕Ibid., para. 200.

〔119〕Ibid., para. 206.

〔120〕See Plamia Consortium limited v. Republic of Bulgaria (ICSID Case No. ARB/03/24), Decision on Jurisdiction, para. 207.

〔121〕Ibid., para.240.

〔122〕See Telenor Mobile Communications A. S. v. The Republic of Hungary

(ICSID Case No. ARB/04/15), Award, para. 19.
〔123〕Ibid., para. 90.
〔124〕Ibid., para. 91.
〔125〕See Telenor Mobile Communications A. S. v. The Republic of Hungary
(ICSID Case NO. ARB/04/15) Award, para. 92.
〔126〕Ibid., para. 93.
〔127〕Ibid., para. 94.
〔128〕Ibid., para. 95.
〔129〕Ibid., para. 100.

第 11 章

中國涉外經濟立法中可否規定對外資絕不實行國有化[*]

↳ 內容提要

中國實行對外開放基本國策之初，於一九七九年頒行了中華人民共和國成立之後的第一部外資法，即《中華人民共和國中外合資經營企業法》，其中規定中國政府依法保護在華外資及其合法權益，但並未明言中國政府是否對在華外資絕對不實行國有化和徵收，因而引起國際法學界和輿論界的種種揣測和議論。相應地，在中國國內，對於中國在涉外經濟立法中，可否規定對外資絕不實行國有化問題，存在兩種對立的學術見解。一種意見認為：有關中國經濟特區和沿海開放城市的涉外經濟立法中，除一般規定外資的合法權益受中國法律保護以外，還應專門明文規定對這些地區的外資絕對不實行國有化。這才能鼓勵外商更加放心地向這些地區投資興業。另一種完全相反的意見認為：在上述涉外經濟立法中，只要明文規定對外資的合法權益實行法律保護就已足夠；沒有必要另外專門規定對這些地區的外資絕對不實行國有化。筆者認為，從中國國情與當代國際立法慣例的結合上、從南北矛盾的歷史與現實的結合上、從新舊兩種國際經濟秩序的更迭興替上考慮問題，中國作為在世界上具有舉足輕重地位的社會

主義國家和發展中國家，作為第三世界的一個中堅成員，它在本國關於經濟特區和沿海開放城市的涉外經濟立法中，不宜、不必、不應、不容明文規定對外資絕對不實行徵收或國有化。東道國在必要時有權依法徵收境內外資並給予補償，乃是當代國家經濟主權權利之一，而且已是國際通行的立法慣例，中國不應通過立法自行「棄權」。相反，務必留權在手，但決不任意濫用。

　　本文原發表於一九八六年。事隔四年之後，一九九○年四月全國人大對上述法律加以修訂，在第2條中增補了第三款：「國家對合營企業不實行國有化和徵收；在特殊情況下，根據社會公共利益的需要，對合營企業可以依照法律程序實行徵收，並給予相應的補償。」此項新規定，在國有化和徵收問題上，區分一般情況與特殊情況，分別對待。這完全符合當代發展中國家外資立法的通例，也與一九八六年筆者提出的看法和論證即「務必留權在手，但決不任意濫用」相一致。

↘ 目次

（四）從中國的憲法精神和現有政策來看，不容許作此規定

四、結論：務必留權在手，但決不任意濫用

一、問題緣起

在中國，談論外資的國有化，乍看起來，這是一個很遙遠的問題，實際卻是一個迫切的問題。

其所以說「很遙遠」，是因為目前存在的現實問題乃是如何更多、更快地吸收外資，以促進中國的社會主義四化建設，而不是對外資企業實行國有化。自從中國實行對外開放政策以來，投入中國境內的外資雖已達到一定數量，但它在整個國民經濟中所占的比重，甚為微小，遠非外資在某些發展中國家所處的那種地位：操縱了東道國的經濟命脈，影響了東道國的國計民生；此外，在中國，也並未出現某些屬於不可抗力的自然因素或社會因素，造成需要徵用外資的局面。因此，在可以預見的相當時期內，不存在徵用外資或把外資收歸國有的問題。

其所以說「很迫切」，是因為現在中國經濟特區和沿海開放城市的經濟立法已遇到了這個問題。這主要是由於要更多更快更好地吸收外資，很有必要通過比較完備的涉外經濟立法，其中包括明文規定對外資應採取什麼態度以及如何實行法律保護，才能使外來的投資家避免「捉摸不定」，做到「心中有數」，從而在全面權衡後，積極前來投資。

有一種意見（以下簡稱「乙派」）認為：有關中國經濟特區和沿海開放城市的涉外經濟立法中，除一般規定外資的合法權益

受中華人民共和國的法律保護以外，還應專門明文規定對這些地區的外資絕對不實行國有化。這才能鼓勵和吸引中國境外的客商更加放心地向這些地區投資興業。[1]但是，也有一種完全相反的意見（以下簡稱「甲派」），認為在有關中國上述地區的涉外經濟立法中，只要明文規定對外資的合法權益實行法律保護就已足夠；沒有必要，也不應該另外專門規定對這些地區的外資決不實行國有化。

本文擬對上述甲、乙兩種針鋒相對的學術見解及其所持論據，作簡要介紹，並且談談筆者個人對這個問題的看法，以就教於同行與讀者。

二、兩種歧議

（一）事關維護經濟主權，不可立法規定絕不徵收外資

甲派認為：一個國家為了本國的公共利益，在必要時可以對在本國境內的外資實行國有化（或者稱為「徵用」「徵收」）。首先，這是一國主權所在，是國家行使主權的正當行動。所謂主權，顧名思義，就是獨立自主地處理國內外一切事務的最高權力。要維護國家的獨立，就決不能把這種獨立自主地處事的最高權力隨便加以限制、轉讓或放棄。如果在有關經濟特區和沿海開放城市的涉外經濟立法條文裡規定：對一切外資企業都絕對不實行國有化，那就無異於作繭自縛，必然留下隱患，甚至後患無窮。

其次，就中國的現實情況而言，目前雖然不存在對外資企業實行國有化的問題，即並不存在行使這種主權的問題，但是，權

力之保留與否與權力之行使與否並不是一回事，不能混為一談。有「權」不等於馬上用它，把「權」掌握在自己的手裡，這樣才能留有餘地，以免日後情況變更時，陷於被動境地。例如，誰能保證某些跨國公司勢力日後絕對不可能發展到控制中國某些部門經濟命脈的地步？再則，「天有不測風雲」，誰能斷言在未來的某個時候中國絕對不會遇到大規模的侵略戰爭呢？一旦遇到這種戰爭，對於像石油那樣重要的戰略物資以及從事有關經營的外資該怎麼辦呢？遇到以上兩種情況，難道也不應該在給予合理賠償的條件下對外資加以徵用或國有化嗎？可見，在有關經濟特區和沿海開放城市涉外經濟立法中，不應該一般地規定在任何情況下都不對外資實行徵用或國有化，把問題說「死」。

最後，我們是社會主義國家，又是發展中國家。中國屬於第三世界。在國際事務中，在處理重要問題時，中國應當跟第三世界國家步調基本上保持一致。第三世界國家目前對國有化問題所持的態度，絕大多數是把在必要時徵用外資企業的權力保留在自己的手裡。這是有其重要的歷史原因的。自第二次世界大戰以來，許多殖民地和半殖民地紛紛宣布獨立，但往往只是政治上的獨立；國家的經濟命脈，往往在相當大的程度上還掌握在外國資本家手裡。對於這些國家來說，當務之急就是進一步爭得經濟上的獨立，以鞏固和加強政治上的獨立；而將影響國計民生的外資企業收歸國有，則是爭得經濟獨立的一項重要措施。所以，目前在它們的涉外經濟立法中，一般都規定在必要時有權對外資實行國有化，同時給予適當的補償。反過來看，中國如果在自己的涉外經濟立法中，把必要時可以徵用外資這個主權權利放棄了，就

顯得和第三世界的基本立場和一般做法相悖，這當然是欠妥的，不能這樣做。

（二）事關大量吸收外資，不妨立法規定絕不徵收外資

乙派反對甲派的上述主張。其主要論據如下：

第一，國家的主權雖然是獨立自主地處理國內外事務的最高權力，但主權的行使並不是絕對不受任何約束限制的。在國際社會中，只要開展國家之間的交往和合作，各國就都有必要在平等、互利和自願的基礎上，對自己的主權行使作一些自我限制。享有某種權利，往往要相應地承擔某種義務，權利和義務往往是對等的。任何一個平等互利的國際協議或條約，無不體現了這一原則，主權國家一旦在平等自願的基礎上承擔了某種義務，就必須信守諾言，依約辦事，這就意味著在處理與此有關的國內外事務時，在主權行使上受到一定的約束或限制。例如，一九八四年九月中國和英國達成關於香港問題的協議，其中規定中國政府於一九九七年七月一日對香港恢復行使主權。這一點是絲毫不含糊的。在這一天以後，在香港實行何種社會、經濟制度，本來純屬中國主權行使範圍，他人無權過問。但是，從國家的根本利益和長遠利益出發，考慮到國內外的各種因素，於全面權衡之後，中國政府同意在這一天以後的五十年內，保持香港現行的社會、經濟制度，不予變更。可以說，這是在自願基礎上對主權的行使實行一定程度上的自我約束。再如，作為社會主義國家，吸收資本主義性質的外資，同時開放國內部分市場，允許外來資本家在一定時期內和一定程度上實行資本主義性質的剝削（從馬克思主義

的觀點看來，這是毋庸諱言的），從而加速發展社會生產力，促進社會主義四化事業，這種正確決策也具有類似的性質。在主權行使上諸如此類的自我限制或自我約束，歸根結底，是為了謀求更大的自我發展，促使國家更加富強獨立。從這個意義上說，主權行使上的此類自我限制，正是堅持主權和加強主權的一種手段。依此類推，在涉外經濟立法中明文規定絕不對外資實行國有化，是合理的、可行的，甚至是必要的。

第二，中國《憲法》第18條載明：外資的合法的權利和利益受中華人民共和國法律的保護。顯而易見，在外資的種種合法權利和利益中，居於首要地位、屬於核心內容的，就是財產的所有權或私有權。因此，對外商合法權益所施加的法律保護，也應首先體現在保障他們在華合法財產的私有權不受侵害。外來客商在投資抉擇中，除了利潤的高低這一因素之外，首要考慮的也是其在華財產私有權是否有切實的保障和保證。因此，在有關中國經濟特區和沿海開放城市的涉外經濟立法中，明文規定對這些地區的外資不實行國有化，不僅具有「安民告示」的作用，有利於解除外來客商的主要顧慮，鼓勵他們積極來華投資，而且也完全符合於中國《憲法》第18條所規定的基本精神。

第三，實事求是，從中國的實際情況出發，這是我們一切工作的指南。誠然，中國是第三世界國家，但又不是一般的第三世界國家。一般說來，有相當數量的第三世界國家政治上雖已取得獨立，然而經濟上尚未取得獨立。由於歷史的原因，某些經濟命脈至今仍然操控在外資手中，因此，逐步對外資實行國有化，自然是一項根本性的任務。中國已獨立三十多年，經過長期的艱苦

奮鬥，自力更生，在經濟上已經清除了殖民主義這一心腹大患，建立了獨立自主的、相當強大的社會主義經濟體系；有中國共產黨正確領導下的強大的人民政權和人民軍隊作為後盾。在這個基礎上，根據自己的現實國情和加速社會主義四化建設的需要，有控制、有選擇、有步驟地吸收一定數量的外資，這就不會導致外資操縱國民經濟命脈，影響國計民生。針對目前外來投資不夠多不夠快的現實情況，中國人應當有膽略、有魄力在有關經濟特區和沿海開放城市的涉外經濟立法中，明文規定不對外資實行國有化，從而更加有效地吸收外資。

三、四點管見

上述甲、乙兩派的觀點，究竟孰是孰非？

筆者認為，分析問題，判斷是非，在思想方法上應當堅持兩條：第一，應當用全面的觀點來看待問題，即從中國現實的具體國情與當今世界的一般輿情的結合上，來分析問題；第二，應當用歷史的眼光來看待問題，即從歷史發展和現實鬥爭的結合上來分析問題。只有這樣，才不致執其一端，流於片面。筆者認為，在有關中國經濟特區和沿海開放城市的涉外經濟立法中，不應明文規定在任何情況下都不對外資實行徵用或國有化。其理由有以下四點：

（一）從外資國有化問題的論戰史來看，不適宜作此規定

東道國政府在必要時是否有權把境內的外國人資產收歸國

有？這個問題在相當長的歷史時期內存在著激烈的爭論。在殖民主義盛行的年代，按照西方殖民強國的傳統觀點，落後地區的東道國政府對於境內外國投資家的財產，只有保護的義務，沒有侵害的權利。一旦予以侵害（包括徵用或國有化），就構成所謂「國際不法行為」，投資家的本國政府就「有權」追究東道國的「國家責任」，甚至可以以「護僑」為名，大動干戈，興兵索債。面對這種橫暴的武裝入侵，東道國「有忍受干涉的法律義務」[2]。這種觀點，在西方國際法學界中曾經長期占有統治地位。至二十世紀初，南美著名法學家、阿根廷外交部部長德拉果率先向這種占統治地位的傳統觀點挑戰，譴責殖民強國向弱國興兵索債乃是侵略他國領土、干涉他國內政之舉，這才是一種真正的國際違法行為。對於這種來自弱小民族的正義呼聲，直到二十世紀五〇年代，西方國際法學界仍有一些「權威」學者（如勞特派特）公然表示反對，揚言「德拉果主義」是「沒有根據的，並且未得到一般的承認」。[3]

　　但是，隨著弱小民族的進一步覺醒，從二十世紀三〇年代末起，上述這種根本否認東道國政府有權徵用外資的傳統觀點，由於其不符合時代潮流，畢竟已經難以堅守原來的陣地，不得不開始有所後退。這一跡象，比較典型地體現在一九三八年墨西哥實行土改、徵用境內的美資地產和石油企業時美國所採取的態度上。當時美國的外交照會提出：「依據法律和公平合理的一切準則，不論為了何種目的，如果不針對徵用提供迅速及時、充分足夠以及切實有效的賠償，任何政府都無權徵用（外國人的）私有財產」[4]。這些措辭儘管氣勢洶洶，十分強硬，但在邏輯上卻可

以推導出這樣的結論：如果給予「迅速及時、充分足夠以及切實有效的賠償」，東道國政府就有權徵用境內的外國人私有財產。後來，在美國法學界具有一定「權威性」的《美國涉外法律綜合詮解（第二版）》[5]一書，以更加明確的語言，闡述了美國的上述觀點。它認為：國家徵用境內的外國人財產，如果不是為了公益目的，或不按上述標準給予賠償，才是國際法上的不法行為。反之，就不視為國際法上的不法行為。在為了公益目的而徵用外國私人財產的場合，就此種徵用本身而論，並非國際法上的不法行為，只有在徵用時不按上述標準給予賠償，這種「拒賠」才構成國際法上的不法行為，從而引起「國際責任」問題。[6]

從表面上看，此時外資國有化問題爭執的焦點，似已轉移到賠償標準上，但按照美國所主張的賠償原則，即所謂「國際法上的公平標準」，往往索價極高，甚至幾近敲詐勒索[7]，實際上大大限制、削弱，甚至無異於取消了貧弱的發展中國家徵用外資的基本權利。美國的此種主張得到西方發達國家（多是原先的殖民強國）的支持。與此相反，鑒於許多外資在殖民主義統治時期或在被徵用前業已攫取了巨額利潤，鑒於本國財力薄弱的現實情況，發展中國家（均是原先的殖民地或半殖民地）一貫主張在徵用時只按照東道國國內法的規定給予賠償，從而維護自己的政治主權和經濟主權。可見，關於徵用賠償標準問題之爭，究其實質，依然是貧弱國家對外資是否充分享有徵用權之爭，或者說，它是歷史上長期存在的徵用權之爭的延長和繼續。

經過激烈論戰，一九六二年聯合國第十七屆大會通過了《關於自然資源永久主權的決議》，它意味著國際社會開始普遍承認

各國有權把外資控制的自然資源及其有關企業收歸國有或加以徵用，但它同時規定：「採取上述措施以行使其主權的國家，應當按照本國現行法規以及國際法的規定，對原業主給予適當的賠償。」[8]這種妥協性的措辭，實際上就是上述兩種對立主張的簡單相加，是非並未判明，分歧並未解決。直到一九七四年，聯合國第二十九屆大會以壓倒性大多數投票通過了《各國經濟權利和義務憲章》，明文規定：「每個國家都有權將外國財產收歸國有、徵收或轉移其所有權。在收歸國有、徵收或轉移時，應由採取這些措施的國家，考慮本國有關法律和條例的規定以及本國認為有關的一切情況，給予適當的補償。」[9]對比一九六二年的上述決議，在徵用賠償標準上，刪除了「以及國際法的規定」等字樣。至此，終於在一項具有相當權威性的國際經濟法的基本文獻中，不但以毫不含糊的語言肯定了每個國家必要時可以徵用境內外資的主權權利，而且排除了西方發達國家按照它們的傳統觀念在徵用賠償問題上對發展中國家所施加的所謂「國際法上的公平標準」的約束。[10]

由此可見，世界上弱小民族對於境內外資必要時實行國有化或加以徵用的合法權利，是經過長期的奮鬥才獲得國際社會普遍承認和充分肯定的。這是一種得來十分不易的主權權利。迄今為止，它一直是新、舊兩種國際經濟秩序矛盾鬥爭的焦點之一。[11]特別是上述《各國經濟權利和義務憲章》這一體現了國際經濟新秩序原則的基本文獻的通過，正是中國恢復了在聯合國中的合法席位之後，作為一個具有十億人口的安理會常任理事國，作為第三世界的一員，與廣大發展中國家聯合鬥爭所取得的重大成果；

而當前國際上繼續存在著改造國際經濟舊秩序和建立國際經濟新秩序的艱苦鬥爭，需要中國繼續與第三世界各國保持共同的立場。因此，從中國國情與世界南北矛盾全局的結合上來考慮，中國當然不宜在有關本國經濟特區和沿海開放城市的涉外經濟立法中，輕易放棄第三世界弱小民族經過長期共同鬥爭、得來不易的上述主權權利，以免在國際上造成不良的政治影響。

（二）從中外簽訂的雙邊投資保護協定來看，不必要作此規定

到一九八五年四月底為止，中國已先後同瑞典、羅馬尼亞、聯邦德國、法國、比利時、盧森堡、芬蘭、挪威、義大利、泰國以及丹麥等國簽訂了雙邊保護投資協定。在這些雙邊協定中，無一例外地共同承認東道國在必要時有權徵用境內的外資。其具體措辭不一，但基本精神相同。例如，一九八二年簽訂的中國—瑞典「相互保護投資協定」第3條第一款規定：「締約國任何一方對締約另一方投資者在其境內的投資，只有為了公共利益，按照適當的法律程序，並給予補償，方可實行徵收或國有化，或採取任何類似的其他措施」[12]。一九八五年簽訂的中國—丹麥「相互保護投資協定」第4條第一款規定：「締約任何一方的國民或公司在締約另一方領土內的投資或收益，只有為了與國內需要有關的公共目的，在非歧視的基礎上，並給予賠償，方可加以國有化、徵收，或採取與國有化或徵收有相同效果的措施。」[13]

至於中美關於投資保護協定的談判，進展較為緩慢。據報導[14]：早在一九八二年五月，美國駐華大使館即已將一份「雙邊保護投資條約」的樣本，提交中國有關當局。但迄本文寫作時為

止，雙方尚未達成協議。據接近美國官方的《華爾街日報》記者本內特提供的消息，主要分歧之一，不在於東道國的徵用權，而在於徵用賠償標準：美國承認各國有權徵用（外資）企業，問題在於如何給予賠償和何時給予賠償。[15] 在美國提交對方的條約樣本中，仍然規定「除非為了公益目的，採取一視同仁態度，給予迅速及時、充分足夠以及切實有效的賠償，……不得採取相當於徵用或國有化的措施，直接地或間接地對於投資加以徵用或國有化」[16]。在賠償標準問題上的這種陳舊觀念，早在前述一九三八年美國致墨西哥的有關照會中就已經提出，它顯然是不符合當前時代潮流的。中國政府的有關官員曾經對此類賠償主張作如下評論：「在我國所簽訂的保護投資協定中，一律沒有採納發達國家堅持的『及時、充分、有效』的補償原則，這一原則不夠合理，因為徵收和國有化是一個國家的主權行為，聯合國一九七四年的《各國經濟權利和義務憲章》已經明確提出『給予適當的補償』，作為簽字國的中國，不能違背這一憲章的合理原則。」[17]

根據以上所述，既然已經同中國簽有雙邊協定的十幾個國家都已經毫無例外地公開承認中國享有必要時徵用外資的主權權利，正在談判中的國家也願意遵循此項已獲世界公認的國際法基本原則，那麼，各該有關國家以及世界其他國家和地區的投資家對此種常規規定應當是早就有了思想準備的。因此，中國在有關經濟特區和沿海開放城市的涉外經濟立法中，顯然沒有必要自動放棄這種權利。

（三）從西方國家對「國有化」的理解來看，不應當作此規定

徵用外資或加以國有化，按原有的意義和一般的理解，指的是東道國政府指派專人接管境內的外資企業或財產，取消原投資人對這些企業或財產的所有權和經營管理權。但是，西方國家對「徵用」或「國有化」的理解，遠遠不只限於上述這種派人接管的簡單形式。他們提出一種概念叫「creeping expropriation」，可以意譯為「漸進式徵用」或「蠶食式徵用」，以區別上述那種急驟的或一次性的徵用。這種「蠶食式徵用」的認定，並不以直接派人接管或直接取消原業主的所有權和經營管理權為必備條件。其典型表述之一，見於美國國營保險公司所簽發的海外私人投資保險合同。[18]該合同第1條第十三款第一項所列舉的五種情況，均未必具備被東道國政府直接接管的條件，但均可被認定為「徵用」或「國有化」，從而據以對東道國進行國際索賠。其中最經常被引用的「蠶食式徵用」，指的是東道國政府以任何形式「阻礙海外美資企業對本企業重要財產的使用和處置實行切實有效的控制，阻礙建設或經營該投資項目」。在國際索賠的實踐中，美國有關機構又對此項規定作盡量廣義的解釋。以一九六七年瓦倫泰因石油化工公司索賠案以及一九七八年列維爾銅礦及銅器公司索賠案為例，儘管發案當時東道國海地政府及牙買加政府都絲毫沒有直接觸動這兩家美資公司的財產所有權，甚至也沒有直接干預或取消經營管理權，全部企業資產依然完整無損地歸由原業主全權擁有和直接控制，並進行正常的經營，然而，主要是由於東道國政府因美國資方有違約行為而取消了一項壟斷性的特許合同，或者主要是由於東道國政府頒行了合理的增稅法令，並適當

提高礦區土地使用費，從而導致美資企業產品成本增加，營業利潤減少。連這種情況，也被設在華盛頓的「美國仲裁委員會」解釋為「阻礙美國資方對本企業重要財產的使用和處置實行切實有效的控制」；或「儘管名義上仍然擁有並控制著本企業的重要財產和生產設施，但這種控制已不是切實有效的了」云云，從而確認為「徵用」或「國有化」的風險事故業已發生，並有權據以實行索賠和國際代位索賠。[19] 美國所強調的「蠶食式徵用」觀念和據此索賠的法律主張，為西方發達國家所支持和師法。其共同目的，顯然在於對本國國民在海外的投資盡量擴大法律保護的範圍，盡量擴大國際索賠的「法理根據」和求償權能。作為吸收外資的第三世界國家，對於西方發達國家盡量擴大「徵用」或「國有化」一詞含義的理論和實踐，自然不能不有所了解和有所防範。中國如果在有關經濟特區和沿海開放城市的涉外經濟立法中，輕率地規定在任何情況下都不對外資採取徵用或國有化措施，則按照上述「廣義」理解，有朝一日，連根據新情況適當提高稅率，適當增收地價等合理措施，也可以被對方解釋為「違反」國內法的「違法行為」，並據以實行國際索賠，這豈不是授人以柄，後患無窮麼？可見，有關上述地區的涉外經濟法中絕對不應當作出此種規定。

（四）從中國的憲法精神和現有政策來看，不容許作此規定

中國《憲法》第18條明確規定：外資外商的合法權益受中國法律的保護。這種「法律的保護」，當然包括而且首先應當是切實保障外商對其在中國境內合法財產的所有權，不受非法侵害。

但是，從憲法規定的整體來看，此種法律保護顯然不應當孤立和片面地理解為在任何情況下絕對不得徵用外資或收歸國有。因為憲法同時規定：中國的各種自然資源以及城市土地，均屬國家所有；對屬於集體所有或歸個人使用的市郊和農村土地，國家為了公共利益的需要，可以依照法律規定實行徵用（第9條、第10條）。國家保護公民各種合法財產的所有權（第13條）；但是，同時要求公民在行使權利（包括合法財產所有權）時，不得損害國家的、社會的、集體的利益，即不得損害公共利益（第51條）。在中國境內，任何組織或個人都不得享有超越憲法的特權（第5條第四款）。根據上述規定的基本精神，結合一般的法理原則，自然應當推導出下述幾點結論：

（1）公共利益高於私人利益；兩者有矛盾時，私益必須服從公益。因公益需要而損及私人利益時，國家應依法對私人予以合理的補償。給予合理補償本身就是對私人的合法權利實行切實法律保護的措施之一。

（2）為了公益需要，中國政府有權對涉及原屬國家所有、暫由外商經營的自然資源的外資企業或合資企業，加以徵用或收歸國有，同時給以適當的補償；也有權在必要時對設在中國土地上的上述企業，採取同樣的措施。

（3）按照國際法原理和國際慣例，外國人在東道國一般只能依照國際條約，在互惠的基礎上享有「最惠國待遇」；在許多場合，尚難享有「國民待遇」。即使依照雙邊協定享受了「國民待遇」，那麼，中國公民的私人權益尚且必須服從國家與社會的公共利益，外商在中國境內的私人權益也不能不服從中國的公共

利益，否則就是享受了超越於「國民待遇」、超越於中國憲法的特權了。而此種特權，如上所述，是中國憲法所不能允許的。

（4）即使在西方發達國家，無論從歷史上還是從現實中看，私人財產也不是在任何情況下絕對不得徵用或收歸國有的。即以被西方資產者奉為聖典的法國大革命時期的《人權宣言》而論，它在宣告私有財產「神聖不可侵犯」的同時，也肯定了一種例外，即依據法律認定，顯屬公益所必須時，則在預先給予公平賠償的條件下，可以徵用私人財產。[20] 而在現實生活中，為了鋪設鐵路、興修水利等公益事業，或出於國防軍事需要，因而拆遷大量私人住房或私營工廠企業並依法予以合理補償的事例，在西方各發達國家裡也是屢見不鮮的。可見，中國在有關經濟特區和沿海開放城市的涉外經濟立法中，完全無須讓外商享有在他們本國也無法享有的絕對特權。

再者，中國的現行政策也不允許在上述立法中作此規定。

一九八二年六月，中國對外經貿部與「聯合國工業發展組織」在廣州聯合召開了一個規模空前的「中國投資促進會」。配合政策宣傳的需要，中國對外經貿部在會議前夕發表了一份關於外商來華投資政策的綜合性材料，稱為《投資問答》，針對近年來外國投資家提出的四十四類現實問題，一一作了簡明的解答。其中第四類問題是：在中國投資的安全有沒有保證？在什麼情況下會徵收外商在華投資的產業？如果徵收，中國政府是否給予補償？文件是這樣回答的：「在正常情況下，中國政府不會對外商投資的產業採取徵收的做法。如因某些人力不可抗拒的因素或公共利益的需要，不得不對外商在華投資的某些產業實行徵收時，

中國方面將依照法律程序辦理，並給予合理的補償。」[21] 在這裡，「公共利益」一詞的含義是比較明確的：何謂「人力不可抗拒」？按通常的理解，主要有「人禍」和「天災」兩種情況：一種是中國遇到大規模的侵略戰爭，出於自衛反擊的國防需要，可能徵用外資經營的涉及重要戰略物資（如石油之類）的企業；另一種是中國遇到嚴重自然災害，出於救災的緊急需要，可能徵用與救災密切相關的外資企業。關於中國政府在這方面的基本政策，對外經貿部副部長魏玉明曾在上述「投資促進會」上作了進一步的闡明。他指出：只要外國投資者不違反中國政府的法律，所舉辦的投資事業不損害中國的公共利益和公共秩序，對他們的投資，我們不會沒收。即使是發生大規模的戰爭以及嚴重的自然災害等不可抗力事故，不得不對外國投資實行徵用時，中國政府也要依照法律程序辦理，並本著公平合理的原則給予補償。[22] 從以上的政策性文件和政策性聲明中可以看出：中國政府不但在保護外商合法權益的同時要求外商嚴格守法，而且一向把必要時可以徵用外資這個主權權利，牢牢地掌握和保留在自己手中，以便隨時處在主動的地位上。同時，在正常情況下，又絕不隨便輕率使用這種權利，以切實保護外商利益，提高外商來華投資的積極性。

四、結論：務必留權在手，但決不任意濫用

綜上所述，可以看出：從中國國情與國際輿情的結合上來考慮問題，從南北矛盾的歷史與現實的結合上來考慮問題，從新、

舊兩種國際經濟秩序的更迭興替上來考慮問題，作為在世界上具有舉足輕重地位的社會主義國家和發展中國家，作為第三世界的一個中堅成員，中國在本國關於經濟特區和沿海開放城市的涉外經濟立法中，顯然不宜、不必、不應、不容明文規定對外資絕對不實行徵用或國有化。誠然，如果在上述立法中明文作此規定，確實可以在一定時期和一定程度上進一步打消外商的疑慮，增強他們來華投資的積極性；但是，鑒於東道國在必要時有權依法徵收境內外資，並且給予適當補償，乃是當代國家經濟主權權利之一，而且已經成為國際通行的立法慣例，中國不應通過立法自行「棄權」。從長遠和全局考慮，作出這種「棄權」的立法規定流弊甚多，弊大於利；反之，不作此種立法規定，則利大於弊。我們在全面權衡利弊得失之後，針對這個事關國家主權、南北長期論戰、政治上十分敏感的問題，無論在理論觀點上，還是在立法上，在執法實踐上，似都應信守這樣的原則：務必留權在手，但決不任意濫用！

注釋

* 本文的基本內容，原發表於《廈門大學學報》（哲學社會科學版）1986年第一期。其後，應香港學術界要求譯成英文，題為Should An Immunity from Nationalization for Foreign Investment Be Enacted in China's Economic Law? 輯入 *Legal Aspects of Foreign Investment in the People's Republic of China*, China Trade Translation Co. Ltd. 1988。為便於讀者對照參考，此英文本也收輯於復旦大學出版社2008年版《陳安論國際經濟法學》，列為第七編之XV。

〔1〕 例如，《廈門經濟特區條例（草案）》（1984年6月25日修改送審稿）

第4條第二款規定:「投資者在(廈門經濟)特區的資產、應得利潤和其他合法權益受中華人民共和國法律的保護。對特區的(外資)企業不實行國有化。」

〔2〕 參見〔英〕勞特派特修訂:《奧本海國際法》(上卷第一分冊)第134目、第135目、第151目、第155目,石蒂、陳健譯,商務印書館1981年版,第230-233、235、257頁。

〔3〕 同上書,第233頁,注釋〔2〕。另參見周鯁生:《國際法》(上冊),商務印書館1983年版,第237-238頁。

〔4〕 《美國國務卿赫爾致墨西哥駐美大使納耶拉信件》(1938年8月22日),載《美國外交文件彙編》(1938年)(第五卷),1956年英文版,第677頁。

〔5〕 Restatement of the Law (Second), Foreign Relations Law of the United States,由「美國法學研究會」(American Law Institute)主編和審定。內容是對美國的各種涉外法律、法令加以全面綜合整理,作出簡明扼要的解釋說明,並提出改進立法的建議。由於其具體編寫人員多是美國法學界「權威人士」,故美國法官和律師們在法律文書中論證自己的見解時,往往對書中論點加以引用。書名中的「Restatement」一詞,有人譯為「重述」,似不盡符合該書原意。

〔6〕 *Restatemett of the Law (second), Foreign Relations Law of the United States*, American law Institute Publishers, 1965, pp.553, 562.

〔7〕 參見陳安:《美國對海外投資的法律保護及典型案例分析》,鷺江出版社1985年版,第四章:雷諾爾德斯公司索賠案、阿納康達公司索賠案、美國國際電話電報公司索賠案。

〔8〕 《關於自然資源永久主權的決議》第一部分第4條,載《第十七屆聯合國大會決議集》1963年英文版,第15頁。

〔9〕 《各國經濟權利和義務憲章》第2條第二款第三項,載《1974年聯合國年鑑》(第二十八卷)1977年英文版,第404頁。

〔10〕 參見陳安:《從海外私人投資公司的由來看美國對海外投資的法律保護》一文的有關部分,載《中國國際法年刊》,中國對外翻譯出版公司1984年版,第94-109頁。

〔11〕 參見〔日〕曾我英雄:《新國際經濟秩序中的國際法問題》,載《亞非研究》1979年9月號。中譯文見陳安編譯:《國際經濟立法的歷史和現狀》,法律出版社1982年版,第40-72頁。

〔12〕《中國國際法年刊》，中國對外翻譯出版公司1983年版，第596-597頁。

〔13〕參見本協定單行本，第3-4頁。

〔14〕參見《中國經濟新聞》（香港版）1982年6月21日第23期，第4頁。

〔15〕〔美〕阿曼達・本內特：《里根訪華使若干問題打破了僵局，但某些問題仍然相持不下》，載《華爾街日報》1984年4月20日。

〔16〕《美利堅合眾國提交對方締約國的「雙邊保護投資條約」供談判用的樣本）》，載《美國出口週刊》1984年5月15日第二十卷，第960-963頁。中譯文見陳安：《美國對海外投資的法律保護及典型案例分析》，鷺江出版社1985年版，附錄一之（十四）。

〔17〕《中華人民共和國對外經濟貿易部條法局局長袁振民作關於保護投資協定的解答》，載《中國市場》1984年第十一期。

〔18〕參見《海外私人投資公司234KGT12—70型合同》（修訂版），載陳安：《美國對海外投資的法律保護及典型案例分析》，鷺江出版社1985年版，附錄二之（三）。

〔19〕參見陳安：《從海外私人投資公司的體制和案例看美國對海外投資的法律保護》第二部分之（三），載《中國國際法年刊》，中國對外翻譯出版公司1985年版。

〔20〕參見《人權宣言》（1789年8月）第17條，載周一良等主編：《世界通史資料選輯》（近代部分上冊），商務印書館1972年版，第125頁。

〔21〕《中國對外經濟貿易部全面解釋外商來華投資問題》，載《中國經濟新聞》（香港版）1982年5月12日增刊第三期，第12頁。

〔22〕參見魏玉明：《關於我國吸收外國直接投資的政策》，載《文匯報》（香港版）1982年6月8日。

第 12 章

是重新閉關自守，還是擴大對外開放？

——論中美兩國經濟上的互相依存以及「一九八九年政治風波」後在華外資的法律環境[*]

↘ 內容提要

　　毋庸諱言，「一九八九年政治風波」的確已經並且仍然對中美兩國之間的經濟關係產生負面影響。儘管如此，兩國之間在經濟上卻一直是互相依存的，拒絕給予中國最惠國待遇勢必會使美國同等受害。事實上，中國一直在堅持對外開放政策，不斷擴大對外開放幅度。深諳國際投資氣候冷暖的各國投資者，包括美國投資者，在「一九八九年政治風波」後不久仍蜂擁而入中國市場，便是一大明證。具體說來，「一九八九年政治風波」後，中國改善外商投資法律環境的努力及成果體現在六個方面，對外資具有新的更大的磁吸效應。這集中體現了中國擴大對外開放的堅定決心。儘管對外開放政策也產生一些副作用，但中國人素知「別把娃娃與洗澡水一起潑掉」的淺顯道理，故中國仍在擴大開放。

↘ 目次

「一九八九年政治風波」及其反響，一直是中美兩國政治與經濟協奏曲中的雜音，遷延時日，揮之不去。儘管從總趨向說來，這種反響正在逐漸弱化，但是，它仍然持續不斷地對中美兩國的國際貿易和跨國投資發生負面影響。

眾所周知，美國是世界上最大的發達國家，中國則是最大的發展中國家。兩國各有其不同的經濟優勢。雄厚的資金、卓越的技術、科學的管理，是前者的優勢所在；豐富的廉價勞動力、低價位的原材料，由十一億六千多萬人口〔這是1990年當時的數字〕組成的世界上最廣闊的市場，則是後者的優勢所在。兩國在經濟上互相補益、互相依存。

自從中國推行對外開放這一新國策以來，美中貿易及美國對

中國的私人投資迅猛增長。並且，在與歐洲及日本商人的激烈角逐中，美國商人已在中外經濟關係的諸多領域中占據了優勢地位。雖然當前中美兩國之間的局面看起來要比「一九八九年政治風波」發生前複雜，但這只不過是暫時現象。無論如何，為了互利，中美兩國都需要繼續合作。

一、華盛頓：最惠國≠最喜歡的國家

一九九〇年六月初，正當美國國會就是否應延長中國在美國的最惠國待遇問題進行認真嚴肅的辯論之際，美國負責美中事務的高級官員理查德・H.所羅門先生（Mr. Richard H. Solomon）向美國參議院提交了一份聲明。[1] 他在這份聲明中簡要描述了中美兩國在經濟上互相依存的大致情況，並且認為，甚至就在「一九八九年政治風波」發生及對華「經濟制裁」開始的一九八九年間，中美兩國之間在經濟上仍然是互相依存的。他的部分看法可以概述如下：

在1979—1989年這十年間，美中雙邊貿易額已由1979年的23億美元增至1989年的178億美元，幾乎增長了700%。1989年，美國對中國的出口額總計達58億美元。美國公司也正在中國投資興建合資企業。已有一千餘家美國公司承諾投資40多億美元建立美中聯合企業，以便在中國國內外市場銷售貨物及提供服務。美國目前已成為僅次於中國的香港地區和澳門地區的第三大對華投資方。

　　近年來，中國對美國的出口額迅速攀升，1989年達120億美元，比1988年增長了29%。現在，中國的出口產品主要是製造性的消費品。在某些領域，中國目前已是整個美國市場的重要供應商。

　　如果拒絕給予中國最惠國待遇，由中國進口的產品需在美國繳納的關稅將急遽增高，美國消費者所需支付的購買價格也將因此顯著增高。考慮到中國出口產品在低價位製造品上的集中程度，可想而知，由於這類產品價格上漲及供應短缺而勢必產生的沉重負擔，將主要落在美國低收入消費者的身上。

　　如果美國拒絕給予中國最惠國待遇，中國將進行貿易報復，這幾乎是必然的，中國也有一個單獨的非最惠國關稅結構。美國可以預測到，中國會立即行動起來，撤銷對美國產品的最惠國待遇，從而把與其他外國商行進行銷售競爭的美國出口商置於不利的競爭地位。美國出口商勢必損失慘重。1988—1989年間，中國是美國小麥的最大外國買主，購買量多達美國小麥全部出口量的20%。然而，美國小麥供應商面臨著來自加拿大、澳大利亞、阿根廷和歐洲的競爭。隨著時間的推移，中國可以轉而向這些國家或地區的小麥供應商購買小麥。中國也是美國化肥的最大消費者之一，中國同樣可以在北非找到足以取而代之的化肥供應商。迄今為止，美國製造商已控制了價值數十億美元的航空器及航天設備市場。事實上，該市場還在不斷擴展。除了其他公司外，波音公司、麥克唐納·道格拉斯公司、通用電器公司以及普拉特·惠特尼公司也都接到了巨額訂單。拒絕給予中國最惠國待遇將會導致中國重新考慮其在航空器採購上的長期策略，從而轉向美國在亞洲地區的野心勃勃的競爭對手：歐洲供應商。

那些曾經在過去的十年中慘澹經營以在中國發展商業紐帶關係、占有市場份額的美國公司，勢必會前功盡棄，一敗塗地，甚至永難挽回，而從中漁利的，則是主要來自歐洲和日本的其他供應商。

　　除了美國出口商以外，那些向中國企業投資的美國公司也會因美國撤銷中國的最惠國待遇而面臨嚴重困難。

　　作為一位精通此方面知識的高級官員，R. H.所羅門先生就「**最惠國**」這一特殊術語的內容實質向國會參議員作了解釋。他說：「『最惠國』（most-favored-nation）這個術語可謂是一種誤稱。它並不意味著被美國給予最惠國待遇的國家就是美國**最喜歡的國家**（most-favorite-nation），而是僅指可以適用正常的非歧視性的關稅稅率。除了寥寥幾個國家外，美國當前幾乎對其所有的貿易夥伴都適用這種關稅稅率。縱覽美國在西方的所有友邦及盟國，尚無任何一個國家在考慮採取嚴酷措施，撤銷中國最惠國待遇。」[2]

　　在作出專門分析之後，R. H.所羅門先生得出了如下結論：「拒絕給予中國最惠國待遇也會給美國出口商、投資者和消費者帶來極端有害的經濟後果。」[3]布什總統「已經決定延長中國最惠國待遇，因為這顯然有利於美國的利益」；美國「必須擺脫誘惑，避免採取有害於我們自身利益的懲罰性措施」；美國任何不謹慎的單邊行動都可能破壞自己至關重要的長期利益。真正受到損害的，不僅僅是中國方面，而且包括美國經濟及戰略優勢。[4]

　　顯而易見，這份提交美國參議院的頗有說服力的聲明強調了

兩個要點：第一，儘管經濟制度不同，美中這兩個世界上最大的發達國家和發展中國家在經濟上卻是互相補充、互相依存的，合則兩利，離則兩傷。第二，儘管「一九八九年政治風波」後，中美兩國之間出現了很大的政治分歧，儘管在一些美國政客的眼中，中國現已不再是美國「最喜歡的國家」，但是，作為對其本國利益負責的美國政治家，他們理應高瞻遠矚，竭力促進而非損害中美貿易和美國對華投資。

二、北京：最惠國──中美同舟

美國有關中國最惠國待遇的辯論已在中國國內引起了很大關注，尤以政界及商界人士為甚。曾有中國媒體對一些專業評論予以濃縮性的報導，並冠以下述總標題：**最惠國待遇：中美同舟。**[5]

多年以來，中美兩國的經濟關係起起落落，其發展軌跡，猶如一條蜿蜒曲折的羊腸小道。對此，中國工商開發協會副董事長、總裁兼中國工商信託公司的董事長鄒思義（Zou Siyi，音譯）先生有親身體會。作為歷史見證人，他向我們講述了中美兩國貿易門戶的如下發展歷程：開放─關閉─重新擴大開放─可能被美方再次關閉。鄒先生曾是一家總部設在美國的貿易公司的經理，該公司在一九四六至一九五一年，與中國貿易往來活躍。據他回憶，在一九四九年前，美國是中國最大的貿易夥伴，當時中國市場上的絕大部分進口貨物皆來自美國。但是，在美國政府對華施加貿易禁運之後，上述良好的貿易關係就在一九五〇年底破裂了。這一中斷整整持續了二十二年。

直到兩國於一九七二年簽署《上海公報》後，中美之間的商業及貿易往來才開始恢復。經過七年步履維艱的發展，中美貿易額已由零增長至十億美元。這無疑是一個進步。然而在兩個大國之間，這個數字畢竟還是太小了。

二十世紀八〇年代期間，中美兩國商業及貿易往來激增。一九七九年兩國建交，緊接著又簽署了一份貿易協定，該協定於一九八〇年二月正式生效。通過互相給予對方最惠國待遇，兩國經濟關係實現了正常化。

由於中美之間相互交流的商品種類繁多，所以，最惠國待遇問題不僅僅關乎商界人士，還關乎社會各階層的消費者。

鄒先生強調指出：「美國一些政客正試圖用最惠國待遇問題來懲罰中國」；「他們徹底錯了。他們不明白最惠國待遇協議是個雙向的條約。當該協議終止時，美國在中國也將失去最惠國待遇。因此，當他們對中國進行懲罰時，他們所懲罰的將不單單是中國，美國自己也包括在內。」

鄒先生說：「當今世界已非二戰剛結束後的情形。美國並沒有在任何種類的生產上都擁有壟斷地位。如果美國再次對中國施加貿易禁運，它就將在激烈的世界競爭中喪失優勢。」[6]

在以上第一流專業人士的評論及所羅門先生針對美國國會的聲明作出之前，中國駐美大使朱啟楨先生於一九九〇年五月十六日在洛杉磯向美國公眾發表了一次演講[7]，他雄辯地強調指出，中美兩國自一九八〇年起便相互給予對方的最惠國待遇極大地刺激了兩國經貿關係的迅速發展，假若終止這種最惠國待遇，則中美兩國同等受害。

此外，這位大使還作了如下深刻分析，指出：中美兩國的政治制度和文化背景不同，兩國在意識形態和價值觀念上迥異，這是不可避免的，我們必須要面對這一事實。但是，我們也不應忽略另一重要事實，即意識形態上的差異既沒有妨礙兩國在十八年前〔指1972年〕**再次打開大門相互接觸**，也沒有妨礙兩國在一九七九年建立外交關係。同樣，中美兩國雖然從來未曾以共同的社會制度或價值觀念作為基礎，然而，由於兩國擁有重要的共同利益，中美關係卻能夠產生並一直發展。因此，只要雙方齊心協力，就一定能夠在保留彼此間在價值觀念、意識形態及社會制度上的差異的同時，維護共同利益。另一方面，對中國施加壓力或制裁，絕非處理國與國間關係的正當途徑。這種做法過去行不通，現在仍然行不通。作為國際社會中的一個重要成員，中國是無法被孤立的。孤立中國的企圖過去從未得逞，現在，任何此類新企圖也注定要失敗。[8]

倘若將中國大使朱啟楨及其他人的評論作為一方，將美國助理國務卿所羅門的聲明作為另一方，兩相比較，便會產生有趣的「發現」。顯而易見，至少有以下三處值得注意：

第一，雖然雙方的基本政治立場和意識形態體系截然不同，但從根本上說，雙方在論及最惠國待遇這一相同問題時，所表達的呼聲相似，所依據的理由相仿，所得出的推論相像，甚至所使用的語言也極度相近。因此，雙方最終都得出了如下相同的基本結論：中美之間在經濟上相互依存，這使得中美兩個貿易夥伴同舟相處，如不互助「共濟」，就會兩敗俱傷！

第二，正如一句著名的諺語所言，「條條大路通羅馬」。該

諺語的合理前提是，循著不同路徑、來自四面八方的所有行人，都得有一個共同的目的地：羅馬。就當前所討論的最惠國待遇而言，是中美兩國的共同利益使得雙方不約而同地表達了類似的呼聲，使用了類似的語言。

第三，前述類似呼聲和語言並不意味著這是一方倣效或抄襲另一方，也不意味著誰從屬於誰，唯誰馬首是瞻，它只不過是**對事實的共同承認，對真理的共同尊重**而已。

三、燕子悄無聲，天暖翩然來

如前所述，從本質上看，當前針對是否應延長中國的最惠國待遇的辯論，其要點可以總結為：**美國的貿易門戶自一九七九年起就已經對中國重新開啟了，而且幅度很大，現在是否應再次關閉？**

但是，「一九八九年政治風波」後，許多外國朋友提出的主要問題卻著眼於：中國用以吸引外資的門戶開放政策是否會在將來的某個時候發生改變？這扇敞開的大門是否將會再次關閉？

在分析這一問題時，有必要列舉一下中國國家統計局最新發布的一系列數據：

利用外資工作已取得穩步進展。1990年中國簽署的利用外資的新協議總額達123億美元，比1989年增長7.4%。1990年實際利用外資額為101億美元，其中外商**直接**投資為34億美元；與1989年相比，這兩個數字都有所增大（強調是引者所加）。[9]

　　根據另一份統計資料，一九九〇年間中國簽署的外商直接投資合同總額達65.7億美元。[10] 比這更早的一份報導則是，自一九七九年七月一日中國第一部外資法頒布至一九八九年九月末，中國境內各類外商直接投資企業已由零增長至20175家，其所簽訂的外商投資企業合同總額達311.9億多美元，同一時期實際到位的外商投資達133.5億多美元。[11] 如果我們將一九九〇年度的外商投資額與前述一九七九至一九八九年的累計外商投資額作一比較，就可以**大致**發現，在一九九〇年的十二個月間，中國所吸收的外資額與此前123個月間中國所吸收的外資額之間，存在如下比例關係：

表3-12-1　一九七九至一九八九年與一九九〇年度外商投資額之比

期間	外商投資企業合同中規定的投資總額	實際到位的外商投資總額
1979年7月1日-1989年9月30日	311.9億美元	133.5億美元（123個月）
1990年1月1日-1990年12月30日	65.7億美元	34億美元（12個月）
百分比	21.06%	25.47%
（2個月：123個月）		

　　在一九九〇年這一年間，中國所簽訂的吸收外資合同總額及其中已到位的外資總額就已分別占了過去十年多時間相應總額的21%和25%，這種成就著實令人矚目。

　　正如有關報導所指出，中國一九九〇年所吸收的外資總量大幅增加，這其中當然也包括來自美國的若干重大投資。

　　例如：（1）美資熊貓汽車製造公司是中國目前最大的外資

企業，現在，該公司已在廣東省惠州市成立，建設工作也在順利進行中。該公司第一期投資額為2.5億美元。在未來的幾年中，其計劃投資額將達到十億美元。[12]

（2）美國麥克唐納·道格拉斯公司與中國上海航空工業公司簽訂了一份價值約2.6億美元的新合同，約定在上海組裝20架MD-80型巨型噴氣式飛機。該合同已於一九九〇年三月正式生效。[13] 據報導，麥克唐納·道格拉斯航空器公司（麥道公司）董事長兼首席執行官約翰·麥克唐納先生曾於一九九一年二月二日對北京進行了專訪。他建議麥道公司與中國進一步組建一個合資企業，中國有關機關回應說，這是一個「不錯的建議」中國方面將會予以支持。[14]

（3）一九九〇年五月，美資陽明（意為陽光照耀）造紙公司，在山東省青島市與中方當事人簽訂了一份土地開發合同，其第一期投資額為三千萬美元，而其在未來幾年中的計劃投資額將很快達到六億美元。[15]

（4）一九九一年一月二十四日，美國阿莫科東方石油公司與中國海洋石油總公司在得克薩斯州的休斯敦簽訂了一份特別補充協議，約定共同開採流花11-1油田。該油田是迄今為止在南中國海所發現的最大油田。依據該協議，這項工程總投資額可達五億美元，其中，中方參股51%，美方參股49%。[16]

此外，另有報導指出，在「一九八九年政治風波」後的一九九〇年間，其他一些巨額投資也正集中在中國的近海石油、汽車、核電設施、地鐵建設等方面。這些巨額投資分別來自英國、法國、聯邦德國及日本等。例如，一九九〇年六月中旬，中國與

英國一家公司簽訂了一份建立南海聯合石化公司的意向書。其總投資額將超過20億美元，雙方各持50%股份。[17]一九九〇年十二月九日，中國第二汽車製造廠與法國雪鐵龍公司在巴黎簽訂了一份生產轎車的合資經營企業協議。其總投資額約為46億元人民幣（8.83億美元），法國政府將對該工程提供巨額混合貸款。[18]

一九九〇年十一月二十日，德國大眾公司又與長春第一汽車製造廠簽訂了一份更大規模的合資協議。該項目總投資額為42億元人民幣（8.06億美元），中德雙方持股比例為6：4。[19]在此之前，一九九〇年三月七日，為上海地鐵建設提供三億美元政府貸款的特別協議也最終達成。這筆信貸主要由德國提供。[20]

一九九〇年七月，在西方七國休斯敦峰會上，日本首相海部俊樹首先宣布，終止自一九八九年六月起施行的對華「經濟制裁」。根據日本政府兩年前的承諾，日本計劃在一九九〇至一九九五年為中國42項建設工程提供8100億日元（相當於61.2億美元）貸款。目前，這個巨額貸款計劃業已解凍並付諸實施。[21]

緊步日本後塵，一九九〇年十月二十二日，歐共體12個成員國外長在一次於盧森堡舉行的會議上決定，立即取消對華政治、經濟及文化制裁。西方各國爭先恐後，正在開展新一輪的對華巨額貸款謀利的競逐。[22]

同時，近幾個月來，許多西方發達國家的部長相繼訪問北京，討論和安排下一步中外經濟合作問題。

根據以上統計數字和相關現象，我們應當從中得出什麼樣的推論呢？事實上，這至少表明了以下四點：

第一，在「一九八九年政治風波」後的一年多期間內，當政

客及外交家們還在就是否應對中國繼續施加經濟制裁一事爭論得不可開交、聒噪不已的時候，商人和投資家們卻已經不動聲色地繼續自行其是了：在中國更多地投資，更多地賺錢。

第二，「一九八九年政治風波」發生後，西方政客立即決定，中斷與中國的政府間高層接觸，對華施加經濟制裁，包括中止國際貸款。然而，通常說來，政客們最終還是要聽命於百萬富翁和億萬富翁們的。一旦百萬富翁尤其是億萬富翁們對是否應繼續對華開放貿易門戶、給予中國最惠國待遇斷然說「是」，奉行實用主義路線的政客們往往就得忙不迭地見風使舵，離開其原先的稱「否」立場而改弦更張。

第三，在「一九八九年政治風波」之後的這段時間裡，儘管中外經濟協奏曲的音響時高時低，抑揚頓挫，協奏曲的主旋律卻一直相當強大清晰，優美動聽。

第四，這些現象表明，「一九八九年政治風波」後，中國國內形勢日益平靜、穩定，同時，政治、經濟政策和外商投資法律環境也日益改善。因為，若那裡的「當地氣候」正值「嚴寒刺骨」的話，如燕子般敏感於天氣冷暖的國際投資者們就不會絡繹不絕地翩然而至。

四、有利於外國投資者的中國法律多面體上又新增六面

現在，讓我們簡要評述一下「一九八九年政治風波」後中國進一步吸引外資的政策制定及相關立法的主要發展。

（一）修訂了《中外合資經營企業法》

一九九〇年四月四日，第七屆全國人大第三次會議對中國第一部外商投資立法——一九七九年《中外合資經營企業法》進行了若干修改。[23] 這次修改主要包括以下幾點：

對合營企業不實行國有化或徵用。該法第2條新增了一個第三款，內容是：「國家對合營企業不實行國有化和徵收，在特殊情況下，根據社會公共利益的需要，對合營企業可依照法律程序實行徵收，並給予相應的補償。」[24] 這一修正，不僅符合國際通行做法，而且符合中國政府與外國政府間簽訂的投資保護協定中所規定的原則。[25] 它顯示了中國繼續堅持改革開放政策的決心，有助於增強海外投資者在中國投資興業的信心。

選任合營企業董事長。該法原第6條第一款規定：「董事會設董事長一人，由中國合營者擔任；副董事長一人或兩人，由外國合營者擔任。」[26]

根據本條，外國合營者無論其在合營企業中的投資額是多少，都不能擔任董事長一職。這顯然既不合情理，也不符合國際慣例。現改為：「董事長和副董事長由合營者協商確定，或者由董事會選舉產生。」[27]

合營企業的合營期限。該法原第12條規定：「合營企業合同期限，可按不同行業、不同情況，由合營各方商定。」[28] 根據該法幾年來的施行實踐以及從社會各界中徵求來的意見，第12條現已被修改為：「合營企業的合營期限，按不同行業、不同情況，作不同的約定。有的行業的合營企業，應當約定合營期限；有的行業的合營企業，可以約定合營期限，也可以不約定合營期

限。」[29]

此項修改事實上為合營企業無限期存續提供了可能，符合西方商業實踐中「合資企業」的標準概念。它將有助於鼓勵海外商人更關心企業的長期發展、技術轉型及拓展國際市場，從而有助於增加海外投資、避免短期行為。[30]

社會公眾，尤其是海外商人相信，合資經營企業法的上述各項修正符合國際慣例，將有利於消除海外投資者的疑慮。

（二）頒布了《外商投資開發經營成片土地暫行管理辦法》

在社會主義制度下，中國的一切土地只能由國家或集體所有。中國的一九八二年《憲法》規定：「任何組織或者個人不得侵占、買賣、出租或者以其他形式非法轉讓土地。」[31]根據該法，土地只能劃撥給組織或個人使用，土地租賃在當時是被禁止的。

自一九八二年以來，中國經濟改革及開放政策迅速發展，這就為人們重新考慮土地租賃及轉讓問題，提供了一股持續不斷的強勁動力。中國的一些官員開始深入思考改革舊的、僵化的、蘇聯模式的土地所有制問題。一九八八年四月十二日，上述憲法條文修改為：「任何組織或者個人不得侵占、買賣或者以其他形式非法轉讓土地。土地使用權可以依照法律的規定轉讓。」[32]

一九九〇年五月九日，國務院制定了《中華人民共和國城鎮國有土地使用權出讓和轉讓暫行條例》（以下簡稱《暫行條例》）及《外商投資開發經營成片土地暫行管理辦法》（以下簡稱《暫行辦法》。[33]

　　根據《暫行條例》，國家可以將土地使用權出讓給境內外土地使用者使用，使用期限自四十年至七十年不等。土地使用者可以將其使用權轉讓、出租、抵押、出賣、交換或贈與他人。

　　《暫行辦法》規定了經濟特區、沿海開放城市和沿海經濟開發區內的外國企業開發使用成片土地的問題。[34] 其主要目的在於吸引外資開發經營成片土地，從而開發中國的基礎設施。

　　依《暫行辦法》開發成片土地的外國投資者可以享有以下合法「特權」：將已開發土地的使用權轉讓給其他企業或／和個人；對地面建築物從事轉讓或出租的經營活動。開發企業可以吸引投資者受讓國有土地使用權，興辦企業，[35] 但是，開發企業在其開發區域內沒有行政管理權，其與其他企業的關係是商務關係而非行政關係。[36]

　　這些有關土地租賃及土地使用權出讓、轉讓的新立法，甚至還包括了中國憲法的一項修正案。中國自一九四九年以來便沒有地產市場了，但這些新立法卻在事實上創造著一個嶄新、巨大的地產市場。正如有關報導所指出，這個新創的地產市場蒸蒸日上，前景無限，它對那些雄心勃勃、志在贏得巨利的外商說來，其吸引力更是與日俱增。一些專家預測，在接下去的幾年中，將會有數十億美元注入中國的地產租賃市場。[37]

（三）廣闊開放了「經濟心臟」的周邊地區——上海浦東

　　一九九〇年四月十五日，國務院批准了上海市提出的一項計劃，運用一系列特殊政策開放其三五〇平方公里的浦東郊區，以促進外商投資和對外貿易，人們認為，這是擴大對外開放的一項

嶄新的重要戰略措施。

上海位於太平洋西岸，是一個具有相當影響力的國際大都市。它在中國經濟發展中起著舉足輕重的作用，號稱中國的「經濟心臟」。從世界範圍上看，許多江河沿岸的城市皆地跨相關江河的兩岸。然而，由於黃浦江兩岸間跨江交通不便，上海的經濟發展重心一直偏安於黃浦江西岸，也即上海市中心，上海的市政、金融、貿易中心皆雲集於此。相形之下，位於黃浦江東岸的浦東地區發展緩慢，相當落後。

現在，有關開發及發展浦東新區的九項新立法已於一九九〇年九月十日出臺，[38] 這便為浦東提供了方便、利好的外商投資環境。

上述新規定之一是，將浦東外高橋保稅區指定為開放性多功能區。在該保稅區內，外商可以從事貯存、出口貨物加工、銷售、運輸貿易和金融服務。它將成為中國最大的開放性保稅區，而最終將發展成為自由港。

《上海市外高橋保稅區管理辦法》規定，從境外進口運入保稅區的供保稅區使用的機器、設備、基建物資等，為加工出口產品進口的原材料、零部件、元器件等，供儲存的轉口貨物，以及在保稅區內加工運輸出境的產品，都免領進出口許可證，免徵關稅和工商統一稅。[39]

這些新出臺的規定為潛在的外商投資提供了更廣闊的活動天地，包括建立外國銀行及其分支機構，建立中外合資銀行、中外合資財務公司、房地產公司，從事零售和諮詢服務。

《關於上海浦東新區鼓勵外商投資減徵、免徵企業所得稅和

工商統一稅的規定》將適用於經濟技術開發區和經濟特區的稅收優惠引入了浦東新區，並且另外增加了一些優惠待遇。例如，從事機場、港口、鐵路、公路、電站等能源、交通建設項目的外商投資企業，減按百分之十五的稅率徵收企業所得稅。其中，經營期在十五年以上的，從開始獲利年度起，第一年至第五年免徵企業所得稅，第六年至第十年減半徵收企業所得稅。[40]

根據總規劃，已擴大了的上海市區連同當前正在開發的浦東新區，合計起來總面積將為六一〇平方公里，大致相當於新加坡那麼大。曾有人把中國的海岸線比作一張弓，把中國長江（揚子江）比作一支箭，而坐落於該海岸線中心點及長江入海口的上海，則是箭頭利鏃。上海具有得天獨厚的優越地理位置，工業基礎雄厚，科技力量堅實，各行各業菁英薈萃，國際連繫十分廣泛。我們完全可以相信並期待：通過貫徹實施擴大對外開放的新政策及相關立法，上海必將成為「第二個香港」[41]。

（四）統一了針對外國投資者的稅法並給予了更多優惠

一九九〇年十二月二十日，中國立法機關審議了一份針對中國境內的中外合資經營企業、中外合作經營企業和外資企業的統一企業所得稅法草案。[42]

目前，中國內地對不同類型的合資企業分別徵稅：對中外合資經營企業依照一九八〇年的一部特別法徵稅，適用33%的比例稅率；[43]對中外合作經營企業和外資企業則依據另一部一九八一年的特別法徵稅，適用30%至50%（包括地方稅）的累進稅率。[44]新草案廢除了適用於外資企業和中外合作經營企業的累

進稅率體系，引入了對各類外商投資企業一視同仁的低檔稅率體系，建議的統一稅率為33%，也即當前適用於中外合資經營企業的稅率。實際上，這將意味著中外合作經營企業和外資企業可以交更少的所得稅。

一九八〇年《中外合資經營企業所得稅法》規定，合營企業外方合營者將利潤匯往國外的，須繳納10%的代扣代繳所得稅。新草案取消了這一規定。[45]

據報導，這個對外國投資者更為優惠的新的統一企業所得稅法正處於立法的最後階段，不日即將出臺。[46]

（五）實施了《行政訴訟法》

一九八九年四月四日，全國人民代表大會通過了《行政訴訟法》。一九九〇年十月一日，該法正式開始實施。[47]該法在中華人民共和國成立四十一週年這一天開始實施，這其中有著非同尋常的意義。

根據該法規定，無論是中國公民、法人、其他組織，還是外國人、外國組織，認為任何行政機關或其工作人員的具體行政行為侵害了自己的合法權益的，都可以向人民法院提起訴訟，並且訴權相同。他們有權請求撤銷具體行政行為，有權請求賠償。[48]人民法院應依法行使對行政案件的審判權，不受行政機關、社會團體或個人的干涉。[49]

任何人都擁有對政府提起訴訟的憲法權利，這對西方發達國家的公民說來，是最淺顯不過的常識。然而，考慮到中國歷史上長期存在的封建制度及排外情緒的影響，人們對該法的這些條款

給予了很高評價，認為這是民主道路上的重要進展，是對中國普通大眾及外國人的有效法律保護。

該法第11條列舉了受該法調整的各種具體行政行為，[50]其中一些與在華外國投資者的利益尤為息息相關。比如，行政機關侵犯法律規定的經營自主權；符合法定條件申請行政機關頒發許可證和執照，行政機關拒絕頒發或不予答覆；申請行政機關履行保護人身權、財產權的法定職責，行政機關拒絕履行或不予答覆；行政機關違法要求履行義務；對諸如拘留、罰款、吊銷許可證和執照、責令停產停業、沒收財產等行政處罰不服；對限制人身自由、查封、扣押、凍結財產等行政強制措施不服；行政機關侵犯其他人身權、財產權。

除此之外，人民法院還應對依法律、法規和規章提起行政訴訟的其他案件予以受理和審判。例如，外商投資企業如與稅務機關就稅款繳納發生爭議，可在按規定先繳納稅款後向上一級稅務機關申請複議；對複議決定不服的，可向當地法院起訴。[51]

（六）接受了 ICSID 體制

經過長達十年的猶豫和爭論，中國終於簽署了一九六五年《華盛頓公約》，並於一九九〇年二月九日予以批准，這著實令人矚目。它意味著中國現在基本上同意，將中國政府與外國投資者之間的一些投資爭端提交設在美國華盛頓特區的「解決投資爭端國際中心」解決，接受該中心的管轄與仲裁。在華盛頓特區舉行的簽字儀式上，世界銀行副總裁兼ICSID祕書長希哈塔（I. Shihata）先生特別指出：「在八〇年代末，中國所吸引的外資數

量比任何其他發展中國家都要多。」他還希望,「中國取得《華盛頓公約》成員國資格將有助於中國進一步大力改善投資環境,吸引更多的外商投資」[52]。

中國是否應參加一九六五年《華盛頓公約》並接受ICSID體制,這一問題曾在中國法學界的著名學者中廣為討論過,並引起了很大爭議。人們看待這一問題的視角各不相同。大體說來,主要有三種觀點:(1)從速締約,促進開放;(2)珍惜主權,不宜締約;(3)加強研究,審慎締約。[53]

只有緊密連繫中國國內在過去十年間對此曾長期討論和爭論這一背景,人們才能深刻體會出,中國最終簽署一九六五年《華盛頓公約》並於一九九〇年二月接受ICSID體制這一事實的確表明,中國政府已經作了一個艱難、審慎,然而又堅定的擴大對外開放的決定。

五、娃娃與洗澡水

「一九八九年政治風波」發生後,主要是一九九〇年,中國修正了《中外合資經營企業法》,制定了《外商投資開發經營成片土地暫行管理辦法》,進行了開放上海周邊地區的立法,統一了外商投資企業所得稅法並使之更為優惠,實施了《行政訴訟法》,接受了ICSID體制。這六項新舉措猶如六個嶄新的面,它們共同構成了中國境內優待外國投資者的法律多面體的新特徵。此新增六面與該法律多面體的其他面共有這樣一個核心:有利於進一步吸引外資。

上述六大舉措通過實體法或程序法，通過國內法或國際條約，使中國的外商投資法律環境得到了持續性的改善，這昭示了中國擴大對外開放的堅定決心。

最近，這種堅定決心又在中國基本文獻中一再地予以宣布和強調。其中一種典型的權威表述出現在一九九〇年十二月三十日通過的《中國共產黨第十三屆中央委員會第七次全體會議公報》上。

這次全體會議通過了中共中央關於制定國民經濟和社會發展十年規劃（1991-2000）和「八五」計劃的建議。在制定和實施該十年規劃和八五計劃時，有五項必須恪遵的基本原則，其中之一內容如下：

堅定不移地推進改革開放……要在總結80年代改革開放經驗的基礎上，依據生產力發展的要求，使改革不斷深化，開放進一步擴大……要保持對外開放政策的穩定性和連續性，把經濟特區辦得更好，鞏固和發展現有的經濟技術開發區、開放城市和開放地帶。[54]

公報中著重強調要保持「對外開放政策的穩定性和連續性」，這是因為，人們已經承認，對外開放政策並非純屬主觀願望，而是客觀急需的反映，故這一政策將保持長期不變。換言之，從總體上說，這一基本國策已深深地、穩穩地植根於其本身所帶給中國的巨大物質利益之中了。雖然對外開放政策產生了一些副作用，也給中國有關機關帶來了一些麻煩，但事實上，在華

外資一直在推動中國國民經濟增長，提高企業的技術和管理水平，創造越來越多的就業機會，擴大外貿出口，刺激鄉鎮企業發展。

正如一句廣為人知的箴言所說，「別把娃娃與洗澡水一起潑掉」。中國人懂得如何依據上述箴言行事，懂得他們必須先把娃娃抱起來，然後才潑掉洗澡水。這就是「一九八九年政治風波」後，中國對外開放的大門比過去更加敞開的原因所在。

注釋

* 「1989年政治風波」發生後，美國當局隨即夥同西方其他經濟大國對中國實施「經濟制裁」，並在國際輿論中掀起陣陣反華叫囂，中美交惡。1990年7月間，筆者應聘在美國俄勒岡州西北法學院擔任客座教授。受該院院長斯蒂芬・康德教授（Professor Stephen Kanter）之托，為當地「律師繼續教育課程班」（The Program of Continuing Education for Lawyers）作了專題演講，針對當時美國流行的種種對華誤解、疑慮、曲解和抨擊（諸如「中國即將重新閉關自守」；「中國吸收外資的法律環境急遽惡化」；「對華投資，風險太大」；「應當繼續對華制裁，不應給予最惠國待遇」等等），通過擺事實，講道理，逐一澄清是非，以正視聽，並即席回答了聽眾提出的若干問題。

本文依據當時的演講內容整理補充而成，題為To Close Again, Or To Open Wider: The Sino-U. S. Economic Interdependence and the Legal Environment for Foreign Investment in China After Tiananmen，原文發表於俄勒岡州《律師》（*The Advocate*）雜誌1991年第十卷第二期。

1991年5月23日，中國駐美國舊金山總領館負責人朱文德先生收讀上述論文後，致函陳安教授稱：「很欣賞你的智慧、才幹和勇氣。此舉很有意義。由此，使我聯想到，如果我們的學者和學生中能有一批像你這樣的民間大使，對反駁美政壇對我國的非難以及消除一些美國友人的疑慮和誤解，無疑將起到非同一般的影響和作用。謝謝你利用講學、研究之餘，抽時間、尋機會為宣傳中國所做的工作。」（見本書第七編「來函選

輯」B部分之（九））

文中所摘引的條約、法律、法規以及有關數據，均以1991年當時現行有效者為準。閱讀時請注意查對1991年以來的有關發展情況。

本文由廈門大學國際經濟法研究所博士、廣西大學副教授魏豔茹譯成中文，謹此致謝。

〔1〕 See China and MFN: Engagement, Not Isolation, Is Catalyst for Change, a statement by Richard H. Solomon, Assistant Secretary for East Asian and Pacific Affairs, before the Subcommittee on East Asian and Pacific Affairs of the Senate Foreign Relations Committee, 6 June 1990, Current Policy No. 1282, published by the U. S. Department of State.

〔2〕 See China and MFN: Engagement, Not Isolation, Is Catalyst for Change, a statement by Richard H. Solomon, Assistant Secretary for East Asian and Pacific Affairs, before the Subcommitee on East Asian and Pacific Affairs of the Senate Foreign Relations Committee, 6 June 1990 , Current Policy No.1282, published by the U. S. Department of State, p.2.

〔3〕 Ibid., p.5.

〔4〕 Ibid., p.7.

〔5〕 See Most-Favored-Nation Status: China, U. S. in the Same Boat, *Beijing Review*, 4-10 June 1990, p.32.

〔6〕 Most-Favored-Nation Status: China, U. S. in the Same Boat, *Beijing Review*, 4-10 June 1990, pp.33-34.

〔7〕 Zhu Qizhen, Most-Favored-Nation Status: Cornerstone of China-U. S. Relations, a speech delivered at a dinner meeting sponsored by the World Affair Council, Beijing Review, 28 May-3 June 1990, pp.29-33.

〔8〕 Ibid., p.32.

〔9〕 Statistical communiqué of the State Statistical Bureau of the People's Republic of China on National Economic and Social Development in 1990 (Feb. 22, 1991), *Beijing Review*, 11-17, Mar. 1991, p. VI

〔10〕 See li Ming, 1990: Foreign Investment Grows, *Beijing Review*, 4-10 Feb. 1991, p.42.

〔11〕 See Report: China's Enterprises with Foreign Investment Exceed 20,000 Unit, revealed by Zheng Tuobin, Minister of Foreign Economic Relations & Trade, *People's Daily* (overseas ed.) 31 Oct. 1989; Chu Baotai: The Past and the Future of Absorbing Foreign Investment in China, *International Trade* (monthly, an organ of the MOFERT, PRC) IX, 1989, p.7.

〔12〕 See The Panda Auto Project Proceeding, *The World Journal* (an American daily news in Chinese, published in Calfornia), Jun. 6 1990, p.11. See also The Panda Auto Factory, *Beijing Review*, 2-8 Jul. 1990, p.42.

〔13〕 See Sino-U. S. Aviation Ties Continue, *Beijing Review*, 30 Apr. -6 May 1990, p.30.

〔14〕 See Li Peng Meets McDonnell Douglas Chairman, FBIS, China, 4 Feb. 1991, p.12. See also Li Seeks Links in Aircraft Production, *China Daily*, 4 Feb. 1991, p.1.

〔15〕 See China's First Export-Processing Zone Invites Investors, *People's Daily* (overseas ed.), 24 Aug.1990,p.3. See also *Beijing Review*,10-16 Sept. 1990, p.40.

〔16〕 See Sino-U. S. Cooperation in Exploiting Biggest Oil Field in South China Sea, *People's Daily* (ov. ed.) 28 Jan. 1991, p.1. See also Sino-U. S. Pact signed to Develop Offshore Oil, *China Daily*, 26 Jan. 1991, p.2.

〔17〕 See Sino-British Petrochemical Project, *Beijing Review*, 25 Jun. -1 Jul. 1990, p.44.

〔18〕 See Largest Sino-French Joint Venture, *Beijing Review*, 7-13 Jan. 1991, p.42.

〔19〕 See Sino-Germiany Establish Biggest Auto Joint Venture in China, *People's Daily* (ov. ed.) 21 Nov. 1990, p.1. See also Sino-Foreign Auto Enterprises Grow, *Beijing Review*, 14-20 Jan. 1991, p.40.

〔20〕 See Foreign Credit for Shanghai Subway, *Beijing Review*, 9-15 Apr. 1990, p.38.

〔21〕 See Japan Loans 36. 5 Billion Yuan to China, *People's Daily* (ov. ed.), 3 Nov. 1990, p.1. See also New Japanese Loans to China, *Beijing Review*, 26 Nov.-2 Dec. 1990, p.40.

〔22〕 See France, Britain, Germany to Resume Financial Cooperation with China, *China Economic News* (Weekly, Hong Kong), 21 Jan. 1991, p.3.

〔23〕 The Law of the People's Republic of China on Joint Ventures Using Chinese and Foreign Investment (amended on Apr. 4, 1990), *People's Daily* (ov. ed.), 7 Apr. 1990, pp.1-2; *Beijing Review*, 7-13 May, pp.31-32.

〔24〕 Ibid.

〔25〕 For example, Article 4 (2) of The Agreement Between the Government of The People's Republic of China and the Government of the Republic of France on the Reciprocal Promotion and Protection of Investments provides:

Neither Contracting party shall take any expropriation and nationalization measures of any other measures that have the same effect in its territory of sea areas against investments made by investors of the other Contracting Party, except those measures carried out for public purpose, on the basis of non-discrimination nature, in line with relevant legal procedures and with compensation. In case an expropriation measure is adopted, appropriate compensation shall be given. The principle and rules for calculating the amount of compensation and governing the form of payment shall be determined not later than the date on which the expropriation is implemented. The compensation shall be actually realizable, be paid without undue delay and be freely transferable. The formula for calculating the compensation payment and the specific methods shall be formulated in the Annex which shall be constituted as part of this Agreement.

And, the related Annex provides: "The amount of compensation mentioned in Article 4 (2) shall be equivalent to the actual value of the relevant investment." See Owen D. Nee, Jr. ed., Commercial, Business and Trade Law, People's Republic of China, V. III., booklet 26, Oceana Publications, 1989, pp.4, 11.

There was a debate on the legislation of nationalization in China during 1985-1988. See An Chen: Should an Immunity from Nationalization for Foreign Investment Be Enacted in China's Economic Law? in Legal Aspects of Foreign Investment in the People's Republic of China, (Hong Kong), 1988, pp.39-53.

〔26〕 See Owen D. Nee, Jr. ed., Commercial, Business and Trade Law, People's Republic of China, V. I., booklet 3, Oceana Publications, 1989, p.53.

〔27〕 The Law of the People's Republic of China on Joint Ventures Using Chinese and Foreign Investment (amended on Apr. 4, 1990), *People's*

Daily (ov. ed.), 7 Apr. 1990 , pp.1-2; *Beijing Review*, 7-13 May, pp.31- 32.

〔28〕 See Owen D. Nee, Jr. ed. , Commercial, Business and Trade Law, People's Republic of China, V. I., booklet3, Oceana Publications, 1989, pp.56-57.

〔29〕 The Law of the People's Republic of China on Joint Ventures Using Chinese and Foreign Investment (amended on 4 Apr. 1990), *People's Daily* (ov. ed.), 7 Apr. 1990, pp.1-2; *Beijig Review*, 7-13 May, pp.31-32.

〔30〕 See Report: China's NPC Examines J V Law Amendments, *People's Daily* (ov. ed.), 30 May 1990, p.1; Pan Gang: Favorable Environment Created for Foreign Businessmen, *People's Daily*, 31 Mar. 1990, p.3 ; liu Xiao & Pan Gang: A New Landmark of Opening Outward, *People's Daily*, 5 Apr. 1990 , p.3; Li Ping: A Major Step to Improve Investment Climate, *Beijing Review*, 7-13 May, 1990; Amended Chinese-Foreign Equity Joint Venture Law, *China Current Laws (Hong Kong)*, 12 J June 1990. pp.1-5.

〔31〕 Art. 10, § 3-4, The Constitution of the People's Republic of China (adopted by the 5th Session of the 5th National People's Congress on December 4, 1982), Complete Collection of the Laws of the People's Republic of China (1989), p.3. See also Owen D. Nee, Jr. ed., Commercial, Business and Trade Law, People's Republic of China, V.III, booklet 16, Oceana Publications, 1989, p.10.

〔32〕 Amendments to the Constitution of the PRC (adopted by the 1st Session of the 7th NPC on April 12, 1988), Complete Collection of the Laws of the People's Republic of China 1989, p.17.

〔33〕 See *People's Daily* (ov. ed.), 26 May 1990, p.3. See also *China Economic News (Hong Kong)* 18 June 1990, pp.8-10; *China Current Laws (Hong Kong)*, Sept. 1990, pp.1-4.

〔34〕 See Art. 18, Interim Administrative Measures for Foreign Investment in the Development and Management of Tracts of Land, *People's Daily* (ov. ed.), 26 May 1990, p.3. See also *China Economic News (Hong Kong),* 18 June 1990, pp.8-10; *China Current Laws (Hong Kong)* Sept. 1990, pp.1-4.

〔35〕 Art. 10, § 1, id.

〔36〕 Art. 4, § 3, id.

〔37〕 As reported by Xiang Wei, for example, The city of Tianjin first grabbed world media attention last year when it clinched the biggest deal with the American MGM Development CO. which agreed to pay U. S. $ 17.2 million for a 70-year-lease on 5.36 square kilometers of land—$ 3.20 a square meter. Shanghai also leased three tracts of land to Hong Kong and Japanese developers, racking up an income of U. S. $ 47 million in the transfer rents.

The boom has doubled and doubled the rent of land in the past two yeas. Government statistics show that the average rent for a square meter of land soared to 429.5 yuan last year from 107 yuan in 1988. From the viewpoint of international real-estate market, it is, of course, still very cheap.

〔38〕See Premier Li Meets the Press, *People's Daily* (ov. ed.), 5 Apr 1990, p.1. See also *Beijing Review,* 16-22 Apr. 1990. See also Xiang Wei: Land Leasing Gains Much Momentum, *China Daily*, 17 Dec. 1990, p.3.

〔39〕See Art. 10, 13, Customs Measures, id., pp.8, 9.

〔40〕See Art. 4 .id.

〔41〕See Jin Bian, Pudong—An Open Policy Showcase, *Beijing Review,* 16-22 Jul. 1990, pp. 23-25; Ge Mu, Rules Add to Pudong's Appeal to Investors, *Beijing Review*, 22-28 Oct. 1990, pp.16-19; Dai Gang, Shanghai's Pudong Project in Full Swing, *Beijing Review,* pp.20-24; Fei Xiaotong, Turning Shanghai into a Mainland Hong Kong, *Beijing Review*, pp.25-27.

〔42〕See China's New Tax Law for Foreign-Invested Enterprises Being Examined, People's Daily (ov.ed.), 21 Dec. 1990, p.4. See also Adoption of Unified Tax Law Set, China Daily, 21 Dec. 1990, p.1; Wang Bingqian Explains Draft Tax Law, FBIS, China, 20 Dec. 1990, p.23.

〔43〕According to Art. 3 of China's Income Tax Law Concerning Sino-Foreign Joint Ventures, the income tax rate on joint ventures shall be 30%. In addition, a local income tax of 10% of the assessed income tax shall be levied. See Owen D. Nee, Jr. ed., Commercial, Business and Trade Law, People's Republic of China, V. I. booklet 5, Oceana Publications 1989, p.15.

〔44〕Arts. 3 and 4 of China's Income Tax Law Concerning Foreign Enterprises stipulate that the income tax of foreign enterprises shall be computed at progressive rate of 20% to 40%. On the basis of their taxable income, and in addition, foreign enterprises shall pay a local income tax of 10% of the same taxable income. See Owen D. Nee, Jr. ed., Commercial, Business and Trade Law, People's Republic of China, V. I. booklet 5, Oceana Publications 1989 , pp.75-76.

〔45〕Art. 4, see Owen D. Nee, Jr. ed., Commercial, Business and Trade Law, People's Republic of China, V. I. booklet 5, Oceana Publications 1989, p.16.

〔46〕Later on April 9, 1991, the Income Tax Law of the PRC for Enterprises with Foreign Investment and Foreign Enterprises was formally promulgated, and then effective as of July 1, 1991.

〔47〕See Arts. 2, 71, The Administrative Procedure Law of the People's Republic of China, Complete Collection of the Laws of the People's Republic of China (1989), pp.2125, 2130. See also *China Current Laws (Hong Kong)*, Oct. 1989, pp.7.15.

〔48〕Ibid.

〔49〕See Art. 3, id., Collection, p.2125. See also *China Current Laws (Hong Kong)*, Oct. 1989, p.7.

〔50〕See Art. 11, id., Collection, pp.425-426. See also *China Current Laws (Hong Kong)*, Oct. 1989, pp.7-8.

〔51〕See Art. 15, China's Income Tax Law Concerning Sino-Foreign Joint Ventures Art. 16, China Income Tax Law Concerning Foreign Enterprises, in Owen D. Nee, Jr. ed. , Commercial, Business and Trade Law, People's Republic of China, V.I. booklet5, Oceana Publications, 1989, pp.119, 80.

〔52〕See Clina signs the ICSID Convention, *News from ICSID*, Vol. 7, No. 1, Winter 1990, p.2.

〔53〕See Jin Kesheng, The 1986 Annual Academic Discussion of Chinese Society of International Law, *China's Yearbook of International Law*, 1987, pp.462-471. See also An Chen, Some Comments on ICSID (1989), Substitute Preface, pp.27-46.

〔54〕Communiqué of the 7th Plenary Session of the 13th Central Committee of the Communist Party of China, 7-13 Jan. 1991, p.32. See also "Full Text" of CPC Plenum Communiqué, FBIS, China, 31 Dec. 1990, pp.12-13.

第 13 章

中國對歐洲在華直接投資的法律保護及其與國際慣例的接軌*

↳ 內容提要

迄一九九六年四月為止，在中國已經基本形成比較完備的、既具有中國特色又與國際慣例大體上接軌的外商投資法律體系，為切實保護在華外商投資奠定了堅實的基礎。當前，中國的經濟體制正在從傳統的計劃經濟體制積極地向社會主義市場經濟體制實行根本性的轉變，相應地，中國給予在華外商投資的法律保護，也正在從國內立法和國際締約這兩大方面，繼續作出努力，並逐步實行必要的調整和加強，使這種法律保護，更加有力、周密和完善，並進一步與國際上通行的做法，互相銜接。

↳ 目次

（一）逐步統一內外資企業政策

（二）公布《外商投資產業指導目錄》

（三）做好外商投資特許權項目（BOT）等新投資方式的試點

（四）大幅降低進口關稅，取消進口關稅的某些優惠

（五）實施新修訂的《外匯管理條例》

三、中國參加締結的國際條約對在華外資的保護

（一）雙邊協定給予的保護

（二）國際公約給予的保護

　　歐洲各國在華直接投資（以下簡稱「歐洲在華投資」），是外國在華直接投資（以下簡稱「外國在華投資」）的一個重要組成部分。

　　中國對外國在華投資實行法律保護的基本原則和具體規定，從整體上說，同樣適用於歐洲在華投資。但由於歐洲各國有關保護海外投資的法制各有不同，它們與中國分別簽訂的有關相互保護投資的雙邊協定，在具體條款內容上也略有差異，所以，歐洲各國在華投資所受到的法律保護又有各自的某些特點。

　　一九七九年中國實行改革開放基本國策以來，迄今已經制定和實施了一系列、多層次的國內法律規範，用以保護、鼓勵和管理外商在華投資。同時，已經參加締結了一系列、多種類的國際條約（包括雙邊國際協定、國際公約等），以加強對在華外資實行國際法上的保護。因此，可以說，到一九九六年四月為止，在中國已經基本上形成比較完備的、既具有中國特色又與國際慣例大體上接軌的外商投資法律體系，為切實保護在華外商投資奠定

了堅實的基礎。當前，中國的經濟體制正在積極地實現從傳統的計劃經濟體制向社會主義市場經濟體制的根本性轉變，相應地，中國給予在華外商投資的法律保護，也正在從國內立法和國際締約這兩大方面，繼續作出努力，並逐步實行必要的調整和加強，使這種法律保護更加有力、周密和完善，並進一步與國際上通行的做法互相銜接。

一、中國國內法對在華外資的保護

（一）憲法給予的保護

《中華人民共和國憲法》第18條第二款規定：「在中國境內的外國企業和其他外國經濟組織以及中外合資經營的企業，都必須遵守中華人民共和國的法律。它們的合法的權利和利益受中華人民共和國法律的保護。」憲法是國家的根本大法。在憲法中載明保護外國投資的基本原則，具有兩個意義：第一，體現了中國政府保護在華外資的誠意和決心及對外資高度的重視；第二，為中國的涉外投資立法確定了根本性的指導原則，奠定了主要基礎。在中國涉外投資立法體系中，無論是制定中國國內的各種單行法規，還是中國參加簽訂的各類國際條約（包括雙邊、多邊條約以及國際公約），都必須以中國憲法所確立的保護外商在華投資的原則作為最高的準則和指南。

（二）基本民商法、經濟法和訴訟法給予的保護

在中國的民商法、經濟法系列中，有一類基本性的法律規

範，普遍適用於中國境內的一切自然人和法人，而並不問其國籍所屬，諸如《中華人民共和國民法通則》《中華人民共和國公司法》《中華人民共和國商標法》《中華人民共和國專利法》《中華人民共和國著作權法》《中華人民共和國票據法》《中華人民共和國擔保法》《中華人民共和國保險法》《中華人民共和國海商法》等等，均屬此類。這些法律規範對於中國境內的一切自然人和法人的一切合法權益，包括財產所有權和與財產所有權有關的財產權、債權、知識產權（含著作權、專利權、商標權）、人身權、企業經營管理自主權等等，都本著「法律面前人人平等」的原則，給予一視同仁的切實保護。在華的外商投資企業和外商個人，在上述各項民、商事基本權利方面所享有的法律保護，其範圍、程度和力度，都與中國法人和自然人無異。換言之，在華外商投資企業和外商個人的上述民商事基本權利遭到任何非法侵害，都可以與中國的內資企業和中國公民一樣，尋求相應的法律保護，排除侵害，並獲得賠償。

《中華人民共和國民法通則》第41條第二款明文規定：「在中華人民共和國領域內設立的中外合資經營企業、中外合作經營企業和外資企業，具備法人條件的，依法經工商行政管理機關核准登記，取得中國法人資格。」這就為中國境內外商投資企業在民商事基本權利和權益方面享有與內資企業完全同等的法律保護提供了最基本的法律依據。

《中華人民共和國民事訴訟法》規定：外商在中國法院起訴、應訴，享有與中國公民、法人同等的訴訟權利，承擔同等的訴訟義務（第5條）。《中華人民共和國行政訴訟法》也有同樣的

規定（第71條）。

值得注意的是，中國的上述這些基本民商法、經濟法和訴訟法，都是自二十世紀八〇年代中期以來逐步制定的。在立法過程中，既立足於中國國情，又充分借鑑和適當移植了當代世界各國同類立法的通行做法，在切實保護民事主體自然人與法人的基本民事權利方面，其內容、廣度、深度和力度，都是符合當代世界立法先進水平，因而也是與國際先進慣例互相銜接和基本一致的。

（三）涉外投資立法給予的保護

各類涉外投資立法以類似的文字，重申和貫徹憲法規定的上述保護外資原則，而又分別加以**具體化**：

《中華人民共和國中外合資經營企業法》（1979年7月公布施行，1990年修正，以下簡稱《合資企業法》）第2條第1款規定：「中國政府依法保護外國合營者按照經中國政府批准的協議、合同、章程在合營企業的投資、應分得的利潤和其他合法權益。」

《中華人民共和國外資企業法》（1986年4月公布施行，以下簡稱《外資企業法》）第4條第一款規定：「外國投資者在中國境內的投資，獲得的利潤和其他合法權益，受中國法律保護」。

《中華人民共和國中外合作經營企業法》（1988年4月公布施行，以下簡稱《合作企業法》）第3條第一款規定：「國家依法保護合作企業和中外合作者的合法權益。」

《中華人民共和國對外合作開採海洋石油資源條例》（1982年1月公布施行，以下簡稱《合作開採海上石油條例》）第3條第

一款規定：「中國政府依法保護參與合作開採海洋石油資源的外國企業的投資，應得利潤和其他合法權益，依法保護外國企業的合作開採活動。」

《中華人民共和國對外合作開採陸上石油資源條例》（1993年10月公布施行，以下簡稱《合作開採陸上石油條例》）第4條規定：「中國政府依法保護參加合作開採陸上石油資源的外國企業的合作開採活動及其投資、利潤和其他合法權益。」

各類涉外投資立法給予在華外資的具體保護或**法律保證**，主要體現在有關嚴格限制徵收外資、方便投資外商的本利匯兌、給予投資外商優惠待遇、對投資外商「有約必守」以及公平解決涉外投資爭端等五個基本方面。

1. 從法律上保證嚴格限制徵收外資

《合資企業法》第2條第三款明文規定：「國家對合營企業不實行國有化和徵收；在特殊情況下，根據社會公共利益的需要，對合營企業可以依照法律程序實行徵收，並給予相應的補償。」

《外資企業法》第5條有相同的明文規定。

《合作開採陸上石油條例》第5條則規定：「國家對參加合作開採陸上石油資源的外國企業的投資和收益不實行徵收。在特殊情況下，根據社會公共利益的需要，可以對外國企業在合作開採中應得石油的一部分或者全部，依照法律程序實行徵收，並給予相應的補償。」

上述規定表明，中國對外商投資的徵用問題持十分慎重和嚴格限制的態度。在一般情況下，作為一項基本原則，中國對外商在華投資的企業不實行國有化和徵收；同時，作為一種例外規

定，保留在特殊情況下可依法行使的徵收權。簡言之，即「留權在手，但決不濫用」。

所謂「特殊情況」，主要指發生戰爭、戰爭危險、其他緊急狀態以及嚴重自然災害等不可抗力事故。關於徵收的補償標準，上述規定採用的「相應的補償」的概念並非新的補償標準，而是一九七四年聯合國大會通過的《各國經濟權利和義務憲章》確立的「適當補償」原則的體現。「相應的補償」對於其所屬國同中國訂有雙邊投資保護協定的外國投資者而言，是根據「適當補償」原則和有關協定條款給予的補償；對於其他外國投資者而言，是根據「適當補償」原則給予的補償。

2. 從法律上保證方便投資外商本利匯兌

《合資企業法》第10條規定：「外國合營者在履行法律和協議、合同規定的義務後分得的淨利潤，在合營企業期滿或者中止時所分得的資金以及其他資金，可按合營企業合同規定的貨幣，按外匯管理條例匯往國外。」

《外資企業法》第19條第一款規定：「外國投資者從外資企業獲得的合法利潤、其他合法收入和清算後的資金，可以匯往國外。」

《合作企業法》第23條規定：「外國合作者在履行法律規定和合作企業合同約定的義務後分得的利潤、其他合法收入和合作企業終止時分得的資金，可以依法匯往國外。」

《合作開採海上石油條例》第8條規定：「外國合同者可以將其應得的石油和購買的石油運往國外，也可以依法將其回收的投資、利潤和其他正當收益匯往國外。」（《合作開採陸上石油條

例》第13條也有同樣的規定。）

一九九六年四月一日起，中國廢止了十六年前頒行的《中華人民共和國外匯管理暫行條例》，代之以《中華人民共和國外匯管理條例》，這是中國外匯管理體制改革的又一項重大舉措，體現了在外匯管理方面從計劃經濟向社會主義市場經濟積極過渡的精神。它的立法基點是適應建立社會主義市場經濟體制的需要，對「經常項目外匯」實行有條件的可兌換，體現了對外匯由直接管理為主向間接管理為主的轉變。在華投資外商所獲得的利潤、股息、紅利匯出中國境外，均屬「經常項目」的外匯支出，無須外匯管理局審批，只要持董事會利潤分配協議書及有關證明材料，即可從其外匯帳戶中對外支付，或到外匯指定銀行購匯支付。

至於「資本項目外匯」收支（包括直接投資的資本、借用國外貸款、在境外發行外幣債券、提供對外擔保等）的出入境，立足於當前的中國國情，暫仍實行嚴格管理，待條件進一步成熟，再酌情逐步放寬。按照國際通例，一般都是先放鬆「經常項目外匯」的管理，再逐步放鬆「資本項目外匯」的管理。從中國目前情況看，如不嚴格管理「資本項目外匯」，有可能造成資本項下外匯混入經常項下的外匯收支，導致資本大量流進流出，衝擊國內市場，影響經濟穩健發展。故在近期內仍需實行必要的國家行政調控。[1]

3. 從法律上保證給予投資外商優惠待遇

《中華人民共和國中外合資經營企業法實施條例》（以下簡稱《合資企業法實施條例》第2條規定，依照《中外合資經營企

業法》批准在中國境內設立的中外合資經營企業是中國的法人，受中國法律的管轄和保護。根據《合作企業法》第2條第二款和《外資企業法》第8條，中外合作經營企業和外資企業符合中國法律關於法人條件的規定的，依法取得中國法人資格。

原則上，外商投資企業（通常統稱為「三資企業」）在其經營活動中享受與中國其他企業同等的待遇，即享有同等的權利和承擔同等的義務。《合資企業法實施條例》第65條和《中華人民共和國外資企業法實施細則》第44條還特別規定，中外合資經營企業或外資企業在中國購買物資（包括各類一般物資，燃料用煤，車輛用油，供應水、電、氣、熱，貨物運輸，勞務、工程、設計、諮詢、服務、廣告等）享受與國有企業或中國企業同等的待遇。

事實上，在經濟特區、沿海開放城市的外商投資企業，或被確認為先進技術企業或產品出口企業的外商投資企業，在稅收減免（詳見《中華人民共和國外商投資企業和外國企業所得稅法》及其實施細則等）、物資進出口、經營自主權、資金和利潤匯兌等方面，享有比中國其他企業更為優惠的待遇。

與此同時，在投資部門、經營範圍、審批手續等方面，外商投資企業比中國其他企業受到較多的規範或限制。

因此，學術界有人認為：當前外商在華投資企業享受的待遇是國民待遇、「超國民待遇」「次國民待遇」以及「最惠國待遇」的綜合，並正在逐步過渡到完整意義上的國民待遇，俾與這方面的國際慣例完全接軌。對於此點，本文第二、第三部分將作補充。

4. 從法律上保證對投資外商「有約必守」

為了保持政策和法律的穩定性和連續性，體現「重合同、守信用」和維護外國投資者既得利益的精神，根據「法律不溯及既往」的原則，《中華人民共和國涉外經濟合同法》（以下簡稱《涉外經濟合同法》）第40條規定：「在中華人民共和國境內履行、經國家批准成立的中外合資經營企業合同、中外合作經營企業合同、中外合作勘探開發自然資源合同，在法律有新的規定時，可以仍然按照合同的規定執行。」

中國還根據「從新從優」的原則，處理外商投資企業所得稅法的銜接問題。一九九一年頒行的《中華人民共和國外商投資企業和外國企業所得稅法》第27條規定：「本法公布前已設立的外商投資企業，依照本法規定，其所得稅稅率比本法施行前有所提高或者所享受的所得稅減徵、免徵優惠待遇比本法施行前有所減少的，在批准的經營期限內，依照本法施行前法律和國務院有關規定執行，沒有經營期限的，在國務院規定的期間，依照本法施行前法律和國務院有關規定執行。」此項規定顯然亦屬穩定性和連續性的保證，保障了外國投資者的既得利益。

5. 從法律上保證公平解決涉外投資爭端

中國的《涉外經濟合同法》第37、38條規定：發生合同爭議時，當事人應當儘可能通過協商或者通過第三者調解解決。當事人不願協商、調解的，或者協商、調解不成的，可以依據合同中的仲裁條款或者事後達成的書面仲裁協議，提交中國仲裁機構或者其他仲裁機構仲裁。當事人沒有在合同中訂立仲裁條款，事後又沒有達成書面仲裁協議的，可以向人民法院起訴。《合資企業

法實施條例》第109、110條以及《合作企業法》第26條也有相同的規定。

　　值得注意的是：這些法律賦予當事人自主選擇的權利，可以事先或事後約定將爭議提交中國境外的「其他仲裁機構仲裁」，這就為消除某些外商對在中國司法解決或仲裁解決的某些擔心或疑慮，提供了法律上的保證（儘管這些擔心或疑慮是沒有根據的和不必要的）。

（四）東道國給予外資法律保護的約束力問題

　　東道國通過國內立法對外國資本給予法律保護，它對東道國本身究竟具有多大、多強的約束力？換言之，這些國內立法對於外國投資究竟能有多大、多久的保護作用？

　　對於這個問題，歷來有兩種不同的見解。

　　1. 政權更迭可變說。一國政府通過國內立法給予境內外資法律保護，當然是它對外國投資者作出了道義上甚至法律上的保證。但是，其在道義上或法律上的約束力，畢竟只存在於特定的政府和政黨執政期間。一旦政權更迭甚至政治理念變更，上述法律保證就可能隨之變更，甚至蕩然無存。這是合理的；或雖不合理，卻是現實的。簡言之，東道國給予外資的法律保護，存在著若干變數，因而從總體上說，它是不穩定的、不持久的。

　　2. 絕對「禁止反悔」說。東道國對於獲准進入境內的外國資本，必須給予法律保護，並承擔相應的法律責任。如果以單方行為發表政策聲明或修改法律，侵害了外國投資者既得權益，則根據國際公認的「有約必守」原則（paca sunt servanda）和「禁

止反悔」原則（the principle of estoppel），應當追究東道國侵權行為的法律責任。即使發生政權更迭甚至國家繼承，其後續政府或後繼國家仍應繼續承擔法律責任。因此，東道國給予外資的法律保護，乃是穩定的、持久的。它對東道國具有絕對的、不可改變的約束力和強制力。

中國學者一般認為：對上述兩種見解都不能加以抽象化和絕對化。鑑別、衡量和取捨的標準應當是：第一，東道國（主要是發展中國家）當初給予外資的法律保護，是基於國家主權的充分運用和自主決策，還是屈從於不平等條約、強權政治、經濟霸權或軍事壓力，或蒙受詐欺而受騙上當？第二，這種法律保護的內容，是合乎公平互利原則還是顯失公平？第三，是否出現了民商法或國際法上所公認的「情勢根本變遷」（vital, essential or fundamental change of circumstances）的局面？[2]

根據上述標準，結合中國的現實國情（獨立自主、經濟發展、政局穩定、民族團結、社會進步）來衡量和判斷，應當說，中國自一九七九年實行改革開放的基本國策以來通過國內立法給予境內外資的法律保護，是穩定、持久和相當可靠的。

二、中國吸收外資政策新近的重要發展及其相應的法律措施

在總結改革開放基本國策十七年工作經驗的基礎上，全國人民代表大會於一九九六年三月通過了《中華人民共和國國民經濟和社會發展「九五」計劃和2010年遠景目標綱要》，這是今後十

五年中國經濟建設的行動綱領。它強調今後在發展經濟中要努力實現兩個具有全局意義的根本性轉變，一是經濟體制從傳統的計劃經濟體制向社會主義市場經濟體制轉變；二是經濟增長方式從粗放型向集約型轉變。經濟體制的轉變既要堅持社會主義方向，又要遵循市場經濟的一般規律。經濟增長方式的轉變要求改善生產要素配置，注意結構優化效益等。

在這種宏觀背景下，中國吸收外資的政策和措施，一方面必須按市場經濟一般規律的要求，進一步向國際上通行的做法（國際慣例）靠攏、接軌；另一方面，又必須按照中國的現行產業政策引導外商直接投資方向，拓寬外商投資領域，優化外商投資結構和產業結構。為此，採取了一系列重大的法律措施。諸如：

（一）逐步統一內外資企業政策

對外商投資企業逐步實行國際通行的、比較全面的國民待遇（包括在華外商的投資部門、稅收優惠、審批條件和手續等諸多方面），使中國境內的外商投資企業與其他企業在市場經濟的基礎上實行公平競爭。

（二）公布《外商投資產業指導目錄》

一九九五年六月，國家計委、國家經貿委、外經貿部聯合頒行《指導外商投資方向暫行規定》和《外商投資產業指導目錄》。它將外商投資項目按其具體內容分為鼓勵、允許、限制和禁止四大類。由國務院主管部門定期編制和適時修訂公布。它們的頒行，改變了此前十幾年有關立法零散無序、標準不一的狀

態，避免使外商無所適從或進入誤區。其主要目的和效應在於：第一，增加中國經濟發展各階段產業政策的統一性和透明度，把外商引導到中國急需發展的產業上來，促使外商投資結構的優化，使外商投資與中國國民經濟的發展和產業結構的調整更好地銜接。第二，縮小了外商投資原有的「禁區」，拓寬了投資的部門和領域，有利於充分發揮和大力增強外商來華投資效益。從《外商投資產業指導目錄》中可以看出：中國正在逐步擴大開放國內的投資市場。特別是擴大能源、交通等基礎設施的對外開放，有步驟地開放金融、保險、商業、外貿等服務領域。第三，外商投資在中國「投其所好」的結果，也從客觀上增強了對有關外資的法律保護的「安全係數」。[3]

（三）做好外商投資特許權項目（BOT）等新投資方式的試點

國家計委於一九九五年八月間即已發出有關試辦外商投資特許權項目審批管理問題的通知，並抓緊草擬有關的行政法規，即《外商投資特許權項目暫行規定》，經國務院批准後發布實施。[4]

（四）大幅降低進口關稅，取消進口關稅的某些優惠

自一九九六年四月一日起，中國將進口關稅的算術平均稅率從原有的35.9%下調為23%，這次降低幅度達35.9%，超過了中國在國際上許諾的關稅降低30%的幅度。與此同時，原則上取消了對外商投資企業進口自用生產設備和原材料的關稅減免優惠。對於在一九九六年四月一日以前依法批准設立的外商投資企業，可根據其投資額度分別給予一至二年的寬限期，在寬限期內，可

以繼續享受減免關稅和進口環節稅的優惠。對於四月一日以後批准成立的外商投資企業在投資總額內進口的自用設備和原材料，海關一律按法定稅率徵收關稅和進口環節稅。[5]

在進口關稅方面的這種改革，取消了對外商投資企業的特殊優惠，對內、外資企業一視同仁，在投資部門和領域方面逐步地、大幅度地拓寬外商投資企業的「用武之地」，使它們享有的投資市場和機遇逐步接近於內資企業，這些措施標誌著中國在吸收外資政策方面一個新的、重大的發展趨向：採取積極措施，對外資企業逐步實行國際通行的、比較全面的國民待遇。換言之，前面提到的各種「超國民待遇」和「次國民待遇」都逐漸消除或廢止，從而向國際通行的「國民待遇」全面靠攏、接軌。

（五）實施新修訂的《外匯管理條例》

自一九九六年四月一日起，實施《外匯管理條例》，這是促進和方便在華投資外商經營活動的又一重大舉措，特別是其中有關「經常項目」外匯收支實行有條件可兌換的規定對於外商的合法既得權益提供了新的法律保障。這也是中國的外匯管理體制向國際市場經濟通常做法靠攏、接軌邁出的一大步伐。

三、中國參加締結的國際條約對在華外資的保護

中國參加締結了一系列的雙邊協定和國際公約，對在華外資提供了國際法層次上的法律保護。

（一）雙邊協定給予的保護

一九七九年以來，迄一九九六年二月底為止，中國已與外國簽訂了七十三個「雙邊相互促進和保護投資協定」（Bilateral Investment on Reciprocal Promotion and Protection of Agreements, BIPA）。就歐洲國家而言，最早與中國簽訂此種雙邊協定的國家是瑞典（1982年3月），其後依次為羅馬尼亞（1983年2月）、德國（1983年10月）、法國（1984年5月）、比利時和盧森堡（1984年6月）、芬蘭（1984年9月）、挪威（1984年11月）、義大利（1985年1月）、丹麥（1985年4月）、荷蘭（1985年6月）、英國（1986年5月）、瑞士（1986年11月）、波蘭（1988年6月）、保加利亞（1989年6月）、匈牙利（1991年5月）、捷克（1991年12月）、葡萄牙（1992年2月）、西班牙（1992年2月）、希臘（1992年6月）、烏克蘭（1992年10月）、摩爾多瓦（1992年11月）、白俄羅斯（1993年1月）、阿爾巴尼亞（1993年2月）、格魯吉亞（1993年6月）、克羅地亞（1993年6月）、愛沙尼亞（1993年9月）、斯洛文尼亞（1993年9月）、立陶宛（1993年11月）、冰島（1994年3月）、羅馬尼亞（1994年7月，新協定）、南斯拉夫（1995年12月）等等。

這類雙邊協定所涉及的關鍵性要點是：

1. 從國際法上保證在華投資外商享有最惠待遇和適度的法定國民待遇

一九八二年中國與瑞典簽訂的BIPA第2條規定：締約各方應始終保證公平合理地對待締約另一方投資者的投資。締約任何一方投資者在締約另一方境內的投資所享受的待遇，不應低於第三

國投資者的投資所享受的待遇。但締約雙方各自與第三國締結有關關稅同盟或自由貿易區協議之類所規定的特惠待遇，不在此限。

在中國與外國簽訂的幾十個BIPA中，一般都以大同小異的文字設有上述條款。值得注意的是，在少數幾個BIPA中，除上述最惠國待遇條款外，還設有給予在華投資外商適度的法定國民待遇的條款。例如，一九八六年五月訂立的中英BIPA第3條第三款規定：「締約任何一方應盡量根據其法律和法規的規定給予締約另一方的國民或公司與其給予本國國民或公司相同的待遇。」

一九八八年中日BIPA第3條第二款關於國民待遇的規定又前進了一步，它刪除了「盡量給予」之類的彈性字眼，明文要求：「締約任何一方在其境內給予締約另一方國民和公司就投資財產、收益及與投資有關的業務活動的待遇，不應低於給予該締約一方國民和公司的待遇。」但是，中日協定後面附加的《議定書》第3條對該協定有關國民待遇的上述規定又作了如下的限制，即「締約任何一方，根據其有關法律和法規，為了公共秩序、國家安全或國民經濟的正常發展，在實際需要時，給予締約另一方國民和公司的差別待遇，不應視為低於該締約一方國民和公司所享受的待遇」。《議定書》的這一段文字，實質上是針對中日協定第3條第二款上述正文的一種「但書」規定或「保留條款」。它與前述中英協定中關於「盡量給予」的彈性措辭相比較，可謂「殊途同歸」，其法律效應不分伯仲。

對於中英、中日上述雙邊協定中有關國民待遇規定的實際含義和效力範圍，中國法學界的看法並不一致。有些學者認為：上

述規定只分別適用於中英之間中日之間的投資法律關係，不會影響到或不應擴大適用於中國對其他外國在華投資者的待遇。另一些學者則認為：在中國與其他國家簽訂的BIPA中，都訂有最惠國待遇條款，按最惠國條款的公認含義及由此產生的「多邊自動傳導效應」，則中英、中日雙邊協定中有關適度的法定國民待遇條款的效力，將自動擴大和普及於與中國簽訂了同類雙邊協定的其他一切國家的在華投資者。

從當前中國保護外資政策的現實發展勢頭來看，上述中英、中日BIPA中載明的適度法定國民待遇正在逐步實現；無論是它的實際內涵還是它的適用範圍，都確實有日益擴大和普及於所有各國在華投資外商的明顯傾向。例如，中國的國內商業的零售和批發、對外貿易以及服務等投資部門，原先長期不允許外商涉足。但自一九九二年初以來，對本來屬於「禁止」之列的行業開始以下達「紅頭文件」的方式，試行「開禁」。至一九九五年六月，則進一步正式公布了《外商投資產業指導目錄》這一行政法規，將許多以前屬於禁止外商投資的部門和行業正式開放，允許甚至鼓勵外商投資，或將完全禁止改為適當限制。而一九九五年九月中共中央提出《關於制定國民經濟和社會發展「九五」計劃和2010年遠景目標的建議》以及一九九六年三月全國人大作出的相應決議，更將這種發展勢頭正式確定為今後十五年的努力方向，提出要「對外商投資企業逐步實行國民待遇」，「逐步統一內外資企業政策，實行國民待遇」。可以預期，隨著社會主義市場經濟體制在中國的進一步確立和中國經濟的進一步發展，今後在華投資外商所享有的法定國民待遇的內涵和範圍必將有更大幅

度、更快速的拓寬，直至與當代各國通行的、更全面的國民待遇完全銜接。

2. 從國際法上嚴格限制徵收外資

在中國與眾多國家簽訂的BIPA中，無一例外地含有嚴格限制徵收外資的條款。具體限制條件有三：必須是出於公共利益的需要；必須按照適度的法律程序；必須給予補償。其基本文字與中國國內法的有關規定互相呼應，大體一致。

但是，就給予補償的計算標準而言，則上述BIPA的措辭遠比中國國內法的規定複雜、具體，而且各國的要求「寬嚴不一」。

一九八二年中國—瑞典BIPA第3條關於徵收補償的規定，可以分解為四點，即：（1）給予補償的目的和程度，應使因徵收受損的該外國投資者處於未被徵收或國有化時相同的財政地位；（2）徵收或國有化不應是歧視性的；（3）補償不應無故遲延；（4）補償應是可兌換的貨幣，並可在締約國領土間自由轉移。

這四點補償規定開了先河，為此後相繼簽訂的幾十個中外BIPA所倣效和吸收。但若論上述第（1）點關於補償程度的要求，則各自頗有發展和「翻新」，顯有寬嚴之分。諸如：有的要求東道國給予的補償「應符合宣布徵收前一刻被徵收的投資的價值」（中德BIPA《議定書》第4條第三款），或「應相當於宣布徵收時該投資的價值」（中義BIPA第4條第二款）；有的要求「應相當於有關投資的實際價值」（中法BIPA《附件》第2條）；等等。其中多數中外協定還規定補償額應包括從採取國有化或徵收措施之日到支付之日這段時間的「利息」（中芬BIPA第5條第二款）；

「按適當利率計算的利息」（中丹BIPA第4條第一款）；「按正常利率計算的利息」（中英BIPA第5條第一款）；等等。對補償標準規定得最具體而又「別具一格」的，當推中澳BIPA第8條第二款。它要求：徵收補償應按徵收措施「為公眾所知前一刻的投資的市場價值為基礎計算。若市場價值不易確定，補償應根據公認的估價原則和公平的原則確定，應把投入的資本、折舊、已匯回資本、更新價值和其他有關因素考慮在內。補償應包括從採取措施之日到支付之日按合理利率計算的利息」。

有的學者認為，中國與幾十個國家分別簽訂的BIPA中針對徵收補償的上述規定，實際上已經完全接受了美國國務卿赫爾（HU11）在一九三八年提出的三項原則，即補償應當是「充分」「及時」和「有效」的（adequate, prompt and effective），只是具體措辭上略有不同而已。

這種觀點是有待商榷的。因為按照在美國廣為流行並被推崇為具有「權威性」的觀點，所謂「充分」（adequate），指的是按「公平的市場價格」（fair market value）計算，而所謂「公平的市場價格」，就應當把被徵收企業作為「營業興旺發達的企業」的全部價值（he "going concern" value of the enterprise），包括它在未來時日內所可能賺取的一切潛在利潤和一切預期暴利全部計算在內（to calculate he present value of the future earnings of the enterprise）。[6] 這種計算方法，幾近於對貧弱的發展中國家進行敲詐勒索，無疑是徹底地剝奪了它們在社會公益急需時行使經濟主權和徵收外資的任何權利。眾所周知，中美之間有關雙邊保護投資協定的談判，自一九八二年起，斷斷續續，迄今已歷時十幾

年卻仍未達成協議、正式簽訂，其主要障礙之一，應在於美國始終堅持其所謂「adequate」標準並對它作出這樣的解釋。

顯而易見，從前面引述的中外BIPA有關補償標準的各種規定中可推導出以下結論：認為中國已經接受美國所鼓吹和堅持的「赫爾公式」，這是沒有根據的。

3. 從國際法上保證方便投資外商的本利匯兌

中瑞（典）、中德、中法以及隨後中國與其他國家分別簽訂的BIPA中，無一例外地設有此類專門條款，要求投資項目所在的東道國保證投資外商可以依法自由地、不遲延地轉移與投資有關的各種款項，包括資本和追加投資，利潤、股息、提成費、技術援助費、技術服務費以及其他各種合法收益，資本還貸款項，投資清算款項，外籍僱員收入，等等。

4. 從國際法上保證外商母國保險機構的代位索賠權

一九八三年的中德BIPA第6條規定：締約一方（投資者母國）對在締約另一方（接受投資的東道國）境內的某項投資作了擔保（保險），並向其投資者支付了款項（理賠），則締約另一方（東道國）承認，投資者的全部權利或請求權（索賠權）依法轉讓給了締約一方（投資者母國），並承認後者對這些轉讓的權利或請求權的代位。眾所周知，外國投資者與其本國保險機構簽訂的投資保險合同本屬其國內民商法上的普通合同，由此產生的代位索賠權本身並不具備任何國際法上的效力。但是，通過雙邊國際協定上述條款的約定，這種代位索賠權就對投資項目所在的東道國產生了國際公法上的約束力。繼中德BIPA之後，在中國與其他國家分別簽訂的幾十個BIPA中，一般都含有此類條款。這表明：

中國為了切實保障在華投資外商的合法權益，已經接受了國際法上的這種約束。

5. 從國際法上保證公正解決投資爭端

這裡所說的爭端，主要是指投資外商與東道國政府之間產生的投資爭端，包括因東道國徵收外資而導致的賠償問題等。這類爭端，無論按國際公法上公認的「屬地管轄優先原則」，還是按國際私法上公認的「最緊密連繫原則」，本來都應由東道國的行政、司法或仲裁機構予以解決或裁斷。但是，為了有效地消除在華外商的某些顧慮和切實保障公正、公平地解決這些爭端，中國已在與外國分別簽訂的幾十個BIPA中，原則上同意可將上述爭端提交國際仲裁。

仍以一九八三年十月簽訂的中德BIPA為例，其附件《議定書》第4條就明文作了此種規定。而在同日雙方全權代表的外交換文公函中又共同確認：「締約雙方同意，在締約雙方都成為1965年3月18日在華盛頓簽訂的《解決國家與他國國民間投資爭端公約》締約國時，雙方將舉行談判，就締約一方的投資者和締約另一方之間的何種爭議如何按該公約的規定提請『解決投資爭端國際中心』進行調解或仲裁，作出補充協議，並作為本協定的組成部分。」

一九九三年一月中國成為上述公約締約國之後，在中國與外國簽訂的BIPA中已正式同意外國投資者可以選擇將有關徵收補償款額的爭議提交「解決投資爭端國際中心」仲裁。[7]

（二）國際公約給予的保護

一九七九年以來，中國參加締結的有關保護外國投資的各種國際公約，可分為兩類：一類國際公約是對投資外商的財產所有權、實體權加以國際法上的保護，另一類國際公約則是對投資外商的請求權（索賠權）、程序權加以國際法上的保護。

1. 參加了多項保護外商財產權的國際公約

中國先後簽署和參加了《建立世界知識產權組織公約》（1980年）、《保護工業產權巴黎公約》（1984年）、《商標國際註冊馬德里協定》（1989年）、《關於集成電路知識產權保護公約》（1989年簽署）、《保護文學和藝術作品伯爾尼公約》（即《國際版權保護公約》）（1992年）、《保護錄音製品制作者防止未經許可複製其錄音製品公約》（1993年）、《專利合作公約》（1993年）、《與貿易有關的知識產權協議》（1994年簽署，GATT烏拉圭回合最後文件協議之一），等等，從總體上參與了對外商知識產權的國際保護，從而對在華投資外商所擁有的專利權、商標權、著作權等具體財產權益，都承擔了國際法上的保護義務。這些公約的規定與中國國內法（《民法通則》《專利法》《商標法》《著作權法》《計算機軟件保護條例》等）的規定互相呼應和互相配合，大大強化了對在華外商財產權益的法律保護。

2. 參加了多項保護外商請求權的國際公約

中國先後參加了一九五八年在紐約訂立的《承認及執行外國仲裁裁決公約》（以下簡稱《1958年紐約公約》）、一九六五年在華盛頓訂立的《解決國家與他國國民間投資爭端公約》（以下簡稱《1965年華盛頓公約》）以及一九八五年在漢城訂立的《多邊

投資擔保機構公約》（以下簡稱《1985年漢城公約》）。中國參加
這些公約，在享受某些權利的同時，主要是對於保護在華外商投
資承擔了新的國際法上的義務。茲分別簡述如下：

（1）一九八六年參加《1958年紐約公約》，接受了承認和執
行外國仲裁裁決的義務

對於締約外國的仲裁機構作出的有利於外商的裁決，只要它
符合公約規定的執行條件，縱使對中國一方的當事人相當不利，
中國的管轄法院也有義務認真予以執行。為此，中國的最高人民
法院專門在一九八七年四月十日向下屬各級法院發出《關於執行
我國加入的〈承認及執行外國仲裁裁決公約〉的通知》，要求一
切有關人員「認真學習這一重要的國際公約，並且切實依照執
行」。

（2）一九八八年參加《1985年漢城公約》，接受了多邊投資
擔保機構體制（以下簡稱「MIGA體制」）

自二十世紀五〇年代起，美國率先建立了海外投資保險制
度，專為其在發展中國家的海外投資承保各種政治風險（又稱
「非商業性風險」），使海外美資盡量避免或減輕由於當地發生戰
爭、內亂、國有化、徵收、外匯禁兌、政府違約等政治風險事故
所造成的損失。鑒於此制行之有效，其他發達國家紛紛效尤。其
共同特點是：以國家為後盾，以發達國家的國內立法為依據，以
與發展中國家締結的雙邊投資協定為先行，由政府專門機構或國
家指定的專業公司為本國海外投資者提供政治風險的保險或擔保
（insurance或guarantee，二者名稱不同，內容一致）。諸如美國的
「海外私人投資公司」（Overseas Private Investment Corporation,

OPIC），德國的「信託股份公司」（Treuarbeit A. G.）和「黑姆斯信貸擔保股份公司」（Herms Kreditversicherungs A. G.），日本政府通商產業省所屬的出口保險部（Export Insurance Division, Ministry of International Trade and Industry）等，均屬此類專業公司或專門機構。

　　美、日、德模式的海外投資保險體制在許多發達國家中相繼建立以後，數十年來，在促進世界游資跨國流動和擴大國際經濟合作方面發揮了積極的作用。但是隨著時間的推移和世界經濟的進一步發展，這類模式就逐漸顯現出自身所固有的狹隘性和侷限性，不能適應世界經濟發展新形勢的要求。換言之，由於各國政府專門機構直接主辦或國家指定專業公司承辦的此類投資保險業務往往有著這樣那樣的限制性要求，使得許多跨國投資無法獲得擔保。其中常見的障礙是：第一，各國官辦的投資保險機構或公司既受本國政府的控制，又受本國法律的約束，還要受當局現實政治需要的消極影響。其典型事例之一是：美國政府自一九八九年下半年以來奉行「對華經濟制裁」政策，美國官辦的海外投資保險機構（「海外私人投資公司」）隨即緊密地配合美國當局的政治需要，停止向美商對華的新投資提供保險，至今尚未「解禁」。第二，各國官辦的投資保險機構或公司對於投保人或投保公司股東的國籍往往設有限制性規定，以致許多跨國設立的子公司往往四處「碰壁」，投保無門；而且在不同國家的投資者共同參加同一項目投資的場合，就會產生「投保人不適格」的問題。第三，各國官辦投資保險機構或公司的承保額一般都有上限，因此，當投資者申請投保大型項目時，就會因單一國家官辦的投資

保險機構或公司無法提供足額的保險而產生承保能力不足的問題。

於是，國際經濟界和法律界的人們開始設想並進而設計出一種能夠打破國家界限、在跨國投資保險方面進行國際協作的體制，藉以擺脫上述狹隘性和侷限性，從而更有效地促進世界資本的跨國流動。在世界銀行的主持下，《1985年漢城公約》以及據此組建的「多邊投資擔保機構」（Multilateral Investment Guarantee Agency, MIGA）終於「應運而生」。

MIGA機制的誕生，是發展中國家與發達國家「南北矛盾」與「南北合作」的產物。截至一九九五年六月三十日止，《1985年漢城公約》和MIGA的正式成員國已經達到128個國家，其中19個為發達國家，109個為發展中國家。此外，還有24個國家已簽署本公約而有待完成締約手續。

MIGA機制不同於任何國家官辦保險機制的突出特點是，前者對吸收外資的每一個發展中國家成員國同時賦予「雙重身分」：一方面，它是外資所在的東道國，另一方面，它同時又是MIGA的股東，從而部分地承擔了外資風險承保人的責任。這種「雙重身分」的法律後果是：一旦在東道國境內發生MIGA承保的風險事故，使有關外資遭受損失，則作為「侵權行為人」的東道國，不但在MIGA行使代位求償權之後間接地向外國投資者提供了賠償；而且作為MIGA的股東，它又必須在MIGA行使代位求償權以前，即在MIGA對投保人理賠之際，就直接向投資者部分地提供賠償。此外，它作為「侵權行為人」還要面臨MIGA其他成員國（包括眾多發展中國家）股東們國際性的責備和集體性的壓

力。可見，MIG A機制在實踐中加強了對東道國的約束力，對外資在東道國所可能遇到的各種非商業性風險起了多重的預防作用。

中國是MIGA的創始成員國之一，儘管財力有限，卻認購了MIGA的大量股份（3138股），在全體成員國中居第六位。此舉顯見中國對這個全球性多邊投資擔保機構的重視和支持，也足證中國對於通過MIGA的保險機制從國際法上加強對在華外資實行法律保護的誠意。

（3）一九九三年參加《1965年華盛頓公約》，接受了ICSID體制的約束

根據《1965年華盛頓公約》而組建的「解決投資爭端國際中心」（International Centre for Settlement of Investment Disputes, ICSID），可以受理締約國政府（東道國）與另一締約國國民（外國投資者）直接因投資而引起的法律爭端。

細讀《1965年華盛頓公約》的主要條款，不難看出：締結該公約和設置ICSID的實際宗旨，說到底，就是為了切實保障資本輸出國（絕大部分是發達國家）海外投資家的利益。《1965年華盛頓公約》明顯地體現了發達國家的基本立場：儘可能把本來屬於東道國（絕大部分是發展中國家）的對境內投資涉外行政訟爭的管轄權轉移給國際組織。可以說，《1965年華盛頓公約》的簽訂，為外國的「民」以申訴人身分到東道國國境以外去指控東道國的「官」提供了「國際立法」上的根據。事實上，ICSID成立以來受理的投資爭端案件中，除極個別案例外，東道國政府都是直接處在被訴人的地位，且這些東道國絕大部分為發展中國家。

儘管如此，許多發展中國家出於吸收外資的現實需要，在全面權衡利弊得失之後，原則上還是同意了對本國境內有關投資的涉外行政訟爭的管轄權和法律適用權作出局部的自我限制，在一定範圍內和一定條件下將本國政府與外國投資者之間的投資爭端交由ICSID管轄。

　　自從一九六六年十月《1965年華盛頓公約》正式生效、ICSID開始運作以來，一方面，這種體制在實踐中出現了種種問題和不足；另一方面，它在解決國際投資爭端方面，特別是在創設良好的國際投資氣候以及促進國際經濟互利合作方面，確實起到了一定的積極作用。近三十年來，隨著國際社會各類成員之間經濟上的互相依存關係的加深和加強，參加締約的國家逐漸增加。截至一九九五年十月，《1965年華盛頓公約》的正式締約國已達一二二個，另有十二個國家已經簽署，尚待批准。

　　中國經過慎重考慮，一九九〇年二月九日簽署了《1965年華盛頓公約》，進而在一九九三年一月七日遞交了批准文件，並通知ICSID：中國僅考慮把由徵收和國有化而產生的有關補償的爭議提交ICSID管轄。這表明了中國堅持並進一步擴大改革開放的決心。誠如世界銀行副總裁、ICSID祕書長希哈塔先生（Ibahim F. I. Shihata）在中國加入《1965年華盛頓公約》的簽字儀式上所說，「中國取得ICSID成員國資格將有助於中國進一步大力改善投資環境，吸引更多的外國投資」。

　　綜上所述，可以看出：當前中國對在華外國投資（包括歐洲在華投資）的法律保護，是多層次、多方面和系列性的，並且已經基本上形成了比較周密的法律保護體系。它的具體內容和多種

措施，都是立足於中國國情，又借鑑和移植了當代世界各國的通行做法，因而是與國際先進慣例基本一致的。可以預期，在今後五至十五年中，隨著社會主義市場經濟體制在中國的進一步確立和發展，中國對外商在華投資的法律保護也必將按照市場經濟一般規律的要求，通過國內立法和國際締約這兩個基本方面，進一步提高、加強、周密化和健全化，從而更全面地與先進的國際慣例互相銜接。

注釋

* 1996年5月間，作者應「澳門歐洲研究所」（Institute of European Studies of Macao）邀請，前往參加「國際商法與比較商法研討會」（Symposium of International and Comparative Business Law）。本文是作者在研討會上的演講稿。

本文所摘引的條約、法律、法規以及有關資料，均以1996年當時現行有效者為准。閱讀時請注意查對1996年以來的有關發展情況。

〔1〕 參見《外匯管理局答記者問》，載《人民日報》（海外版）1996年2月7日。

〔2〕 參見1969年《維也納條約法公約》第62條。另參見陳安：《國際經濟法總論》，法律出版社1995年版，第198-211頁。

〔3〕 參見《國家計委負責人答記者問》，載《人民日報》（海外版）1995年7月1日。

〔4〕 參見《人民日報》（海外版）1996年3月30日。

〔5〕 參見《國務院發出通知：加快改革和調整進口稅收政策》，載《人民日報》（海外版）1995年12月29日。

〔6〕 See *Restatement of the Law (Third), The Foreign Relations Law of te United States*, Vol. 2, The American Law Institute, 1987, pp.198, 203, 208.

〔7〕 參見《中國—摩洛哥王國相互保護投資協定》第10條第二款。

第 14 章

外商在華投資中金融票據詐騙問題剖析*
——香港東方公司v.香港泰益公司案件述評

↘ 內容提要

　　一九八六至一九八八年，香港東方公司法定代表人邱××在廈門中院訴香港泰益公司法定代表人簡×，聲稱被告欠債三二〇餘萬港幣，要求償還。被告求助於兼職律師陳安、曾華群。經律師配合法院，向香港當地開出上述涉訟本票的兩家銀行以及有關單位深入調查取證，收集到確鑿證據。另一方面，又仔細研究原告邱××向法院呈交的偽造證據，逐一剖析其中存在的矛盾和漏洞，終於澄清了邱××弄虛作假、實施詐騙的事實，使真相大白。邱××在廈門中院一審敗訴後不服，提起上訴。福建省高級人民法院二審判決：駁回上訴，維持原判。值得注意的是：在本案兩審過程中，有某位省級領導人受邱××「請託」，數度向法院經辦人員打電話「了解進展情況」，表示「關切」，並提醒「要注意貫徹華僑政策」。律師根據事實和確鑿證據，依法據理力爭，頂住了來自某位省級領導人的變相干預和無形壓力，配合法院，維護了司法公正。

↘ 目次

一、本案案情梗概

　　港商邱××，以香港東方進出口貿易公司名義，於一九八四年四月三日與廈門J公司訂立《合作改造經營綠島飯店合同》，約定由廈門J公司提供綠島飯店作為經營場所，由邱××投資五百萬至八百萬港幣作為裝修飯店、引進設備的資金，成立內地與香港合作企業綠島大酒樓。一九八四年十月三日，在邱××的推薦下，以綠島大酒樓名義與香港泰益建築裝飾工程有限公司法定代表人簡×簽訂「綠島大酒樓裝飾工程合同」，約定：裝修工程造價為五六二點〇二萬港幣；分期付款。工程款實際上均由邱××負責支付，作為邱××向上述合作企業的投資。事後，邱××違約拖欠工程款，致使裝修工程陷於停頓。邱××遂想方設法在香

港兩家銀行虛開本票、塗改簡×開具的兩張本票收款收據，然後以這些本票收款收據作為「憑證」，製造「已經」交付工程欠款的假象，騙取中方合作者的信任，從而以這些實際上並未真正支付的工程款作為邱××已經實際投入綠島大酒樓的出資；接著，又以綠島大酒樓的名義，先後向中國銀行廈門分行申請並獲得貸款五十萬元人民幣和一五〇萬港幣。

　　一九八五年夏秋之間，邱××要求分享簡×從承包綠島大酒樓裝修工程中獲得的利潤，索取五十萬港幣，簡×堅決不同意。邱××遂以前述兩張由簡×出具、邱××擅自塗改的本票收款收據作為「證據」，於一九八五年十月四日向廈門市中級人民法院起訴，誣稱簡×全盤吞沒邱××為綠島大酒樓裝修工程支付的專款，卻拒不認帳，要求法院判決確認簡×已經取得裝修工程專款三二四點〇二萬港幣，並追究其不法行為，賠償全部損失。同時，申請法院採取「訴訟保全」措施，獲得批准，凍結了簡×本可提取的裝修工程餘款一百餘萬港幣，並扣留了簡×的「三證」即身分證、回鄉證和回港證，使簡×陷入進退兩難絕境，公司瀕臨倒閉。簡×求助於兼職律師陳安、曾華群。經律師配合法院，向香港當地開出上述涉訟本票的兩家銀行以及有關單位深入調查取證，收集到確鑿證據。另一方面，又仔細研究邱××向法院呈交的偽造證據，逐一剖析其中存在的矛盾和漏洞，終於澄清了邱××弄虛作假、實施詐騙的事實，使真相大白。邱××於一審敗訴後不服，提起上訴。福建省高級人民法院二審判決：駁回上訴，維持原判。在本案兩審過程中，有某位省級領導人數度向法院經辦人員打電話「了解進展情況」，表示「關切」，並提醒「要

注意貫徹華僑政策」。律師根據確鑿事實，依法據理力爭，配合法院，維護了司法公正。

二、本案訟爭主要問題剖析

本案原告邱××於一九八五年十月四日以香港東方進出口貿易公司的名義向廈門市中級人民法院提起訴訟，請求法院確認本案被告香港泰益裝飾工程有限公司經理簡×提取324.02萬港幣，作為原告向廈門綠島大酒樓投入的出資資金和專為該酒店裝修工程支付的專款；同時，請求法院追究被告的不法行為，責令其賠償原告的損失。其理由有二：（1）原告於一九八四年十月八日至九日曾在香港向被告開具現金本票三張，合計162.02萬港幣（含10月8日南洋商業銀行本票D27-001932、D27-001933，每張本票的面額為50萬港幣；10月9日香港中國銀行旺角支行本票MK014185，面額為62.02萬港幣），但因被告提出在香港用本票收款要多納稅25萬港幣，同時還要四天以後才能收到款，因此不要本票要現金，於是原告旋即向被告支付價值相當於162.02萬港幣現金的30萬新加坡元、8萬美元和100兩黃金，有被告出具的第0163號收款收據為憑。（2）同年十一月九日，原告支付現金162萬港幣給被告，有被告出具的第0168號收款收據為憑。原告同時還向法院提出對被告採取「訴訟保全」措施的申請，法院接受原告申請後，一方面扣留簡×的「三證」（即身分證、回鄉證和回港證），另一方面通知綠島大酒樓暫時停止支付簡×的裝修工程款。被告於一九八五年十月二十八日作出答辯，堅稱自己根本沒

有收到原告的工程款324.02萬港幣，原告所提供的本票複印件和本票收款收據的複印件均屬弄虛作假，妄圖詐騙錢財。因此，請求法院追究原告的違法責任，賠償被告的經濟損失和名譽損失。

本案原、被告雙方訟爭的焦點就在於上述本票和本票收款收據複印件究竟是真實的還是偽造的，或是亦真亦假、半真半假的。因此，必須逐一予以澄清。

（一）關於第 0163 號收款收據的真偽問題

經調查核實，第0163號收款收據不能作為原告已經付款和被告已經收款的憑據，應當根據下列事實予以否定：

1. 第0163號收款收據是指收取本票的收款收據。該收款收據上端和下端空白處附加有原告一方人員手寫的三張本票的號碼。據中國銀行廈門分行向香港當地出票銀行進行深入調查，已經證明原告根本沒有真正開出上述本票。其具體經過是：原告曾於一九八四年十月八日到香港南洋商業銀行先開出以「簡×」為抬頭的本票第D27-001932號，金額為50萬港幣；隨即原告又以「簡×指定要寫明公司抬頭的本票」為由，要求銀行取消原票，再開出以「泰益裝飾公司」為抬頭人的本票第D27-001933號，金額為50萬港幣。其後不久，原告又再以「做不成生意」為由將本票金額回存入原帳戶，從而再次取消了該D27-001933號新開本票。十月九日，上訴人到香港中國銀行旺角支行以同樣的方式先開了以「簡×」為抬頭人的本票第MK014185號，金額為62.02萬港幣，而後又以「簡×指定要寫明公司抬頭的本票」為由，要求銀行取消原票，另行開出以「泰益裝飾公司」為抬頭人的本票

第MK014186號，金額為50萬港幣。上述四張本票在銀行開票當天出票後極短的時間內被原告複印，並由原告作為「已替廈門綠島大酒樓在香港支付裝修工程款項」和「已向合作企業投資」的憑證，向中方出示，企圖以此證明原告已依約向廈門合作企業履行了投資的義務，並以這幾張本票和本票收據複印件騙取中方信任，先後兩度申請並獲得廈門有關銀行同意給予50萬元人民幣和150萬港幣的兩筆巨額貸款。但是，事實上，上述第D27- 001932號、第D27-001933號以及第MK014185號三張本票（合計162.02萬港幣）均已在當日作廢；只有第MK014186號本票有效。這些事實已經確鑿地證明：原告所稱已經支付被告三張總金額合計162.02萬港幣的本票，純屬子虛烏有、憑空捏造。從而也說明被告反覆申明從未見到第0163號收款收據上下端空白處手寫附加文字所列出的三張本票，完全屬實。

2. 原告起初聲稱是以上述幾張本票支付了裝修工程款，其後，鑒於此種主張漏洞和破綻太多，難以自圓其說，於是在後來的庭審中又改口翻腔，說是開票之後又應被告簡×要求，以現金代替本票支付，於一九八四年十月九日開票當天改為付給被告30萬新加坡元、8萬美元、100兩黃金，折合162.02萬港幣。對於這一情節，原告邱××在庭審中提到當初在場的證人是其嫂冀××，然而其嫂叫別人代寫的一份證明卻說是十月十一日（即1984年10月9日開出本票之後兩天）看到原告從家中「運走一包一包首飾」，與原告陳述的情節嚴重不符，亦即從家中「運走」的，是「一包一包首飾」，並非原告所說的「一百兩黃金，一塊一兩，共一百塊」。至於原告聲稱的對於這批貨幣和黃金的折算

辦法，一經認真查核，更是令人啞然失笑！查原告所稱付款日期即一九八四年十月九日香港《華僑日報》刊載的香港金融行情情況表，當日新加坡元、美元和黃金（每兩）與港幣的比率分別是：1：3.595、1：7.805、1：3184。按此比率折算，30萬新加坡元、8萬美元、100兩黃金分別折合107.85萬港幣、62.44萬港幣、31.84萬港幣，三項合計202.13萬港幣。這個數字，與原告折算的數字相比較，竟然超出40.11萬港幣，從而再一次與原告陳述的上述情節嚴重不符。原告混跡香港商場多年，歷來愛財如命，錙銖必較，何以在一九八四年十月九日支付巨額美元、新加坡幣和黃金用以折抵港幣之際，竟會如此愚蠢，或如此「慷慨」，不顧、不查當天香港金融折算的比率行情，白白地超額支付40餘萬港幣給被告？十分明顯，原告所謂以美元、新加坡元、黃金折抵港幣之說，純屬信口開河，任意編造，根本不能採信！

3. 原告所稱被告曾以「本票要等四天才能取到款，同時還要納稅25萬港幣」為由，提出不要本票要現金。經查，被告一九八四年十月九日憑原告提供的本票MK014186號（即第0164號收款收據所針對的本票），就是當天到銀行取到的款，既無須「等四天」，也不要「納稅」，因此，原告的這種說法也是胡編亂造。

4. 被告多次催促原告依約支付裝修工程專款，原告推諉說是款在廈門難以調出，須被告預開本票收據，才能憑以向廈門有關方面索取裝修款或向銀行貸款。被告因不了解內地情況，對原告的說法半信半疑，故一方面按原告一再提出的要求，預開了第0163號收款收據，同時在該收款收據中註明「候收妥作實」，其本意是指出具該收款收據時，被告尚未收到該款項，因此該收據

是沒有最終約束力的。不料原告後來竟大膽妄為，擅自把附注的「候收妥作實」竄改為「已收妥作實」，又在發票的上下端添加文字，製造已經代付裝修款作為對綠島大酒樓投資的假象。先是用以騙取中方信任，騙取銀行貸款，繼又用以坑害被告，訛詐錢財，其居心和手段，都是十分卑劣的。

綜上所述，原告實際上並未支付被告出具的第0163號收款收據所標明的款項。

（二）關於第 0168 號收款收據的真偽問題

原告聲稱在一九八四年十一月九日將另一筆162萬港幣現金付給被上訴人，但沒有其他任何直接證據能證明原告確曾付出或被告確曾收到這筆現金的事實。原告唯一能提供分析的證據，是被告於十一月九日出具的有關另一筆162萬港幣的第0168號收款收據。但被告也提供了一份針鋒相對、互相抵消的證據，即在同一天由原告簽名出具的、標明162萬港幣同樣金額的一張借據，交由被告收存，用以交換被告出具的第0168號收款收據。當時雙方即已明確約定：該收款收據是僅供原告對外向中方出示時使用的，該同等金額的借款借據則是專供原告與被告之間一旦內部結算時互相抵消之用的。如今原告竟單憑該收款收據轉而向被告訛詐錢財，實在是被告始料所不及的。幸虧被告當初還略有防備戒心，同時向原告索得和收存了同等金額的借據。否則就真是「啞巴吃黃連」了。此外，還應當指出：在庭審中，原告曾一度企圖抵賴，說是該借據上她的簽字「可能」不是她的親筆字。但經廈門法院送交廈門公安局鑑定，已經確認：該借據中的「邱××」

三字，確係原告親筆所寫。

（三）關於所謂一九八五年九月十五日原告與被告的密約

這是原告偽造的許多「證據」中最為拙劣的一份，也是其代表作（附件三）（略）。

憑此假證據，原告編造了被告與她密約承認欠她五百多萬港幣並簽字的一段離奇故事。但由於通篇編排結構凌亂、字體大小懸殊，不難看出這是利用原告手中的一張經被告簽名的收款白條，由原告塞入大量私貨的假證據。經仔細辨認和分析，這張經被告簽名的白條原有文字內容應是：「1984年9/2號泰益裝修公司支往廈師文費共12000港幣現金正，1984年9月2號邱××手付給簡×。東方進出口貿易公司，簡×（簽字）。」其他內容都是原告事後添加的。

（四）原告在其發表的一系列文件中對被告「賴帳」
金額的表述信口雌黃，自相矛盾

僅舉以下幾例：

1. 1985年5月23日起草、同年6月28日發出的對綠島大酒樓更改新合同的幾點聲明：162萬港幣；

2. 1985年6月27日通告：44萬元人民幣；

3. 1985年7月4日給綠島大酒樓董事會的一封公開信：162萬港幣；

4. 1985年7月5日關於付款給簡×的經過情況：324.02萬港幣；

5. 1985年7月10日綠島大酒樓改造前後過程的回顧：162萬

港幣；

6. 1985年10月4日起訴書：324.02萬港幣。

從以上白紙黑字中，足見原告出爾反爾，信口雌黃。如果真有付款其事，一是一，二是二，就不會如此顛三倒四。

在一九八六年一月二十四日法庭調查中，原告甚至聲稱除了324.02萬港幣之外，被告還欠她100多萬港幣、100兩黃金。如此毫無根據地加碼，愛財心之切，胃口之大，令人歎為觀止。

（五）原告曾書面和口頭承認只付給被告五十萬港幣

一九八五年三月三日，被告接廈門商業局通知，來廈落實有關裝修工程和款項事宜。當晚12時左右，原告趕到被告住的鷺江賓館房間，送來親筆簽署的一張有關裝修工程款項清單，其中寫明「經過簡×經手實際本票50萬港幣」，並要求被告對中方不要講什麼，一切由她安排。原告的用意是先在原、被告雙方之間分清責任，穩住被告，不讓被告向中方講出實情，以避免在三方會談中露出馬腳。

一九八五年三月五日在虞朝巷原綠島飯店會議室召開的綠島大酒樓董事會會議上，原告在被告未到會的情況下，一再聲稱已付給被告370多萬港幣，但在被告到會之後，曾四次承認被告只收到50萬港幣（詳見綠島大酒樓董事會1985年3月5日記錄）。

（六）關於原告騙取被告第 0163 號和第 0168 號收款收據的動機

原告於一九八四年四月三日與廈門J公司、廈門K公司簽訂

合作改造經營綠島飯店合同之後，並不依約投資，而是挖空心思騙取了被告的第0163號和第0168號兩張收款收據，並要求中方認帳，然後，以「投資超出預算」為名要求中方貸款，以便用中方所貸的款項支付被告並上下其手，從中牟利。這就是原告「無本」投資和攫取利潤的如意算盤。

由於被告只在一九八四年十月九日收到原告支付的五十萬港幣，無法全面如期開工，致使綠島大酒樓裝修工程中途擱淺，原告一方面推卸工程延誤的責任，寫了一九八四年十一月二日致簡×函（原告這封信是寫給中方看的，直至1985年3月3日才由原告親手交給被告。此函是邱××筆跡），捏造了被告提出「土建工程必須推遲三個月的要求」（附件四）（略）；另一方面，原告不擇手段地向中方施加壓力，逼迫中方貸款：

（1）1984年12月10日，原告致簡×函中以綠島大酒樓「破爛不堪，連牙籤也無」為理由要求被告配合，不要上工，企圖要挾中方貸款三百萬港幣；

（2）1984年12月間，原告偽造了簡×致邱××函，冒稱「現已收到東方進出口貿易公司付出裝修綠島大酒樓的金額十一次，合計參佰柒拾肆萬港幣左右」，「若要趕在春節之前完工開業，需再付壹佰伍拾萬港幣，請於元月中旬以前付清」（附件五）（略）；

（3）1984年12月間，原告親筆偽造簡×致綠島大酒樓邱××女士函，稱「想趕春節前開業，必須在本月28號再付我公司150萬港幣；以及1985年1月5號左右又付我150萬港幣」（附件六）（略）。

由上可見，原告騙取被告第0163號和第0168號收據起先是為了欺騙中方，作為向中方騙取貸款的「本錢」，只是在無法達到

此目的的情況下，才掉轉矛頭針對被告。原、被告間所謂付款糾紛的表面化開始於1985年3月。1985年6月至7月間，原告通過發表一系列文件，向被告發起了凌厲的心理攻勢。與此同時，還同被告多次談判。在1986年1月26日法庭調查中，證人楊××說，原告方曾表示：如果被告付給原告工程費50萬港幣、其他費用20萬港幣，原告可能接受而不再告狀。這從另一個側面證實了被告並沒有收到第0163號和第0168號兩張收據所列的款項。

事實證明，原告騙取被告第0163號和第0168號兩張收據只是其**假投資、真詐騙**這幕醜劇的序幕。

（七）被告因原告誣告所遭受的損失及其索賠要求

原告誣告，導致被告「三證」被扣，無法及時回港進行正當營業，造成嚴重的經濟損失，此外，被告精神痛苦，寢食不安，身心遭受嚴重摧殘，在香港商界的信譽亦受到嚴重損害。因此，被告要求：

（1）賠償經濟損失，並支付個人健康受害和名譽受損的賠償金；

（2）立即發還被告因原告誣告而被扣留的「三證」；

（3）立即按《中華人民共和國民事訴訟法》第92條及第93條第二款的規定採取訴訟保全措施，扣留原告的「三證」，並凍結原告在廈門和在中國內地其他地方的財產。

至於本案原告偽造有價證券、詐騙錢財及誣告陷害等行為，業已觸犯《中華人民共和國刑法》第123條及第138條[1]，構成犯罪，被告將根據以上事實，衡之於中國有關的法律和法規，請

求向法院提起刑事訴訟，要求對原告依法懲辦，給予應得的刑事制裁，以維護中國法律的尊嚴和人民的合法權益。

1986年1月26日

附錄　福建省高級人民法院民事判決書

〔（1986）閩法經民上字第49號〕

上訴人（原審原告）：香港東方進出口貿易公司。地址：（略）

法定代表人：邱××，香港東方進出口貿易公司總經理。

委託代理人：（略）

被上訴人（原審被告）：香港泰益建築裝飾工程有限公司。地址：（略）

法定代表人：簡×，香港泰益建築裝飾工程有限公司經理。

委託代理人：（略）

上訴人香港東方進出口貿易公司因廈門綠島大酒樓裝飾工程款糾紛一案，不服廈門市中級人民法院（1985）廈中法經民字第44號民事判決，向本院提起上訴。

本院依法組成合議庭，公開審理了本案。現已審理終結，查明：一九八四年四月三日，以廈門J公司、廈門K公司為甲方，香港東方進出口貿易公司為乙方（投資方）在廈門簽訂了關於合作改造經營綠島飯店合同。同年五月五日，該合同經廈門經濟特區管理委員會批准，成立合作企業綠島大酒樓。一九八四年十月三日，綠島大酒樓與香港泰益建築裝飾工程有限公司簽訂綠島大

酒樓裝飾工程合同。該合同規定的裝飾工程造價為5620200港幣。後因工程延期，綠島大酒樓在追究延誤責任時，發現上訴人與被上訴人之間的經濟糾紛：被上訴人說因尚未收到應支付的工程款項而無法動工；上訴人說已在香港支付給被上訴人3240200港幣的工程款。雙方糾紛經調解無結果，遂提起訴訟。上訴人以第0163號和第0168號收款收據為憑，請求法院確認被上訴人已提取3240200港幣工程款。

原審法院審理認為，上訴人訴訟請求證據不足，不予確認，並判決上訴人償付被上訴人的直接經濟損失29000港幣。判決後，上訴人不服，認為原審法院認定事實不清，判決不公。被上訴人辯稱，上訴人的行為純屬欺詐，要求對其依法處理。本院再次查明：一九八四年十月八日、九日，上訴人在香港南洋商業銀行、香港中國銀行旺角支行分別開出第D27-001932、第D27-001933號和第MK014185號三張本票之後，又以「做不成生意」為由，將上述本票作廢。同年十月八日，上訴人以支付裝飾綠島大酒樓工程款為名，取得被上訴人的第0163號收據，該收據上註明為支付上述三張本票金額為1620200港幣的憑據；一九八四年十一月九日，上訴人取得被上訴人金額為162萬港幣的第0168號收據，同時被上訴人也從上訴人處取得同樣金額的借據一張。

本庭合議並經本院審判委員會討論認為：本案是支付綠島大酒樓工程款債務糾紛。原審認定「經董事會認可，工程款可由原告方在香港向被告方支付」一節，查無實據，不予認定。上訴人以第0163號、第0168號收款收據為依據訴被上訴人負有3240200港幣債務，但第0163號收據無效；第0168號收據的金額與借據的

金額相等，且上訴人無其他證據證明其債權。原審判決基本事實清楚，適用法律正確，根據《中華人民共和國民事訴訟法（試行）》第151條第一款第一項之規定，判決如下：

駁回上訴，維持原判。

本案訴訟費一萬港幣，由上訴人負擔。原審訴訟費按原審判決收取。

本判決為終審判決。

審判長、審判員、書記員（略）

福建省高級人民法院

（蓋章）

1987年11月15日

〔本文作者附言〕

本文所列諸多附件和確鑿證據，因限於本書篇幅，均從略。有心對本案進行追蹤深入研究的讀者，可到廈門市中級人民法院和福建省高級人民法院查索原始案卷。

注釋

* ①本文根據1986至1988年本案一審和二審中被告一方律師（陳安、曾華群）的代理詞以及1988年二審法院的終審判決書整理寫成。②本文曾經相繼收輯於北京大學出版社2005年版《國際經濟法學芻言》和復旦大學出版社2008年版《陳安論國際經濟法學》。
〔1〕 按：這是1987年當時有效的《刑法》條文序號，其內容分別相當於1997年修訂的《刑法》第177條、193條、243條。

第15章

外商在華投資中的擔保與反擔保問題剖析[*]

——香港上海滙豐銀行有限公司v. 廈門建設發展公司案件述評

↘ 內容提要

　　在香港上海滙豐銀行（原告）訴廈門建設發展公司（被告）一案中，原告曾經作為中間人，積極引薦美國恩特肯公司，並大力撮合了廈門瓷器廠、廈門建築發展公司與美國恩特肯公司三方簽訂中外合資經營合同。應中方諮詢，原告曾經專為恩特肯公司出具了資信證明，評價過高，虛假失實，從而誤導了中方。同時，原告又自薦尤其一家子公司向上述中外合資公司提供貸款，再通過「擔保」與「反擔保」，將全部風險轉移給被告，原告自己牟取了巨額利潤。合營公司成立後，中方發現外商恩特肯公司及其總裁是唯利是圖、欺詐成性、肆意違約的不法商人，致使合營公司負債累累，瀕臨崩潰。原告在此種情況下，不但不肯承擔任何責任，反而步步緊逼，向中方主張債權人和「被反擔保人」的權利。筆者當時受聘擔任中方被告的代理律師，在訴訟中據理力爭，針鋒相對，揭露英商原告的欺騙行為，迫使英商原告作出

退讓，從而為中方挽回了或減輕了五九五點一四萬美元的巨額損失。

一、本案案情梗概

　　一九八四年七月，經香港上海滙豐銀行有限公司（簡稱「滙豐銀行」）廈門代表處積極引薦和撮合，由廈門瓷器廠（簡稱「廈門瓷廠」）、廈門經濟特區建設發展公司（簡稱「建發公司」）以及美國恩特肯工程有限公司（簡稱「恩特肯公司」）三方簽訂

了中外合資經營企業合同，組建了中華瓷器有限公司（簡稱「中瓷公司」），三方出資比例為40%：20%：40%。在此之前，滙豐銀行駐廈門代表處應中方諮詢，專為恩特肯公司出具了資信證明，評價很高，使中方對恩特肯公司的資信、能力深信不疑。與此同時，經恩特肯公司和滙豐銀行的預先籌劃，作了如下安排：（1）新成立的中外合資「中瓷公司」與滙豐銀行的一家英國子公司「獲多利財務有限公司」（其後改稱「米特蘭公司」於1984年12月14日簽訂買方信貸協議，由前者以高利向後者貸得巨款1500萬英鎊，用以從英國購買和進口生產瓷器的先進設備。（2）同時，由滙豐銀行向其子公司米特蘭公司出具擔保書，保證中瓷公司依約如期還清貸款本息；中瓷公司向滙豐銀行交付「擔保費」（即辦理擔保手續和承擔擔保責任的酬金）。（3）同時，由建發公司向滙豐銀行免費出具反擔保書，保證對滙豐銀行為履行其擔保書而支出的一切費用承擔賠償責任。對以上安排，中瓷公司的兩家中方股東缺乏深入了解和研究，按照當時廈門市某位領導的「指示」，貿然全盤接受，照辦不誤。此後，由於進口「先進設備」的需要和按時還貸困難，又基本上按上述安排的「三部曲」模式，在一九八五年至一九八九年間相繼由各方當事人分別簽訂了數項新的貸款協議，出具了相應的擔保書和反擔保書。就中方而言，後期的幾筆新借款實質上是「借債還債」，即向老債主借新債還舊債，債臺愈築愈高，共貸入2512.68萬英鎊；就滙豐銀行及其子公司而言，則是本利「轆打滾」，愈「滾」愈多！

　　中美合資的中瓷公司正式營業後，事實很快證明：滙豐銀行所積極引薦的恩特肯公司及其總裁沙爾哥（E. T. Salgo）原來是

唯利是圖、肆意違約的不法外商。按照一九八四年七月簽訂的合資經營合同，中瓷公司需從國外進口的生產設備必須具有國際第一流質量，且需經合資雙方共同考察和統一選型後購買；恩特肯公司方面應當向中瓷公司提供歐美的先進技術和工藝訣竅，提供合格的外籍技術專家和管理人員，對中瓷公司主要人員實行技術培訓，併負責將中瓷公司產品全部出口外銷。但是，在合同履行過程中，擔任中瓷公司總經理的美商沙爾哥全面背離和背棄了上述規定，嚴重違約，並且利用中瓷公司管理制度不健全、進口商品檢驗制度不嚴格的各種漏洞，一手包攬進口設備採購，並從中牟取暴利。由於進口設備時以劣充好、以少報多，生產中以外行充內行，造成合營產品成本太高，質量低劣，大量積壓；在出口銷售中，又大幅度「殺價」，或以高報低，致使中瓷公司虧損纍纍，債務日益加重，導致合資公司內部矛盾重重、爭端頻頻，並使中瓷公司逐漸陷入資不抵債、瀕臨崩潰的境地。接著，恩特肯公司總裁沙爾哥又下令從一九八九年二月起分批撤走其駐中瓷公司的全部人員，使中瓷公司的生產幾乎陷於癱瘓。

在中瓷公司已經陷入此種危境的情況下，滙豐銀行及其子公司卻不斷逼債。中瓷公司作為還貸債務人，建發公司作為還貸擔保人，鑒於滙豐銀行在引薦美商恩特肯公司和造成中瓷公司危境方面負有不可推卸的責任，曾經多次商請債權人滙豐銀行及其子公司進行債務重組，酌情減免，但香港滙豐銀行中國業務部總經理羅素先生始終堅持本利相滾，寸步不讓，而且步步進逼：不但利用中國地方官員考慮自身「政績」評估所產生的心態弱點，揚言要「向國務院中央領導反映」廈門市縱容國企「賴債」，不斷

施加「精神壓力」，而且在一九九二年八月七日向福建省高級人民法院正式起訴，把廈門瓷器廠和建發公司推上了被告席。福建省高院鑒於本案涉訟金額巨大，且案情複雜，影響頗大，同意以省高院作為第一審法院受理。此時，建發公司不但面對省人民法院的正式傳訊，而且面臨市裡某領導的「壓力」，囑咐對滙豐銀行的無情逼債「不要硬頂」，「不要圖一時痛快」，以免事態擴大，驚動中央。建發公司遂委托兼職律師陳安教授代理應訴事務。代理律師經仔細研究大量中、英文資料，發現當初滙豐銀行廈門代表處楊××先生極力引薦美商恩特肯公司和出具的資信證明資料中，顯然利用中方人員不懂英文和草率輕信的失誤，任意拔高和誇大美商資信，弄虛作假，對中方實行誤導，誘使中方受騙上當；而且，建發公司在「上級指示」下所出具的「反擔保書」中，內容直接違反了中國有關法規的禁止規定，屬於依法「自始無效」之列，根本沒有法律約束力。於是，中方代理律師一方面在訴訟中列舉事實和證據，依法據理力爭，另一方面又針對對方施加的「精神壓力」，以其人之道還治其人之身，致函香港滙豐銀行中國業務部總經理，嚴正要求其追究滙豐銀行廈門代表處楊××先生在提供外商資信證明資料中的弄虛作假行為及其造成的後果，並由滙豐銀行自身承擔應有的法律責任和經濟責任。否則，將向滙豐銀行倫敦總部「反映」其姑息、袒護和包庇行為。通過激烈庭辯和庭外談判努力，終於迫使原告滙豐銀行從原先的「寸步不讓」轉變為作出較大讓步，在福建省高院主持下由原、被告三方達成和解協議，其主要內容是：據核算，截至一九九三年十二月三十一日止，中瓷公司積欠滙豐銀行債款本息總

額本來已達3314.71萬美元，經過重新調整，滙豐銀行同意免除中方債務595.14萬美元，免除額約占債務總額的18%。其餘債款，由建發公司負責在12年內分期還清；同時，以建發公司取得的中瓷公司廠房原用地80%的使用權和開發收益，作為還清欠款的抵押和保證。根據雙方達成的和解協議，福建省高院於一九九三年十二月二十四日作出（1992）閩經初字第02號民事調解書，正式結案。至於中瓷公司內部恩特肯公司與中方股東之間債權債務的清算問題，則至今懸而未決。綜觀本案全局，中方被告公司在草率引資、受騙吃大虧之後，經過針鋒相對，奮力抗爭，雖然挽回了或減輕了巨額損失，但仍使有關國企元氣大傷，長期受累。這對於引資不慎導致嚴重損失的中方國企以及未能嚴格依法施政的地方領導人而言，教訓至深，有待進一步認真總結，避免重蹈覆轍。

以下收輯的是本案第二被告建發公司的答辯狀、代理律師的代理詞及其三項重要附件、代理律師致香港滙豐銀行中國業務部總經理羅素先生函。

二、廈門建發公司答辯狀

香港上海滙豐銀行有限公司訴中華瓷器有限公司、廈門經濟特區建設發展公司違反貸款協議和還貸保證書案

福建省高級人民法院經濟審判庭：

貴院（1992）經初字第02號「應訴通知書」收悉。

茲就香港上海滙豐銀行有限公司（以下簡稱「滙豐銀行」）

訴中華瓷器有限公司（以下簡稱「中瓷公司」）、廈門經濟特區建設發展公司（以下簡稱「建發公司」）「違反貸款協議、保證書」一案，代表建發公司，提出答辯。

事實和理由：

（一）甲案

1. 中瓷公司向滙豐銀行借款的緣由

中瓷公司是一九八四年組建的一家中外合資經營公司，中方股東分別為原廈門瓷器廠（占註冊資本40%）、廈門建發公司（占註冊資本20%），外商股東為美國恩特肯工程有限公司（占註冊資本百分之四十，以下簡稱「恩特肯公司」，其法定代表人為該公司的總裁沙爾哥）。

一九八四年二月，恩特肯公司總裁沙爾哥首次來廈洽談引進項目和組建合資公司（即後來的中瓷公司）。當時據他自稱：早在來華之前，他已與滙豐銀行就項目貸款事宜預先作了「安排」。「從談判的第一天（起），沙爾哥就交代說，將來項目談成，我們合資公司所需的貸款就靠滙豐銀行提供。」

當時，作為擬議中的中瓷合資公司的中方出資人，廈門瓷廠以及建發公司對於外方出資人美國恩特肯公司的資信情況毫無所知。為慎重計，要求滙豐銀行提供有關恩特肯公司的資信證明。滙豐銀行廈門代表處負責人楊××先生旋即「免費」出具了兩份蓋有該代表處公章的資信證明文件，證明該外商「沒有任何負債」，「帳戶的處理是十分之令人滿意的」「平常業務往來是可信任的」（見附件一、二）。鑒於滙豐銀行是國際上知名的銀行，

廈門瓷廠和建發公司認為滙豐銀行廈門代表處蓋上公章出具的資信證明是具有權威性的，完全信以為真，遂決心與恩特肯公司實行合資經營。

在本合資項目談判逐漸明朗化之際，中國銀行廈門分行有關人員主動表示願為本項目提供一切貸款。滙豐銀行駐廈門代表楊××得悉這筆巨額貸款業務中出現了強大競爭對手，深感不安和不滿。他一再強調：這個項目的客戶（即恩特肯公司及其總裁沙爾哥）是滙豐銀行牽頭引進的，如今中國銀行也想介入，「滙豐銀行絕不放手」。他甚至公開揚言：如此項巨額外匯貸款業務竟落入中國銀行之手，則滙豐銀行不惜將駐廈代表處撤銷，遷往其他地方。當時的廈門市主要領導人在滙豐銀行駐廈代表楊××的「壓力」和「要挾」下，便決定將此項高達一千五百萬英鎊（後來增加為一千八百萬英鎊）的巨額外匯貸款業務交由滙豐銀行下屬的一家公司即「獲多利公司」承接、贏利。其貸款年利率竟比當時中國銀行以及一般國際銀行的外匯貸款的年利率高出一成多。在成交過程中，由滙豐銀行向「獲多利公司」提供「還貸擔保」；同時，應滙豐銀行要求，由建發公司向滙豐銀行提供「還貸反擔保」。

由上可見：滙豐銀行及其駐廈門代表處在促使中瓷合資項目向滙豐銀行子公司借貸巨款的過程中，表現出極大的積極主動和異乎尋常的高度熱情。它們不僅是中瓷合資企業外商的引進者、介紹人和資信證明人，而且是上述合資談判和簽約的撮合人、協調人和見證人，同時又是中瓷公司向滙豐銀行借貸巨款的極力促成者。

2. 建發公司出具擔保書後發現受騙上當的經過

建發公司當時認為滙豐銀行在國際上享有很高商譽，由滙豐銀行積極引進並由其駐廈代表楊××先生一再讚揚吹捧的外商恩特肯公司及其總裁沙爾哥諒必是誠實可靠的；特別是對於滙豐銀行駐廈代表處蓋上公章鄭重出具的極力肯定該外商資信的正式證明文件，更是深信不疑。既然滙豐銀行認為「十分之令人滿意的」和「可信任的」恩特肯公司及其總裁沙爾哥已在中瓷公司的合資合同中承擔了提供第一流先進技術及技術專家、負責全部產品出口外銷等義務，中瓷公司諒必「前途無量」，因此，當滙豐銀行要求**建發公司為中瓷公司所借外債向滙豐銀行提供「反擔保書」**時，建發公司無條件地滿足了滙豐銀行的要求。

但事實很快證明：滙豐銀行所積極引進和大力吹捧的恩特肯公司及其總裁沙爾哥原來是唯利是圖、欺詐成性、肆意違約的外商。按照一九八四年七月簽訂的中外合資中華瓷器有限公司合同書（以下簡稱「合同書」），中瓷公司需從國外進口的生產設備必須具有國際第一流質量，且需經合資雙方共同考察和統一選型後購買；恩特肯公司方面應當向中瓷公司提供歐美先進技術和工藝訣竅；提供合格的外籍技術專家和管理人員；對中瓷公司主要人員實行技術培訓，併負責將中瓷公司產品全部出口外銷（見附件三：合同書第17、20、21、23、25條）。但是，在合同履行過程中，沙爾哥全面背離和背棄了上述規定，嚴重違約，並且利用中瓷公司管理制度不健全、進口商品檢驗制度不嚴格的各種漏洞，一手包攬進口設備採購，並從中牟取暴利，之後，於一九八九年二月起撤走其駐中瓷公司的全部人員，使中瓷公司生產幾乎

陷於癱瘓。據初步估算，沙爾哥的以上這些違約行為，造成中瓷公司嚴重經濟損失高達三二五七萬餘元人民幣（見附件四、五、六）。

沙爾哥的嚴重違約和滙豐銀行的無情「逼債」，迫使作為中瓷公司股東和中瓷公司**外債擔保人的建發公司**對這兩個關鍵問題進行認真的回顧和必要的反思：（1）沙爾哥究竟是如何騙取了廈門瓷器廠和建發公司的信任的？（2）滙豐銀行及其駐廈代表處在沙爾哥騙取中方信任過程中，究竟起了什麼作用？

經過認真查證，我們終於發現：滙豐銀行廈門代表處蓋公章出具的上述正式資信證明與我們所掌握的原始英文資料嚴重不符。凡是英文原始資料中不利於該外商的文字，上述資信證明均任意竄改和刪除，凡是有利於該外商但英文原始資料中並無蹤影的文字，上述資信證明卻任意杜撰和添加。正是通過這種「**化有為無**」和「**無中生有**」的手法，滙豐銀行成十倍地誇大了該外商的銀行帳戶結餘金額和註冊資本金額，大大地拔高了該外商的資信，弄虛作假，對中方實行誤導，誘使中方受騙上當。就建發公司而言，則處在雙重受騙和雙重受害的境地：既受騙同意與該外商合資經營，導致虧損纍纍，損失嚴重；又受騙同意向滙豐銀行提供前述「反擔保」，導致巨債纏身，難以自拔。

更有甚者，通過全面回顧和全程觀察，不難發現：在形成上述巨額外債的全過程中，存在著一個**環環相扣的「連環套」**；其中的每一個環節，都離不開滙豐銀行及其駐廈代表處的精心設計、巧妙安排和全力貫徹：

・由滙豐銀行積極引進和極力推薦沙爾哥及其公司，甚至膽

敢出具內容虛假的資信證明；

·由滙豐銀行極力慫恿和撮合中方公司與沙爾哥的公司組建合資經營的中瓷公司；

·由滙豐銀行極力把向中瓷公司發放巨額高利貸的「肥差」爭奪到手，並把它轉授給滙豐銀行的全資子公司即獲多利公司；

·由滙豐銀行向自己的子公司即獲多利公司提供上述巨額高利貸的還款「擔保」，並「順便」向中瓷公司索取了一筆高達十點三萬美元的「擔保費」；

·由滙豐銀行要求建發公司就上述巨額高利貸向滙豐銀行提供還貸的「反擔保」，在不支付分文「反擔保費」的條件下，就如願以償，從而把償還巨額高利貸的重擔輕而易舉地**轉嫁到**建發公司身上了。

據我們所知，像這樣的「連環套」，在國際信貸業務中，是很不正常、很不正當和十分罕見的。它的形成，充分表明滙豐銀行及其駐廈代表處與外商沙爾哥之間存在某種串通和共謀，他們充分利用當時廈門市有關中方人員缺少必要經驗和缺乏應有知識的弱點，對中方實行誤導和誘騙，通過坑害中方，特別是坑害建發公司，為他們各自牟取暴利。

3. 建發公司出具的兩份「反擔保書」依法自始無效

《中華人民共和國涉外經濟合同法》（以下簡稱《涉外經濟合同法》）第10條明文規定：「採取欺詐或者脅迫手段訂立的合同無效。」對照本案以上事實，我們認為：滙豐銀行以虛報外商資信等欺騙手段誘使建發公司同意達成「反擔保協議」並在一九八四年十二月二十二日和一九八五年十二月十一日先後相繼出具

的兩份還貸「反擔保書」，應屬自始無效，因而對建發公司不具備法律約束力。

不但如此，上述兩份「反擔保書」還因其內容直接違反中國有關特別法規的禁止規定，應屬自始無效。

一九八一年三月開始施行的《中華人民共和國外匯管理暫行條例》（以下簡稱《外匯管理暫行條例》）第3條規定，中國對外匯實行由國家集中管理、統一經營的方針。統一經營外匯業務的專業銀行是中國銀行。非經國家外匯管理總局批准，其他任何金融機構都不得經營外匯業務，更不必說其他任何非金融機構了。建發公司從來就不是一家金融機構，也從未獲得國家外匯管理總局的批准或授權，顯然根本無權從事任何外匯反擔保業務，根本無權向外國金融機構提供上述相當於數千萬美元巨額外匯債務的還貸「反擔保書」。換言之，建發公司在一九八四年和一九八五年向滙豐銀行出具的兩份巨額外債還貸「反擔保書」，無論在實質內容上抑或在審批程序上，都嚴重違反了上述特別法規的禁止規定，不能發生任何法律效力，這是不言而喻的。

（二）乙案

一九八九年七月間，滙豐銀行向中瓷公司提供七六五萬英鎊新貸款，供中瓷公司償還所欠英國出口信貸保證局的債款。應滙豐銀行要求，建發公司於一九八九年九月二十九日為中瓷公司上述新借款向滙豐銀行出具了還款擔保書。

這份擔保書的內容直接違反中國人民銀行一九八七年二月二十日頒行的《境內機構提供外匯擔保的暫行管理辦法》（以下簡

稱《暫行管理辦法》）中的禁止規定，因此在法律上是自始無效的。

根據《暫行管理辦法》第1條和第4條的規定，中國境內的非金融機構對外提供外匯擔保的總額，不得超過其自有的外匯資金。按國家外匯管理局所作的解釋：「非金融機構的自有外匯資金，是指上級部門撥給企業可以自主營運的外匯資金或企業經營所分得的外匯。自有外匯資金數額以簽訂擔保合同時為基準。」對照本案事實：在滙豐銀行與建發公司達成擔保協議並由後者向前者出具外匯還貸擔保書的當天，即一九八九年九月二十九日，建發公司自有的外匯資金只有40萬美元（見附件七），按當時英鎊對美元的兌換率1：1.617計算，約折合24.737萬英鎊（見附件八）。此數只及上述新貸款總額的3.2%，換言之，單就這筆新的外匯債款而言，建發公司當時對滙豐銀行提供的外匯還貸擔保總額就超過法定限額的30倍以上，因而不可能依法獲得國家外匯管理局的正式批准。更何況，在一九八九年九月二十九日以前，建發公司對外資銀行（包括滙豐銀行以及其他外資銀行）業已提供的多筆外匯擔保，其積欠的外匯債款擔保總額也早已超過建發公司自有外匯資金的數十倍甚至百餘倍。按照上述法規的禁止規定，當時建發公司早就沒有任何權利或能力再對外提供甚至提供英鎊的外匯擔保了。

可見，乙案中的上述擔保書（1989年9月29日）在法律上從一開始就是無效的，對建發公司不發生任何法律約束力。

（三）丙案

一九八五年三月間和一九八六年一月間，滙豐銀行向中瓷公司提供兩筆新貸款共145萬英鎊（其後折合為186.9萬餘美元），用以向中瓷公司合資外商股東沙爾哥本人經營的「恩特肯工程公司」和「沙爾哥工程（恩特肯）有限公司」所供應的設備支付現金價款。應滙豐銀行要求，建發公司先後於一九八五年四月十日和一九八六年一月十日為中瓷公司上述兩筆新借款向滙豐銀行出具了兩份還款擔保書。

這兩份擔保書與甲案中一九八四年十二月以及一九八五年十二月那兩份「反擔保書」一樣，基於兩方面的理由（即滙豐銀行駐廈代表處為沙爾哥出具內容虛假不實的資信證明誘使建發公司上當，擔保書的內容直接違反中國有關特別法規的禁止規定），在法律上應屬自始無效。相應地，儘管建發公司在一九八八年一月十四日和一九八九年九月十五日在當地政府首長某種「壓力」下先後向滙豐銀行具函表示上述貸款的還貸擔保「仍然有效」或「繼續有效」，也絲毫不能改變這些還貸擔保自始無效和繼續無效的法定性質和法定後果。

（四）責任分析

如前所述，根據《涉外經濟合同法》第10條的明文規定，一切採取欺詐手段訂立的合同，應屬自始無效。另外，該法第9條明文規定，一切違反中華人民共和國法律的合同，也是自始無效的。

《中華人民共和國民法通則》（以下簡稱《民法通則》）第58

條對上述這兩項基本法理原則和基本法律規定，予以概括和重申，並且更加明確地強調：「無效的民事行為，從行為開始起就沒有法律約束力。」

在本案中，建發公司依據與滙豐銀行達成的協議，為中瓷公司所借外匯債款，先後向滙豐銀行出具的幾份還貸「反擔保書」和「擔保書」，均因其違反上述兩項基本法律規定，屬於自始無效，即從行為開始起就沒有法律約束力。

儘管如此，建發公司為照顧滙豐銀行的利益，對於並無法律約束力的上述還貸擔保諾言仍然認真履行。在中瓷公司因滙豐銀行引進的外商沙爾哥嚴重違約而虧損纍纍、無力清還滙豐銀行債款的情況下，建發公司代人受過，逐期墊款替中瓷公司還債，自一九九〇年五月二十三日至一九九二年七月七日，先後共向滙豐銀行墊還的到期債款本息總金額已達八三三點九九二六萬美元，建發公司受到重大經濟損失，且使建發公司自身業務的正常經營和拓展受到嚴重影響。

如前所述，在總結經驗教訓過程中，建發公司發覺受騙上當，致使自己無端受到雙重連累：既因受騙同意與沙爾哥合資經營中瓷公司而虧損嚴重，又因受騙同意向滙豐銀行提供外債還貸反擔保而巨債纏身。追本溯源而論，對於今日中瓷公司資不抵債的危境以及建發公司巨債纏身的困境，滙豐銀行均負有嚴重的責任。而且，滙豐銀行當初貸款的過高利率以及後來英鎊折算美元的過高匯率也都極不合理。有鑒於此，建發公司再三要求滙豐銀行對建發公司所承擔的反擔保債務，通過友好協商，加以重整，從而略為減輕建發公司過於沉重的不合理負擔。滙豐銀行對於建

發公司反覆提出的此種公平合理要求置若罔聞。它不但毫不承擔它自己造成上述危境和困境的重大責任，反而對處在上述危境和困境之中的受害者中瓷公司和建發公司無情逼債；而且層層升級，最終採取法律行動，起訴討債，並把無辜受害者建發公司也推上了「被告」席。

顯然，滙豐銀行是把建發公司此前長期墊款還債的忍讓和克制認定為軟弱可欺。既然如此，建發公司現在忍無可忍，不得不根據以上事實，鄭重地綜合聲明如下：

第一，建發公司先後向滙豐銀行出具的幾份外匯債款還貸「反擔保書」或「擔保書」，是由於受滙豐銀行及其駐廈門代表處誘騙的結果，而且其實質內容和程序手續均屬直接違法，因此，這些「反擔保書」或「擔保書」都是無效的。從出具這些「反擔保書」或「擔保書」的第一天起，就沒有任何法律約束力。

第二，建發公司決定：今後不再接受這些「反擔保書」或「擔保書」的任何約束；因此，今後不再為中瓷公司積欠滙豐銀行的外匯債務承擔任何連帶責任，即不再墊款還債。

第三，《涉外經濟合同法》第11條規定：「當事人一方對合同無效負有責任的，應當對另一方因合同無效而遭受的損失負賠償責任。」如上所述，建發公司出具的還貸「反擔保書」或「擔保書」，乃是出於滙豐銀行誘騙的結果，因而造成這些「反擔保書」或「擔保書」在法律上歸於無效。另外，滙豐銀行在中國廈門開展外匯貸款業務，理應尊重和遵守中國的有關法律，儘力避免觸犯或違反其中的禁止規定。但事實上滙豐銀行及其駐廈代表處卻無視這些禁止規定，多次要求廈門建發公司出具在實質內容

上與程序手續上均屬違法因而無效的「反擔保書」或「擔保書」。由此可見，上述反擔保協議以及有關「反擔保書」或「擔保書」歸於無效，應由滙豐銀行承擔全部法律責任。建發公司早先因受「反擔保書」或「擔保書」的影響而墊付了八三三點九九二六萬美元，無端代中瓷公司還債，從而蒙受了重大的經濟損失。對於這筆損失，建發公司保留向滙豐銀行索取賠償的一切法定權利。

答辯請求：

基於以上事實和理由，廈門建發公司謹此請求貴院：

1. 判決宣告：廈門建發公司歷次向滙豐銀行出具的外債還貸「反擔保書」或「擔保書」，概屬自始無效。

2. 判決宣告：廈門建發公司對中瓷公司積欠滙豐銀行的一切外匯債務，從一開始就不承擔任何連帶責任。

3. 判令滙豐銀行應對上述「反擔保書」或「擔保書」歸於無效承擔全部責任，賠償廈門建發公司因此「墊款還債」蒙受的經濟損失833.9926萬美元，並支付應有的利息。

4. 如果滙豐銀行不願對建發公司給予上述損害賠償，則依《民法通則》第92條關於「不當得利」的規定，判令滙豐銀行將其已經取得的上述不當利益833.9926萬美元全部返還建發公司，並支付應有的利息。

5. 判令滙豐銀行承擔本案的全部訴訟費用。

6. 判令滙豐銀行賠償建發公司被迫應訴而支出的律師代理費及其他各項開支。

答辯人：第二被告廈門經濟特區建設發展公司

（簽蓋）

1993年2月25日

附件目錄

附件一　滙豐銀行廈門代表處關於美國恩特肯公司的資信證明

附件二　滙豐銀行廈門代表處關於英國沙爾哥國際工程公司的資信證明

附件三　中華瓷器有限公司合同書（1984年7月18日）

附件四　廈門建發公司、廈門瓷廠向中國國際經貿仲裁委員會呈交的「仲裁申請書」（1991年8月30日）

附件五　廈門市第二律師事務所律師向同上仲裁委員會仲裁庭呈交的「代理詞」（1992年8月26日）

附件六　廈門建發公司、廈門瓷廠向上述仲裁委員會仲裁庭呈交的「關於要求追究被訴人違約責任的補充說明」（1992年12月11日）

附件七　廈門建發公司出具還貸「擔保書」當日的「自有外匯資金」總額（含1989年9月29日）

附件八　1989年9月29日美元對英鎊的兌換比率〔載《人民日報》（海外版）1989年9月29日〕

〔為節省本書篇幅，本書選輯案例文檔時，其有關附件，除少數以外，大多從略，僅列出附件目錄，以供參考。至於各項附件本身，則均收存於廈門大學國際經濟法研究所資料室，以備查索對照。有心進一步深入研究者，還可向各案受理機關單位查閱

涉案的其他法律文書、附件、證據等等〕

三、本案訟爭主要問題剖析

福建省高級人民法院經濟審判庭：

本人受廈門經濟特區建設發展公司（以下簡稱「建發公司」）委託，就香港上海滙豐銀行有限公司（以下簡稱「滙豐銀行」）訴中華瓷器有限公司（以下簡稱「中瓷公司」）、建發公司「違反貸款協議、保證書」一案，提出以下代理意見：

（一）關於原告滙豐銀行的欺詐行為問題

1. 原告出具的資信證明，虛假失實，實行誤導

原告的訴訟代理人邢、王兩位律師在「代理詞」（以下簡稱「邢、王『代理詞』」）中強調：滙豐銀行駐廈代表處為美商恩特肯公司出具的蓋上公章的正式資信證明，並無虛假失實，甚至斷言：「原告出具的資信證明書中說明：『來往支票戶口結存平均有五個位數字。帳戶的處理是十分之令人滿意的，目前該公司在我分行並沒有任何負債。』並無任何虛報或誇大，更無欺詐可言。」（見邢、王「代理詞」第4頁）

原告「法定代表人」伍××、薛××兩位先生呈交的「原告的陳述」（以下簡稱「伍、薛『陳述』」），也極力強調滙豐銀行駐廈代表處提供的「資信報告中沒有任何誇大」。但是，卻附呈了一份有關資信報告原始英文資料的「電傳譯文」，其中的相關譯文是：「來往支票帳戶結存平均有低位的五位數。帳戶的處理

是令人滿意的。」

應當肯定：伍、薛「陳述」附件中這段中譯文是符合英文原意的。但是，把上述這兩段不同文本的中譯文加以比較，邢、王「代理詞」所引證的滙豐銀行駐廈代表處出具的資信證明，其虛報與誇大之處，就昭然若揭了。請看：

（1）「結存平均有低位的五位數」被竄改為：「結存平均有五個位數字」。

（2）「帳戶的處理是令人滿意的」被竄改為：「帳戶的處理是十分之令人滿意的」。

從邏輯含義上說，「低位的五位數」可以理解為10000，而「五個位數字」則可以理解為99999。把英文原始資料中「低位的」（low）這一關鍵詞任意刪除，實值可以膨帳近十倍，試問，這難道不是對美商資信的極力誇大嗎？其次，從語法常識上說，「令人滿意」與「十分之令人滿意」相比，後者任意添加了「十分之」三字最高級狀語，這難道不又是對美商資信的極力誇大嗎？

僅此二例就足以說明：伍、薛「陳述」附件中的「電傳譯文」本身就否定了同一「陳述」正文中所強調的「沒有任何誇大」這一論斷，即論據否定了論點，陷入了邏輯上的自相矛盾；與此同時，伍、薛提供的這份「電傳譯文」也給邢、王「代理詞」中關於「並無任何虛報或誇大」的論斷極其沉重的一擊，徹底摧毀了這種「斬釘截鐵」式的武斷結論。

何況，例證還遠不止於此。試將滙豐銀行休斯敦分行以及倫敦聯行分別提供的有關英文原始資料與滙豐銀行駐廈代表處蓋公

章出具的正式資信證明加以對照，就不難發現後者多處竄改了前者的原意（見附件一及其三份附錄）。請看：

（3）「近期該公司未向我分行借款」被竄改為：「目前該公司在我行並沒有任何負債」。

（4）「名義上的資本為50000英鎊，其中實付資本為5000英鎊」被竄改為：「註冊資本：英鎊50000……是實付資本」。

（5）「一個正規的私人有限公司」被竄改為：「一個正規的私人公司」。

（6）「通常業務來往據認為是好的」被竄改為：「一般平常業務來往是可信任的」。

所有以上多處竄改，其客觀意義和實際後果都歸結到一點：大大拔高了該美商的資信，製造了假象，對中瓷公司和建發公司實行誤導，誘使中方受騙上當，造成了這兩家公司今日的危境和困難（見附件一之附錄）。 滙豐銀行面對上述白紙黑字，面對其駐廈代表處蓋公章出具的正式資信證明所作的虛假陳述、誇大吹噓及所起的欺騙作用，豈能以「並無任何虛報或誇大」云云的武斷結論，輕描淡寫，搪塞過關，逃脫欺詐行為的法律責任？

2. 該失實的資信證明與建發受騙出具「反擔保書」之間存在直接因果關係

邢、王「代理詞」辯稱：「被告為之出具反擔保書的債務人並不是該外商（指美商恩特肯公司及其總裁沙爾哥），而是中瓷公司，該外商只是中瓷公司的有限責任股東，該外商的資信並不保證中瓷公司的還款能力，第二被告何致僅憑該外商的資信就出

具了反擔保書？」

　　這種辯解是站不住腳的。因為：第一，在中瓷合資三方中，建發公司對自己以及廈門瓷廠的資信是一清二楚的和無可懷疑的，但對滙豐介紹、推薦、引進的美商，則「素昧平生」，全然陌生，因而對其資信情況難免心存疑慮，正是滙豐銀行出具的證明才打消了建發公司的上述疑慮；第二，滙豐銀行享有很高的國際商譽，既然滙豐銀行駐廈代表處蓋章證明該美商是「十分之令人滿意的」「可信任的」，這就不能不使建發公司對它深信不疑；第三，該美商在中瓷公司中雖然只占註冊資本的百分之四十，但在滙豐銀行駐廈代表楊××先生的極力吹噓捧場之下，「身價十倍」加以在滙豐銀行撮合的中瓷合資項目中，該美商擔任總經理一職，大權在握，把持了購買設備、聘請技術專家、外銷全部產品等關鍵性環節的全部權力，因此，他實際上已成為中資公司的「靈魂」，其實際影響，遠非「40%」這個數字所能衡量！既然滙豐銀行極力讚揚他的商譽，中瓷公司在他主持經營之下諒必「前途無量」，中瓷公司向滙豐銀行借債的還款能力也勢必有足夠的保證，這難道不是邏輯上的必然結論嗎？因此，當滙豐銀行要求建發公司為中瓷所借外債向滙豐銀行提供「反擔保書」時，建發公司就無條件地滿足了滙豐銀行的要求。

　　由此可見，原告滙豐銀行的駐廈代表處出具虛假失實的資信證明與建發公司受騙出具「反擔保書」之間，確實存在著騙人與受騙之間的內在的、必然的、直接的因果關係，換言之，滙豐銀行出具的吹捧作為中瓷「靈魂」的美商「十分之令人滿意」「可

信任」的資信證明，乃是建發公司願意為中瓷公司外債承擔「反擔保」義務的直接原因和主要原因之一。如今事實已證明該美商是個大奸商，則當初極力美化該奸商的滙豐銀行，怎能把自己的欺詐責任賴得一乾二淨？！

（二）本案的「反擔保書」等依法應屬無效

邢、王「代理詞」中極力強調：「本案甲案中第二被告於一九八四年十二月十二日（按：應為二十二日）出具的反擔保書，經過了廈門市計劃委員會和國家外匯管理局廈門分局的批准，因此是一份有效的反擔保書。」（見該「代理詞」第五頁）

建發公司認為：這份「反擔保書」無論是在實質內容上抑或審批程序上，都嚴重違反了有關外匯、外債管理的特別法規的禁止規定，因而在法律上是絕對無效的。其基本理由已在《答辯狀》（第六頁等處）作了說明，這裡再作補充闡述。

在滙豐銀行駐廈代表處的要挾和誘騙下（見附件二、三），當時確有廈門市個別政府領導人或政府機構指令或「同意」建發公司承擔上述巨額外匯債務反擔保業務，但此種指令或同意顯然是越俎代庖的行為，毫無法律效力。因為，《中華人民共和國憲法》第5條明文規定：「一切國家機關……都必須遵守憲法和法律。一切違反憲法和法律的行為，必須予以追究。任何組織或者個人都不得有超越憲法和法律的特權。」

誠然，廈門市計劃委員會曾於一九八四年八月十六日向滙豐銀行出具一份「證明書」，證明廈門建發公司具有對中瓷公司引進設備所需貸款的「擔保資格」，而且，在這份「證明書」的右

下方有兩行國家外匯管理局廈門分局（以下簡稱「廈門分局」）簽注的「同意」批語（以下簡稱「批語」），但這份「證明書」及其有關批語，在法律上都是自始無效的。理由如下：

第一，按照《外匯管理暫行條例》第3條的規定，批准經營外匯業務的權力，僅僅專屬於「國家外匯管理總局」，廈門市計委哪有權力「批准」廈門建發公司具有對外匯債款的「擔保資格」？況且政府主管機關的「批准」，是以當事人的「申請」為前提的，但在這份「證明書」中，絲毫未表明當事人建發公司有任何申請，也絲毫未表明廈門市計委對廈門分局有任何申請，這麼一來，則廈門分局簽注的「同意」等語就是針對「無人申請」的一種「批准」，這豈不是無根之本、無源之水、無的放矢？換言之，廈門分局在廈門市計委上述「證明書」上簽注的文字，不倫不類，不可能是對任何正式申請的正式批准。既不是正式批准，就不可能產生主管部門業已正式批准的法律效力。

第二，一九八四年十二月十二日建發公司向滙豐銀行出具的外匯還貸「反擔保書」，所擔保的金額為一千五百萬英鎊，而上述「批語」所列外匯貸款金額則為一千八百萬英鎊，兩者數字嚴重不符，相差三百萬英鎊之巨，可謂「牛頭不對馬嘴」，顯見上述「批語」並非針對一九八四年十二月的這筆貸款的「反擔保」表示「同意」，則這份「反擔保書」焉能生效？！

第三，上述「批語」中的「貸款英鎊壹仟捌佰萬元有效」一語，從文字的固有含義看，顯然只是確認中瓷公司借來的這筆「貸款」本身有效，而並非確認針對這筆貸款提供的還貸反擔保有效。邢、王「代理詞」中一再強調建發公司一九八四年十二月

十二日出具的「反擔保書」經過「廈門分局的批准」，請問：這究竟有何文字根據？

第四，上述「批語」未註明簽注的具體日期，這是任何法律文書的大忌。事實上，建發公司直到一九八五年十二月十一日才為中瓷公司補充借來的外債貸款三百萬英鎊出具第二份還貸「反擔保書」。這筆反擔保金額，連同建發公司在一九八四年十二月十二日出具的第一份還貸「反擔保書」中的反擔保金額，才達到一千八百萬英鎊之數。由此可以推斷，上述「批語」簽注的時間顯然是一九八五年十二月十一日以後才「補簽」或「倒簽」的。廈門分局對於一九八四年十二月間發生的非法外債事實（一千五百萬英鎊），竟在一九八五年十二月以後採取這種事後「補簽」或「倒簽」的辦法予以「追認」，卻又不如實標明「補簽」或「倒簽」的實際日期，這種做法是沒有合法根據的，因而是無效的。經過認真調查，現已核實：「補簽」或「倒簽」的具體時間是在一九八七年三月底至九月底之間。當時有人以「市長項目」名義對廈門分局「施壓」，分局有關負責人既不敢違逆「領導意見」，卻又不願承擔法律責任，遂命一個根本無權審批的一般會計人員含糊其辭地寫上兩行模棱兩可的「批語」，既不簽名以示負責，又不署明日期以免被追究「倒簽」責任，然後蓋上一公章，搪塞敷衍了事（見附件四、五、六）。由此可見，這兩行不倫不類的「批語」，直接違反了一九八七年二月二十日開始生效的《境內機構提供外匯擔保的暫行管理辦法》第3條和第4條的禁止規定，屬於直接違法。關於這一點，已在建發公司一九九三年二月二十五日呈交的答辯狀第三部分（第七至八頁）中作了法理上的分

析，不再贅述。

第五，如前所述，《外匯管理暫行條例》第3條明文規定：除中國銀行以外，「非經國家外匯管理總局批准，其他任何金融機構都不得經營外匯業務」，更不用說其他非金融機構了。值得特別注意的是：這裡強調的國家「**總局**」的批准，而不是任何地方「**分局**」的批准。如果原告一方認為廈門分局當時對於作為**非金融機構**的建發公司所從事的外債還貸「反擔保」這一外匯業務有權給予批准，則依據《中華人民共和國民事訴訟法》第64條第一款的規定，原告負有**舉證責任**，應當迅即向福建省高級人民法院提供有關的法律依據、總局對分局的書面授權依據等等，以供審議。

一言以蔽之，以上五點理由足以說明廈門市計委出具的這份「證明書」的內容及其中廈門分局添加的「批語」不倫不類，漏洞百出，因而是毫無法律效力的。

邢、王「代理詞」強調：上述《境內機構提供外匯擔保的暫行管理辦法》只是**行政法規**，其中並「沒有違反該辦法將導致擔保無效的規定」。從而據以推論違反該辦法的違法擔保仍然具有法律效力。這顯然是無視《民法通則》第58條第五款以及《涉外經濟合同法》第9條關於違反中國法律的一切民事行為和經濟合同概屬無效的**原則性**明文規定。眾所周知，行政法規向來就是法律的一種，企圖把行政法規排除在「法律」這一概念之外，硬說違反行政法規禁止規定的合同仍然具有法律效力，這顯然是對法律常識的不尊重。

同理，建發公司於一九八四年十二月二十二日以後接受「長

官命令」相繼向滙豐銀行出具的有關巨額外債的幾份「反擔保書」「擔保書」和「保證書」，也因其實質內容和審批程序上都違反了有關外債管理的特別法規的禁止規定，因而在法律上也是自始無效的。其理甚明，且已在建發公司的答辯狀中逐一作了論證，不再贅述。

（三）關於造成「反擔保書」等無效的責任分析

建發公司的答辯狀中已經指出：滙豐銀行駐廈代表處出具虛假失實的美商「資信證明」，誘使建發公司上當，使建發公司處在雙重受騙和雙重受害的境地：既受騙同意與該美商合資經營，導致虧損嚴重；又受騙同意向滙豐銀行出具「反擔保書」等，導致巨債纏身。現在「反擔保書」等因違法而無效，其全部責任或絕大部分責任顯應由滙豐銀行承擔。具體而言，主要理由有三：

1. 建發公司因受滙豐銀行欺騙誤信美商資信，而又應滙豐銀行要求，為該美商主持經營並以該美商為「靈魂」的中瓷公司的外債提供反擔保，在達成反擔保協議以及出具「反擔保書」的全過程中，滙豐銀行始終處在主動地位，建發公司則一直處在被動狀態。現在「反擔保書」因違法而無效，其責任顯應由主動索要和積極施壓的滙豐銀行全盤承擔。

2. 滙豐銀行在中國開展外匯貸款業務並從中獲得豐厚利潤，理應「入鄉隨俗，入境問禁」，即理應充分了解、尊重和遵守中國的有關法律，儘力避免觸犯或違反其中的禁止性規定。但滙豐銀行及其駐廈代表處卻無視這些禁止性規定，多次要求建發公司出具在實質內容上與程序手續上均屬違法因而無效的「反擔

保書」或「擔保書」，這顯然是有意藐視中國的法律尊嚴，明知故犯，以身試法，怎能逃脫相應的法律責任？

3. 滙豐銀行是全球知名的金融信貸專業戶，具有百餘年的經營歷史，聘有成群的金融信貸專家和法律專家，備有成套現成的專家們精心設計的信貸格式合同；反觀建發公司，一九八四年底當時只是組建不過三年的「稚齡童」，對於國際信貸業務以及其中潛存的溝、坎、陷阱，可謂天真幼稚，懵然無知，它對於由滙豐銀行交來的早就擬定的「反擔保合同」等格式合同，只有「畫押」的份兒，而毫無剖析的能力。試問：一位老謀深算的金融專家與一位爛漫無知的稚童共同達成的擔保協議，一旦因違法而無效，則應當承擔全部責任（或絕大部分責任）的，難道不是專家，反而是稚童嗎？

4. 滙豐銀行駐廈代表楊××先生對中國的特有「國情」，特別是對當時廈門市主要領導人的心態是很了解的。他以「撤走滙豐銀行駐廈代表處」相要挾，「壓」市領導出面，終於排除了來自中國國內的強勁競爭對手，把出貸巨額英鎊從中謀利的「美差肥缺」接到手，嘗到了「甜頭」，以後，楊××以及滙豐銀行來廈的其他代表，凡對建發公司強有所求，多千方百計地通過市府「長官渠道」，下達「指示」或進行「說服」。可以說，滙豐銀行正是充分地、蓄意地利用中國現行體制的這種弱點和缺點，來實現其牟利的目的，其居心和手段皆不良。而建發公司出具的上述「反擔保書」之類，除了前述受騙因素之外，也是受命或受壓提供的。而這種命令或壓力的本源歸根結底又是來自滙豐銀行。作為出具違法—無效「反擔保書」的原始動力，作為形成無效「反

擔保書」的始作俑者，滙豐銀行豈能無咎而逍遙？

（四）建發公司的請求

　　基於以上事實和理由，建發公司謹此重申：請貴院全面考慮和准許本公司在本案答辯狀中提出的六點請求，依法儘早作出公正的判決。不勝感激！

廈門經濟特區建設發展公司

訴訟代理人

廈門市第二律師事務所律師

陳安

1993年4月17日

附件

　　附件一　關於滙豐銀行提供外商資信證明的法律意見（含其附錄三份）

　　附件二　關於與美國恩特肯工程公司最初接觸情況（現任中華瓷器有限公司總經理謝××等提供）

　　附件三　關於一九八四年中華瓷器公司貸款情況（原廈門中華瓷器有限公司董事長盧××提供）

　　附件四　對許××同志的調查筆錄（許原任國家外匯管理局廈門分局會計）（從略）

　　附件五　對黃××同志的調查筆錄（黃原任國家外匯管理局

廈門分局幹部）（從略）

附件六　對張××同志的調查筆錄（張原任國家外匯管理局廈門分局某處副處長）（從略）

附件一　關於滙豐銀行提供外商資信證明的法律意見

滙豐銀行作為中瓷外資項目的介紹人、見證人和擔保人，提供了對外商資信的調查證明。由滙豐銀行駐廈辦事處蓋上公章所提供的中文資信證明，與有關的英文原始資料有重大不一致之處，顯然是有意欺騙中方、對中方實行誤導。針對此點，我們應當與滙豐銀行認真理論和追究對方的法律責任。

滙豐銀行駐廈辦事處提供了不符合客觀事實的中文資信證明（見附錄一），對照英文原始資料（見附錄二），已經查出：在中文資信證明中，凡是有利於外商的文字，都隨意添加，無中生有；凡是不利於外商的文字，卻任意刪除，化有為無，從而在中文資信證明中大大地拔高了外方的資信（詳見附錄三）。更有甚者，上述英文原始資料只是未蓋任何公章的電傳件，而中文證明書卻是正式打印原件，並加蓋了「香港上海滙豐銀行廈門代表處」的公章，使中方有關人員對這一中文證明書的法律效力和可靠程度更加深信不疑。據此，我們可以得出這樣的初步結論：滙豐銀行廈門代表處提供的上述中文資信證明**製造了假象，實行了誤導，造成錯覺**，使中方合作者誤認為外方投資人沙爾哥及其公司是可信賴的，因此**導致中方受騙上當**。由此可見，對於中瓷公司以及建發公司目前因此而陷入的困境，滙豐銀行本身應當承擔重大的責任；結合其他有關跡象，我們也不能完全排除滙豐銀行

某些人員與沙爾哥之間實行某種串通共謀的可能性。

《涉外經濟合同法》第10條明文規定：「採取欺詐或者脅迫手段訂立的合同無效。」第11條進一步規定：「當事人一方對合同無效負有責任的，應當對另一方因合同無效而遭受的損失負賠償責任。」據此，如果滙豐銀行無視以上事實，一再斷然拒絕中方關於重整債務的建議，並且執意要採取法律行動，則中方理應採取相應的法律步驟，認真奉陪到底，以保護自己的合法權益。

廈門大學法律系教授、廈門市第二律師事務所兼職律師

陳安

1991年11月15日

（郵寄香港滙豐銀行）

（1992年4月17日作為《代理詞》附件一，呈交福建省高級人民法院）

附錄三

滙豐銀行廈門代表處就外商資信提供中文證明竄改英文原意的具體情況[*]

（A）滙豐銀行美國休斯敦分行的報告

1. 英文資料第五行原文：Checking account balances average in low five figures。

英文原意：「來往支票帳戶結存平均是**低位的五位數**。」

中文譯文：「來往支票帳戶結存平均有**五個位數字**。」

後果：滙豐廈門代表處任意刪除上述英文中的關鍵詞「low」，化有為無，從而拔高了外方的資信：把「低位的五位數」英文原意竄改為中文的「五個位數字」，一字之刪，實值可以膨脹近十

倍（「低位的五位數」可以理解為10000；「五個位數字」則可以理解為99999）。

2. 英文資料第五至六行原文：The account has been handled satisfactorily。

英文原意：「帳戶的處理令人滿意。」

中文譯文：「帳戶的處理是十分之**令人滿意（或符合要求）**。」

後果：滙豐廈門代表處隨意添加「**十分之**」三字最高級狀語，無中生有，任意拔高外方的可信賴程度，造成中方錯覺。

3. 英文資料第七至九行原文：We have had no recent loan experience... All of our experience has been satisfactory。

英文原意：「近期（該公司）未向我分行**借款**⋯⋯我們對（該公司）所有的經驗都滿意。」

中文譯文：「目前該公司在我分行並沒有任何**負債**⋯⋯我們對此公司所有的經驗都很滿意。」

後果：滙豐廈門代表處將外商沙爾哥的公司近期未向滙豐銀行借款（日常業務往來），有意譯成「目前在我分行並**沒有任何負債**」，將一般的滿意譯成「很滿意」，隨意竄改、添加，其實際意義是告訴中方，沙爾哥的公司資金充裕，沒有欠債，中方盡可放心與之合作。

（B）滙豐銀行英國倫敦聯行的報告

1. 英文資料倒數第十三至十二行原文：Nominal capital GBP 50000 of which GBP 5,000 issued and fully paid。

英文原意：「**名義上**的資本為五萬英鎊，其中實付資本為五千英鎊。」

中文譯文：「**註冊**資本：英鎊五萬——其中英鎊五千——是實付資本。」

後果：英文「nominal」一詞，有「**名義上的**」或「**有名無實的**」兩種含義。把**名義上**的資本或**有名無實**的資本譯為「**註冊資本**」，又在其後加上兩個「破折號」，按中文語法和標點符號用法，應理解為「**註冊**資本：**英鎊五萬是實付資本**」。在這裡，實際上又把該有關公司（即恩特肯公司的子公司沙爾哥國際工程有限公司）的資信**誇大了十倍**。

2. 英文資料倒數第八至六行原文：Bankers report: A properly constituted private limited company considered good for its normal business engagements。

英文原意：「銀行報告：一個正規的**私人有限公司**，通常業務來往據認為是好的。」

中文譯文：「銀行報告：一個正規的**私人公司**，一般平常業務來往是**可信任的**。」

後果：在「**私人有限公司**」中，公司股東對於公司債務承擔的責任，僅以其出資金額為限。而「**私人公司**」則可以理解為私人**無限**公司，其股東對公司債務承擔無限清償責任，直至個人在該公司以外的全部財產也完全破產。滙豐銀行廈門代表處將「**有限公司**」中的「**有限**」兩字任意刪除，用模棱兩可的名詞，誘使中方對外商沙爾哥的信任無限增大，誤認為股東沙爾哥對此私人公司負有**無限**責任，從而誘使中方對沙爾哥的資力抱有更大信心。此外，上述英文中的「good」相當於中文中的「好」字，它只是一般用詞，而滙豐廈門代表處卻有意翻譯成「**可信任的**」，

這是滙豐銀行廈門代表處無中生有、任意拔高外商資信的又一例證。

1993年3月18日

附件二　關於與美國恩特肯工程公司最初接觸情況（書面證詞）

一九八三年，廈門瓷廠通過主管局向市有關部門申請引進外資、改造老企業。市計委、經委於當年七月十五日就廈門瓷廠的要求，批准了年產十五萬件衛生瓷、五十萬平方米牆地磚的項目，列入市引進項目建議書。同年十二月九日，英國T工程公司董事菲利斯爵士，應廈門特區政府有關部門的邀請訪問廈門，同時受美國恩特肯工程公司總裁沙爾哥先生之托，擬在廈門尋找一家陶瓷工業方面的合作夥伴，在原市建設發展公司副總經理應××先生的引薦下，與廈門瓷廠進行了接觸，參觀了廈門瓷廠，並帶走了一部分工廠使用的原料到英國進行化驗，臨行之前，菲利斯爵士與廈門瓷廠就雙方興辦合資瓷廠簽訂了意向書。

一九八四年二月二十九日早上，從建發公司得到通知，美國恩特肯工程公司總裁沙爾哥先生來廈。我們先在廈門賓館見到了沙爾哥先生獨自一人。但沙爾哥先生了解到滙豐銀行廈門代表處的辦公地點不在廈門賓館，故堅持不肯在廈門賓館下榻，而改到華僑大廈。因此我們正式見面是在華僑大廈1202室——滙豐銀行廈門代表處的辦公室。沙爾哥先生與廈門代表處的代表楊××先生相見，據楊先生說，香港總行已將此事告知他，所以從一開始，談判工作均在滙豐銀行代表處辦公室進行，滙豐銀行的代表

楊××先生從頭至尾都參加項目的談判工作並幫助翻譯，談判的
文件、電傳、打字、複印也均在滙豐銀行的代表處進行，滙豐銀
行給項目的談判提供許多方便，起到了見證人的作用。在一些文
件中，代表處的代表也與雙方代表一起簽字。從談判的第一天，
沙爾哥先生就交代說，將來項目談成，我們的貸款就靠滙豐銀
行，英國出口信貸局、獲多利銀行均是老朋友。來華之前，所有
這些都有安排，所以我們對滙豐銀行的代表要好好招待。

當項目談判越來越明朗化時，中國銀行廈門分行的有關人員
也十分關心項目的進展，他們對此項目較感興趣，表示願意為項
目提供所有貸款。當這一信息被滙豐銀行廈門代表處得知後，他
們很感不安，代表處楊××先生一再強調，此項目客戶是滙豐牽
頭帶來的，而且項目進展中滙豐銀行始終參與，並出了不少力。
（滙豐銀行）廈門代表處開辦一年來，第一次牽頭談上這個項目
確實不容易，如果中國銀行也想介入，滙豐銀行絕不放手，不管
中國銀行貸款利率多少，滙豐銀行也跟他們一樣，滙豐銀行要與
中行競爭。在這種情況下，市裡有關方面領導深知滙豐的意向，
便向中行做了工作，將此貸款由滙豐銀行來解決。

為了使談判和合資項目順利進行，我方對恩特肯工程公司的
資信不清楚，便委託滙豐銀行代為調查。不久，滙豐銀行廈門代
表處便接到（滙豐銀行）美國休斯敦分行發來的英文電傳（不是
正式文本），滙豐銀行廈門代表處知道我們看不懂英文，便由該
廈門代表處翻譯成中文，並加蓋該行代表處公章。我們就以這一
份蓋有公章的中文本作為正式文本，從他們的書面和口頭介紹得
知，這是一家資信相當好的公司，平常業務往來是「可信任

的」，銀行帳戶往來是「十分令人滿意的」。因此我們當時相信了滙豐銀行廈門代表處作出的此種資信評價和證明。我們認為他們所出具的資信證明應當是具有一定權威性的，這就增強了我們與美國恩特肯工程公司合資的決心。

從二月二十九沙爾哥先生第一次到廈門之後，恩特肯工程公司有關人員先後幾次來到廈門，均住在華僑大廈，所有項目談判地點也均在滙豐銀行廈門代表處，一直到一九八四年七月十八日簽訂正式合同之後，沙爾哥先生才交代說，滙豐銀行幫了我們很大的忙，現在我們項目已簽訂了合同，今後不好太多在他們代表處開會。實際上，在滙豐銀行開會也是很經常的事。

從最初的接觸情況來看，我們認為在整個項目談判中，客戶是滙豐銀行牽頭來的，滙豐銀行在談判中起了不少協調作用，促使項目早日成功。

（謝××先生原任廈門瓷器廠廠長；中美合資的「中瓷公司」組建後擔任該合資公司的副總經理；1989年美商違約撤走後接任該公司總經理。陳××是當時參加中、美合資談判的主要人員之一。）

謝×× 陳××

1992年6月23日

附件三 關於一九八四年中華瓷器公司貸款情況（書面證詞）

一九八三至一九八四年美國恩特肯公司與廈門瓷廠經過幾輪談判，雙方願意合資經營「中華瓷器有限公司」。當研究所需要

貸款時，我方曾與中國銀行廈門分行參與此項談判的代表——該行當時信貸部秦╳商討由中國銀行貸款的可能性，秦╳態度很積極並且表示願意以優惠條件提供貸款。當時滙豐銀行廈門代表處負責人楊╳╳先生多次強調此項目客商是滙豐銀行介紹來的，此項貸款業務應由滙豐銀行提供。廈門中國銀行分行得知滙豐銀行與其競爭此項貸款業務後，秦╳表示可以低於滙豐銀行的利率而與滙豐銀行競爭此項貸款業務。而滙豐銀行廈門代表處負責人楊╳╳先生得知中國銀行與其競爭時，就揚言：「中國銀行是中國國家銀行，我們無法與其競爭；我們如不能爭到此項貸款業務，**我們就把代表處撤走。**」

鑒於廈門中行與滙豐銀行兩家對此項貸款互相競爭，各不相讓，最後我們請示市領導╳╳╳，市領導根據當時滙豐銀行是第一家在廈門設代表處的金融機構，而恩特肯公司又確由該銀行介紹來廈門投資，為鼓勵外資金融機構在廈門開展業務，決定此項貸款由滙豐銀行提供。

記得當時香港金融市場，貸款利率只有年利**八釐六**，而滙豐銀行強調倫敦市場標準及幣種是英鎊而利率**高達九釐五**。而擔保費也偏高，這在當時長期貸款行情上**條件是苛刻的**。

原廈門中華瓷器有限公司董事長

盧╳╳

1992年9月25日

四、本案中方代理律師致香港滙豐銀行中國業務部總 經理羅素先生函

香港上海滙豐銀行有限公司

中國業務部

羅素總經理：

尊敬的羅素先生閣下：

事由：關於滙豐訴中瓷、建發案件

在香港上海滙豐銀行（以下簡稱「滙豐銀行」）訴廈門中華瓷器有限公司（以下簡稱「中瓷公司」）及廈門建設發展公司（以下簡稱「建發公司」）一案中，本人接受建發公司委託，擔任訴訟代理人。現在代表建發公司，以法律文書方式，正式通知您以下有關事項：

1. 滙豐銀行訴中瓷公司、建發公司一案，業經福建省高級人民法院在一九九三年四月七日開庭審理。我方已向本案合議審判庭當場出示並呈交確鑿的物證和證詞，證實貴行廈門代表處主管人員楊××先生與美國恩特肯公司總裁E.沙爾哥先生互相串通，弄虛作假，誘騙我方完全信賴貴行廈門辦事處出具的有關該外商的虛假資信證明，從而促使我方同意與該外商合資經營中瓷公司，並且同意為中瓷公司向貴行償還貸款的債務實行反擔保和擔保，致使我方蒙受了嚴重的經濟損失。

2. 我們記得：您曾於一九九二年一月十日致函建發公司董事長王××女士，聲稱：「貴方指控我行串通合資企業外方，作

為一家享有國際聲譽的銀行，我行對此深表重視。貴方在來函中似乎提到有其他證據，能夠支持貴方的指控。如果確有證據，我方樂於獲得這種證據。」（As a bank of international stature, we take a very serious view of your allegation of collusion between the foreign joint venture party and ourselves. You seem to have suggested in your letter that there is other evidence to support your allegation and we will be pleased to receive this if the same exists.）

3. 基於您的上述要求，鑒於目前時機已經成熟，我們特此附函寄去一部分主要的物證和證人的證詞，同時寄去廈門建發公司的「答辯狀」和我方訴訟代理人陳安律師的「代理詞」各一份。我們希望而且相信：您在認真閱讀和仔細研究上述證據以及有關的分析論證以後，會對您屬下的高級職員楊××先生的有關行為，作出公正的、不偏袒錯誤、不包庇縱容的判斷，並且採取相應的措施。

4. 作為一個整體，滙豐銀行一向享有良好的國際商譽。近年來，它在促進中國的經濟建設中發揮著有益的作用，而滙豐銀行本身也從中獲得了豐厚的收益。對於這點，貴行諒必與我方有共同的認識。但是，**貴行的良好國際商譽並不能掩蓋或抹殺貴行廈門代表處楊××先生的欺騙行為**以及貴行和楊先生本人由此應當承擔的**法律責任**。恰恰相反，如果貴行，特別是貴行的「中國業務總部」，不認真地查清事實，嚴肅地追究楊先生的個人責任，並勇敢地、實事求是地承擔起貴行中國業務總部所理應承擔的相應法律責任，則勢必嚴重損害貴行在中國已經樹立起來的良好形象和良好商譽，從而嚴重阻礙貴行在中國進一步拓展業務。

這顯然是貴我雙方都不希望看到的局面。

5. 建發公司誠懇地期待著您的公正答覆。如果自本信寄發貴處三十天以後，我們的誠懇期待仍無回音或全然落空，那麼，為了保護貴行整體的良好國際商譽，也為了維護我方的合法權益，建發公司準備在必要時通過自己的律師，以正式法律文書的形式，向貴行分別設在香港和倫敦的**最高一級總部領導人**以及董事會，**通告**楊先生在廈門期間以貴行「廈門代表處」名義的所作所為，並要求貴行嚴肅處理和承擔相應的法律責任；也準備在必要時把貴行高級職員在提供外商資信中**弄虛作假**以及這種行為**受到包庇祖護的實況**，訴諸媒體公正輿論。我們相信：貴行最高一級領導機構對楊先生敗壞貴行商譽的行為，諒必不至於置若罔聞，繼續姑息、縱容、偏袒、包庇。

廈門市第二律師事務所律師

陳安

1993年6月2日

附件：

一、關於滙豐銀行提供外商資信證明的法律意見，含附錄三份：

（一）滙豐銀行廈門代表處蓋公章出具的關於美國恩特肯公司（Interkiln Corp. of America以及Salgo Engineering Int'l Ltd.）的兩份資信證明

（二）有關上述兩家外商資信的電傳英文原始資料

（三）滙豐銀行廈門代表處就外商資信提供中文證明竄改英

文原意的具體情況

　　二、書面證詞：關於與美國恩特肯工程公司最初接觸情況（原廈門瓷廠主管人員謝××、陳××提供）

　　三、書面證詞：關於一九八四年中瓷公司貸款情況（原廈門中瓷公司董事長盧××提供）

　　四、廈門建發公司的答辯狀（1993年2月25日呈交福建省高院）

　　五、廈門建發公司訴訟代理律師的代理詞（1993年4月17日呈交福建省高院）

　　六、現行的《香港法律》第284章「**虛假失真陳述條例**」

注釋

* 本文依據1993年本案第二被告廈門建發公司的代理律師的代理詞等文檔整理寫成。

* 《法律意見》共有三項附錄。為節省本書篇幅，此處僅選輯其中的附錄三。附錄一、附錄二則收存於廈門大學國際經濟法研究所資料室，以備查案對照。

社科文庫·國際財金研究叢刊 AA101015

中國特色話語：陳安論國際經濟法學 第三卷 上冊

作　　者　陳　安

版權策畫　李煥芹

發 行 人　陳滿銘

總 經 理　梁錦興

總 編 輯　陳滿銘

副總編輯　張晏瑞

編 輯 所　萬卷樓圖書股份有限公司

排　　版　菩薩蠻數位文化有限公司

印　　刷　百通科技股份有限公司

封面設計　菩薩蠻數位文化有限公司

出　　版　昌明文化有限公司

桃園市龜山區中原街 32 號

電話 (02)23216565

發　　行　萬卷樓圖書股份有限公司

臺北市羅斯福路二段 41 號 6 樓之 3

電話 (02)23216565

傳真 (02)23218698

電郵 SERVICE@WANJUAN.COM.TW

大陸經銷

廈門外圖臺灣書店有限公司

　　電郵 JKB188@188.COM

ISBN 978-986-496-533-5

2019 年 9 月初版

定價：新臺幣 780 元

如何購買本書：

1. 轉帳購書，請透過以下帳戶

　合作金庫銀行 古亭分行

　戶名：萬卷樓圖書股份有限公司

　帳號：0877717092596

2. 網路購書，請透過萬卷樓網站

　網址 WWW.WANJUAN.COM.TW

大量購書，請直接聯繫我們，將有專人為您

服務。客服：(02)23216565 分機 610

如有缺頁、破損或裝訂錯誤，請寄回更換

國家圖書館出版品預行編目資料

中國特色話語：陳安論國際經濟法學. 第三
卷 / 陳安著. -- 初版. -- 桃園市：昌明文化
出版；臺北市：萬卷樓發行, 2019.09
　冊；　公分
ISBN 978-986-496-533-5(上冊：平裝). --

1.經濟法學

553.4　　　　　　　　　　108015600

封面設計
Cover Design

文化發展有限公司

010-51653060

中國和印度是亞洲兩大文明古國。中印兩國人民的傳統友誼源遠流長，有著兩千多年友好交往的歷史。在近代，兩國人民在反對帝國主義、殖民主義和爭取民族獨立的鬥爭中相互同情，相互支持。二十世紀中葉，中印共同倡導了舉世聞名的和平共處五項原則，兩國迎來了友好合作的黃金時期。由於眾所周知的原因，中印友好關係在五〇年代末發生逆轉，直至八〇年代末才基本實現關係正常化。進入新世紀以來，中印關係進入了快速和全面發展的新時期。二〇一四至二〇一五年，習近平主席和莫迪總理實現了互訪。兩位領導人高度評價兩國關係，習主席說：「中印用一個聲音說話，全世界都會傾聽。中印攜手合作，全世界都會關注。」莫迪總理則形象地比喻中國和印度是「兩個身體，一種精神」。本書中，多位長期在印度工作的中國外交官對上述兩國關係的歷程進行了詳盡的描述。

同時，本書用大量的篇幅描寫中印人民之間的友好交往和友好合作的故事，追憶他們之間的深厚情誼。作者中有長期研究印度和從事中印文化交流的專家學者、新聞工作者等，還有致力於中印友好工作和長期在中國工作的印度友人。兩國二十九位作者以親身經歷和研究成果反映了中印之間千年傳統友好的歷史淵源和潛力無限的發展前景，值得每一位從事和關注中印關係的人士閱讀和珍藏。

ISBN 978-986-496-454-3
00500
9 789864 964543

書號：AA301007 定價 500